北京印刷学院传播学重点建设学科项目

高等学校编辑专业教学参考书

20世纪中国著名编辑出版家研究资料汇辑

1

宋应离　袁喜生　刘小敏　编

河南大学出版社

图书在版编目（CIP）数据

20世纪中国著名编辑出版家研究资料汇辑/宋应离等编. 开封：河南大学出版社，2005.9(2008.6重印)
ISBN 978-7-81091-349-2

Ⅰ.2… Ⅱ.宋… Ⅲ.①出版工作—名人—研究资料—汇编—中国②编辑工作—名人—研究资料—汇编—中国 Ⅳ.①K825.4②K825.6

中国版本图书馆CIP数据核字（2005）第100493号

出 版 人：王刘纯
责任编辑：杨松岐 薛建立 陈广胜 纪庆芳 张玉梅 贾怀廷 侯惠娟 王超明 靳宇峰 赵丹珺
责任校对：何 蛟
责任印制：王 慧
装帧设计：张 胜

出 版 河南大学出版社
地址:河南省开封市明伦街85号 邮编:475001
电话:0378-2864669(事业部) 0378-2825001(营销部)
网址:www.hupress.com E-mail:bangong@hupress.com
经 销 河南省新华书店
排 版 河南第一新华印刷厂
印 刷 河南第一新华印刷厂
版 次 2005年9月第1版 **印 次** 2008年6月第2次印刷
开 本 890mm×1240mm 1/32 **印 张** 169.5
字 数 4250千字 **插 页** 1
定 价 （全10辑）350.00元

汇集编辑菁英
注重史料兼通学术
普及出版文化
裨益研究惠泽后学

贺《20世纪中国著名编辑出版家研究资料汇辑》出版

吴道弘敬书

著名出版家、人民出版社原副总编辑、
“韬奋出版奖”获得者吴道弘先生题词

宋先生：

1月20日来信已收悉。

你在教学工作之余，拟进行《20世纪中国著名编辑出版家研究》的课题。从来信所述的各项设想，已经过深思熟虑，我看后认为都不错，感到这是一项有意义的巨大工程，如果得以实现，对于出版界将是一项贡献。

据我过去接触到的图书资料情况看，其他的情况，好像我国社会科学界有人做过。对于编辑人员的研究，则人数较少，其中对鲁迅、茅盾、巴金、郑振铎，以及张元济等的研究资料较多，但大多偏重于人物生平业绩的介绍。现在你的课题扩大到20世纪的编辑人员，这是人做过。对此我只能提出一点不成熟的意见供你参考：

1. 课题名称用《20世纪中国著名编辑出版家研究》，因为时间范围表述的都很清楚。

2. 哪些人物入选，目前似可不需要马上确定，将来需视

方厚枢 2003.1.24.

著名出版史家、《中国出版年鉴》
原主编方厚枢先生致本书编者信

编纂说明

一、20世纪的中国出版业，不仅在印刷技术上经历了从雕版到铅印，再到激光照排的革命性的变化，而且在组织结构、经营方式、出版理念上，也完成了从传统到现代的过渡，其发展速度之快，为有史以来所仅见。而这一切，又都是通过一个世纪以来几代出版人的艰苦奋斗实现的。一部20世纪中国出版史，其实就是一大批有胆识、敢创新、肯吃苦、讲实效的出版人的奋斗史。为了总结历史，繁荣学术，表彰先贤，昭示未来，我们编纂了这套以20世纪杰出出版人物为主题的大型出版史研究资料汇辑。

二、为20世纪中国出版事业做出重要贡献的人物灿若群星，屈指难数。本书所收，以创办或主持过在国内外有重大影响的出版机构、在出版理念或某些重要出版领域有独特建树、一生大部分时间从事专职或兼职出版工作，并且目前已经辞世者为限，共得54人。排列先后以出生时间为序。

三、每个人物的研究资料，按本人著述、亲属回忆、研究著作三类依次排列；同类文章，按发表（或写作）时间排列。限于篇幅不能照载原文者收入存目，存目排列顺序同前。

四、书中所收资料，选自近百年来公开出版的数千种图书报刊。由于这些资料写作时间跨度长，作者的身份、经历、学养、行文习惯千差万别，有些文章还有比较复杂的写作背景，所以在语言文字上很难完全合于今天的规范，甚至在内容上，也偶有明显有乖于史实和互相抵牾之处。在选编过程中，编者仅对其中确属误植的字句和有关法规已经明确废止的繁体字、异体字、旧式标点做了必要的技术性处理，其他则一仍其旧，以尽量保持其历史原貌。

五、由于编者见闻有限，学识浅陋，本书在人物的遴选、资料的取舍上，一定还会有遗漏和不当之处，诚望有关专家和广大读者批评指正。

“我们还要经历一段艰苦过程”

——《20 世纪中国著名编辑出版家研究资料汇辑》序

戴文葆

友人宋应离教授与河南大学编审袁喜生、刘小敏君，辛勤努力了七个寒暑，四处搜集文献资料，多次与各方面业内外友人磋商交流，终于编成了《20 世纪中国著名编辑出版家研究资料汇辑》，为近年来风起的高校编辑出版专业提供教学参考书。由于伏案创意编书是一件十分辛苦的工作，各地的认真从事编辑出版工作者，大多在艰难的环境中，可说是透支脑力体力，不计应得报酬而埋头工作，很少业内同仁愿意从事这种抢救资料工作的苦差。

河南大学出版社印行的这套《20 世纪中国著名编辑出版家研究资料汇辑》，著名人物按生年先后排列，从 1867 年出生到 1959 年谢世的张元济前辈开始，直至 2004 年去世的陈原同志为止，编为十辑（共四百余万字），每辑五六位不等，计达五十四位，都令我辈难忘，而且知之不

戴文葆，1923 年生，江苏阜宁人。人民出版社编审，中国编辑学会顾问，著名编辑家，首届“韬奋出版奖”获得者。有学术著作及编辑史、编辑理论著作和文章问世。

详；其规模之大，收罗之广，均超过以往出版的同类著作。

这个《汇辑》，的确具有一些研究资料的气派，辛苦追求，各位先行者生卒年代写明，至于生时肖像就难找了，不容易知道其人子女、夫人的现址，殊难去函索取。偶尔能在网上查到不太清晰的形像，忍不住舍而不用。主编要刊登传主有关编辑出版工作的论见，其人在当年职务中可能并未明确认识，或者颇难自思及此，甚至还自认为不足道也。好些部门负责人士，对从业人员尚缺平等关注的心态，平日只有"干干干"，"挑灯夜战"劲头不小，而没有什么远足、游览的留影。有些单位有人爱好编辑留真影集者尚可，对于兴趣以外的只得无可奉闻，因而殊难全备。

对于20世纪我国著名编辑出版家研究资料中，最可留意者系传主自述平生，而最值得细读的是与这些名编辑出版家相接近的人写的回忆文章，不但有他们的音容笑貌，更阐明了他们的为人与治学及工作的实况；还有他们自律的精神，最值得我们在今天这种环境中细细默察和静心领会，这是他们无意中给我们后辈留下的遗教，非常值得我们吟诵、理解和对照。这是在其他相关的史料中所难见的了。这是《汇辑》的一大特色，得来不易。几位编者所用的心力是值得尊敬和感谢的了！不用多说，请读者们回味吧。

我还必须说一点遗憾了：由于客观和自身匆忙的原因，本《汇辑》颇难避免遗漏。国内一些颇负盛名的大学老师们，在编辑出版方面的劳绩还应发掘陈述，如朱自清、朱光潜与中国科学社方面有些元老，在五四新文化运动时起，对科学思想和潮流的传播，是我们不能忘记的，应该从头介绍的,对我们今天为学与做人还有教益。还有应该提出的,左翼作家联盟和社会科学家联盟中不少在紧张、险恶环境中挤出创作活动和出版工作时间来,可惜他们大多没有能够看到其后出版事业所取得的成就。

还有人文科学是解决人的综合素质提高的科学思想和理论,早在五四新文化运动时期,就有一些前辈学者注意及此。从事写作和出版书报的先觉,这里也未考虑到介绍。我们这些后生,只能说“学然后知不足”,我们至今还未能把学术研究探讨的空间扩展起来。今后应该设法自觉地做一点力所能及的、编辑出版方面可能实质上做到的事情,才能为编辑出版家的出现准备几块苗圃、园地和一个广场,“人的发现”和人文环境开拓,从 14 ~ 16 世纪文艺复兴时期便有了最初的开始,以复兴古希腊、罗马文化为标榜,逐步提出人文主义思想体系,冲破一切神学和经院哲学基础的权威和教条对人们思想的束缚;在自然科学方面也就有极大发展,还出现了文学、艺术的高涨。人们的精神生活面貌,随着各国社会和历史条件的不同,在各个国家带着各自的特征,我国自然在学术研究方面也有自己的特色。

在出版科学人才方面,人们会注意到“执政为民”、“以民为本”的政治文化思想出现。从中国的社会文化现实环境看去,前面的远景是将可能随着“以民为本”的指引而发展的。人才的涌现是国家繁荣的保证,各项事业和工作的开展才有望,人才的群体才有宽阔的发展空间。

末了我还是抄录胡愈之前辈于 1980 年 7 月为《中国出版年鉴》所写的发刊词中几句话:

“由于我们底子薄，技术落后，加上十年浩劫的破坏，要保证最大限度地满足整个社会经常增长的物质和文化需要，我们出版工作者还要经历一段相当艰苦的过程。”

2005 年 8 月 26 日午夜

总　目

目　录

张元济

高梦旦

梁启超

杜亚泉

陈独秀

张元济

张元济(1867~1959),浙江海盐人。字筱斋,号菊生,1892年考取进士,任翰林院庶吉士。曾任刑部主事、总理各国事务衙门章京,因参加戊戌变法运动,被革职“永不叙用”,后去上海,任南洋公学译书院院长,致力于文化事业。1902年应夏瑞芳之邀,进商务印书馆,投身于出版事业。他曾先后任商务印书馆编译所所长、总经理、监理、董事、董事长等职,新中国成立后,任全国政协委员、全国人大代表、上海文史馆长。

张元济是抱着“昌明教育生平愿,故向书林努力来”和“吾辈当以扶助教育为己任”的决心来从事出版事业的,他想通过兴办出版事业实现世间“无良无贱、无智无愚、无长无少、无城无乡”,使国人都能受到教育,最终达到惊醒中国东方“睡狮”的理想。

商务创设之初,规模小,印刷落后,张元济高瞻远瞩,大胆网罗人才,设立编译所,确定编译方针,革新印刷技术,在较短时间内,商务成为亚洲出版规模大、负有盛名、影响深远的新式出版企业。

张元济进馆之初,适逢清末废科举兴学校,各类公私学校应运而生，新式教材的供应成为当务之急。张元济把主要精力用来编辑出版新式教科书上。在他主持下，编辑出版了中国近代史上新式完备的初小、高小教科书——《最新小学教科书》，接着又编辑出版了《最新修身教科书》。这两套新式教科书出版后，全国欢迎，风行一时，开创了我国学校用书的新纪元。与此同时，他还非常重视工具书的出版，组织出版了《辞源》等一批风行海内的工具书。

作为革新派人物，张元济积极倡导学习借鉴各国的先进文化。他远涉重洋，先后前往日本及欧美国家，考察教育、出版、印刷事业，回国后，组织编印了“汉译世界名著”丛书，把大批世界社会科学名著、欧美小说等介绍给中国读者。

张元济在重视图书出版的同时，还很重视期刊的出版工作。从1901年开始，他主编《外交报》达十年之久，又积极倡导创办了大型刊物《东方杂志》和影响巨大的《小说月报》等二十多种刊物。

继承祖国文化遗产，主持出版重要古籍是张元济的另一重大贡献。他先后主持影印出版了《四部丛刊》、《续古逸丛书》、《百衲本二十四史》三种丛书，共六百多种、近两万卷。尤其是在他退休之后，历时十年，用尽全力辑校《百衲本二十四史》，可谓“寝馈皆忘”。该书校勘精细，出版后，誉满中外。其本人精通版本目录学，著有《涵芬楼烬余书录》、《宝礼堂宋本书录》、《涉园序跋集录》、《校史随笔》、《张元济日记》、《张元济书札》、《张元济傅增湘论书尺牍》、《张元济诗文》、《中华民族的人格》、《国民读本》等。

张元济从事文化教育出版工作七十余年，一生以传输先进文化为己任，是一位进步、爱国、富有改革精神和远大抱负的出版家，是近代出版业的开拓者。茅盾称他是中国近代文化史上“开辟草莱的人”。在张元济90寿辰之时，茅盾在祝辞中说：“从戊戌以后，菊生先生致力于文化事业，创办商务印书馆，在中国于是始有近代化的出版事业。商务印书馆在介绍西洋的科学，文学，在保存和传播中国古典文学和其他学术著作方面，都有过重大的贡献。将来的历史将记录菊生先生这些对于祖国文化的贡献。”陈原评价张元济说:“他和其他先行者一起,创设了一个在当时显得无足轻重的机构(商务印书馆),为积累文化奋斗了一生:无怨无悔,无取无求,他不以文传世,却以他所创办的事业,造福世世代代。”

《百衲本二十四史序》前序

张元济

昔司马温公尝言:“少时惟得高氏《小史》读之,自宋讫隋正史,并南北史,或未尝得见,或读之不熟;今因修南、北朝通鉴,方得细观。”章实斋又言:“通鉴为史节之最粗,而纪事本末又为通鉴之纲纪奴仆。尝以此不足为史学,而止可为史纂、史钞。”由是言之,为学不可不读史,尤不可不读正史。正史汇刻之存于今者,有汲古阁之十七史,有南、北监之二十一史,有武英殿之二十四史。南监本多出宋、元旧椠,汲古阁雕,亦称随宋版精本考校。然今皆不易致。北监本校勘未精,讹舛弥甚,且多不知妄改。昔人久有定评。其为世最所通行者,莫如武英殿本。数十年来,重梓者,有新会陈氏本,有金陵、淮南、江苏、浙江、湖北五局俛配汲古合刻本;活版者有图书集成局本;石印者有同文书局本,有竹简斋本,有五洲同文局本,先后继起,流行尤广。惟是殿本校刻,虽号精审,而天禄琳琅之珍秘,内阁大库之丛残,史部美不胜收,当日均未及搜讨,仅仅两汉、三国、晋、隋五史,依据宋、元旧刻,余则惟有明两监之是赖。迁《史》集解、正义多所芟节,《四库提要》罗列数十条,谓“皆殿本所逸。若非震泽王本具存,无由知其妄删”。然何以不加辑补?琅邪章怀两汉旧注,殿本脱漏数字,乃至数百字不等。宋嘉祐时校刊七史,奉命诸臣刘、范、曾、王皆绩学之士,篇末所疏疑义,备极审慎,殿本留贻,不逮其半,实则淳化、景祐之古本,绍兴、眉山之覆刻,尚存天壤，何以不亟探求，任其散佚？是则检稽之略也。《后汉》续志，别于范书，殿本既信为司马彪所撰，而卷首又称刘昭补志，且并为百二十卷，厕八志于纪、传之间。国志鼎立，分卷各殊。殿本既综为六十五卷，而三志卷数，又仍各为起讫。其他大题小题之尽废旧式者，更无论矣。是则修订之歧也。薛氏《五代史》，辑自《永乐大典》及其他各书，卷数具载原稿，乃锓版之时，悉予刊落，后人欲考其由来，辄苦无从循溯。又诸史均附考证，而《明史》独否，虽乾隆四十二年有考核添修之诏，而进呈正本，迄未刊布。且纪、志、表之百十六卷，犹从盖阙。是则纂辑之疏也。蜀臣关羽，传自陈寿，忽于千数百年后，强代秉笔，追谥忠义。薛史指斥契丹，如“戎王”、“戎首”、“猃狁”、“贼寇”、“伪命”、“犯阙”、“编发”、“犬羊”等语，何嫌何疑，概为改避？又明修《元史》，洪武二年先成本纪三十七、志五十三、表六、传六十三、目录二；翌年续成纪十、志五、表二、传三十又六，厘分附丽，共成二百一十卷。一见于李善长之表，再见于宋濂之记，殿本则取先后成书之数，并为一谈。李表既非原文，宋记复失存录；是则删窜之误也。南齐巴州之志，桂阳始兴二王之传，蜀刻大字曾无阙文。果肯访求，何难拾补？然此犹可曰孤本罕见也。宋孝宗之纪，田况之传，至正初刊，均未残佚，而何以一则窜合二字，充以他页；一则脱去全页，文理不贯？然此又可曰初版难求也。《金史》礼仪志、太宗诸子传，初印凡阙二页，嗣已出内府藏本校补矣。而后出之本，一乃补自他书，一仍空留素纸。其他少则一二句，多至数行数十行，脱简遗文，指不胜屈。犹不止此，阙文之外，更有复页，如《宋史》卷三十五之孝宗纪，《元史》卷三十六之文宗纪是。复页之外，更有错简，如《元史》卷五十三之历志是。此则当日校刻诸臣，不能辞其粗忽之咎者也。长沙叶焕彬吏部语余：“有清一代，提倡朴学，未能汇集善本，重刻十三经、二十四史，实为一大憾事”。余感其言，慨然有辑印旧本正史之意。求之坊肆，丐之藏家，近走两京，远驰域外。每有所觏，辄影存之，后有善者，前即舍去，积年累月，均得有较胜之本。虽舛错疏遗，仍所难免，而书贵初刻，洵足以补殿本之罅漏。诵校粗毕，因付商务印书馆，用摄影法覆印行世。缩损版式，冀便巾箱；真面未失，无虑尘页，或为有志乙部者之一助欤。

中华民国十九年三月朔日，海盐张元济

选自张人凤编《张元济古籍书目序跋汇编》，商务印书馆2003年

记影印描润始末

张元济

一九三三年（民国廿二年）

自雕版活字兴，有裨于书籍之流通者，功效至巨，其法昔人言之详矣。影印之术传自泰西，先以原书摄影，继以化学药品镀于石版或金属版上，以机器压印，与原书毫发无异，视雕版活字尤便。然以印新本则易，以印旧本则难。新出之书原甚清朗，纸墨偶有损剥，字形遂受侵蚀。工人持刀笔恣意修补，其误亦与雕版活字无别。至于旧刻，版多刓损，甚者文字几不可辨，墨渖旁溢，瘢垢盈纸，若不葺治，恐难卒读。昔年总理衙门影印《古今图书集成》，所以有先就底版描润之举也。百衲诸史，多为宋元旧刻，其漫漶视《古今图书集成》不啻什百。前岁已印之前后汉书、三国志、五代史记版刻较多，辽、金二史去今未远，所选本亦稍完善，有待描润者鲜，独南北七史仅有眉山一刻，天水旧椠竟成孤帙，其元明递修者，乃至号为邋遢本（即如《宋书》，最初者为绍兴原刻，次浙中补版，所补亦不止一次；入元又补，今所知者有至元版；明补有弘治、嘉

靖、万历三版。甚至同一页中有两朝或三朝凑合者,约计不下十余版)。垢敝情状,可以想见描润之事,不容稍忽。请详言之。原书摄影成,先印底样,畀校者校版心卷第页号。有原书,以原书,不可得,则以别本。对校毕,有阙或颠倒,咸正之。卷页既定,畀初修者以粉笔洁其版,不许侵及文字。既洁,复校。粉笔侵入文字者,记之,畀精修者纠正。底样文字有双影、有黑眼、有搭痕、有溢墨,梳剔之。梳剔以粉笔。有断笔、有缺笔、有花淡笔,弥补之。弥补以硃笔。仍不许动易文字。有疑阙之,各疏于左右阑外。精修毕,校者复校之。有过或不及,复畀精修者损益之。再复校。取武英殿本及南北监本、汲古阁本与精修之页对读。凡原阙或近磨灭之字,精修时未下笔者,或彼此形似疑误者,列为举疑,注某本作某,兼述所见,畀总校。总校以最初未修之页及各本与既修之页互校,复取昔人校本史之书更勘之。既定为某字,其形似之误实为印墨渐染所致,或仅属点画之讹者,是正之。否则仍其旧。其原阙或近磨灭之字,原版有痕迹可推证者,补之。否则宁阙。阙字较多,审系原版断烂,则据他本写配,于阑外记"某行若干字据某某本补",复畀精修者摹写。校者以原书校之,一一如式。总校复校之。于是描润之事毕。更取以摄影,摄既修片,修既制版。制版清样成,再精校。有误,仍记所疑,畀总校。总校复勘之,如上例。精校少则二遍,多乃至五六遍。定为完善可印,总校于每页署名,记年月日,送工厂付印。此描润经过事实,以眉山七史为尤繁重。今取《宋书》底样、清样各一页附后,俾资参较。区区之见非曰有当,亦要与读者共商榷之尔。

中华民国二十二年十二月,海盐张元济

附:修润古书程序

一、遇有断笔、缺笔、花笔、欠周到之笔,均须硃笔描修。

二、描朱笔画须与各该字原有未修之笔画姿势相仿。粗细、疏密、润涩，凡此笔与彼笔（如连横、连直之类）、此旁与彼旁、此字与彼字，宜求相称。

三、如书中有避讳之字（另附清表），描时须注意，勿误认作缺笔描补。

四、如遇模糊之字，有疑义者不描。但必须于眉端或左阑外空白处注明。

五、遇有印章盖过之字，如印章应留，则盖过之字可以不描。

六、边阑行线不必描。

七、遇有不应填粉之阑线、行线或笔画误被粉笔经过留有粉痕之处，均须硃笔加描还原。

八、遇有污点漏未填粉之处，须随手用粉笔补填。遇有双影黑眼，尤须注意，应用粉笔钩点描好。

九、描朱后原有墨痕露出若芒刺者，应用粉笔修盖。

十、凡原版断裂，有数字连接者，无论纵横，除批明可描者外，应留断痕，切勿于断痕处描朱，致将字形拉长。

十一、板片陈旧，每字直竖有横裂纹者，应一律用朱笔描补。

十二、遇"宀"、"口"、"日"、"弓"、"臣"一类之字，起讫处均应连接，不宜开口。

十三、点画过于臃肿者，应用粉笔梳剔。又过细者，应用朱粉分别填补，务令清楚停匀。遇有"形劣纠正"戳记之字，尤宜注意，先用粉笔烘托，再用朱笔修补。

十四、两字笔画起讫误连，或同在一字中之笔画不应连而连者，均应用粉笔隔断。其隔断之处仍须修润，使无痕迹。

附二：修润要则

一、用朱不可淡，用粉不可堆积。

二、忌露出笔锋，致失古意。

三、忌露出修过痕迹。

四、除断笔、缺笔（除避讳字外）、花笔、欠周到之笔，应用朱笔描补，此外切不可将朱溢出墨迹之外。

五、有过于粗肥之笔，与四周之字或本字不相称者，应用粉笔修润。如用粉偶然过分，仍用朱笔补足。总之匀称二字，至为紧要。

六、各页字体不同，修润之时务照本页字体，切不可使用自己笔意，庶修成之后与原书初印本一样。

七、朱墨两色照相不能分别，故用朱笔描过之后，周围留有墨迹者，仍须用粉笔将墨迹填去，否则照出后仍与未描朱同。

附三：填粉程序

一、填粉时当处处为描朱地步着想。

二、所用之笔不可令干。不用时须随手洗净，保持其锋。

三、蘸笔须浓淡适宜。

四、运笔时勿将应有笔画盖过，致将来描朱多费工夫，或致遗漏。

五、填时除点笔外，不可停顿，致粉质堆起，照相时或因此发生微影。

六、黑眼应用笔点清，挤笔应用笔梳清，如万不得已无法梳清，不妨将太挤之画约略填粉，留俟描硃时重描。

七、纸瘢、细污、黑影，不论字外内，均须盖去。

八、所有句读黑点，悉行填粉，切勿遗漏并伤损原字。

九、填粉不可侵犯匡线、行线。

十、整个黑钉无字者，不可填粉。

十一、填时须自左至右逐行挨次顺填，庶免遗漏，或为衣袖所擦。

十二、填成一面即自覆一过，遇如有漏填，或填未盖没，仍有透露之处，即行补填。

1933 年 12 月

选自张人凤编《张元济古籍书目序跋汇编》,商务印书馆 2003 年

致鲍咸昌函

张元济

弟与吾兄订交二十余年矣。自入公司后,见吾兄实心办事、公正无私,知公司必能发达。故深愿竭其愚诚以为吾兄之助,而为中国实业造一模范。故凡涉公司之事,无论大小,知无不言,言无不尽。吾兄亦无不采用,故弟更感奋以图报。弟近来主张公司重要职员子弟不宜入公司,宜在外就事养成资格一节,亦无非为公司大局起见。不料昨日晤谈,吾兄词色愤懑,甚不谓然。弟深为惶愧。嗣后友人亦多以尊见来告,弟闻之尤为抱歉。公司用人,除重要职员须经总务处会议外,其余各所进退非重要之职员,本系所长之权。昨承面告,拟招庆霖世兄再回印刷所,并声明非副所长问题,云云。弟原可以不问,惟以二十余年与吾兄既以友谊询商,弟即不能不以诚心相待,故敢本明日之主张,以为于公司不相宜。作朋友之忠告,且亦不专为公司计也,为世兄计,为吾兄办事计,亦有不相宜之处。此时吾兄气愤甚盛,弟亦不敢多言,容俟将来再行陈说。吾兄手创商务印书馆,勤劳已二十五年,弟亦追随二十年,致今日有此成绩。吾兄极爱公司,弟亦不敢不爱公司,故对于公司利害有关之事,不能不言。今日王莲溪兄来言,亦反对弟之主张,谓鲍某某儿子可以进来,我的儿子亦要进来,凡重要职员的儿子都可以进来,云云。弟即告以人人都有儿子,将来都要进公司,恐不成话。我驳其为争夺权利之见。莲兄点头许我。此时言之原属过虑,吾

兄或不愿闻,吾兄必欲招世兄复回印刷所,吾兄尽可行使职权,弟亦何能阻止,但望日后遇有公司因此为难之时,追思老友之言,宽我今日之罪,则弟感幸甚深矣。冒昧陈词,惶悚无地,统祈恕宥。专此。顺颂台安。

十一年九月十日

选自《张元济书札》(增订本),商务印书馆1997年

附:

先父张元济不准我进“商务”

张树年

1931年我在圣约翰大学毕业前夕,与几位知己同学谈论毕业后谋事的问题。其中有一位同学比较知道我家庭情况的,他说你毕业后即将去美留学,得了硕士学位回来,再凭你父亲在商务的地位,你必然会进去工作,找事对你来说是不成问题的。我从美国回来后,对于找工作的问题向先父表示,一不愿进政界,因为在政府机关任事,全赖人事关系,所谓一朝天子一朝臣,职业不稳定。二不愿进洋商企业。在美留学时看到不少歧视华人的种种情况。不愿在本国国土上为洋老板效劳。先父同意我的主张。接着他说:“你不能进商务,我的事业不传代。”他还分析了我进商务有三不利。第一,对我不利。由于先父在商务的地位,我进去之后必然有人,甚至有一帮人会吹捧我,那就使我失去了刻苦锻炼的机会,浮在上面,领取高薪。岂不毁我一生。第二,对先父不利。父子同一处工作,在公司内部行政工作上先父处处将受到牵制,尤其在人事安排上,很难主持公道,讲话无力。第三,对公司不利,这将开一极为恶劣的风气,必然有人要求援例。人人都有儿子,大家都要把儿

子塞进来,这还像什么样的企业。最后先父说:“我历来主张高级职员的子弟不准进公司。我应以身作则,言行一致。”回忆当年我们父子的一席话,历历在目。在50年前的旧社会,子承父业是天经地义,而先父却主张“不传代”。在当时的社会环境里能冲破千百年传统的思想是十分了不起的了!至今还给我留下深刻的印象。

原载《人物》1982年第3期

先父张元济的最后10年

张树年

父亲张元济(菊生)先生自1949年12月25日突患偏中,至1959年8月14日逝世,10年病榻生活值得追记者,分述如下:

1949年12月25日,商务印书馆工会成立大会,父亲应邀参加,在致词时,突然摔倒,众人即刻把父亲送入中美医院(今凤阳路长征医院)抢救,同时派人来找我,立即同往医院,见父亲尚未苏醒,来势很凶。我认为应迁出中美医院,改请乐文照医生治疗,便立即至静安别墅乐医家中,将父亲起病经过告之乐医,请他医治,乐文照愿意一试,乃同至中美医院,断为脑血栓病。翌日迁到离家较近位于延庆路的剑桥医院。说来也巧,从中美医院至剑桥医院途中,父亲躺在病车中清醒过来。经乐文照医师精心医治,病情渐见好转,1950年5月出院回家,但左侧瘫痪已无法恢复,一切生活均在病榻,特制床桌应用,可以看书写字,一日三餐也用此桌。

为友人著作题签

回家静养，精神更见好转，恢复毕生书写习惯。记得最早是为友人题书签，第一部为《汪穰卿师友书札》。汪穰卿名康年，父亲壬辰会试同年，戊戌变法时期在上海办《时务报》。父亲甚赞该报“以激士气，以挽颓波”，愿在京任推销之责，一度与林旭共同负责。第二部是《樊锥文集》，樊系清末维新理论家。第三部是《粟庐曲谱》，即昆曲大家俞宗海先生所谱的曲本，其子振飞在香港印行，特来求父亲题签。陈叔通先生看见之后，曾来信称“腕力不异畴昔，健康可喜”。俞粟庐、振飞父子与俞平伯友善，誉为南昆一绝“俞家唱”。

在虎尾浜故居

父亲一向关心家乡教育事业，数十年间几乎从不间断。海盐中学借冯姑母三乐堂校舍，屋主索回房屋，校长吴鹿鸣特来上海与我父亲商量，父亲慨然允诺，将虎尾浜故居租与校方使用，仅年收一石米的象征性房租。解放后决定将旧宅30间房舍捐赠与海盐中学，以表对家乡子弟教育的支持。后来县中陆续建了几幢校舍，旧居改作教工宿舍。1982年旧宅拆除，在原址建起四层楼实验大楼。县中是浙江省的重点中学，建校50年中，共培养初、高中毕业生15000人。父亲泉下有知，当为之欣慰。

祖父德斋公去海南陵水县赴任，祖母谢太夫人携伯父、父亲、姑母、四叔全家迁回海盐，买下虎尾浜南岸一所有近百年屋龄的旧宅。父亲在这宅所就读于查济忠和朱桂卿两师。先后于1884年和1889年赴嘉兴府考秀才，应杭州乡试，中举人。1889年冬与太夫人完婚，直至1892年（壬辰年）赴京会试，中二甲第24名进士，授翰林院庶常馆庶吉士。在海盐共住了12个年头。我10岁时第一次回家乡,父亲带领我去虎尾浜故居,房屋破旧不堪。父亲指点他读书的书房和卧室给我看。园中两株双人合抱的银桂系谢太夫人亲自栽培的。可知父亲对故居有深厚的感情。

编纂《涵芬楼烬余书录》

父亲掌商务印书馆编译所期间,为涵芬楼收购善本书为数可观。当时战乱不断,为安全起见,将其中5000册宋元善本存放在租界内金城银行(今江西中路交通银行)保管库内。"一·二八"事变日本侵略者对我中华文化的浩劫中幸免于难。父亲为这批善本曾编目录初稿,但一直没有付梓。经李拔可先生一再催促并约请顾廷龙(起潜)先生协助。起潜兄几乎每天来我家,在父亲病榻旁研讨如何整理、定稿。父亲在序文中称,取名"烬余"二字,意在"志痛"。起潜兄在《涉园序跋集录》后记中有一段协助父亲整理《烬余书录》的记述:"先生秉赋特厚,神明强固。曩岁承命佐理校印《涵芬楼烬余书录》时,病偏左未久,偃仰床第,每忆旧作,辄口授指画,如某篇某句有误,应如何修正;又如某书某刻优劣所在,历历如绘。盖其博闻强识,虽数十年如一日。此岂常人所能企及,谓非耄耋期颐之征而何。"

喜阅《金石录》

1951年老友赵从蕃(仲宣)子世暹(敦甫)在南京书市购得宋代赵明诚《金石录》一部,计30卷,特来请父亲鉴别真伪,父亲阅后大喜,确认为真品。20年代时傅增湘为父亲在北京访得一部(清)吕无党抄本,系我家涉园藏本,钤有张氏历代藏书印记四枚。父亲将这部《金石录》辑入《四部丛刊》续编。赵敦甫世兄发现的这部宋刻本确系海内孤本,和父亲同时代的古籍专家均未见过,甚至根本不知其尚在人间。父亲兴致极高,立即设法借得苏州潘氏滂喜斋原藏十卷宋刻本的历代诸人题记,进行对校,最后将考证结果撰成一篇一千三百余字的跋文,以毛笔写在书后,并盖两印,署上"辛卯立夏节日"时间。敦甫以为珍本不宜私藏,愿献诸国家,时郑振铎先生正在上海,敦甫当面交与振铎带京。前些年此书影印本出版,流传于世,父亲的跋文亦附于书末。

任文史馆馆长

1952年10月的一天晚上,市委统战部长周而复陪同中央统战部长李维汉来访,向父亲谈及政务院本着敬老崇文的精神,拟建立文史研究馆,周恩来总理指示,知识分子中还有一批有相当学识,在地方上有相当声望的人士,但年老体弱,不能担任辛劳工作者,应采取适当办法,吸收他们参加适当工作。李维汉请父亲担任上海市文史馆馆长。父亲当时因偏瘫床榻,没有同意。翌年春,上海筹建文史馆,周而复致函陈叔通先生,请其转告父亲及早就任;尤其是陈毅市长两度到家父榻前,转达毛主席指示:"上海文史馆首任馆长非其莫属。"父亲不再推辞。

家藏文物献诸国家

父亲历来主张,珍贵文物善本古籍,藏诸公家较藏在私人家中为宜,公家有专人负责妥善保管,有场地举行展览,供诸于众,使国人有观赏机会。本着这一思想,50年代初将几种家藏文物献诸国家。

(一)在孤岛时期,父亲购得常熟翁氏流散的翁心存翁文端公日记稿本(翁同龢之父)25册。文端公为清代道光咸丰两朝重臣,其日记史料价值极高。本拟由商务印书馆排印出版,后因故未印。1951 年 5 月,父亲托郑振铎带京,说明系代翁氏后人捐与北京图书馆。

(二)捐赠家藏文物四件

家藏清初文学家龚鼎孳孙承泽手书巨幅屏条和澹归上人条幅二件,上款均为十世祖张惟赤螺浮公。1952 年 8 月父亲致函郑振铎,愿将上述四件文物捐赠国家。年底,上海文管会王冶秋局长派吕曾白来取这批文物,并带来王的信件,称“尊斋所藏澹归上人及龚芝麓等书件四幅宝藏,达三百余年,且有先德上款,此次承慨允捐献,供诸大众,先生爱护文物与爱国保家精神,至为敬佩”。吕君偕数名青年,将龚孙堂幅联同所配红木玻璃镜框从墙上取下,包扎运走。

(三)鹿鸣宴杯

鹿鸣宴杯盘是螺浮公于清顺治年间乡试中举赴鹿鸣宴所得,银质杯盘一套,装在玻璃盒中,于 1953 年暑假珑儿回家探亲,父亲命其回京时带交郑振铎先生,并写短文说明此文物的考证,文录如下:

先九世祖张讳惟赤,别字螺浮,顺治甲午顺天乡试举人,乙未科进士,官至工科掌印给事中。按清会典各省乡试筵燕考试及新中举人,应给金银花杯盘,披红绸缎。是为公于乡试举时赴鹿鸣宴所得之杯盘,均系银质。盘上錾有顺治甲午科顺天乡试鹿鸣宴十二字,制作甚精。藏余家者三百年。余于光绪己丑恩科,本省布政使司只给币数圆,不知改于何时。余尝问友人中家世科第者,均云从未获睹,盖废弃已久矣。今政府重视社会文化事业,设局专司其事,此为国家数百年典章之遗器,故谨以为献。

公元一九五三年海盐张元济谨识

病榻听曲

父亲毕生爱好有三:书、花卉、昆曲。早年父亲为涵芬楼收书,从经典善本,扩大到杂剧、传奇、曲谱。在浏览中领略了昆曲的高尚,全在于"雅"。20 年代中,传字辈演员出科在上海徐园演出,父亲偕家人常去观赏,成为辛劳之余的艺术享受。1949 年偏瘫床榻,收音机中听不到昆曲节目,为了解闷,向刘诉万世兄借得几张唱片,久之觉得不过瘾。我想起内兄葛芃吉是上海昆曲研习社社员,就请其邀几位社友来家清唱。节目有"琴挑"、"乔醋"、"游园"、"刺虎"、"小宴"、"惊变"、"望乡"。我们略备便饭饷客,大家尽兴而散。父亲特别高兴,虽不是舞台表演,在房中清唱别有风味。社员中几位是熟人,如芃吉是至亲,陆济民有年谊,称父亲为年伯,王吉儒系老友严家炽的儿媳。周传瑛夫人张娴虽初次见面,但三十多年前父亲就看了传瑛、传铮弟兄出科时的演出,对他们艺术上的成长和昆曲衰落中的处境一直表示关心。那天传铮一进房门,见了父亲就说:"原来就是这位老先生,在徐园常常拿了曲本坐在第一排听戏。有一天晚上大雨,台下看客只有老先生一人,按照昆曲的惯例,照样演完全部节目。"

原载 1997 年 2 月 8 日《文汇读书周报》

张元济的人才观和人才管理实践活动初探

张人凤

张元济 1892 年(25 岁)中进士,授翰林院庶吉士,次年入清政府刑部。1896 年考入总理各国事务衙门,任章京。1898 年戊戌变法失败,被革职,来到上海。1901 年入商务印书馆,创立编译所,1903 年任所长,1916 年任经理,1920 年任监理,1926 年退休后任董事长。本文主要叙述张元济 20 世纪初的近三十年中,即主持商务印书馆工作期间的人才思想和人才管理实践活动。同时也联系到他在清廷任职时期内人才思想的形成。

一 在清廷任职时期形成的人才思想

张元济受过严格的儒家传统教育,走尽科举历程,进入清王朝的政府机构。对于一个既有深刻家庭文化背景,又生长在贫穷、偏僻的小县城里的青年知识分子来说,此时展现在他面前的无疑是一种与以往经历迥然不同的情景。他开始面对上层的政务和京城中的各级官员。然而外侮日烈,清王朝日趋衰败,暮气沉沉的衙门和昏庸无能的官吏,使他感到茫然。发出了"深恐一入樊笼,将来必成废朽"①之叹。总理各国事务衙门这个特定的场合,使张元济最直接地接触到西方许多先进的经济、政治、科学、文化等方面的新知识体系,看清了当时的世界已是列国纷争的世界,进而感到清王朝的闭关自守将无法维持下去。而大臣们闭塞、落后的观念达到了大则误国,小则令人啼笑皆非的地步。1897 年张元济看到一份驻美公使伍廷芳寄回来的美国进口茶叶章程,内容甚为详细,既可作为我国工商管理方面的借鉴,又应引起我国茶叶出口商的注意。他打算把这份材料抄录下来,寄给汪康年,登载到《时务报》上,不料被衙门内一名官吏看到,给张扣上"泄漏军机"的大帽子。许许多多这样的事例,使他得出"时至今日,培养人材最为急务"②的结论。正因为如此,他从 1895 年到 1898 年间,自习英文,与友

① 〈致汪康年书〉,《张元济书札》,第 10 页。

② 〈致汪康年〉,《张元济书札》,第 20 页。

人结社“约为有用之学”，[1]最后克服重重阻力，在北京办起通艺学堂，招收约四十名年轻官吏，“专讲泰西诸种实学”。[2]

1898年，随着变法的呼声日益高涨，能适应新政的人才更见竭蹶。这时凡有人条陈新政，光绪帝总是交总理各国事务衙门议事，但总署专为外交而设，各方面政务并不熟悉，人手也不够。康有为在《应诏统筹全局折》中建议内廷设制度局，专门研究订立法律、税计、学校等各方面的新章。但张元济认为此事由于人才缺乏，还不能急于实施，不如在总理各国事务衙门内“多设数股，专理新政，需用人员由堂官奏调，不拘资格，优给薪水。凡西政之可行者，均于无事时先行考订清晰，酌定办法。如有交议，咄嗟可办。……数年而后，诸人于各事渐有头绪，即为设专署治事，亦能胜任”。[3] 这里可以看出，张元济对于举办任何一项事业必先储才的思想已经形成。不仅如此，他还能提出在实践中锻炼培养人才的具体可行方案。信中“数年而后”一语也表明他对人才形成的时间周期的认识，即所需专门人才无法一蹴而就，必须经过一定的培养周期。这是储才思想的基础。

1898年6月16日，张元济受到光绪帝的召见。这对于一名品阶很低的年轻京官来说，确是仕途中极为特殊的待遇。在这一难得的时刻里，君臣所谈也正是人才问题。光绪认为“廷臣唯诺，不达时务”，并三次讲到讲求西学的人太少。张元济谈到要开铁路，必须赶紧预备人才，不但铁路，即矿山、船厂，以及外交等诸多方面，都亟须培养人才。他建议“设馆储才，以备咨询，而归重于学校科举两端”。[4] 9月5日，就在变法濒于失败，已是“险象环生”的

---

① 张元济〈送简庵人滇序〉，《张元济诗文》，商务印书馆，第169页。

② 张元济〈通艺学堂章程〉，同上，第100页。

③ 《复沈曾植》，1898年8月5日，原信抄件。

④ 《复沈曾植》，1898年8月5日，原信抄件。

时候，张元济上了一道《痛除本病统筹全局以救危亡折》，共列5条总纲，下又分列40条细目。其中"定用人之格"详细论述了他对人才问题的看法。他说："今之策时事者，动曰人才缺乏。臣则以为人才自在，不善用之，故有才如无才耳。"①接着提出14个细目，包括裁撤旧衙门，增设新政衙门；将旧衙门中可用之才，入新政衙门任职；各衙门设堂官一人、副职一人，职责分明，不致推诿；一人专司一职，不得兼职；不愿行新政者，不必曲从，可以原品致仕，其历来勤劳者，可给予全俸，三品以上可给予一子入大学堂肄业；学堂已经设立，不能不废除科举等项。所有这些见解，可以看到张元济当时在国家全局的高度，对于宏观的人才管理作过认真的思考，对于人才的重要性有着充分的认识，对政府行政官员的管理有一套较为完整的办法。半个月后，变法失败，这些措施当然也就无法实行。但从今天看来，他的人才管理思想，还是很科学的，也还是有一定的开拓性的。尤其是裁撤旧部，对于不愿执行新政的官员给予一定俸禄后退职等，可谓大胆。废除科举之说，是维新人士的一致见解，后来变法虽然失败，这一项终究还是实现了。

戊戌时期张元济人才思想之深刻，还在于下面这样的观点：他既十分赞成变法维新，又认为康、梁的做法过于激进。由于人的素质跟不上——这里理应包括能理解并执行新政的官员太少及人民群众对于新政更是一无所知这样两层意义，但张元济当时的认识，还只能是停泊在第一层，和其他维新人士一样，很少能深化到整个国民素质这一层——所以激进的变法不大可能成功。他认为只有抓紧时机，兴办新式教育，待民智提高到一定程度之后，推行新政的条件才会成熟。基于这样的认识，他在戊戌时期倾主要精力于办好通艺学堂，也曾多次建议汪康年在沪办学。当光绪诏各省广

① 《张元济诗文》，商务印书馆，第115页。

设学堂之后,立即劝康有为"出京回籍,韬晦一时,免撄众忌,到粤专办学堂,搜罗才智,讲求种种学术,俟风气大开,新进盈廷,人才蔚起,再图出山,则变法之事不难迎刃而解"。[①] 康有为没有听从。后来历史的进程是康梁变法失败,而张元济的观点更无法得到实践的检验。然而社会的发展,体制的转换和进步,要有与之相适应的人才,乃至国民素质,不失为一种十分有益的见解。

二 主持商务印书馆时期的人才思想

1898 年底,张元济来到上海,在南洋公学任职三年之后,即应商务印书馆创办人夏瑞芳的邀请,加入商务。这时商务创办才四年,资金不多,厂房设备简陋,以印刷为主,通过购买书稿而出过几种书,多因稿件质量不高而无销路。张元济对夏瑞芳说,如果要发展商务的事业,必须自己编书;要自己编书,就要自设编译所,聘请一批编辑人员。夏瑞芳接受了他的意见。1901 年张元济推荐蔡元培为编译所长,1903 年蔡离去,张继任此职,直到 1918 年。此时清廷诏办学堂,各地新学纷纷设立,但是缺乏好的教科书。张元济主持编译所,聘请了一批学识渊博的编辑,从事教科书的编纂。分析一下他们的情况,便不难看出张元济的人才思想。

高梦旦:少时不登科举,不入仕途,好为实用之学。曾撰文论废除跪拜,受到梁启超的赏识。杭州求是书院改为浙江大学堂后,被聘为总教习,后大学堂选派学生留日,他任留学生监督,在日本考察,得出日本所以兴盛的原因在于教育,教育的根本在于小学的结论。1903 年冬回国时,遇张元济,谈及小学教科书之重要,两人志趣相投,张遂邀其入商务。

蒋维乔:20 岁考中秀才后,就热衷西学,1902 年入南京江苏全

① 〈追求戊戌政变杂咏〉,《张元济诗文》,商务印书馆,第 57 页。

省高等学堂，积极支持革新，成为校内新派“领袖”。后应蔡元培聘，在爱国学社任教。1903 年他抱着办教育应从编辑教科书着手的宗旨，入商务编译所。

杜亚泉：早年即自学数学与理化，1900 年以后到上海开设亚泉学馆，发行我国最早的科学期刊《亚泉杂志》，后创设“普通学室”，编译科学、史地、政治诸书。1904 年应张元济、夏瑞芳邀，入商务编译所任理化部主任。

庄俞：年青时看到科举已无实用价值，就开始学习史地诸科，并与同学创设体育会、演说会、私塾改良会。家乡开设新学之后即受聘任教。1901 年后，有识之士学习外国文化者渐多，他来到上海，设立“人演社”，译印东西文新书。后来经蒋维乔介绍入商务编译所。

另外，还有几位随着商务与日本金港堂合作而来到编译所工作的日本人。他们是曾任日本文部省读物监督和监学的加藤驹二，曾任日本高等师范学校教授的长尾槙太郎，以及小谷重。他们都在编写新式中小学教科书方面有过多年的经验。

就他们几人在 1903 ~ 1904 年编的《最新小学教科书》看，从《千字文》、《百家姓》到四书五经的陈旧模式已完全摒弃，步入了现代教科书的全新领域。这套教科书按新式的学科编写，按学期分册，知识体系由浅入深，再配以插图。每种书又都配以“教授法”，即教师用书。出版后十分畅销。成为我国近代第一套成功的教科书，为我国新学制的实施提供了教材方面的保证。

编译所第一批编辑人员的资历、学识和他们的成果，说明他们具有新的知识结构，热心于新学的推广，并且具有按新知识体系编辑出版物的能力。正是由于张元济人才思想中的一个“新”字，才使他成功地组建了这支商务印书馆最早的编辑队伍，并为商务印书馆的发展奠定了基础。

反映张元济人才思想中“新”字的另一个突出事例是他在五

四新文化运动时期对商务编译所的一系列人事改组。这时他已经五十开外,一方面看到年龄增长这个自然规律,更重要的是看到时代进步很快,商务出版物失去了世纪初的锐气,外界意见不少,压力很大,而自己的思维和知识结构有跟不上的危险。他在给商务印书馆总经理高凤池的信中说道:"吾辈均年逾始衰,即勉竭能力,亦为时几何,且时势变迁,吾辈脑筋陈腐,亦应归于淘汰。瞻望前途,亟宜为永久之根本计划。"①基于这样的认识,在以后的几年中,他大胆地进行了商务印书馆从编译所领导到若干重要编辑业务岗位上的人事变动。

首先,张元济花了很多精力,想聘胡适来主持编译所。胡适1917年7月回国不久,就受到张元济的注意,张在同年10月27日日记中就有蒋梦麟向他推许胡适的记载。1918年初,胡答应张的约请,为《东方杂志》撰文。1921年4月高梦旦受商务高层领导的委托到北京,邀胡适来商务工作。5月15日张元济亲自写了一封字迹工整的正式邀请信:"敝公司从事编译,学识浅陋,深恐贻误后生。嘉承不弃,极思借重长才。……辱蒙俯允,暑假期内先行莅馆。闻讯之下,不胜欢忭,且深望暑假既满,仍能留此主持。"胡适在这一年7月至9月到商务作了详细的考察,给张元济提交了一份万言报告。最后他没有同意辞去北大职务,推荐王云五自代。这就开始了商务印书馆编译所长这个掌握出版方向的关键岗位的人事更替。

同时,商务印书馆对发行量很大的一些杂志进行了改组。1920年秋,张元济和高梦旦到北京,见到蒋百里,表示希望结识新文化运动的风云人物。蒋百里介绍了郑振铎,并转达了郑等文学研究会成员欲创办文学杂志的要求。几天以后,郑振铎来访,商谈了《小说月报》改革之事。张和高回到上海,很快找文学研究会在

① 《张元济书札》,第188页。

商务的成员沈雁冰，请他出面主持《小说月报》。11月《小说月报》登出一条启事："本刊明年更改体例，文学研究会诸先生允担任撰著，敬列诸先生之台名如下：周作人、瞿世英、叶绍钧、耿济之、蒋百里、郭梦良、许地山、郭绍虞、冰心女士、郑振铎、明心、庐隐女士、孙伏园、王统照、沈雁冰。"《小说月报》的改革可谓雷厉风行，影响很大。保守力量的抵制亦是不少的。后来郑振铎接任沈雁冰，革新的成果保存了下来。

《东方杂志》是商务创办近二十年的第一大刊物，它的主编杜亚泉是最早入编译所的新式学人之一，但这时他的思想已明显跟不上形势，《东方杂志》变得毫无生气。在1920年的改组中，先后改由陶惺存、钱智修主编，最后由新秀胡愈之担负主要工作。《学生杂志》主编交给了杨贤江。杨是有进步思想的年轻人，他每期撰写短评，或指导学生的思想、学习、生活，或抨击军阀统治，立论新颖、批判深刻，为广大青年学生所喜爱。杨贤江后来成为中共党员。此外，《教育杂志》改由周予同、李石岑主编，《妇女杂志》改由章锡琛主编。

商务印书馆出版的杂志，种类多而发行量大，读者很多。这是它的经营特色之一。经过20年代初的改革之后，一大批新进代替了旧人，使刊物出现了崭新的面貌，不仅全面采用了白话文，而且内容也跟上了时代的步伐，为新文化运动提供了一大宣传阵地，做出了贡献。

张元济在任经理期间，与总经理高凤池意见分歧很大。无论资金投向、业务拓展，还是职工待遇、用人问题，往往意见相左，有时甚至意气用事。在多年的磨擦当中，人事问题占主要地位。1919年10月8日张元济致高凤池信中，鲜明地说出了自己在用人问题上的观点："弟生平宗旨，以喜新厌旧为事。……弟敢言公司今日所以能〔有〕此成绩者，其一部分未始非鄙人喜新厌旧主义之所致。”①他认为：“五年前之人才未必宜于今日，则十年前之人才更不宜于今日。即今日最适用之人，五年、十年之后，亦必不能适用也。事实如此，无可违抗。此人物之所以有生死，而时代之所以有新旧也。”②这些思想与高凤池大相径庭。高愿意用旧人、用熟人、用亲朋故交。这在封建性很强、充满小农意识的旧中国大小企业中，是十分普遍的习惯做法。张则认为不论熟识与否，只要看这个人的水平和经验是否合格。他认为公司中之旧人精力衰退，但又不便改变其地位，他们“禄位永保”，办事敷衍，新人则又无法进升，公司不仅负担沉重，更主要的是“事业不能随时势进步”。③他还指出：“本馆营业非用新人、知识较优者，断难与学界、政界接洽。”④当然，对于过去为公司出过力的老人，在辞退时要优给报酬，使他们回家有所赡养。不过对于那些敷衍塞责，甚至营私舞弊者，“则婉言辞退，保其颜面可也”。⑤

张元济这封给高凤池的信，可以说是他的人才思想的一篇有力的论文。限于篇幅，此处只能摘引其要者。他的这些见解，未必能为高凤池所接受，以致两人的矛盾始终不得缓解。这导致了他1920年辞去了经理职务。后经多方调解，高凤池亦同退，二人一起改任监理。1926年张又辞去了监理职务。与高凤池在人才问题上的争论，以及商务开创时期和新文化运动时期的做法，明显地看出张元济对于公司的人才群体，有他独到的见地。也许是由于张元济有在中央政府机构任职的经历，他对国家乃至国际大形势的变化和社会发展的趋向比较敏感，这非常有助于他用发展的、动态的观点来看待人才。他始终坚持人才群体要适应时代的进步，

---

① 《张元济书札》，第192页。

② 〈致高凤池〉，1919年10月8日，《张元济书札》，第190页。

③ 〈致高凤池〉，1919年10月8日，《张元济书札》，第190页。

④ 《张元济日记》，商务印书馆，第118页。

⑤ 〈致高凤池〉，1919年10月8日，《张元济书札》，第190页。

要有新陈代谢，才能使公司的事业保持生机而不致为时代所淘汰，也不致在同行竞争中失败。这样较有系统的人才思想，在20年代或更早一些时候的中国企业家中，是不多见的。

三 在商务的人才管理实践活动

张元济从清政府的一名京官，到商务印书馆的编译所长和经理，他的人才思想必然要从宏观转向微观，要接触到更多具体的人和事。但是他原已形成的储才思想没有改变，而在工作实践中，更丰富了内容，形成了他一整套的管理方法。今分以下几点记述：

人才的发现 张元济始终认为要办事，必先储才。1920年商务资金富余，领导层商议将这些资金投向何处。高凤池认为应发展营业，开办黄板纸厂；张元济赞成在南京路购一块地。他认为办厂虽为上策，但没有一套合适的人马去经营，便无法进行，买地虽非上策，但不需要人去管理，在没有人才的情况下，倒成了良策。此事之争论夹杂了个人的意气，后来谁也没有办成。然而从这件事中可以看出，张的储才思想在他主持商务工作的多年间，始终占据着重要的地位。由于他深信这一条，所以思才心切，求贤若渴。张元济还凭着他自己的学识和对时代脉搏及商务出版方向的把握，或许还加上他办过学校的教育经验，他能敏锐地发现人才的苗子。他多次从创刊上的文章或书稿中去寻找人才的线索。杨端六，1917年在国外留学期间在《太平洋杂志》上发表过一篇题为《会计与商业》的文章，1920年回国后，张元济聘请他入馆设计全公司的新式会计制度，使商务的财务管理提高到了一个新的水平。丁文江，1911年自英国留学动物学、地质学双科毕业回国，在上海当一名中学教师，课余用动物演进观点编写教科书，为张元济发现。商务出版了他的著作，还有意聘他入馆。后因高凤池的反对未果。胡愈之，1914年学完中学二年级后刚踏上社会，经人介绍将几篇作文交张元济阅看，张看出了这个18岁的青年的才气，便将他录取进编译所当练习生。张元济1912年到1923年长达七十余万字的工作日记中，用人问题占了很大的篇幅，提到的人名不计其数，其中不乏有名的学者。有熟人推荐的，有毛遂自荐的，也有张元济慕名去设法聘请的。除了编辑人员之外，还有刚从英、法留学归来的年轻经济学家徐新六（也是因高凤池的反对而未能入馆。后来他在金融界的成就和名望足以证实他的才能）和有一技之长的技术人员、发明华文打字机的周厚堃。

人才为社会所共有，商务印书馆没有必要也不可能网罗全社会所有的专家、学者。当时的体制是编译所自己拥有一支编辑队伍，分成若干部从事编译工作，很少向外"买稿"。张元济除了不断聘请合适的人才进入编译所外，还利用他本人的社会交往，与一批著名学者，如蔡元培、梁启超、严复、夏曾佑、伍光建等保持长期的联系和合作，主动向他们约稿，付给优厚的稿酬，支持他们出国考察和其他学术活动。例如1926年10月30日张约梁启超写稿的信中，说的就是这样的事。他说："前订撰文之约，即自本月为始。弟等之意，仍以按月致送为宜。文兴浓时，可以多做，反是则减少。偶有出入，无所不可，断不必按月计算也。（千字二十元乞勿为人道及，播扬于外，人人援例要求，甚难应付。）"①不仅如此，他还善于发现一些新的"馆外编辑"。颜惠庆，留美回国在上海约翰书院任教时，常到商务购书。张留意到柜台前这位气度不凡的读者，主动招呼，熟识之后便约请颜编《华英字典》。该书经3年而编成，分两巨册，3000页，收英文单词68000个，配入插图和彩色插页。这部词典成为我国英汉词典编纂史上一项有名的成果。馆外编辑的做法，其实是人才队伍的有效延拓，做到馆内外两支队伍的结合与互补，提高了商务出版物的学术水平和知名度。

---

① 《梁启超年谱长编》，第965页。

人才的培养 商务印书馆重视人才培养,办有各类学校。规模之大,历时之久,在出版史上,可以说是绝无仅有的。除了尚公小学和师范讲习班以外,直接为本公司培养人才的是职业学校。从1909年到1921年,共办了6期。职校聘请有经验的教师讲授国文、算学和商业。学徒必须参加学习,工作分配和晋升机会都与他们在职校的学习成绩有关。成绩优秀者还可以获得奖金。这所学校实际上用于为商务各部门培养管理人才和技术人才。40年代进入商务上层管理机构的史久芸、张雄飞、韦傅卿、丁英桂等人,都是这个学校的毕业生。他们在30年代后期和整个40年代的艰难岁月中,成为支撑商务的中坚力量。

涵芬楼和东方图书馆也是培养人才的重要基地。张元济入编译所不久,即为编书之需要,建立了资料室。后来陆续收入几家藏书楼的收藏,于1909年定名涵芬楼。1926年发展成为对社会开放的东方图书馆。1932年1月毁于日本侵略军的战火。它的最终藏书量达46万册,其中不乏大量善本书、地方志和西方社会科学、文学名著。张元济创办的涵芬楼和东方图书馆既在规模上为当时私立图书馆之首,而且在出版业中也是创举。它的作用远远不止于提供参考资料,而且还在于为人才的成长提供了一个十分有利的环境。编辑人员在书籍的海洋中可以吸取无穷的营养,在工作和自习中不断得到提高。茅盾、胡愈之在他们的回忆录中都记述了年轻时对这所图书馆的向往,以及它在他们成才历程中所起的作用。

商务印书馆还选派有关人员出国考察学习。领导层出国考察,对开拓视野,改进和发展经营,增进个人才识都极有好处。张元济本人曾赴欧、美、日考察出版、印刷、教育、图书馆藏书等。王云五就任经理之前亦作了出国考察,张元济还出具介绍信函,介绍他去拜访金港堂主人山本条太郎。山本为商务今后的发展提出了建议。商务采用了在国外写稿、馆方支付稿费的方法,资助胡愈之去法国留学。印刷技术工人被派往日本学习先进技术者亦不少。

人才的使用和管理 商务印书馆创办以来,在馆内形成尊重、爱护人才的良好传统。编译所享有比印刷所、发行所的行政人员较为丰厚的待遇。编辑人员可以在外兼一点课,上下班时间允许稍有松动。实际上他们有了教学实践,对于教科书的编纂无疑是有益的。尊重和爱护人才,当然应包括对工人。商务拥有不少技艺娴熟的工人,他们一丝不苟地辛勤工作是商务成功的必不可少的组成部分。古籍刻版工人徐震水有较高的技术水平,患脑疾后,张元济用自己的汽车送他去一位德国医师处诊治。由于治疗及时,恢复了健康。张元济看到排字工人辛勤劳动,体力消耗很大,尽管他自己对印刷机械并无专长,却亲自绘图,设计了一套新式排字机,意在减轻排字工人的工作负荷。

知人善任,依据各人的专长,安排合适的工作,使其发挥最好的作用,进而使已有的人才群体发挥最佳效益,这是人才管理中很重要的一条原则。这里举孙毓修为例。孙经人介绍入馆时,送来给张元济看的是他编的地理读本,入商务之后又从事儿童文学,主编《少年杂志》,主撰"童话丛书",在儿童文学领域作出了成绩,同时还担任过涵芬楼的管理工作。1910 年前后,张元济打算开拓影印出版珍本古籍这一新的业务领域。因为知道孙是版本目录学大师缪荃孙的弟子,本人也有收藏,于是就委派他从事这方面的工作。后来商务在张元济主持下先后出版的几部大型古籍丛书,如《涵芬楼秘籍》、《四部丛刊·初编》、《续古逸丛书》等,孙毓修就是他的主要助手。张因从事大量烦杂的行政事务,在制订古籍出版规划、选定所用版本之外,能用来作亲手校勘的时间不多,大量的工作就交给孙担任。孙不仅出色地完成了这几部古籍大丛书的编辑出版,而且本人也留下了很有价值的版本目录学研究著作。

张元济对人才管理,一方面尊重和爱护人才,为人才成长创造条件,另一方面又是很严格的。而作为一名领导人,严格管理的前提条件就是自己以身作则。他历来主张高层领导人的子弟不能进商务任职。因为高层领导人的子弟进了商务既不利于这些青年的成长,更不利于公司,一旦成风,就会造成"满清之亡,亡于八旗"的局面。张元济的儿子从美国留学经济管理回国,他硬是不同意其进入商务。他本人病假,公司照发给薪水,他主动上缴,公司不收,僵持了好久,最后将这笔款加上银行利息一起设立"扶助同人子女教育基金"作为了结。据商务的老人说,海盐张氏(即张元济的亲戚)在商务做事的不是没有,但没有在公司里吃闲饭的和掌大权的。有了这样的前提条件之后,他对下属各部门或外地分馆发生的贪污、渎职事件,都做到严格按章程处理,不予姑息。一次商务职工鲁云奇在外私设洋行,挪用公款七千元。此人系夏瑞芳亲戚。张元济不顾高凤池和夏瑞芳夫人说情,坚请律师,诉诸法庭,鲁终于被拘留,直到交出全部欠款为止。

四　结　语

张元济在主持商务印书馆的1/4世纪内,形成了科学的人才观和一套行之有效的管理方法。在这一时期中,商务印书馆可谓人才荟萃,形成了人才群体在动态中得到平衡、并随着事业的发展而发展的良性机制。这些都是我们今天值得借鉴的。这里,我们还可以看到事情的另一个方面:张元济不仅仅做到使人才为公司的事业发展服务,同时又创造了人才成长的条件,使一大批年轻人在商务的工作中得到锻炼和发展。他们当中不少人在商务工作了一段时间之后,离开商务,按各人的特长,到社会上进一步发挥其才干和作用,有的在学术上有成就,成为各方面的专家、学者;有的自己开办书局,从事出版业;当然有许多人与商务共命运,为商务的事业奉献毕生精力。可以这样认为:商务印书馆与社会构成了一种人才交换的机制，它一方面从社会吸收他需要的人才，另一方面，尽管它不是一所学校，却又不断为社会造就人才。这样的人才交换机制，是张元济人才观和人才管理实践活动的客观效果。商务除了它的高质量出版物在中国文化史上树起了一块丰碑之外，它向社会提供的人才，也是一种不可忽视的、极大的社会效益。

另外一点可以想到的，那就是一家企业的成败兴衰，决定于许多因素，诸如资金、设备、人才、管理方式、技术水平等等，以及外部大环境的综合作用结果。对于不同性质的企业，或同一个企业在不同的时期，各个因素的重要性的次第是会有所变动的。然而出版企业对文化知识的要求，显然与其它劳动密集型企业不同，即便是一般排字工人，也要求有相当的文化水准。本文已经叙述了张元济的人才观与管理实践活动在商务前30年的发展中所起的作用，这里还要进一步推想的是作为一名工人出身的企业家夏瑞芳，在商务初创时期资金不多、设备厂房简陋的情况下，能结识张元济这样社会地位、文化水平和知名度均与他相距甚远的知识分子，并能清醒地预见到这位大知识分子今后所能发挥的作用，进而又能以自己的事业心感动对方，使对方欣然放弃南洋公学译书院长的高位而投身于（而且是终身、全身心地）一家小印刷所，这不能不认为是一种极为难得的企业家的远见和才干。此后十余年间，他们又为了共同的事业，倾心相交。夏对张几乎是言听计从、尊重备至。于是可以得到这样的结论：商务印书馆前30年的成功，取决于夏瑞芳和张元济两人正确的人才思想。有人说，如果不是夏瑞芳找到张元济，那么商务将永远只能作为一家印刷厂而停步不前。我以为这个说法不是没有道理的。

选自中国出版科学研究所科研办公室编《近现代中国出版优良传统研究》，中国书籍出版社1994年

回忆张菊生先生二三事

顾廷龙

张元济先生(1866~1959)号菊生,浙江海盐人。清光绪壬辰(1892年)进士,选翰林院庶吉士,改刑部主事。他是中国现代出版家,是一个爱国主义者,毕生致力于文化教育事业达70年之久,而始终不渝。他离开我们已经20年了。回忆音容笑貌,历历在目。我认识先生较晚,1939年秋他与叶揆初(景葵)先生创设私立合众图书馆,邀我主持馆务,才开始与他往还日益密切。他对馆事极为关心,数日必来馆一视,1949年病后,我如数日不往,必以笺相招。获接謦欬,前后达20年,仰怀遗型,遗闻轶事可记甚多。这里把我所见所闻,略记一二,借为纪念。

一　参与戊戌变法维新运动

我国自甲午战败以后,清政府的腐朽无能,充分暴露了,引起了各国瓜分中国的野心,民族危机,一天深似一天,朝野爱国人士,奔走呼吁,于是变法救国的思想,很快地就在士大夫阶层中,形成了群众性的运动。

张菊生先生是当时翰林中几个最富有民主新思想的人物之一,故主张变法维新也最力。当时他供职总理各国事务衙门,曾先后上书光绪帝,倡言变法图存,并建议新政。请求融满汉之见,许满汉通婚,废科举、去发辫、除拜跪、设议院等,并要求为新政衙门慎选贤能。主张对新政讲求有素,才识卓著者破格任用,撤换那些衰庸猥滥,不谙新政之辈。又博采西学书籍,供光绪帝阅读,并在北京发行上海《时务报》。

同时,为了吸收西方的科技文化,他联集同志,分筹款项,创设通艺学堂,定立课程,学习英文及天算、舆地、兵农商矿、格致、制造等,以造就新的科技人才。可见他不仅积极地宣传变法维新,而且非常热心地做培养人才的实际工作。

到了戊戌年(1898)间,维新变法运动,愈见展开,声势浩大,几于遍及各省,光绪帝很受着他们的影响,就决定变法,从这年6月到9月,发布了一系列的变法法令,维新变法运动,如火如荼地在发展。可是慈禧太后和那一班顽固昏庸的老官僚们也早已在密谋策划,搞破坏变法的阴谋,他们突然在9月20日夜间,囚禁了光绪帝,后又拘捕和惨杀了许多维新派人士,几天里就把光绪帝一百日里举办的新政,全部推翻了。

当时先生的处境,极其危险,有人劝他走避,但他威武不屈,坚定不移地照常工作。他非常孝顺母亲,政变之后,深恐捉人的吏役到家,惊动老母,于是把每天早晨上衙门的时间特别提早,晚上回家的时间又特别延迟,以为如果黑名单上有名,就可能在总理衙门内捉去,不被老母所目睹而伤心,用心很苦。后来他仅受到革职永不叙用的处分,告诉了老母,他母亲本在忧疑之中,得到了这个消息,如释重负,悲喜交集地执住他的手说:“有子万事足,无官一身轻。”给他以无限的温暖和安慰。几十年后,他每与亲友谈到这件事时,还是流泪,追念母情。

二　致力出版文化事业

现实的政治斗争失败后,先生寄居上海,接受南洋公学监督之聘。他以为挽救时敝,首先应从传播新思想,提高人民的科学文化水平入手,因此从事于编译工作,担任南洋公学译书院事,就着手翻译政史技艺新书,严复译的亚当·斯密的《原富》,就是他给予出版的。

后来商务印书馆创办人夏粹方来聘请他，担任商务的编辑工作。是他致力中国出版事业的良好的开端。

用现代印刷术出版图书，在当时是个新兴事业。商务创设之初，规模极小，先生参加后，高瞻远瞩；首先网罗人才，设编译所，确定编译方针：一面发扬我国旧文化，一面介绍西洋文化，使中西沟通，促进祖国整个文化的发展和光大。当时一切都在草创，擘划筹措，煞费苦心。

清末废科举兴学校时，各地公私学校，纷纷创办，但缺乏适合的课本，成为教学上的障碍。就和高梦旦（凤谦）、蔡孑民（元培）、蒋竹庄（维乔）等先生依照学制，创编小学用最新教科书，把中西文化知识结合起来，字斟句酌，苦心编撰。这套教科书开创了我国学校用书的新纪元。一出版后，全国欢迎，风行一时。于是更不断延揽专家，扩大编辑范围。历年以来，编撰和校订的教科参考书，不下千数百种，所出学校用书以及古今中外图书，日臻完备。其中《辞源》一书，更是风行海内，人人得到参考之便。

先生感到事业的发展，有借镜各国的必要，于是远涉重洋，先后前往日本及欧美等国，考察教育、出版、印刷等事业，得到很多启发。回国以后，接受全国教育会议的聘请，担任副会长，对教育的方针方法，提了很多革新的建议，但在当时的情况下，大都未能实施，这是很可惜的。而商务的编译、发行、印刷等方面，则有很大的改进。如先后编印了《汉译世界名著》，严复译的社会科学名著，林纾译的欧美小说等。1901 年他既主编了《外交报》达十年之久，又创刊了《东方杂志》和《小说月报》等。

先生对继承祖国文化遗产，一直非常重视。他主持影印的古籍，如《四部丛刊》、《续古逸丛书》，《道藏》、《涵芬楼秘籍》等，使宋、元善本以及精刻名抄，得以普遍流通，颇受社会上的欢迎。退休以后，十年之中，更用全力辑校《百衲本二十四史》，尽量选集精本、古本，向国内外各藏书家商借摄影。至于校勘，更是全神贯注，功力细密,虽一笔之微,必旁证博考,始予以决定。出版以后,誉满中外。这一艰巨工作,实为中国学术史上应予表彰的一件大事。他和我谈到影印几部大书时,曾说:“影印之事,如早十年,各种条件没有具备,不可以做;迟二十年,物力维艰,就不能够做。能于文化消沉之际,得网罗仅存之本,为古人续命,这是多么幸运啊!可是于甄择既定之本,尚未版行,而碰到赢火横飞,成为灰烬。这又是多么不幸啊!幸与不幸,真是可为长太息者也。”影印古籍这样的艰巨,不是亲自做这件事的人,是不会知道其中的甘苦的。

编译所成立后,所中同人撰述书稿,常常要检阅大量的资料,一般可买到的,都为书坊所刻,不敢信,于是先生有访求善本之志。在报上登广告征求,应者接踵而来,积聚既富,遂设立涵芬楼,收藏古今中外图籍以及报章杂志,开始时专供编译工作的参考。后来,藏书日益丰富,甲于东南,为了便于一般读者的阅览,再由商务拨出巨款,兴建大厦,扩充内容,成立为东方图书馆,深得社会上的赞许。不幸“一·二八”时,与商务总厂同被战火所毁。这不仅是商务的损失,也是祖国文化的损失。先生引为终身憾事。所幸部分宋元善本先已易地保存,得免劫火。后来先生亲自编写了一部《涵芬楼烬余书录》。

抗战军兴,各处的藏书大量流散,先生极为忧虑,叶揆初先生也深有同感,因此,共同发起创办合众图书馆,保存了大量的图书资料及革命文献。他把自己收藏的原嘉兴府先哲遗著476部,海盐先哲遗徵355部,张氏先世著述及刊印评校藏弆之书一百四部以及石墨、图卷各一,均赠与馆中。这些图书,都是先生数十年博访勤求所得来的。解放前夕,反动军队骚乱,企图强占合众馆屋,他亲自前来坐镇维护,得以幸免。他这样热爱图书,是永远值得后人学习的。建国后图书馆捐献政府,奠定了历史文献图书馆的基础。后来该馆成为现在上海图书馆的一部分。

三　实事求是、一丝不苟的治学精神

先生对目录、版本、校勘之学，有深邃造诣，充分体现于《四部丛刊》的初、二、三编（四编已近就绪，但仅出了两种，以单行本流传）和《百衲本二十四史》等编校影印工作中。

皇皇巨编，非有高深的学养，难能作出宏大的规划；博访古本、善本，非熟悉中外藏书情况，难以集事；搜罗异书，发扬特点，非有渊博的学问，不克有所发明。至于辨析版本，他不仅注重其一卷一册，进而精求其书之每一页。因为同一版本此本与彼本之间，既有清朗与模糊之别，又有复页与脱简之差。前人谈版本的均不及此。他影印时非常严格，遇到这种情况，均千方百计想法调换，这种不苟的精神，令人钦敬，同时也为研究目录版本者开辟了新的途径。

先生每于校勘之中，对各种版本，寻流溯源，阐明其价值。如对《郡斋读书志》的衢州、袁州两本，历来均称衢本为善，经先生考定，袁本实胜衢本。尝作出“袁本出而衢本可废”的结论。还说：“古书之可贵，从未有不贵其最初之原本，而反贵其后人改编之本者。”又从地名、职官、讳字等方面，精密地考定一书之年代。如《析城郑氏家塾重校三礼图》，首二卷为汲古阁毛氏据宋刻本影写，余18卷出于宋刻，而实非宋刻。毛氏补抄二卷，书名仅称《新定三礼图》而无“析城郑氏”等字，所据实为宋刻。18卷则定为蒙古刻本。

先生所著《校史随笔》可与王鸣盛、钱大昕相辉映，各书的校记题跋，则可与卢文弨、顾千里相颉颃。傅增湘对先生校印古籍的评价，引了王鸣盛的话加以赞扬说：“予任其劳，而使人受其逸；予居其难，而使人乐其易。”又称先生“胪版刻之源流，举文字之异同，恒与前贤相发明，或引今时之创获。所采者皆前人未见之书，故其论定者，多千古未发之覆。阅之关开节解，如薙丝棘而履康庄，披云翳而睹晴昊。”傅氏之言，可谓笃论。先生发愿流通古籍，他曾经对我说过有三个目的：一为抢救文化遗产，使其免于沦亡；二为解决学者求书的困难，满足学者的阅读需要；三为汇集善本，弥补清代朴学家所未能做到的缺陷。这三个目的也基本上达到了。影印古籍规模之大，影响之大，在中国现代出版史上是放一异彩的大事，他的功绩是永远不会磨灭的，后人也会永远怀念他。

四　坚持正义反对强暴

1923年6月，商务译印《英汉双解韦氏大字典》，正在将出版的时候，忽有该书原出版家美商米林公司，派代表到沪，说商务侵害其版权和商标权，向上海租界会审公廨起诉，请求制止发行。先生闻讯，以事虽属于商务一家，但是全国出版家类似的情况很多，对于书业主权，关系极大，必须全力应付。一面延聘律师据理力争，一面与书业商会联系，告以此案关系书业全体，应予重视。因此，会中也请律师，参加辩论。结果，所有原告请求，予以驳回，字典仍由商务发行。一场维护中国出版主权的斗争，经过先生奔走，在各方的同情支持下，最后终于得到胜利。

解放前的上海是一块半殖民地，帝国主义分子横行不法，任意欺凌辱人的事件，时常出现，很多人只是忍气吞声，敢怒而不敢言。1923年某月，先生的汽车司机励秀如的外甥乐志华，在某英人家服务，该英人和租界捕房某捕头是好朋友。一日英人家失窃，没有捉到窃贼，竟诬乐所为，并嗾使捕头把乐捕去，严刑逼供，榜掠几死。先生激于义愤，亲往捕房探视，见乐果然伤重，仅存一息，大为愤怒。因乐系镇海人，即走告宁波同乡会。在先生的倡导下，同乡会一致声援，并为醵资延聘律师，向会审公廨提起控诉，经开庭多次，乐终于宣告无罪，冤狱得以平反。每次开庭，先生都亲自出庭。当时旁听者挤满了庭内庭外。在帝国主义统治下，敢与统治者作公开斗争,并在报纸上刊载了1/4版面的新闻,哄动一时。我听到好几位老辈啧啧谈论这件故事。

1947年上半年反内战、反饥饿、反暴行的学生运动遍及于上海、沈阳、天津、开封、重庆、成都等地。当时各地伪市府无不如临大敌,调兵遣警,妄图扑灭学生运动,暗中派遣特务混入学生组织,逮捕进步学生,关押起来,寻找借口,捏造事实,想把学生置于死地而后快。先生得此消息,大为愤怒,联合70岁以上的友好士人,写信给各级反动政府,坚决表示反对,要求立即释放被捕学生。

抗战胜利后,疮痍满目,人民生活困苦万状。反动政府不顾人民痛苦,妄想凭借实力,发动内战。先生愤慨已久,郁而未发。适1948年南京中央研究院定于9月22日召开第一次院士会,先生前往参加。开幕时请他致词,他在致词中突然发表了提倡和平反对内战的长篇演说,义正词严,当时学术界人士有些已经不敢说"和平"二字,可是他却冒着生命的危险,言人所不敢言,充分体现了他的刚直不阿,为民请命,不怕死的精神。这个演说后来在报纸上刊载后,影响很大,看过这篇演说的人,无不为之感动。人心大为振奋。

五　建国后积极参加政治活动

建国后,先生被推为全国政治协商会议委员,以83岁的高龄,欣然赴京出席会议。他见到祖国推翻了帝国主义、封建主义、官僚资本主义的反动统治,走上了独立自主道路,极为兴奋激动。因此,先生积极拥护党和政府的政策方针,以忘年的精神,参加政治活动。他先后担任了华东军政委员会委员,全国人民代表大会代表,上海市文史馆馆长,公私合营商务印书馆董事长。

先生看到商务这一事业,可以对国家做出更多贡献,早于解放初期,即请求公私合营。不料先生因操劳过度,1949年冬,正在商

1949 年 9 月毛泽东与张元济(左一)在天坛

务工会成立大会上讲话时,骤患偏中,神智不清。由于党和政府的关怀,多方医治,虽身体瘫痪,而神明渐渐恢复。在病中仍时时关心国内外大事。对历次政治运动,虽不能亲身参加,但总是表明坚决拥护的态度。有时还赋诗表达这种意志。病中尝作自挽联语云:“好副臭皮囊,为你忙着过九十,而今可要交卸了;这般新世界,纵我活不到一百,及身已见太平来。”

总的说来,先生的性格,正直无私,平日治事,勤敏不懈。政治态度,倾向进步,爱憎分明。研究学问,实事求是,言之有物,不稍苟且。生活很有规律,即病废在床的十年中,不改其度。每日写信、阅报、看书、写作,还是不稍放松。先生这种精神,都是值得我们学习的。先生有不少遗稿①,还没有整理,在复病的那年,交给历史文献图书馆保存。已初步编成《涉园诗文稿》、《涉园通信

---

① 先生遗著《张元济书札》(1981)、《张元济日记》(1981)、《张元济傅增湘论书尺牍》(1983),已先后由商务印书馆出版。——编者

集》。

原载《中国出版年鉴》1980 年

张元济与商务印书馆

曹冰严

商务印书馆是解放前我国历史悠久、规模巨大的私营出版企业,由夏瑞芳(粹方)、鲍咸恩、鲍咸昌(仲言)、高凤池(翰卿)等发起,于清光绪二十三年(1897 年)在上海创立,起初以经营印刷业务为主,至光绪二十七年(1901 年)张元济加入后,逐步改以出版为主,并开办编译所,奠定了事业发展的基础。

张元济字菊生,清同治六年(1867 年)生于浙江海盐,光绪年间考中进士,曾任刑部主事、总理各国事务衙门章京,因参加维新运动,戊戌政变后被革职来上海,先后任商务印书馆编译所所长、总经理、监理、董事、董事长等职,直至 1959 年逝世,近六十年致力于商务印书馆的出版事业,对我国文化教育的发展做出了贡献。

我是商务印书馆附设的商业补习学校第三届学生,张先生兼任校长,虽有师生之谊,但接触很少。学校毕业后,分配到公司实习、工作,对先生言行逐步有所了解,许多事现在回忆起来,印象犹深。

一 编纂教科书、辞书与影印古籍

张菊生是商务印书馆编译所的创始人。他最初请几位留学生翻译东西各国科学书籍,后来编译人员增至百数十人,馆外帮忙的还不在其内。据与张氏共事最久的庄俞先生回忆,光绪二十八年七月，清政府颁布学堂章程，有志教育之士亟亟兴学，无如教材极感缺乏，遂有《蒙学课本》诸书之试编，但不按学制，不详教法，难以适应需要。商务编译所首先按照学期制度编辑修身、国文、算术、历史、地理、格致等教科书，每学期一册，并按课本另编教授法，定名为《最新教科书》，开中国新式学校用书之新纪录。这套教科书毫无成例可援，全属创作，除课文内有雕刻精细的插图外，每册还附有五彩图画二三幅，是国内儿童读物附有彩色插图的开始。当时张元济、高梦旦、蒋维乔、庄百俞、杜亚泉等围坐一桌，构思属笔，每一课成，反复推敲，必至多数认可而后止。其中国文第一册初版发行后，三日即售罄，可见需要之迫切。

我进商务印书馆时，这套教科书已不印销，但为配合此书而由张菊生先生编写的《小学习字帖》仍在行销。后来扩大编纂，除小学教科书外，陆续出版中学、师范、女子学校等教科书，一时教学风气为之一变，也为商务印书馆经营教科书业务奠定了基础，是商务印书馆发展过程中的一个重大关键。

张菊生先生主持商务编译所期间，除以编撰学校课本作为重点外，对于一般图书则注重于西方文化学术思想的译介，如严复译的《天演论》、《群己权界论》、《群学肄言》、《社会通诠》及林纾、伍光建译的泰西小说等书，都在当时读者中起过很大影响。次为工具书字典辞书的编纂，如陆尔奎、高梦旦、方毅等主编的《辞源》，编纂工作开始于清光绪三十四年(1908 年)，历时八载而后成，于 1915 年出版，行销甚广。此外 1902 年印行了《华英音韵字典集成》，1904 年出版了邝其照编的《华英字典》(出版时初名《商务印书馆华英字典》)，都是我国最早自编的外语字典。期刊方面，张菊生先生于 1901 年加入商务印书馆后，即创刊《外交报》，内容分论说、谕旨、文牍、评论、外交大事记、世界大事记、国际法等，至宣统二年(1910 年)停刊，共出 10 卷 203 期。1903 年又创刊了《绣像小说》半月刊，1904 年创刊《东方杂志》，风行全国，至 1910 年每期印数15000份,销路为当时全国杂志之冠。

张菊生先生精于版本、目录及校勘之学,主持商务印书馆时期,成套影印出版了大批古籍,如《涵芬楼秘籍》、《续古逸丛书》、《四部丛刊》、《续藏经》、《正统道藏》、《学海类编》、《学津讨原》、《百衲本二十四史》、《四库全书珍本初集》、《选印宛委别藏四十种》等。1918年他虽辞去编译所所长职务,但关于影印善本古籍丛书的编选校勘工作,始终参与。上举各书中,尤以《四部丛刊》、《百衲本二十四史》两书,所花精力最多。关于版本的搜罗选择,除采用涵芬楼藏本外,曾辗转向国内有名图书馆及各地藏书家借原书影印,甚且亲自去日本向帝室图书寮内阁文库、静嘉堂等处商借,摄影印制,以补不足。凡已选定的版本,如得较善版本,即使制版已成也随时更换。记得《四部丛刊》初编再版时因得到较善版本,更换了20种,并对初版时定户订有可以调换的优待办法。

《二十四史》在学术系统上原应归入《四部丛刊》之内,当《四部丛刊》初版发行时,因选辑善本不尽如愿,曾声明以《殿版二十四史》暂充,凡已置备殿本者可以不购。后来编印《百衲本二十四史》时,张先生已年满60岁退休,仍把全副精力贯注在版本的搜集和校勘工作上,曾写有《百衲本二十四史跋文》、《校史随笔》和《记百衲本二十四史影印描润始末》等文,后者曾印成小册子,于出书时附送,后来收集在《中国现代出版史料》之内。

《四部丛刊》初编于1919年开始筹备,1920年6月发售预约,全书共有323种(《二十四史》不在内)、2100册(再版时增加12册),经过两年多时间,到1922年12月全部印成,并刊行了《四部丛刊书录》。印行那么大量的一套丛书,成本浩大,在当时尚属创举,非有大气魄和坚强毅力是不敢尝试的。那时一般书店印售古籍都是重抄或割裱石印,并多用进口的有光纸或洋连史纸印制。自《四部丛刊》照原书缩印后,在同业中逐渐推行了影印的办法。张先生对于印古书一贯提倡使用国产纸张。《四部丛刊》初编用纸分手工连史纸和手工毛边纸两种，筹印时估计到上海市上供应不足，曾先后几次派人到福建光泽县的司前和江西铅山县的陈坊地区坐庄采办。当时销路困难的内地手工造纸业借此获得转机，纸价随之上涨。馆内曾有人说："《三都赋》成，洛阳纸贵；《四部丛刊》出版，闽赣纸价飞涨。"前人储藏线装书，常利用书根缮写书名册次以便查阅，《四部丛刊》初编发行时，可以代印书根，也算是近代印刷技术上的一个新发明。初编开始预约时，张先生每天必到定书柜询问当天销数，从不间断。对于包装、邮寄也随时检查，极为细致认真。

《四部丛刊》和《百衲本二十四史》两部巨著的印行，对于古籍版本的保存和流传意义较大，而在文化普及方面则作用不大。因为古籍经过缩印以后，每册售价平均虽只二角几分，但全套售价都在数百元以上（《四部丛刊》初编预约价连史纸 500 元，毛边纸 400 元），非寒士所能购买。那时国内的图书馆还不发达，中小型图书馆也限于经费，无力购置。所以主要定户，一般都是国内的大型图书馆、大学校、藏书家以及财阀、富商之流（作为陈设品）。但在国际文化交流上，却有较大的影响，国外如法、德、英、美、荷兰、丹麦等国家的大学、图书馆、汉学家都来信预订，因此《四部丛刊》还定了一个英文名称《The Sze Pu Tsung Kan, or The Library of Chinese Classical, Historical, Philosophical and Literary Works》，日本因同文关系定户最多，共有三十余户。

我国影印《四库全书》先后有五次动议，历时十余年，其中和商务印书馆有关的有三次。一是民国十三年（1924 年），商务印书馆为筹备开业 30 周年纪念，呈请政府借印文渊阁四库全书，经教育部批准并经交通部备车运书。当全书装点了 1/3 时，忽接总统府秘书处公函阻止装运，事遂中止。二是民国十四年（1925 年），北京政府教育部与商务印书馆议印此书，签订了合同，全书并已装点完毕，正拟起运而战事发生，交通阻滞，延至民国十五年（1926

年)，商务呈请照约起运，事又中变，签约无效。这两次为了承印此书，由张菊生、高梦旦、李拔可三位先生先后到北京联系交涉，虽未成事实，但耗费心力甚多。三是1933年日本帝国主义侵犯华北，北京文献多运至南方，文渊阁藏书亦在其中，于是教育部决定选印《四库全书珍本》，委托商务印书馆影印，并聘请陈垣、傅增湘、张元济等17人为编订四库全书未刻珍本目录委员会委员，至1934年1月开始印行，张菊生先生也颇费心血。

《四部丛刊》初编印行后，商务印书馆继续筹备辑印续编，在"一·二八"事变前，已印成数百册，但在战火中涵芬楼所藏善本古书全部被毁。后经整理和访求善本，于1934年开始发行《四部丛刊续编》。那时张菊生先生写信给我，又提出辑印第三编的设想，他说："续编目录所列各书，仅仅足敷两年之用。此编并未完全，即如各经单疏，十三经早不能全。但据所知者，尚有《易经》、《书经》、《诗经》、《春秋左传》、《公羊传》、《穀梁传》、《礼记》、《尔雅》八种。现只访得五种，尚有三种未曾觅得。此外如明清两朝人集部之著名者，均未列入。因涵芬楼藏本均已被焚，现在尚未访到。将来如有所得，随时补入，有急需者并可提前印行。顾客如家有藏书可以借印者，并望代为访求。"他为此书用心之专，搜罗之勤，可以概见。他经手印行古书，不仅限于访求善本、孤本，对各代名家手迹和文献资料，尤为珍视。例如列于《四部丛刊续编》的顾亭林《天下郡国利病书》和查东山《罪惟录》，都采用二贤手稿影印。此外，曾先后刊行过《翁文公日记》、《越缦堂日记》等巨帙，都是用手稿影印。

张先生的朋友常称道他"在学术方面本有很广博的兴趣，很渊深的造诣"，并非过誉。商务印书馆出版的艺术图书中，有几种精印的作品，如《宁寿鉴古》、《西清续鉴》、《愙斋集古录》、《宋拓淳化阁帖》、《天籁阁旧藏宋人画册》、《燕京胜迹》等，都是由张元济、李宣龚(拔可)、黄葆戉(蔼农)等审校出版的。

二　创办东方图书馆

1932年"一·二八"之役,商务印书馆总厂在1月29日被日军飞机掷弹焚毁,火焰冲过马路,殃及东方图书馆,但并未全毁。迨2月1日晨8时许,日本浪人又潜入东方图书馆纵火焚烧,一直到傍晚为止,五层大厦仅剩断壁残垣,30年来搜罗所得的大量中外图书,全部化为灰烬。这个图书馆是商务印书馆附设的非营业机构,于1926年开放给公众阅览,为当时东亚闻名的文化宝库。被毁后,国内文化学术团体和教育机关曾先后通电全国及世界各国政府、民众团体暨国联等,控诉日军暴行,在国际上引起关注。

东方图书馆是从商务编译所的资料室演变而来,是张菊生先生一手创立的。1907年印刷所、编译所的宝山路新屋落成时,编译所内置备的参考图书已有相当规模,乃于编译所三楼,设立了"涵芬楼",继续搜藏古今中外图书,供编译所人员参考。经过不断搜集,藏书益丰,蔚为大观,扩充为东方图书馆。张先生在商务印书馆的设施上,一贯有一个宏图:经营出版业务,应就力之所及,举办几项有益于社会教育的事业,才能相得益彰,日臻繁荣。他对穷学生买不起书的情况极为重视,创办图书馆供大众阅览就是这些设施之一。约在1915至1918年的几年中,发行所曾在楼下沿交通路(现昭通路)的一边,专辟了一间图书阅览室,又称陈列室,陈列全部本版图书及仪器、标本、模型,读者要看什么书,可向招待员借取,坐在室内免费阅读。黄警顽曾是这个阅览室的招待员,对读者热忱接待。这个阅览室于1926年9月移设在东方图书馆楼下,名为"商务印书馆出品陈列所"。1922至1923、1924年间,张菊生先生又倡议由发行所举办"巡回图书馆",委派黄警顽、张敏逊两人将整批本版图书运至苏南和浙北杭嘉湖、宁绍地区的小市镇公开展览。这两项措施和后来成立的东方图书馆比较,当然规模不同，社会影响也不能并论，但张先生为了提高商务印书馆的声誉，先后提倡这几件事，其动机是一贯的。

东方图书馆的建筑是一座漂亮的钢骨水泥五层大厦，地址在宝山路商务印书馆总厂对面，占地 200 方丈，建筑费 10 万元，是在历年积存的公益金项下拨给的。1924 年 5 月落成，供图书馆和同人俱乐部使用（1927 年 3 月上海工人第三次武装起义期间，商务同人俱乐部曾为上海工人武装纠察队总指挥部所在地）。东方图书馆成立后，于 1926 年起，每日下午定时开放，供公众阅览。1928 年夏，开办了图书馆学讲习所，并制成书名、著者、类别、译者、丛书等卡片三十余万张，便利读者查阅。据统计，1929 年阅览人数近三万人，1930 年为三万六千多人。1929 年还开设流通部，采购新书数万册，专备借出馆外阅览。大厦底层为流通部和商务印书馆同人俱乐部，二楼为阅览室、阅报室、办公室，三楼为善本室、装订室及本版图书保存室，四楼为书库，五楼皮藏杂志、报章、地图、照片等。东方图书馆所有的藏书，除每年由商务印书馆拨给 4 万元采购外，其余来自各方捐赠（凡是商务印书馆出版的图书，每种都捐赠三册）。此外，涵芬楼和东方图书馆同时并存，商务印书馆所藏善本古书，产权均为涵芬楼所有，寄存在东方图书馆，由东方图书馆负责保管。

东方图书馆被毁前，藏书的种类、数量，据统计，普通中文书268000册，外文书80000余册（内日文书28000册），图表5000余种，善本古籍3700多种、35000多册，全国地方志2600多种、15000多册，其他如中外杂志报章，亦较完备，还购进扬州何氏藏书40000余册，正在整理鉴别。以上各类书籍，除图表照片外，总数达460000册之多。30 年的积累，在日军侵略战火中全部毁尽，仅物质上损失即在百万元以上，文化事业上的损失更是无法估计。

涵芬楼所藏善本古籍和全国地方志，多数是张菊生先生亲手征集的。记得从 1918 年到 1936 年间，几乎每天下午五点钟左右，总有两三个旧书店的外勤人员,带着大包小包的木刻书,在商务印书馆发行所二楼美术柜前等候张先生阅看。对一些值得重视的刻本,他都仔细翻阅,然后带回家去精心鉴别,查核存目,批示价格,那种不辞劳瘁的精神,给发行所同人留下深刻印象。那些来客之中,间有一二古董商,张先生也喜欢买些陶器、陶俑之类,一律自己付款,不在公家开支。

东方图书馆所藏的地方志书,也是经过长期搜罗,费力很大,其中一部分是商务印书馆各地分馆在当时辗转求觅而得。这些地方志书,除各省省志齐全外,全国府厅州县志当时共有 2081 种,该馆收得的方志即有 1753 种,达全部的 84%,搜罗的完备,在当时国内图书馆中,殆无伦比。

东方图书馆被毁后的次年 4 月间,曾有重建的规划,组织了复兴委员会,推定张菊生先生为主席,并在英、法、德、美四国国际学术文化界中组织了赞助委员会,分别募集基金和图书。关于基金的募集,决定由商务印书馆于每年公益金项下提出 1/3 作为固定基金(1933 年度为四万五千余元),另张菊生个人捐款 1 万元(此款可能是从张氏扶助教育基金内转移而来)。关于图书的募集,先后得到德国学术团体捐赠德国文学著作 2000 余册及化学、药物学、年鉴等书。法国公益慈善会捐赠法文书籍 1600 册。还有国内私人藏书的捐赠,均由商务印书馆编审部图书馆暂代保管。当时商务印书馆董事会曾向复兴委员会书面声明,对于东方图书馆捐募之一切财物,均尊重东方图书馆的所有权,决不认为是商务印书馆的财产。此项复兴活动,进行到抗日战争发生后被迫停止。

涵芬楼所藏善本古书,有五千余册寄存在金城银行仓库中,"一·二八"幸免于难,其部别、版本详见张元济著《涵芬楼烬余书录》。商务印书馆总馆复业后,又经张先生陆续搜购补充。全国解放后,经张先生建议,由董事会决定,将涵芬楼旧藏烬余善本中的《永乐大典》和东方图书馆募集得来的图书全部献给政府,其他烬余善本全部由中央文化部收购。张菊生先生毕生辛勤搜集的文物,从此获得了安全保管,永久流传,完成了他的夙愿。

三　办事精神和工作作风

张菊生先生办事认真,丝毫不苟,凡是和他共事过的人,都有深刻的印象。他在商务印书馆担任数十年行政管理工作,尝身兼数职,不辞劳瘁地亲手办理日常事务。据庄百俞先生回忆:在商务印书馆初期,经理夏粹方先生兼管印刷所事务,每日必到印刷所巡视,张菊生先生主管编译所事务,每天从编译所出来后,必到发行所核阅文书信稿,至晚上七八点钟为止。他在公司办事时,经常先众人到馆,后众人离馆,偶然及时不到,必系因公在外奔走。散值时,又将馆中未了文件实之皮囊,皮囊不足容纳,复束为大包小包,携回家中处理,虽至午夜亦不厌倦,翌晨到馆,即将批阅过的文件或批改过的文稿分交各主管人员。

他在企业内强调"操守廉洁,勤谨尽责",公私界线分得很清,绝不含糊。因此数十年中,在商务印书馆不知不觉地养成一种风气,大家廉洁奉公,反对营私舞弊,平时私人写信,偶然用了公司的一个信封,也必写明某某"借简"字样。那时书业中有一种"做小货"的陋习,从业人员可以私人出资印行一二种书籍在店内寄售,作为个人收入。在商务印书馆初期尚有此风,如高翰卿原在美华书馆任经理,印有《地理问答》一书在商务寄售,王亨统也有《天文问答》一书寄售,销路都很大,但他们进商务印书馆工作后,两书底稿都由公司作价购进,并未继续出版。

商务印书馆从创业到总厂被毁,陆续采用了日本和德、美等国的印刷技术和机器设备,发展印刷业务,同时也采取西方资本主义企业的组织制度和经营管理方式,逐渐形成为比较稳定的新式企业。关于行政管理上的改革,张菊生先生经常与高梦旦、陈叔通两先生商量。公司规模由小而大，各项章则规程，除张先生手订的以外，前期大半出自陈叔通、高梦旦的规划，在拟订之前一般都征询有关部门的意见，因而公布以后，能适应实际，利于推行。

旧时一般商店雇用从业人员，所有重要职员与资本家非亲即友。商务印书馆在用人方面曾提出“取诸社会，用人惟才”的方针。除从事编译工作的专家、学者和具有专门技能的技师、技工需向社会延聘外，对于一般职工大都公开招考，经过培养后进用。例如附设的商业补习学校，从1909年到1923年先后共办七届，毕业学员三百多人，分派在各部试用，后来有的担任公司内部的秘书、科长，有的担任各地分馆经理、主任，成为公司的骨干。除补习学校外，还办过印刷技工艺徒学校、仪器标本实习所、新式会计员讲习所等，公开招考，经过短期训练，培养为公司适用的业务人员。或者在公司历年所办的小学师范讲习所、师范讲习所、东文学社、国语讲习所、图书馆学讲习所、尚公小学校等补助教育事业中，吸收部分学生为职员或练习生，全体职工中由于特殊关系举荐而来的成员较少。

1920年，鲍咸昌先生继任商务印书馆总经理，张菊生、高翰卿并任监理。监理的名位在总经理之上，职责上本可减轻一些日常事务的劳累，但张先生仍然早到迟退，不仅主持公司大计，还致力于稽查公司各部分的办事情况，改进办事手续，往往抓住个别事件，追查原委，毫不留情。在这段时期内，他为公司建立和健全了一系列的规章制度，当时所有各项办事细则，甚至应用单据的格式，几乎完全是他参与拟定的。

张菊生先生在日常行政事务方面操劳的情况，当时馆内颇有些人私下非议，认为是“事务主义”。现在想起来，这种批评是不公平的。张先生那种认真负责孜孜不倦于事业的精神，目的正是为了要求从业人员具有踏实细致的工作作风，提高工作效率，这在当时确曾起过示范作用，转变了风气。

商务印书馆几位行政当局都竭力提倡节约，张菊生先生更有一种习性，特别爱惜纸张，对馆内公事来往所写的手札，都是利用极狭小的纸边或废纸，信封通常用收到的旧信封重复使用，很少见到他用过整张信纸和新的信封。在他的影响下，利用旧信封和纸边在商务印书馆内相沿成风。但在我的印象中，觉得他对人力的节约更加重视，为了减省人力，简化办事手续，或者为了健全制度，提高工作效率，即使需要多耗费一些纸墨，也毫不吝惜。例如1921年以前商务印书馆寄发期刊的贴头都是每次缮写，费时费事，且不免有错写地址等情况，他就倡议一律改用铅字排印，哪怕月刊的半年定户只需贴头六张，也一律铅印。又如发行所以前的文书存档办法是按经办日期先后排列，不便检查，他倡议成立文牍保检处，采取统一保管、分户存档的办法，立卷、索引、调查等手续所需的卡片、单据等，用纸量颇大，为了健全制度也在所不惜。

张菊生先生提倡邮售业务最力，1922年在发行所成立了“通讯现购处”，委任汪仲阁先生主持其事，经办职员从七人逐步扩展到一百几十人。从纯营业观点看，开支比较大，而张先生则始终主张应该大力发展，以便利内地读者邮购图书。他也经常过问该部门的工作情况，提出过许多改进措施。但当时商务印书馆经营邮购仅以推销本版图书为限，对读者所起的作用尚不如后来的生活书店那样广泛。

张菊生先生严于律己，对别人要求也很严格，尤其憎恶营私舞弊、办事颟顸和敷衍搪塞，如果被他发现有这类行为，不管职位高低，定要寻根究底，丝毫不顾情面。特别是几位年事较高，对公司有过贡献而精力已稍衰退的老人，碰到张先生责难，往往感到难堪，认为他过于苛刻。他的老友李拔可先生任经理兼发行所所长时，常受到他谴责，在我们面前说：“张先生只求审察之明，我不敢苟同。”但一般说来，他对馆内同事的批评、指责，大都从提高工作效率或爱护出发，一时虽有畏惧之心，事后都能得到谅解。

四　对工潮的处理

张菊生先生在商务印书馆的经营管理方针，是极力仿效西方资本主义企业，于谋求盈利之中，着重事业的开展和持久，目光较远。当时商务印书馆所经营的项目，除出版课本、刊物和图书外，兼提倡自造印刷机器，制造仪器、标本、模型，并附设学校、图书馆等，与戊戌政变前强学会所倡导的资产阶级改良主义设施颇多相似之处，这也可说是寄托了张菊生先生的理想。在加入商务印书馆后，历任经理、总经理大多曾由公司派往日本和西方各国考察调查，以为经营上的借镜，他本人也曾于1910年前后亲赴欧洲各国考察。那时西方列强已经进入帝国主义阶段，劳工运动蓬勃兴起，垄断资产阶级一面暴力镇压，一面采取一些改良主义手法，企图缓和阶级斗争。张菊生先生耳濡目染，对商务印书馆内部的劳资关系，一贯提出要实行“互助合作”、“同存共利”，除了陆续对职工举办一些福利措施外，突出地表现在后来对工潮的处理采取和平解决的方针，在商务资方中曾引起过争论。

1925年8月至12月间，商务印书馆连续发生了两次工潮。第一次是要求改善待遇和承认职工会，从8月22日到27日罢工六天，因资方董事会采取和平应付的步骤得到解决。第二次是为了年终解雇问题，从12月22日到25日罢工四天。在董事会讨论应付办法时，张菊生先生仍然主张和平解决，而经理王显华（仙华）竭力反对，主张用强硬手段平息工潮，并建议由董事会代表股东，宣告暂时停业。多数董事赞成张先生的主张，但王显华竟对采访的新闻记者谈了董事会开会情形和他的意见，企图透露停业消息，压迫职工。次日在报上发表，后董事会曾致函更正，但终因王显华坚持，公司突然于12月24日在工厂门口悬出牌告，要求工人复工，并调动驻厂军警殴打工人纠察队员，开枪扫射，工人中有的受重伤,有的被军警逮捕拘押。当时军警一面将被捕的纠察队员解送警备司令部,一面宣布“武装调停”,要职工推举代表九人,与公司代表谈判,立待解决,职工代表都表示坚持不屈,不愿在这种情势下进行谈判。此时张菊生先生在董事会上声泪俱下地坚主和平谈判,结果由夏鹏(筱芳)向职工代表保证决不带走一人,职工代表才同意谈判,签订了复工条件,一场风波乃告结束。

商务印书馆对职工待遇方面的福利措施,举办得较早。例如花红制度,不分职员工友、职位大小,普遍分配;年老退职有“退俸金”,因病死亡有赙赠金,因公伤亡有特别抚恤,自1920年起,并在红利中提出百分之五作为酬恤基金。其他还有疾病扶助金、同人人寿保险、同人子女教育扶助金、女工产假、俱乐部、疗病房等等。这些措施,在本世纪20年代的中国工商业中尚不多见。这些,大都出自张菊生先生的倡仪或者得到他的支持。

五 盈利分配问题的争执

对于商务印书馆历年盈利的分配,张菊生先生一贯主张多为企业积累资金,少分配给股东作红利,因此在历届董事会和股东会上,常常引起争执。童世亨先生在他的回忆录中写道:“惟当议分红利之际,不免与张菊生先生发生争论。张氏固执己见,虽一厘之微,亦不肯稍予通融,甚至负气退席,器量未免太狭。”

1922年5月,董事会曾依据张氏意见,提出“股息公积”办法两条于股东会:(一)公司嗣后遇有盈余,分派股息至一分以上时,应酌量提存股息公积。(二)股息公积除积存巨数,于扩充股额时改作股份,或遇股息不足一分之年份酌提垫补外,非经股东会议决,概不提用。这个提案在讨论中很有争执,后由童世亨提议,添加(三)股息公积按常年八厘起息一条,始得通过。企业遇有盈余,于提存一般的法定公积之外,采取股息公积办法来增加积累,这在当时是一种创新的措施。后来“一·二八”之役,商务印书馆总厂被毁,损失惨重,能于半年余时间内复业,并渐次规复,主要就是靠了这笔一百数十余万元现金积累可以运用,才得重新规复。

上项公积办法虽在股东会通过,但一部分股东不满,在以后迭次股东会上,提出修改主张或者要求发还股息公积,争吵了几年。到 1926 年 4 月,董事会根据多数董事的意见,决定向股东会提出修改股息公积办法案,规定:一、股息公积专备股息不足一分时填补之用;二、股息公积每满三年,将已提存之数分配一次,或分配现款或改作股份,其息金随同一并分配。张菊生先生对此竭力反对,曾作通启一篇印发各股东。旋因监理高翰卿被推为股东会议长,经理王显华(仙华)附和高氏,力主分配,经股东会一致通过。张氏大愤,即于翌日登报辞去监理之职,固留不允。

六　退休以后

1926 年 4 月,张菊生先生向商务印书馆董事会辞去监理之职,一方面是由于反对股东会通过修改公积金提存的办法,另一方面也由于这年下半年他年满 60 岁,他和高梦旦先生一贯主张年满 60 岁可以退休,至此坚决实行。辞职书提出后,董事会迭次开会多方挽留,发行所同人也曾联名具函挽留,并推陆品琴和我为代表专诚晋谒,申述挽留之忱。张先生挡驾未见,次日来信嘱代向同人道谢。由于张先生辞意坚决,公司当局勉允所请,同意退休。照章应享受“退俸金”待遇,但张先生分文不取。

关于张菊生先生退休后的生活,蔡元培先生等曾说:“张先生自 60 岁以后摆脱他事,专致力于《百衲本二十四史》之校订,几乎寝馈皆忘。”其实他退休以后,对于商务印书馆大小事务不仅没有摆脱,仍然经常关心,而且常常自告奋勇,替公司做了许多具体工作。正如庄百俞先生所说:“张先生不在馆中办事已有多年,其实每日在寓为馆所办之事，比之在馆时有过之无不及，而对于酬报分文不取。就是其亲自校订之书，出版后送一二部作为纪念品，亦必谦逊不受。遇公司有重要问题时，立即挺身而出，尽力帮助。”

张先生退休以后，馆内派一个专职的通讯员每天到张先生家里来往送信两次，张先生每天给各部门的信件平均在七八封以上。总馆被毁以后，董事会组织特别委员会，并设立善后办事处，推张菊生先生为委员长，租定四川路78号为办事地址。在这期间，他和高梦旦先生都以退职之人逐日到办事处襄助。

商务印书馆复业后，张菊生先生特别关心。当时发行所刘聪强、孔士谔两所长在推广营业方面颇有些新设施，遇有办得较好的事，往往上午刚接到张先生来信表扬，下午他又亲自来当面鼓励。1934年10月，发行所举办了一次幼童智力竞赛的测验，11月24日在新亚酒店举行给奖典礼，张先生见到报上广告，自动前往参观，很早即到，看着活泼优秀的幼童陆续到来，极为高兴，终场而退。

抗战时期商务印书馆沪港两办事处都于1938年9月间设立了“同人节约劝勉委员会”。9月7日沪会开第一次会议，张菊生先生特来参加旁听，还提了许多建议，他所最关心的是纸张材料的节约和利用国货，这是他多年来一贯的主张。

《百衲本二十四史》的校勘是张菊生先生退休以后全神贯注的繁重工作。此书于1930年3月开始发售预约，到1936年底出齐，其间商务印书馆还印行了几套大部头丛书，如《四部丛刊续编》(1934年1月开始发行)、《四部丛刊三编》(1935年10月发售预约)、《四库全书珍本初集》(1934年1月开始发售预约，至1935年3月底出齐)。这几部丛书的影印也都由张先生主持。版本的访求与校勘工作丛集于一身，其艰辛情况自非局外人所能详悉，但也时常从旁略知一二。如商务印书馆杭州分馆经理俞镜清先生有一次来总馆述职，张菊生先生约他同去杭州。上车之后不久，张先生就从皮包里取出一叠《百衲本二十四史》的清样，在车上用朱笔做校订工作。俞经理向他说："老伯！太辛苦了，在车上还是休息休息吧！"张先生正言厉色地回答说："你不知道，不这样赶，是来不及了呀！""何以说来不及？我已那末老了，快要离开人世了啊！"他这次到杭州是去文澜阁借阅四库全书藏本，以校勘商务印书馆据以影印的文澜阁藏本。需借的书目已预先开好带去，校勘的方法是由张菊生先生带着俞镜清、许宝骅（商务金华分馆经理）、徐莲僧（先生内侄，在金城银行工作，临时帮忙）共四人同去，首先由张先生将调阅到的藏本翻阅一遍，注明篇数，再依次递交下去，由其他三人各复核一次。张先生是翻查得很快的，三个人都有些赶不上。某天，有一册书经张先生批注了"题跋二篇"字样，但三人核对下来都只有一篇，于是推俞经理向张先生报告，张先生说："是两篇，你们再仔细看看！"经过仔细核阅，原来这两篇跋文衔接在一起，第一篇跋文的署名正好写到一行的末一个字，粗看以为是一篇。由此可见张先生处事的敏捷和精细。

校勘史书是一件沉闷的工作，张菊生先生有时也出门游览或作其他娱乐以调剂精神。仙霓社在大世界演出昆剧时，他偶尔也去听戏，随身带着几册王君九的《集成曲谱》对照欣赏。记得1939年，他来条要代办一部《孽海花》，买去一月以后，因书内有缺页，送来要退换。书是完整如新的，但有许多页上，他已用朱笔小楷写了许多眉批，是书中人物的索隐，这才知道这部书是他放在身边，校书疲倦时调节精神用的。书店不肯调换，由服务股另买一部送去，原书就存置在服务股，可惜后来不知散失在何处。

张菊生先生退休以后曾远游两次，一次是1935年四五月间与葛词蔚、叶揆初诸先生同行，考察西北；另一次是1936年6月，同高梦旦、李拔可先生游览蜀中名胜。后来我们看到高梦旦先生途中写给陈叔通先生的信内有"菊、拔均欲赴成都，或半为馆事"之句，才知道这次远游仍然是一半为了商务印书馆的事情去的。

在旧社会工厂企业中，像张菊生先生那样，担任董事或董事长职位，对企业如此关切，不辞劳瘁地做了那么多工作而丝毫不受报酬是很少见的。商务印书馆对于董事、监察只在年终致送微薄的车费，向无其他薪酬。抗战期间总馆内迁后，由于连年亏损，竟有多年未发股息，张菊生先生本非富有，商务的股份也不多，这时经济上颇有困难，只好陆续变卖一部分产业，甚至连最心爱的古书也只留存了少数善本而把复本、次本出售。商务本版柜的朱菊生先生曾代他整理，据说张先生家藏的王安石集就有不同的七种版本，只保留了有傅增湘题跋的一种，而把其余的六种售去。此外，晚年还依靠前清“太史公”的名声，卖字为生，这是很可敬佩的。

张菊生先生是我最敬慕的一位出版界前辈。时间过得真快，当时忝为小学生的我，现亦冉冉老矣，享受了退休劳保待遇，于清闲生活之中回想到张菊生先生的退休生活，还那样勤奋工作、孜孜不倦地为出版事业服务的精神，使我非常感动。因而力疾草成此文，为我出版事业提供部分历史资料。所写的张先生与商务印书馆有关的言行，只是从营业部门的角度得来的见闻，而张先生在商务印书馆主管编辑所和总务处时间最久，与这两方面有关的事情我不详悉，所以识小而遗大的缺漏一定不免，期待商务印书馆的老同事加以补充。

选自《商务印书馆九十年》，商务印书馆1987年

论张元济的编辑活动

——兼谈在文化史上的影响

刘光裕

今年是中国近代史上最重要的编辑家、出版家张元济老先生诞辰120周年纪念,大家一起到他的家乡海盐来纪念他。这说明他的精神和他的事业又将在他所热爱的祖国土地上再放光彩。

张元济有不平凡的一生,读近代史的人,往往不注意在戊戌年的百日维新中,有一位与康有为同日被光绪召见的张元济。在变法图强、拯救国家方面,他的热情不下于当年任何先进的中国人。因此,戊戌变法失败后他立即受"革职永不叙用"的处分。这位1892年的进士,曾任六品朝官,于戊戌变法失败后的第四年即1902年,在上海毅然加入一家以经营印刷为主的当时毫不显眼的企业——商务印书馆,这或许是因为他生性喜欢默默地勤恳做事情,愿把自己对祖国的爱,变成那种脚踏实地的工作。在中国历史上称得上是民族脊梁的知识分子中常见这样一类人物,从此,他不插足政界,一生与商务结下不解之缘。他被公认是商务的灵魂。在他手中,商务迅速成为旧中国规模最大的、在远东负有盛名的出版企业。论学识,他学贯中西,无论是传统文化还是西方学术,涉足任何领域都可能取得赫赫成就,但他放弃了自己的著述,决心以传播文化为己任,从事编辑出版工作。他的亲密朋友纷纷通过商务的传播而名噪一时,成为学术界的巨子;他亲手培养的青年不少成为国家的栋梁,文化界的名人。而他的60年漫长岁月,不断用自己的心血去浇灌几代学人的心田,惠我中华学子,以自己的奋发工作去促使民族文化素质的提高,去影响人们思维观念和思维方式的改变，只是在重著述而轻传播的观念中，他的名字暂时被后人遗忘了。然而历史总是公正的。在冰心的心目中，他是“传播知识的大师”（见冰心《我与商务印书馆》），茅盾更断言，“将来的历史将纪录菊生先生这些对于祖国文化的贡献”（张元济九十寿辰茅盾《贺词》）。他的全部功绩，只能由中国近代文化史来作出评价，至于本文，仅根据有限材料，谈谈他在编辑活动中值得重视的几个方面。

從戊戌以後，菊生先生致力於文化事業，創辦商務印書館，在中國於是始有近代化的出版事業。商務印書館在介紹西洋的科學、文學，在保存和傳播中國古典文學和美術著作方面，都有過重大的貢獻。將來的歷史將記錄菊生先生這些對於祖國文化的貢獻。

敬祝

菊生先生九十大慶

沈雁冰敬上 北京

沈雁冰为张元济90华诞题词

在积极传播新学的同时，重视流通古籍，一生努力沟通中西文化，又始终以热爱祖国和革新社会作为自己的出发点

1902年，张元济35岁时出任商务印书馆编译所所长，大致相当于总编辑，以后历任商务经理、监理、董事长等，直至逝世。就商

务的企业经营活动而言，早期以夏瑞芳等人的贡献最大，而在编辑出版事务方面，张元济一直居于主导地位。

编辑活动的主要工作内容，是把作者的作品通过印刷变成读者的读物。由于读物是社会上可以买卖的商品，因此，编辑活动终究是带有经济活动性质的文化活动。从它带有经济活动性质看，这里存在着把作品变成出版物以后的成本和利润这类问题；从它属于文化活动看，这里存在着传播的文化内容是否对社会有利和有益的问题。因此，编辑活动中如何对待以下两个问题，一是在经济利益与社会效益的关系上是否以社会效益为重，二是向社会传播什么样的文化内容以达到何种社会目的，从如何对待这两个问题中，常常表现为不同的编辑思想。我们不妨首先从此去考察张元济的编辑活动。

商务印书馆是资本主义企业，它自然是要赚钱的。不过，张元济之加入商务，却不能说就是为了赚钱。如果是如此，那为什么在此之前，他辞掉了南洋公学（交通大学前身）总理（校长）这样的高位？为什么后来清政府接连任命他去做邮电部参议和学部副大臣，一封封电报飞来均遭他拒绝？1911 年，他曾这样说："鄙人于丙午（一九〇六年）复职以后，始终未入宦途……若欲得钱，取不义之财孰有如做官之便者？"（1911 年 10 月 18 日《民立报》）"欲得钱"，当然是不如去做官，他又何必要加入商务？"未入宦途"，大概还与他的经历和个性有关；至于加入商务，却是另有旨趣。

"昌明教育生平愿，故向书林努力来"，这是张菊老在 1952 年初于病中写的《别商务印书馆同人》诗中说的话，表明他一生从事编辑出版活动的目的是什么。当初加入商务时，他就与夏瑞芳约定："吾辈当以扶助教育为己任"，这种思想贯彻始终。1919 年，他又对别人讲过："弟生平宗旨以喜新厌旧为事，故不欲厕身于政界，后与粹翁（指夏瑞芳）相遇，以为得行其志，故甘为公司效劳。"（1919 年 10 月 15 日致高翰卿信）"得行其志"的"志"，就是"昌明教育生平愿”。所谓“昌明教育”,亦即维新派所说“开启民智”等,意思大致就是普及和提高社会文化,培养社会人才,这个“教育”并不仅仅指办学。当然,在北京做官时他就开始办学,办学与办出版,两者性质本是相近,而他似乎觉得办出版事业比办学校对社会更为有益。因此,他在给蔡元培的信中说:“盖出版之事可以提携多数国民,似比教育少数英才为尤要”,另在给汪康年的一封信中,把他在商务编小学教科书称为“可尽我国民义务”。从张元济“昌明教育”等一系列言论看来,他弃政而投身编辑出版活动,十分明确地有在文化出版方面为社会谋利益的意图,因而始终把编辑出版活动的社会效益放在首位。这是他编辑思想的重要特色。商务作为企业不可能不重经济利益。但商务的编辑作风以严谨著称,这正与他这种编辑思想有关。

关于向社会传播的文化内容,鉴于张菊老从事编辑活动的时间特别长,因此需分前期和后期去看。大体说来,前期从1902年开始到1926年退休,后期便是在1926年以后。

在前期,诸多编务中他着重抓了两件事,一是介绍西方学术著作,二是主持编著和出版各类新式教科书和新式工具书,这两件事在当时都属于新学。除此之外,并非没有重要的,如他创办了《东方杂志》等许多种期刊,在中国属首创,这里姑且略而不谈。就这两件事来说,关于前一件事,由于19世纪末20世纪初中国社会上出现了向西方学习的高潮,而张元济本人正是这潮流中的中坚人物,所以他进入商务后,便利用自己的社会影响,团结了一批介绍西方学术的第一流作者,如严复、林纾、蔡元培、伍光建、夏曾佑等,为商务形成强大而可靠的供稿队伍。其中如严复,他本是张元济在北京结识的好友。严复第一个在中国系统介绍西方资产阶级学术著作,而严复所译八种“西方名著”,到1912年商务已全部出版。这八种“西方名著”中的《天演论》到1921年在商务已印刷20次,《群学肄言》到1919年已印刷10次,其余也都是一版再版。在张元济的主持下，商务成为中国近代史上介绍西方学术著作品种最多、规模最大的出版企业。关于编著新式教科书和工具书这件事，全部工作几乎都是馆内组织班子在张元济亲自主持或领导下进行的。编印教科书从小学一年级开始，包括小学、中学、师范学校、职业学校等各级各类学校用的教科书，还包括教授法、详解等与教科书配套用的教学参考书，工具书除英华、中德等双语词典外，有《辞源》于 1915 年、《植物学大辞典》于 1917 年、《中国人名大辞典》、《中国医学大辞典》于 1921 年相继问世，以后不断有新工具书问世。在教科书和工具书方面商务投入了大量人力物力，编著规模之大，品种之多，在中国历史上是空前的；而内容、体例方面的新颖和适于应用，这又是商务教科书和工具书的鲜明特色。因而受到教育界和学术界的普遍欢迎，行销全国，长期不衰。

从后期来看，张元济自 1926 年实践自己 60 岁退休的诺言后，他的编辑活动主要是编印中国古籍。在此之前，他在商务已编印古籍多种，退休以后则是全力以赴，他一生编印古籍的主要成就是四大工程，即《四部丛刊》、《续古逸丛书》、《百衲本二十四史》、《丛书集成》。这四项工程在规模之宏大、范围之广泛、计划之周全方面，可与明代《永乐大典》、清代《古今图书集成》、《四库全书》相媲美，而校印质量之精致则又超过了它们。明清两代的这几项工程都是皇家敕修，动用了全国力量，像张元济那样以私家身份做如此庞大的工作，则为史所未见。这也是辛亥革命以后最大的古籍整理工作，今天海内外研习中国传统文化需仰求古籍者，莫不受惠于张元济。

就传播的这些文化内容看，它基本上符合张元济为社会谋利益、把社会效益放在首位的编辑思想。他重视社会教育，因而成功地编印了新式教科书和工具书，对国家教育事业的进步起了作用；他介绍西方学术著作和整理编印古籍，有利于沟通中西文化和培养社会人才，同样具有“昌明教育”的意义。此外，如他创建东方图书馆、兴办学校、举办函授教育等，这些无不与他通过编辑出版活动在文化教育方面去为社会谋利益的意图相一致。

编辑通过传播文化去影响社会，其中包含着某种社会目的，所以传播不同的文化内容，有时表现为不同的编辑思想。张元济前期积极传播新学，后期致力于流通古籍，这是否表明他编辑思想起了变化呢？

在此，我们要联系张元济一生的思想情况去看。大体说来，他一生的思想随着时代潮流的发展而不断前进，从最初戊戌变法时的君主立宪派，到辛亥革命时否定帝制拥护共和，接着又经受了"五四"新文化的洗礼，再到进入新中国后拥护社会主义。这六十余年的中国历史，风云变幻，几经沧桑，时代的弄潮儿多少蜕变成历史的绊脚石，而张元济却能不断地随时代前进。他本是自信心很强的人，他走这条路并非没有矛盾和痛苦。在辛亥革命以后，张元济既接待了孙中山，但又未能出版《孙文学说》，这里未免暴露了他在新形势下的思想矛盾，不过，他在辛亥革命时很快成为共和的坚决拥护者，拒绝做有利于帝制的事情。"五四"运动时，北京大学师生陈独秀、罗家伦等猛烈抨击商务的出版物，这件事表现了一批商务早期创业者的思想与"五四"新文化已经存在着尖锐冲突。不要忘记张元济本人就是前清遗老，亲朋故友中守旧派人物是不少的。他的可贵处是能够勇敢地接受新文化运动的挑战，坚决顺应时代潮流，大刀阔斧地改组了商务编译所。他起用了一批有进步思想的新人，如茅盾、郑振铎、胡愈之等人在他手下得到重用。商务又在社会上吸收大批人才，如留美学生组织中国科学社和留日学生组织中华学艺社中的骨干分子，不少应聘商务。因而商务编辑队伍中拥有大量第一流的人才，不仅数量扩大，而且编辑队伍的质量也比以前更有提高。商务这样做固然是因为受到了新文化运动的冲击，可也是张元济勇于除旧布新的结果。国民党统治时期他已退休，主要从事古籍整理，那时候，这位在戊戌变法失败后决心远离政治的老人，却不能不经常对国事表明自己的态度。兹举三例：一、1932 年“一·二八”事变中商务被日机炸毁，对重建商务他充满信心，然而对国民党腐败政治又十分不满。在给胡适的信中他这样说：“所最望者，主持国事皈依三民主义之人，真能致民于生，而不再致民于死，则吾辈或尚有可措手之处，否则，摧灭者岂仅一商务印书馆耶？”二、生活书店被封和 1937 年邹韬奋等“七君子”被捕，使老人义愤填膺，他致信邹韬奋表示支持，又亲赴苏州看守所看望他们。三、1948 年中央研究院在南京召开院士大会，在会上，82 岁的张元济当着蒋介石和何应钦的面，毫无惧色地斥责内战，要求和平。了解了这些情况，再看发誓“名不入公门”的张元济解放后竟担任了华东军政委员会委员、全国人大代表、上海文史馆长等职，诚心拥护共产党，拥护社会主义，这就比较容易理解了。

综观张元济的一生，从个性上说，他一向做事谨慎认真，重实干而不爱表露自己，戊戌年后故意回避政治，更是淡泊名利，但思想上执著地关心着祖国的命运，爱国之情极深，始终为追求国家民族的振兴富强而力主社会改革。这一点对理解他个人的作为十分重要。在学术上他学贯中西，对于中国传统文化他根底深厚，知识渊博，无疑是重古籍，重传统，反对数典忘祖割断历史。但又要看到他早年“沉溺西学”，到清政府做官后还努力学习英语，在 1902 年他就说：“吾之意在欲取泰西种种学术，以与吾国之民质、俗尚、宗教、政体相为调剂，扫腐儒之陈说，而振新吾国民之精神耳。”（《答友人问学堂事书》）因此，他从来不是国粹主义者，不想保存封建遗孽，政治上和文化上他一开始就是属于新派人物，60 年随时代潮流前进，虽然有时他显得步履艰难，但他热爱祖国和革新社会的主张不变，轻个人名利的宗旨不变，因而能够跟上时代的步伐，至死还是属于新派人物。

现在，我们再回过去看张元济早期传播新学、后期流通古籍这件事。其实,张元济一贯以传播新学为重。前期不必再说,从他退休以后的情况看,这时商务的出版物中不是仍以新学为主要方面吗?而编辑这些出版物的编辑队伍,正是根据他的旨意,从1920年开始逐渐地重新组建起来的;1921年后王云五任编译所长,他不再过问具体事务,但商务编务的重大方针,仍需张元济首肯,这也是事实。所以不能认为他后期的编辑思想中,不再以传播新学为重。人们要是再注意到他在1949年,主动约茅盾主持编辑《新中国丛书》(后改为《新民主丛书》)由商务出版(后因故未成),更可以证明他始终以传播新学为重。至于他退休以后专心致志去整理古籍,应该看做是利用晚年余晖去做自己胜任的和他认为有益的工作。据顾廷龙先生回忆说:"先生发愿流通古籍,他曾经对我说过有三个目的:一为抢救文化遗产,使其免于沦亡;二为解决学者求书的困难,满足学者的阅读需要;三为汇集善本,弥补清代朴学家所未能做到的缺陷。"(《回忆张菊生先生二三事》)在当时的中国,唯商务的人力物力可以担任此重任,在商务,又唯张元济可以担此重任。历史证明,幸赖张元济当机立断,不辞辛苦地担此重任,才使许多古籍在民族灾难中免遭泯灭。如此看来,张元济一生以传播新学为重。但不论是传播新学还是流通古籍,都以热爱祖国和革新社会作为自己的出发点,这可以说是他一生编辑活动的贯穿线。

对出版物唯质量是重,编辑作风严肃认真,一丝不苟,一贯具有对读者负责的精神

编辑活动的最终产品是出版物。出版物既是精神产品,又是商品。编辑在出版物的质量把关方面负有最重要的责任,由于出版物是商品,凡是商品都可能从中谋取经济利益,因此在编辑活动中,既可能通过追求高质量从而达到社会效益和经济利益的统一,

也可能为谋取经济利益而置质量于不顾。

商务是资本主义企业,在对待经济利益的态度上与今天的社会主义出版企业有所不同,这是可想而知的。而张元济是从近代史走进现代史的人物,他对出版物内容质量所持具体标准与今人有相异之处,这也是很自然的,但他在编辑活动中一贯高度重视质量,这一点在今天仍值得人们学习。

出版物作为精神产品的质量,它与物质产品的质量相比,至少有两点不同。一是物质产品的质量可以在生产过程中通过利用完善的检测手段得到可靠的保证;编辑虽需对质量负责,但是手中不可能有精确的机械检测手段,因此必须既靠自己的业务水平,又靠自己的编辑道德和编辑作风。另一是物质产品的质量不好,对消费者产生的危害主要在物质损失方面,如浪费了钱财等;而出版物的质量不好,对读者产生的危害主要在精神损害方面,有可能在读者精神世界中造成缺陷和创伤,其影响进而可能波及社会和将来。为什么在编辑活动中必须经常强调重视质量,原因大概在此。

风行海内外的商务出版物,在读者中的质量信誉素来很高,而商务重视质量的优良传统,应看做是商务编译所创办人张元济编辑活动的重大成果之一。张元济作为编辑家,在质量方面具有对读者高度负责的精神,又具有不尚空谈而重实干的作风。他在这方面的突出之处,大致有以下三点。

首先是严肃认真,一丝不苟。不妨以他主持编教科书为例。教科书的编著工作本来是在馆外进行的,张元济到编译所后考虑在馆外很难保证质量,所以在商务内部组织了以他为首的专门班子。一开始他们编小学一年级的国文教科书。他本人是翰林,参加编写的其他人如高梦旦、蒋维乔、庄俞等皆饱学之士,做这种事照例并无难处。不过,他们立志要编一套与封建社会的蒙学读本根本不同的“新式”教科书,这在中国是从没有人做过的事,商务又在创业伊始，教科书的编印是否成功，将决定它今后的命运。于是，他们采用“圆桌会议”的办法，参照国外先进教育思想，结合国内情况，一课一课地集体讨论定稿，据蒋维乔回忆说：“当时之参加者张元济、高凤谦、蒋维乔、庄俞等，略似圆桌会议，由任何人提出一原则，共认有讨论之价值者，彼此详悉辩论，恒有为一原则讨论至半日或经日方决定者。”（蒋维乔《编辑小学教科书之回忆》）对待“原则”是如此认真，对于字句也毫不马虎。据说曾为某一课文中用“釜”字还是“鼎”字，高梦旦与蒋维乔两人当面争论而“声色俱厉”，到后来知“闽语呼‘釜’为‘鼎’”，又“相与抚掌大笑”。如此严肃认真，如此一丝不苟，再加上他们学问渊博，思想进步，所以他们所编教科书质量最佳而长期风靡全国，这怎能是偶然的呢？对张元济来说，不只编教科书是如此严肃认真，一丝不苟，在其他编辑活动中也是这样，他本是做事向来十分讲究认真的人。

其次是千方百计，精益求精。张元济是商务编务的最高领导人，他为提高质量所作的努力，当然不能仅仅限于自己。在商务，他从延聘人才，到订立规章制度，再到订阅和收购中外图书建立图书馆等，为此经常不惜重金，他这些努力无不都是为使商务出版物具有一流的质量水平。这些属于编务管理方面的经验。就他个人编辑活动的情况看，为提高质量而精益求精，这在他编印古籍的过程中表现得最为明显。这方面王绍曾先生所著《近代出版家张元济》一书论之最详，该书对张元济“整理出版古籍的丰硕成果”概括为四点，足以说明问题。王先生所说四点中的第三点是：“总结前人的校书经验，以‘书贵初刻’为选择底本的指导思想，千方百计搜访第一流版本，但又不拘泥于宋元旧本，而是经过校勘，择善而从。遇有脱简残编或短篇缺页，总是配补齐全。一旦发现较早较好的本子，要尽可能地抽换。对前人和自己的校勘成果，总是经过整理掇拾，附载卷末，使读者从中识别文字的得失和版本的优劣。对模糊的宋元旧椠，用描润的办法，使它恢复旧观。”这种事做起来难度之大，并非旁观者可想像，仅以《四部丛刊》影印国内第一流善本为例。找到善本和鉴别善本就非常不容易，我国善本珍本向为藏书家视为珍宝，秘不示人，有些已散落国外，难得一见，于是张元济一方面广泛收购，另一方面四出寻访。他自己曾两次亲赴湖州皕宋楼访书，一次东渡日本访书，竭尽其力，使影印本趋于完善。若把《四部丛刊》（初编）重印本与初印本两者相比，王绍曾先生又指出“三大变更”：“第一是版本的抽换”，抽换了20种版本；“第二是卷页和序跋的增补”；“第三是校勘记的增辑”。这些“变更”，表明在编辑家张元济的心目中，追求出版物质量的完善是至高无上的事，他本人具有不臻完善不罢休的精神。其实这种精神，在所有编辑活动中都是适用的。

再次是对名家文稿，亦不苟且从事。严复和林纾是中国近代史上两位最优秀的翻译家，他们都与张元济联系向商务供稿，因此严译的全部作品和林译的大部分作品都先后在商务出版，严复译文严谨，至今堪称范例，不过他所译亚当·斯密《原富》，原来没有附设英华译名对照。对于这类书籍附件，一般说作者都不如编辑那样注意和重视。当《原富》译文交张元济首次在南洋公学译书院出版时，张元济便代严复作了英华译名对照附于书后，此举或许是出于友情，可是肯定也是为便利读者而尽一个编辑之职，此后，严复译作在商务出版，都附有英华译名对照，林纾所译文艺作品曾经饮誉全国，不过1917年后他的译作趋于草率。他是对商务的发展有过重要贡献的作者之一，所以他的译稿张元济还是不能不收，但决定“草率错误应全改良”（1917年6月12日《日记》）。张元济在1917年8月14日《日记》中又这样写：“林琴南译稿《学生风月鉴》不妥，拟不印。《风流孽冤》拟请改名。《玫瑰花》字多不识，由余校注，寄与复看。”看来到1917年张元济对处理林纾这样人的译稿已经颇感左右为难，不得不亲自看稿，提出处理意见，或者亲自做“校注”这类加工工作。即使是事必躬亲，又何至如此？这里反映了张元济遇到的困窘和矛盾。林纾是国内名流,又是商务的老作者和股东,处理他这时候的译稿确有难办之处,而张元济在此仍显露出他在质量问题上不愿轻易让步的编辑作风。

"用人惟人",识才爱才,一向注意建设第一流的编辑队伍

当代的编辑活动,一般都是群体活动。如今的编辑机构一般少则数人,多则数十人以至数百人。这是因为当代编辑利用了先进技术制作传播媒介(书籍、刊物、报纸等),向全社会进行规模大、速度快、内容广泛的传播,这就需有一个相当的编辑群体,并在群体内形成不同形式的协同活动。明代的毛晋,既是出版家,又是藏书家、编辑家。在现代出版业中,像毛晋那样一人唱独脚戏的局面很难再存在了。商务是现代化出版企业,设有庞大的编辑机构。因此,建设一支高水平的编辑队伍,对商务出版物质量的提高和事业的发展,是决不可少的条件。编译所创办人张元济,亲手为商务建立起一支国内第一流的编辑队伍,又为商务留下了重视编辑队伍建设的优良传统。

1887 年创办商务的夏瑞芳等人,虽有意于文教事业,但他们都是文化水平不高的工人。他们聘请张元济入馆,是要借助张本人的才能和他在文教界的影响。对当时的商务来讲,如果不建立强有力的编辑机构,它将只能以经营印刷业务为主,决不可能成为后来那样的现代化出版企业,成为解放前中国的"一个很重要的文化教育事业单位"(陈云语)。

正是学贯中西,具有远见卓识而又能埋头苦干的张元济,在商务建立了当时中国阵容最强的编辑机构。他说:"余既受商务印书馆编译之职,同时高梦旦、蔡孑民、蒋竹庄诸子咸来相助。"(《涵芬楼烬余书录·序》)受张元济之请来商务"相助"的人,当然不仅上

面三人，此外还有夏曾佑、伍光建、庄俞、杜亚泉、陆尔奎、邝富灼等人。在这些人中，蔡元培（孑民）、伍光建是商务馆外编译，其余都在商务编译所任职。他们大都是“当代名士”。蔡元培是中国现代史上著名教育家，后任北京大学校长；伍光建是严复的学生，留学英国成为优秀的翻译家，他最早用白话翻译外国小说并取得成功；杜亚泉是自学成才而精通外语的自然科学家；夏曾佑是中国现代史学的先驱者；陆尔奎是主持《辞源》编务的辞书编纂家，邝富灼是海外回国的英文专家。其中特别是高梦旦，他是商务早期除张元济外，另一个可称是重要编辑家的人。在清末立志革新图强的高梦旦从日本回国后，与张元济在上海一见如故，张立即聘高为商务国文部主任，以后接任编译所长，在编务方面襄助张元济最多。这批人才都称得上是国内出类拔萃者，站在学术最前沿足以担当引导学术前进的重任。20 世纪初上海滩上从事印刷和出版的企业岂只商务一家，但是唯商务由小小印刷企业一跃而成中国最大出版企业，长期执中国出版业之牛耳，张元济领导的这支最强大的编辑队伍，为商务这番事业提供了牢靠的保证。这方面的经验，并非不值得令人留意。

要重视人才的道理，本来并不深奥，困难在于实行。在用人方面，商务本提出了“取诸社会，用人惟才”的方针。不过，商务的创办人即使原来是工人，一旦做了资本家，也还是想任人惟亲。张元济一方面严于律己，为实践自己不让商务领导的亲属进馆工作的主张，他儿子留学回国后就是坚持原则没有进馆；另一方面，他为实施“用人惟才”，与商务另一些元老的分歧愈来愈大，这是导致他在 1926 年辞去商务监理职务的一个重要原因。为这次辞职，他在《致商务印书馆董事会书》中写道：“言之匪艰，行之维艰，果欲行之，不能不破除旧习，不能不进用人才。人才何限？其已在公司成效昭著者，固宜急为拔擢，勿以其匪我亲故而减其信任之诚；其有宜于公司而尚未为吾所得者，更宜善为网罗，勿以其素未习狎而参以嫉忌之见。此为公司存亡成败所关，元济在公司二十余年，今临别赠言不辞苦口。诸公挚爱公司，当不嫌其哓哓也。”这番“用人惟才”的呼吁，没有比写在自己辞职书上更能表明张元济的心曲。尽管他是商务股东，辞掉监理后又被拥为商务董事长，但无论从哪一方面看，张元济始终是一位受过中国传统文化良好教育的、以正直清高自许而富有事业心的书生，怪不得人们早称他是商务内部书生派的首领。

在用人方面，张元济有以下两个特点。

第一是既识才，又爱才。

比希求人才更为重要的是真正能够识才和爱才。1914年，张元济看过胡愈之所写的几篇文章后，十分赞赏，便决定招收这位只有初中二年级学历的十几岁的青年做商务编译所练习生，一年后升任《东方杂志》编辑助理，不久任编辑，以后又资助胡愈之留学法国。胡愈之在商务为改革《东方杂志》立下汗马功劳，曾任《东方杂志》主编。解放后，胡愈之是国家出版总署第一任署长。胡序文在根据他父亲胡愈之的回忆所写的文章中指出：“他（指胡愈之——引者）说：‘早年在张元济先生努力下，商务编译所聘请了许多学者专家，这对商务的发展是起了重要作用的。’”“他还认为商务很注意对青年的培养，有不少青年，通过商务工作锻炼，后来都成为著名的学者专家。实际上，他自己也是其中的一个。他是因为张元济先生识才爱才而得以顺利进商务工作的。”（胡序文：《胡愈之与商务印书馆》）不仅胡愈之与张元济非亲非故，茅盾、郑振铎等青年人与张元济都是非亲非故，又都受重用。茅盾于1916年北大预科毕业后进商务，被张元济分派在英文部批改函授作业，当年他20岁。进商务一月后，茅盾对新出版的《辞源》写了二百余字的改进意见转交经理张元济。张读后，立即觉得自己对茅盾“用非其材”，第二天上午就调茅盾与童话专家孙毓修“合作译书”。（参见茅盾《我所走过的道路》一书中“商务印书馆编译所的生活”一节。)张元济就是如此识才,又如此爱才。他爱才心切又可从与丁文江的关系看出。丁比张小 20 岁,英国留学回来后在上海南洋中学任教。张元济慧眼识才,毅然约请这个只有 25 岁的中学教员著书由商务出版,丁文江才华显露,声名大振,不久成为中国地质科学的优秀开拓者。丁文江“精于科学而又长于办事”(蔡元培语)。对于这样一个优秀人才,张一心想引进商务,屡次推荐,屡遭商务总经理高凤池反对。在这种情况下,他觉得丁文江即使能进商务也不能得到重用,从 1926 年《日记》中看出,他为此事心中气愤难平。

第二是跟随时代发展,不断擢用新人。

于商务早期,负责编务的张元济与总经理夏瑞芳关系融洽。夏死后,高凤池等创办商务的另一些元老,在用人问题上经常与张发生矛盾。在《张元济书札》中保存了一组给高凤池的信札,集中地谈他们之间的争论。张元济这组信札中所谈用人的道理,其实有普遍意义,值得任何想在自己领导下成就一番事业的人一读。在他那些用人的主张中,特别强调拔擢新人。如说:“五年前之人才未必宜于今日,则十年前之人才更不宜于今日。即今日最适用之人,五年十年之后,亦未必能适用也。事实如此,无可违抗,此人物之所以有生死,而时代之所以有新旧也。”这番话很有点辩证的观点。张、高之间的用人之争,焦点“是重用论资排辈之人,还是重用新人和有用之人;或裁汰冗老,推陈出新,还是因循守旧,满足现状”。(王绍曾:《近代出版家张元济》,第 43 页)争论时间从“五四”运动前夕开始,到张辞监理职基本结束,大体延续了十来年。这个时期,正是中国新文化运动蓬勃兴起继而席卷全国的时期,又是上海出版业急剧发展而同业竞争加剧的时期。张元济敏锐地觉察到 20 世纪初那批商务创业者的思想和才能,已经与新时期的形势极不适应,因此,一再在商务提出“用少年人”,“进有用之人”,“退无用之人”等,为的是使商务和它的编辑出版活动跟上时代的发展，那时要完全理解他这种思想，非有博大的爱国思想不可，还应对商务事业多一点正直无私的心理，这方面的高凤池远不如故去的夏瑞芳，虽然他们同是由工人变成资本家的。这种情况促使张元济不得不愤而辞职。看来混迹官场做政客，与厕身资方做经理，与他脾气都多有不合之处。

不过话得说回来，当他为用人问题与高凤池等激烈争论时，在商务编译所内部，还是尽量地贯彻了自己的主张。“五四”新文化运动以后，具体说是在1920年开始，张元济和高梦旦便着手对商务一批杂志进行革新。其中委派24岁的茅盾去主编《小说月报》，取得了这次革新的最大成功，声振全国。当茅盾受到守旧派攻击时，又改派郑振铎去接替他，牢固地保持了革新的成果。除《小说月报》外，《教育杂志》、《学生杂志》、《东方杂志》、《妇女杂志》等都委派了新人，而且都取得了成果。比革新杂志更重要的一件事是，张元济支持自己的亲密知己任商务编译所长的高梦旦“求贤自代”。对此，王云五回忆说：“自从新文化运动开始以后，商务努力出版关于新文化的书籍。高先生认为不懂外国文字的人，对于新文化的介绍，不免有些隔阂，因此求贤自代。”（王云五：《我所认识的高梦旦先生》）“求贤自代”的结果是，34岁的王云五接任编译所长。王云五的全部功过另当别论，只是就他到商务以后的情况看，在传播新文化和引进新人方面，还是做了许多工作，尽管他在用人方面，往往是鱼龙混杂。据1922年进商务的叶圣陶回忆说：“商务在当时成了各方面知识分子汇集的中心，编译所人员最多的时候有三百多位，早期留美回来的任鸿隽、竺可桢、朱经农、吴致觉诸先生，留日回来的郑贞文、周昌寿、李石岑、何公敢诸先生，都在商务的编译所工作过。”（叶圣陶：《我和商务印书馆》）可见商务又一次出现人才济济的局面。这表明“五四”运动以后，商务终于完成了重建编辑队伍的任务，这是张元济力主跟随时代发展大胆任用有才能的新人的结果。商务在“五四”运动后的进一步发展，有赖于这支新的编辑队伍，事实恰如张元济之所料。

*　　　　*　　　　*

关于张元济一生的编辑活动，除以上三方面，至少还有两个问题值得重视。一是创建了现代的编辑体制。如他首先在中国确立了稿费版税制度，确定了编辑部门的工作体制，形成了以编辑为主体的编、印、发三者一体化的制度等。另一是他为编辑事业的崇高献身精神。熟悉情况的人都说他在编务中不分上班下班，不论退休不退休，一生为传播别人著作勤奋地努力工作。他留下的自己著作只是版本、目录、校勘以及日记、书札之类，其实这些都是他的业余成果，不能代表他的全部学术水平。当然，他在自己献身的事业中，创造了比这更高和更重要的成就，这是不能忘记的。关于这两个问题，本文不能详谈。

张元济在商务曾任经理、监理等，全面主持过商务出版事务，因此经常关心印刷特别是销售发行等，但他的主要精力还是在领导编辑事务方面，这从他任编译所长以后就是如此，所以作为出版家的张元济，其实他的成就和贡献主要在编辑领域。因此，不妨称他是杰出的编辑家和出版家。他编辑活动的历史影响，可以从以下两方面去看。

一方面是通过传播现代文化，流通中西典籍，加速了中国脱离封建主义而走向现代化的历史步伐。且看下面两位有现代史丰富经历的老人的回忆。著名教育家、作家叶圣陶在《我和商务印书馆》一文中说："从出版的书籍和杂志来说，古今中外，文史政哲，理工农医，音体艺美，无所不包，有极其专门的，也有非常通俗的，不管男女老幼，不管哪行哪业，都可以从商务找到自己需要的喜爱的书刊，服务的对象如此广泛，出版物的种类如此繁多，在当时以商务为最。而商务的气魄所以这样大，是跟编译所的奠基人张元济先生分不开的。"从这段文字可以看出，编辑家出版家张元济开创的事业，对全中国人民的精神文化生活影响之广泛和巨大。从

20 世纪初年开始，张元济及其商务印书馆为长期处于闭关锁国中的中国人进入现代社会，不断地提供大量精神食粮，从而提高了中国人民的文化素质，影响到人们思维观念和思维方式的改变。著名历史学家周谷城明确指出："商务印书馆创馆以后直至今日，凡有一些现代化常识的人，多得力于商务印书馆。我于 1913 年到 1917 年在长沙读书，进的是第一中学……其中教材，只要是教科书，无一不是商务印书馆编的或译的。即此一端，已足证商务印书馆对中国之现代化的功绩。至于较高一点的专门学问或大学用书，无论是自然科学或人文科学，应用科学或理论科学，几乎通通是商务印书馆译的，或编的，或著的。"周谷城强调商务的历史功绩是传播现代化的新文化，因此他的文章题曰：《商务印书馆与中国的现代化》。周谷城又指出，在中国近代史上，与张元济同时"谋求中国的现代化"他的一些其他主张，"似乎还不如张菊生先生等之主张为有实效"。这两位学者所说，应是符合实情。

另一方面是，通过不断地和大量地编辑出版作者的著作（译作），加强了和活跃了中国著作界的文化创造力。自从出现机械印刷以后，出现了现代出版业，同时促使形成著作活动和编辑活动的分工，作者的作品一般都通过编辑的手再流传到读者那里。张元济作为编辑，向他直接供稿的著名作家就有严复、林纾、蔡元培、梁启超、夏曾佑、伍光建、胡适、丁文江等，其他如鲁迅、郭沫若、茅盾等也都在他领导编务时成为商务作者，在中国近代史和现代史上，几乎所有著名和不太著名的著作家，不论是自然科学还是社会科学的著作家，都在商务出版过自己的书籍，或在商务杂志上发表过自己的作品。商务造就了一代又一代的文化名人，迅速提高他们在社会上的知名度，不断提高他们埋头写作的积极性，从而大大活跃了中国著作界的文化创造力。没有张元济及其商务印书馆，中国读者将少看到许多优秀作品。

因此，我们有理由这样认为，中国当然不能没有严复、蔡元培、鲁迅、郭沫若、茅盾这些近代和现代的文化名人,可是同样地中国也是不能没有张元济。在此,我们有必要重复茅盾于1956年说过的这句话:"将来的历史将记录菊生先生这些对于祖国文化的贡献。"从历史唯物论的观点看,没有张元济也许会出现另一个人或另一些人去从事他的事业,去走他走过的路,但是,中国近代和现代的文化史的面貌将要改观,肯定不能是现在这个样子。张元济无疑是在文化领域里完成了中华民族必须完成的某些重要历史任务,所以把他列入中国近代文化名人的行列,以明前者,以示后者,以昭来者,这不仅不是过分,相反是非常合理的和十分必要的。

原载《出版史料》1988年第1期

张元济编辑活动记略

汪家熔

张元济先生(1867~1959年)被沈雁冰称为近代出版事业的辟草莱者。他不仅在学识和编辑素养方面造诣深厚,而且他从事出版工作持续时间之长,开创项目和直接参与项目之多,全身心投入的、兢兢业业的态度,经历几个时代而不落伍,等等,在整个出版行业中都是罕见的。

1892年他中进士后一直当京官,因参与维新变法活动而在戊戌政变时被革职,此后一直从事出版活动,直至逝世。1898年底他担任南溢以学译书院长,1900年初担任南洋公学总理,仍兼任译书院长和总校。1901年他投资商务印书馆并辞南洋公学职,次年他全身心从事商务印书馆业务,主要主持编译所工作。1915年商务总经理夏瑞芳被刺身故,他开始顾问全面工作。1916年总经理印有模病故,他担任经理,仍兼编译所长。1918年他卸掉编译所长职务,但仍以经理身份顾问重要书刊活动。1920 年因为和总经理高凤池意见不和,辞经理职,改任监理。1926 年年满 60 岁,辞监理职,担任商务印书馆董事长。在他辞经理职和监理职后,以更大精力从事古籍影印工作,直至抗日战争发生,已不再可能出版古籍为止。这十多年中他亲自从事《四部丛刊》初、二、三编和重印初编以及《百衲本二十四史》影印工作。

解放前后他为商务的新生做了工作。

1904 年慈禧 70 生日,“恩泽天下”,“赦免”戊戌党锢非首要各员。从那时一直到辛亥后熊希龄组阁,除了 1906 年因为瞿鸿禨,是他的“受知师”,一再催促,师命难违,在学部和外务部曾呆过几个月外,九年中多次被任命各种官职都坚辞不就,而从事为他人作嫁衣裳的编辑出版工作。《春秋左传·襄公二十四年》:“太上有立德,其次有立功,其次有立言,虽久不废。此之谓不朽。”立德,吃冷猪肉,一般人是不敢想的;进而立功,垂诸青史,退而著书立说,传诸后世,却是旧时读书人奉为圭臬的。就这点讲,一个有功名成就的读儒家经典的读书人终身从事编辑出版工作,更是难能可贵。

一

张先生从事出版工作有着坚实的思想基础。甲午战争前后,列强加紧对我国的侵略,他感于国势阽危,积极吸收西方知识,寻求救国之道。他在给汪康年的信中说:“科举不改,转移难望。”并主张西方的“新出紧要图籍,尤宜从速译印”。他认为废科举和吸收新知是救国之道,而这些有赖于出版事业。后来他在南洋公学升任总理,仍然兼译书院长和译书院总校,可见他对译书的重视。

南洋公学译书事宜原聘请一位日本军官,从事操典翻译出版。甲午后,我国有识之士的翻译已转向社会科学著作。张先生主持译书院,坚决转移出书范围,他致信严复,请教译书院如何办,并请就选题提供意见。张先生说，拟翻译“门类以政治、法律、理财、商业为断。”翻译这些门类的书，在当时是很时髦的。但他把翻译这类书的水准推向一个新高度，这就是出版资产阶级理论著作。先是出版严复所译亚当·斯密《原富》，后来又出严复所译其他各书。

到19世纪末，我国翻译资产阶级社会科学著作已近千种，但都只涉各个具体问题，理论著作还没有人翻译，有则自严复始。严复翻译，张先生当时就称赞他“一反当世苟简之为”（《张元济诗文》[①]P.299）。不仅如此，他更在选题上下功夫。他翻译的理论著作一共只有8本，而且只有4本是全译。但这几本书的影响远胜于当时翻译书的总和。这些书带给我国人的不是一些枝枝节节，而是一种新的世界观，是向封建经济、文化、政治理论轰击的重炮，起了广泛和长远的作用。康有为尽管力图将自己的学说理论化，但还没有摆脱经学形式的束缚。而严复的翻译，为先进的中国人反对封建的斗争提供了建立在近代科学基础上的理论武器。

严复是把翻译社会科学著作和中国的前途相联系的。他在1900年给张先生的信中说：“在野之人与夫后生英俊洞识中西实情者日多一日，则黄炎种类未必遂至沦胥。即不幸暂被羁縻，亦得有复苏之一日。”因而选题力图起更大作用。《天演论》的影响是大家熟知的。《原富》原著出版于18世纪，严复在一百多年后译它有什么意义？他说：书“中所指斥当轴之迷谬，多吾国言财政者之所同然。所谓从其后而鞭之。”当时清廷虽已允许新式工业的存在，却处处以“官督商办”作桎梏。同时为了这种毫无生命力的官督商办企业能生存，又规定这些企业附近禁止其他人再开办同行企业，名曰“专利”。亚当·斯密是主张国家政权对经济生活采取不干涉政策的。他以大量史料指出自由经济政策的好处。严复指

① 《张元济诗文》，商务印书馆1986年10月出版。

出:“保商专利诸政,即非大公至正之规,而又足沮遏国中商业之发达。是以言者群然非之。非之诚是也”(《原富·译事例言》)。无疑,这本书是切中清廷工商政策弊病的。

张先生也是反对这种官督商办政策的。早在戊戌变法期间,在他上光绪第一书里就指出:“今日为商战世界。中国向有贵农贱商之说,故无商学。无商学故无不败。今知重商矣,又好为官督商办之说。不知官也者,昔日日以骏商为事者也。故富人无肯出巨资以办商业者。”(《张元济诗文》P. 118)是不是可以说正是这种观点相同,他才以高稿酬接受这部稿子。严复的开支很大,他讲过,要有一个洋人的收入才足以维持生活,才能安心译书。张先生先在南洋公学,后来在商务印书馆,平均按书价40%付严复版税。当时除了张先生外,没有第二位愿意付给他如此高稿费。严复的8本翻译著作有6本是张先生支付高稿酬才得以翻译出版的。我们在评论严复翻译的历史功绩时,不能忘掉这位出版工作者。

二

1901年夏天张先生投资商务印书馆,辞南洋公学职务,次年初进入商务。从此,商务从一个兼营出版的普通凸版印刷厂逐渐成为解放前中国最大的出版企业。关于张先生进商务,有各种传说。这些传说的中心是说商务经理夏瑞芳愿出每月350元薪水。这至少无法用张先生的思想、抱负、性格来解释,而且都没有文献根据。

他投资商务是他教育思想的变化。有相当多的文献可以证明。

1904年的《编辑初等高等小学堂国文教科书缘起》中说:“我国仿西法设学堂,迄今几四十年而无明效大验者,弊在不知普及教育〔之〕原理,无小学以立之基,无国文植其本,贸贸然遽授以高尚学术、外国文字。虽亦适救国之用，而凌乱无章，事倍功半。所以行之数十年而不得大收其效也。”

1917年或1918年2月20日张先生致蔡元培信说：“盖出版之事可以提携多数国民，似比教育少数英才为尤要。”

1926年张先生为《东方图书馆缘起》作序：“夏君招余入馆编译，余与约：吾辈当以扶助教育为己任。夏君诺之。”

张先生暮年，1952年曾作告别亲友诗一组，其中《别商务印书馆同人》中有“昌明教育生平愿，故向书林努力来”句。

以上所举都提到了出版与教育的关系和普及普通教育的重要。特别在1902年年初发表的《答友人问学堂事书》一文中，这是一篇湮没多年的文字，他教育思想转变更为明显。该文发表于《教育世界》壬寅二期上（壬寅正月）。写作和思想形成当在之前，正是投资商务的时候。该文就兴学宗旨、兴学最要办法和当时新式学堂通病提出了七个问题，极有见地。比当时人云亦云的议论高出万倍。他指出，办学堂“勿存培植人才之见。非谓学堂不足以育才。然念念在育才，则所操者狭而所及者浅。”提出“设学堂当以使人明白为第一义。德被法败、日本维新，均汲汲于教育之普及。无良无贱、无智无愚、无长无少、无城无乡，无不在教育之列也。本此意立学，则必重普通而不可言专门，则必先初级而不可亟高等。”（《张元济诗文》P.170）他提出的这种办学宗旨，一反1864年同文馆以来40年间我国办新式教育的一贯做法，也一反他1897年办通艺学堂和后来在南洋公学的经历。当时办新学主要招收有一定文化基础的人士，培养高级、专门人材（主要是外语），学成后当官。当年他办“通艺”也是这个路子。他在办学呈文中说：“办学伊始，若不稍加奖励，无以鼓舞人才”，希望允许“通艺”学生中“有官人员得保加升阶，无官人员比照同文馆作为翻译官。再留三年，始终不懈，准以府经历、县丞归部遴选”（《张元济诗文》P.98）。1901年办南洋公学特班，是为清廷开经济特科会试准备的，也是读书为做官。虽说此事是盛宣怀提出,却也是他办的。

使教育从读书为做官的轨道上转到读书为明理,就要普及普通教育。而要普及教育,张先生说:“今欲教育普及,必须教科书籍日出不穷,方能达此目的”(《张元济诗文》P.162),而当时初等教育教科用书因为初等教育不被重视而无人关心。蔡元培1915年说过清季教科书的情况:“为教习者,以授课之暇编纂之,限于日力,不能邃密。书肆诎于赀而亟于利,以廉值购稿而印之,慰情胜无而已”。(《商务印书馆总经理夏君传》)基督教会曾组织委员会编辑教科书,甚至低值或免费分发。张先生说:“华文教科书各教会学堂所刊者,大都以阐扬彼教为宗旨,亦取径迥别,与中学绝无关合,愚意均不可用”(《张元济诗文》P.172)。他认为,课本问题的解决,“最上速自译编,其次则集通儒,取旧有各本详加改订。虽未必佳,而流弊要较少矣”(同上)。

正是这种思想动力推动他进商务,几十年从事出版,也使在他进商务后到辛亥年,10年间商务出版的中小学课本、教学参考书和可供教育参考的书共达千种之多。

三

千种教学用书里最有意义的是《最新国文教科书》和《最新修身教科书》。前者对商务的发展和在我国教科书历史上的地位都是无可置疑的。后者为推行新的伦理观念扫清了一定的障碍。

语文教学是整个教学的基础。其中第一册最难。那时用文言文,言文不一。如何使刚入学的学生不觉其困难,又不能太浅,免致后续各册和学习其他各科时困难,是颇费周章的。当时社会上已有的语言课本大多受《三字经》、《百家姓》、《千字文》影响;有的编者自己还没有“词”的概念。更重要有的课本以《尔雅》、《说文段注》等为根据,如澄衷学堂《字图课说》,对“椅”字这样解释:“树之梓实而桐皮者曰椅”,取的是陆玑《毛诗草木鸟兽鱼虫疏》的注。这种课本识字是为读经作准备的,不是为明理。

张先生进商务后先请杜亚泉编语文课本,名叫《文学初阶》,比当时各本有所进步,但在顺序前进和编排技巧上还有缺点。爱国公学成立后,商务请蒋维乔编。编好后经过审读,认为还未脱旧套。这时高梦旦先生已进商务,遂“合群力、集众智,商榷体例,搜罗材料”,着力于研究当时各家已有课本的缺点。整理出 18 条,大致可分三个方面。一,文字方面生字多、笔画多,句子长而无韵味,过早讲授介词、助词等虚词;有的则太浅。二,在思想方面,讲一般人做不到的事,无助于学生的修养,或墨守旧思想,无助于社会进步。三,材料安排上,或讲不合我国情的外国事物,或讲不常见事物,学生不易和实际联系。至于居家处世,粗浅智识事理,应用文,除杜亚泉编《文学初阶》外,当时课本都极少关注。

认识了别人的毛病,就找到了自己成功之路。当时订出了 18 条与之相对的体例:规定生字笔划由繁至简,由单字而词而句。确立了循序前进原则。第一册单字限定笔划,句子限定字数,不出现虚字。取材以儿童身边事物为主,由已知至未知。全套课本注意居家处世治事所不可缺者。编写后每课都经集体讨论。

课本编写合乎教育原理,用大字排印,第一册 60 课附有插图 100 幅。初版 4000 册,2、3 天就卖完。至此,我国初小语文课本才具规模,多年都没有人能突破,各家后出课本亦莫不模仿。蔡元培先生当时是参与过一部分的,颇知其甘苦和意义。他说,商务的课本出现后,“大受教育界之欢迎。而同业之有事于教科书者,度不能以粗疏之作与之竞,则相率而效之。于是书肆之风气为之一变,而教育界之受其影响者,大矣。”张先生是国文课本的组织者之一。

商务印书馆的《修身教科书》是由张元济(编写初小)、高梦旦(编写高小)、蔡元培(编写中学)分别编写的。这套修身课本并没有按照清廷规定编写。癸卯年底公布的《初等小学堂章程·科目程度》规定，初小修身课“摘讲朱子小学、刘忠介人谱、各种养蒙图说。”《高等小学堂章程·科目程度》规定，修身课“讲四书要义，以朱注为主，以切于身心日用为要”。商务初小和高小《修身教科书》完全不从《人谱类记》、《朱注》取材，而从史书、子书取材，取可以效德的古代先贤故事。

以张先生编的《初小修身教科书》为例，每册20课，10册共200课，没有一课提及忠字、君字。这套课本没有涉及忠字，是十分值得注意的事实。

清廷规定用朱注，无非着眼于朱熹的“未有这事，先有这理。”如未有君臣，已先有君臣之理；未有父子，已先有父子之理。他的理就是君为臣纲、父为子纲、夫为妻纲。而在《初小修身教科书》中强调：“人人当自尽其职分，而不可苛求于人。是故父慈其子、子孝其父，兄弟相友、夫妇相敬，则一家之中太和洋溢……”（《教授法第三册·家庭》）。强调人伦的相互关系，而否定那种隶属关系：“苟不以自己当尽之责为立，而专以责备于对付之人，则必至父子责善、兄弟相尤、夫妇交谪，而为之骚然不安。”他推崇颜之推的风化说，“自上而行于下也”，规定了上者不仅不能凌下，而且要带个头做个好榜样。这一些加起来是有一些民主思想的。

课本中还有一些资产阶级政治思想，如：“均是人也，何分贵贱”，“使以贵贱贤愚之别而有所厚薄于其间，非博爱之道也。”

摈弃三纲，而以理性检验五常、五典和四维，也是对封建伦理观念的初步清理；平等、博爱，还有勤奋、自立，这些加起来，是属于中国资产阶级范畴的伦理观念。这样一种课本起着一种积极作用。张先生使出版变为一种积极的社会力量。

四

张先生狭义的编辑活动是很少的。有案可查的只有两件：

1917年8月他改过林纾所译《玫瑰花》的怪癖字。沈雁冰编注的《中国寓言》稿子他审读过。这和他始终在主持编译工作的岗位有关。多年中他工作的重点始终放在人员选择和选题取舍上，1918年后则只关心重点选题。这是他整个编辑生涯的内容。

张先生对有学问，有声望的人舍得花高薪和高稿酬聘为编辑和写稿。

至今还保存着的1899年4月严复复张先生的信表明，张先生初办南洋公学译书院时，曾想把译件包出去而以重薪请严复任总校。严复翻译水平高而严肃，当时一般翻译水平很低，他校订将不胜其累而拒绝了。

张先生进入商务以后，多方罗致人材，组织编译所，改变原来没有真正编辑的状况。随着时间推移和业务发展，编译所人才济济颇有盛名。因而有人说商务编译所是出人才的地方。其实商务编译所仅是人才汇集之地，真正利用商务编译所的条件而成长的，从比例上讲是极有限的。

出版机构需要有高水平的知识分子从事选题、编写、审稿等工作。一个综合性出版社涉及各种学科，接纳已成才远比自己培养划算和可靠——何况资本主义社会里劳动力是商品。缺点是人员流动不稳定。张先生采取了大量进人和大量流动的办法，组织了一个相对稳定和结构较为合理的编译所。

编译所开始时聘请了一批通达中西学识而无意于科举和功名利禄又懂得教育的人。如杜亚泉、高梦旦、蒋维乔、庄俞、徐珂等人。后来又有寿孝天和傅运森等。一批包括辛亥革命和辛亥失败后再无意于政治的人，如李宣龚、江经畬、陈慎侯诸人。还有官场上开缺、丁忧人员，如高凤歧、夏曾佑、夏敬观等人。自然还有大学生、留学生以及有旧学根基的人，如樊炳清、孟森诸人。前两类人大都安心于出版事业，不存在去留问题。他们是编译所的行政和业务骨干，如高梦旦、庄俞任国文部长，杜亚泉掌理化部，邝富灼为英文部长、陈慎侯任东文部长。后两类人占大多数,一般呆不长,如流水,所以都不清他们担任职务,单纯从事编译。这样既有一批稳定的骨干,又能容纳更多可用的人。

从他留下的日记看,聘请人占了他的相当一部分活动。对一些有声望的人,都作过努力。他曾多次托吴稚晖劝汪精卫不从事政治活动而到商务。丁文江、余日章、郭秉文、蒋方震等,他都曾花力气想请他们到商务编译所。请胡适的事是众所周知的。

汇集一整批知识分子,使商务编译所在不长的时间里编出一系列课本和工具书以及一些有价值的著作。

比如中小学课本,从 1876 年在华基督教传教士大会决议编辑教科书开始,到 1902 年京师大学堂编书处(主要任务是编中小学课本),更有蒙彪书局文明书局等八九家专出课本。到 1906 年清廷学部公布审定中小学课本,竟然大部分学科没有书;而涉足不久的商务,在 1906 年审定表上已名列前茅。又五年,商务可提供的中小学课本和教科书、参考书和辅助读物达近千种,其科目之全、同一科目可供选择品种之多是惊人的。清廷学部成立后接办京师大学堂编书处,多年也没有编出几本书。我国第一批完整的中小学教学用书最后是由商务编译所完成,不能不使我们赞叹商务汇集人才的做法。

《辞源》、《中国人名大辞典》、《中国古今地名大辞典》、《植物学大辞典》、《动物学大辞典》、《地质矿物大辞典》等大型工具书。除《辞源》近年已有修订新版可用,其他,五六十年来还没有可以代替的。作为后辈,应当看到当年前辈组织人力的辛苦和成就。

"五四"后,在高梦旦的建议下,商务决定聘请新的编译所长和改组编译所。当时高先生和张先生主张只留下一些业务骨干而把大部分编辑改变为自由撰稿人。1921 年胡适到商务考察,编辑们都反对张、高的办法,胡适也不同意。后来王云五任所长,改编编译所时,没敢减人,仅仅聘请一批有高学位者担任各学科部长。

单是这种变化,已使大部头著作的编译发生困难。比如,《辞源》开始编辑到出书经过8年,而1922年初开始编译的《教育大词典》,因为高学位诸人都呆不长,经历10年才出书,而篇幅远不及《辞源》。又如翻译百科全书,搞了10年,花无数资费,结果无法收拾,只能作废稿。

1932年"一·二八"之役商务被毁,后复业,王云五终于推行了裁减编辑,改编译所为编审部,以"审"为主的方针。到"七·七"抗战,5年间出书种类很多,获利也不少,但自己编译而能传诸久远的大部头书完全没有。这总是值得总结的一个题目。

五

商务印书馆有相当多值得一提或传诸久远的出版物。辛亥后出版了《新字典》(1912)和《辞源》(1915)。

《辞源》是一部集字书、韵书、训诂和《尔雅》系统以及新知识于一身的工具书。传统的字书、训诂、《尔雅》系统都围绕经书活动,以经书为主要对象,与日常政治、经济、生活极少发生关系。清季,新思想、新知识用语在报章、杂志、口语中日益增多。这些词的确切意义并不能为大家所了解,或易混淆。如"民主",按《尚书》讲,"天惟时求民主",和从德谟克拉西译来的意义完全相反。如"经济",旧时称经世济民之术,包括政治、经济、法律等,范围很广。从Economic译来的,又是另一范畴。另外,新学盛行后,很多青年接受西方文化后,对固有文化反不了解。新旧扞格,成为社会进步的一种障碍。那种望文生义、穿凿附会、似是而非的学风有所发展。需要一种综合新旧、包括各科,又能代替类书某些作用的词典。从光绪三十四年起,前后50多人参与,历时8年,到1915年出版。因为体例范围都极恰当,适用性广,所以备受欢迎,前后印制4百多万部,行销几十年不衰。其体例为后出各词书所沿袭。

此外，如《中国人名大辞典》、《中国古今地名大辞典》等，都是花费人力物力极大、考虑周密，出版后影响较大的书。

近年来，在出版史和词书史的文章、书籍中，都表彰张先生对这些书的首创精神："在张先生亲自规划下，1915 年，我国第一部新式辞书《辞源》问世，接着出版了……"。说清末到 1936 年，我国所翻译出版的近千种汉译科技书，这些译者的出版"大都出于张先生的精心挑选"（商务版：《近代出版家张元济》P. 25、26）。其中未免包含溢美之词。

就《辞源》讲，它并非我国新式词书的第一部。早在 1911 年初，国学扶轮社就有两部同时出版，就体例格式、内容方面都不太逊于《辞源》，然而考订、释义、溯源远不及《辞源》之精细讲究。《辞源》一书的具体提议和始终主持的是陆尔逵先生、高梦旦先生。1910 年《辞源》初稿完成的时候，问题一一发现，需要商量补救办法。这时张先生正在欧洲游历，有信给高梦旦，明白指出可由编辑设法处理。我们很难想象他自己会"亲自规划"。

商务以往历史决非处处第一，事事首创；张先生感人之处并非事事都由他提议，都由他规划设计。张先生在商务几十年如一日罗致人才。编译所有一二百位编辑，人才济济，自有各种主意产生，有各种选题提出。张先生能够对这些意见、选题作出取舍，而且认真去办，就已花费不少精力。比如商务办函授学校，事情是周越然建议的，他采纳了。张先生自己担任校长，函授学校配备有足够的编辑教学生课卷，于是商务的函授很有声誉，前后办了 20 多年。与商务办函授几乎同时，或更早一些的是以《九尾龟》中主人公章秋谷名义发起办的《国文函授学社》，后来还拉古文大师林纾"主事"。这是个以高价卖讲义的野人头，不久就垮台了。

又如《丛书集成》。王云五的《辑印丛书集成序》讲："张菊生君勉余以同一意旨，进而整理此无数量之丛书；并出示其未竟之功以为楷式。余受而读之、退而思之，确认是举为必要。"因而很多人认为这是张先生想出来的。我们从1931年1月15日张先生致傅增湘信中知道,他是考虑了沈羹梅的意见和目录后提出的。

再如影印古籍,这是缪荃孙在光宣之际向张先生多次建议促成的。

不可能想象一个总编辑能亲自制定、规划、设计每一个选题。能够吸取各方面意见,结合国内情况和自身力量,进行总体或重点图书的规划,已经是很了不起了。纵观张先生50多年编辑活动中,这方面是很有讲究的。首先,他使他所控制的出版社能大体跟上时代,后面将专门谈到;另外,他考虑得比较周密,必使其善始善终。当然,他有助手。

比如影印古籍,是缪荃孙多次建议后由张先生接受的,但他同缪讲清楚那时还没有条件办:"所商影印古书一事,一再受教,谨志勿谖。此时尚应者寂寥。而鄙意期于必得,终当有翕羽之雅,慰我嘤鸣。"(《张元济书札》P.2)时在光绪末年。后来他曾同顾廷龙同志讲过:"影印之事,如早十年,各种条件没有具备,不可以做。迟二十年,物力维艰,就不能够做"(《中国出版年鉴·1980》P.299)。《四部丛刊》初编在1919年开始印刷,正是在答复缪荃孙十年之后。这十年并不是坐等,在做各种准备,主要是选题和版本的选择,具体由孙毓修从事。准备工作至晚在1915年就已基本就绪,万事俱备,但是不印。直到一次世界大战结束,影印的物质条件有所改善时才开始印。

周密考虑,善始善终,是他从事编辑出版工作中经常注意的事,也成为商务的一个传统。1901年他和蔡元培、赵仲藩发起创办《外交报》旬刊。从《外交报章程》看,硬是筹足赔本一年的经费后才开始。创刊不久,赵仲藩到北京户部做官;《苏报》案前蔡元培去青岛,后来到德国;但他一人仍然支撑,直到出满整整十年。商务的《绣像小说》半月刊出版两年多后因故无法继续时,也支撑满三年才停刊。这种做法一直延续着。

1937年已与故宫等单位商妥影印一批国内最珍贵的希罕珍本——《国藏善本丛书》和《四部丛刊》四编。前者已印好提要、样张等宣传品,后者已印好目录。突然发生“七·七”事变,接着“八·一三”战火烧到上海。看来战争将不会在短期内结束,两套丛书勉强上马将无法善终,决定马上停止进行。(1982年访问丁英桂记录)

六

进行总体规划,即决定出版方针,是张先生在每个历史时期都有所斟酌的。大体上不落后于时代,或不太落后于时代。当然,这决定于他的政治态度。

前面提到,他主持南洋公学译书院后,改变原来出版外国操典而出版政治、法律、理财、商业书籍。因为在南洋公学受监院美国人福开森牵肘不能舒展,到了商务,出版外国政法书的主张也带到了商务。

在张先生进入商务前,商务出版书籍约18种50册。主要是从英文翻译过来的英语课本、读物、语法、词典等单一的语文出版物。张先生进商务后,到1903年9月中日合资前夕,两年间出新书90种102册。其中约有60种属于“西学”范围的翻译书,此外教科书形式的18种,正是他南洋公学的方针和“以出版辅助教育”方针的总合。

他是为“辅助教育”而投资商务的,所以到辛亥年为止,商务以教学用书为重点,出书达千种。

光绪三十二年七月,清廷宣布预备立宪。上谕中说:“使绅民明悉国政,以预备立宪基础……晓谕士庶人等发愤为学……以预备立宪国民之资格”。当时立宪团体纷纷成立,张先生是最大团体“预备立宪公会”的董事;商务重要资方和高级编辑共有14人参加该会,占该会成员的6%。张先生是维新人士,就这点讲是不奇怪的。这时商务的出书亦偏重于各类政法书籍,从该年到辛亥年止,出版各国宪法、宪政知识、各国法律、议院制度以及我国资政院、咨议局章程办法及解释性的书籍70多种。《东方杂志》改由孟森主编,出版宪政号外。

我国学术历来不分科。辛亥前后,我国现代科学已具有一定水平,学术专著开始出现。较早出现的当推蔡元培先生所著《中国伦理学史》,是商务印书馆资助他游学时所著,1910年出版。蔡先生有扎实的旧学底子,梳理古籍,借日本蓝本而成该书。1937年又被编入《中国文化史丛书》;1941年日本中岛太郎将之译成日文,由东京大学出版,书名《支那伦理学史》。

张先生对于学术专著的出版很有兴趣。1916年贾士毅著《中国财政史》,张先生曾多次表示商务愿意出版。

辛亥革命后北洋军阀所造成的混乱局面、第一次世界大战的发生、俄国十月社会主义革命的胜利,这一切使又一批人进行思考,重新寻找救国真理,形成了新文化运动。新文化运动是反帝反封建的民主主义运动,属新的资产阶级民主主义革命范畴。所以在"五四"前后,商务进行了相应的改变,确定了新的出版方针。

郑振铎先生在1920年曾写有《一九一九年的中国出版界》一文。他说,这一年虽然出版界很热闹,但统计这一年的出版物,"除了《北京大学丛书》和《尚志学会丛书》外,简直没有别的有价值的书了。"郑先生所赞许的两种丛书都是商务出版的。

《北京大学丛书》由商务出版,是张先生在1918年6月间去北京签订合同、商讨手续、技术问题,从同年10月到北伐,共出10余种书,是我国学者第一批社会科学名著。《尚志学会丛书》由尚志学会编辑,是社会科学综合性丛书,以翻译为主,介绍西方名著。第一批书1918年9月出版,到1933年共出版近50种书。20年代末冯承钧致力于交通史后,史学著作在该丛书中占有很大比例。

“五四”后，商务当轴已感到编译所人员的“知识老化”问题——用今天的话说。编译所长高梦旦向张先生提出让贤，张先生支持他的想法。因为当时不是出不出新思想、学术著作问题，而是整个编译所没有多少人懂得新学说、懂得众多的外国新著中有哪些是有翻译价值的书的问题。从1919年7月中旬，经过半年多酝酿决定“设第二编译所，专办新事。以重薪聘胡适之，请其在京主持，每年稿费三万，试办一年。”(《张元济日记·1920年3月》)当时新文化运动的中心在北京，几位健将都在北京，商务自忖没有可能把他们都请到上海。这是唯一正确的方针。

这件事刚决定，梁启超游历欧洲后回到上海。梁在欧洲时正是各国思想界十分活跃的时候，各种新学说、新观点层出不穷。他在海外一年多，多所接触，决定回国后“培养新人才、宣传新文化、开拓新政治”。“宣传新文化”主要内容就是翻译介绍西方学术思想。1920年3月13日向商务提出上述计划，希望商务合作。商务决定“拟拨款两万元预垫版税，先行试办一年。胡适之一而亦如此数；嘱任公不必约彼。”(同上)。“梁启超一面”，就是同年9月开始出版的《共学社丛书》。《共学社丛书》3年共出版80余种。蔡元培、胡适、梁启超等为首组织的《北京大学丛书》、《北京大学月刊》、《尚志学会丛书》、《世界丛书》。这两套班子几乎囊括了北京的学者。两三年间出版了百余种学术著作。商务终于由以出版教学用书为主开始转向并重视学术理论著作，适应了“五四”提出的某些要求。

《小说月报》改由沈雁冰主编，《文学研究会丛书》的出版，其他各杂志陆续转入年轻编辑手里，整个出版物适应新文化的任务终于完成。

1926年张先生退休，担任董事长，专心致力于古籍影印。抗战爆发停止古籍影印，他镇守上海，照料沦陷区分支馆。抗战结束，国民党的内战政策使国民党统治区民不聊生，束缚中国人民的最后一根铁链即将断裂。1948 年底他毅然将《东方杂志》等停刊，聘请曹未风、章靳以、董秋斯、李平心、董每戡等筹备编辑《新东方》等书刊，以迎接上海解放。

七

张先生主持影印古籍是颇有盛名的。从 1914 年开始至 1940 年影印汲古阁精抄《稼轩词》，前后 27 年。（1957 年为纪念商务 60 周年，出版了《续古逸丛书》第 47 集《杜工部集》，书后附有张先生跋。其实该书的影印是顾廷龙准备，跋文也是顾老所写。在这儿作个记录，免得考据家以后多花心力。）其中 1926 年他辞职后影印的《百衲本二十四史》和《四部丛刊》二编、三编所费功力最大。

他影印古籍的宗旨还在保存文化。他生活在祖国日益沦为殖民地、半殖民地的时代，我国文物也遭到厄运，珍贵典籍流失严重。他说："海通地缩旦夕至，书城舶载尤便便。我生不辰厄阳九，抱残守阙尝恐后。只怜百宋与千元，廛架萧条渐乌有"（《张元济诗文》P.8）保存典籍的最好方法是化身千百，并让要用的人能看到。他说："中原文物凋残甚，欲馈贫粮倍辛苦。愿祝化身千百亿，有书分饷读书人"（《张元济诗文》P82）。这是影印古籍的全部宗旨。

保存和使用并重，决定了他影印古籍的特殊做法。

选目和选本。以往藏书家刻书，往往是翻刻自己所藏名贵罕见版本，因而重版本而不重实用。一人一家藏书究属有限，所以明清两代翻刻古书虽多，却大都不成系统。张先生则推崇珍本而不佞宋。另外，商务有涵芬楼，几十年陆续收藏善本不少；又有商务的声誉和张先生的广泛交往，依靠摄影技术可以向国内外公私藏书家广泛借摄各种珍贵书籍。所以张先生主持的影印，除《涵芬楼秘笈》和《续古逸丛书》以保存和欣赏为主，其他都较有系统而所用母本大都珍贵，突出的是《四部丛刊》和《百衲本二十四史》。

1928 年郑鹤声、郑鹤春昆仲著《中国文献学概要》,将《四部丛刊》与《永东大典》、《古今图书集成》、《四库全书》并称“四大编纂”。《四部丛刊》共 4000 册 2 万卷,卷数超过《古今图书集成》,几及《永乐大典》。虽仅及《四库全书》四分之一,但在私家编纂丛书史上实是空前巨篇,而又都用较好版本,确是十分难得。

《百衲本二十四史》收罗、比较版本的准备工作前后达 10 年之久。他说:十多年间“求之坊肆,丐之藏家,近走两京,远驰海外。每有所观,辄影存之。后有善者,前即舍去。积年累月,〔二十四史〕均得有较胜之本”(《张元济诗文》P. 271)。他硬是用逐一校勘的办法选择的。他给傅增湘的信里曾谈起过他校《晋书》的情况:“此书弟已校过四种,可谓一无善本。”后来以极高的代价向李盛铎借摄所藏宋景祐刻本。又有信说:“承假《南齐书》,去腊校读一过,撰有后记,谨呈阅。又校阅《魏书》、《宋书》、《陈书》、《齐书》,均已竣事,亦各撰有后跋,各书均另有校记,多者至千数百条。”可见他选择母本用力之劬。因而《百衲本二十四史》出版后,取代了流传了二百余年的武英殿版二十四史及其翻刻本,给史学工作者提供了一套接近各史祖本的正史。

张先生主持影印的另一特点是凡影印母本不清楚或有污损,一律修版后再印。这是和供读者使用的宗旨相联系的。

有现代概念的影印后,古书翻印历来有两派。一派不主张修版,认为照相照出什么就印什么,保持原貌,以免鱼鲁豕亥。一派主张修版。因为除了珂罗版影印能有层次,石印没有层次,任何瘢垢和笔画都以同一层次出现,因而“墨沈旁溢,瘢垢盈纸,若不葺治,恐难卒读。”(《张元济诗文》P. 247)。去掉瘢垢,补上虫蚀,这才是真正的原貌。但修版很容易出差,因为是由工人进行的。沈雁冰参加过《四部丛刊》的影印工作。关于修版,他回忆说:“他们(工人)文化不高,有时会把一个字的点、捺、横也当成斑点涂去,造成某些字的缺笔,会与真正避皇帝讳的缺笔混淆不清。所以又必须有人把修饰过的底片复核一次。”(《我走过的道路》上册)。当然也有另一面,修出原来并没有的笔画。

为了既要修版,又要消灭或减少修版错误,张先生和工人一起作了长时期的研究改进,尝试过各种办法,最后形成一整套办法。他的煞费苦心和工人、职员的配合,使商务影印书可以乱真。从《张元济日记》和《张元济傅增湘论书尺牍》中我们可以看到,凡商务影印名贵宋本,傅先生总要寄去古纸请求代印一二份。

商务实行的修版方法大致有三种。

一种是仿写。请擅仿各体宋人字的刻书工人用薄纸罩在宋本模糊字上影摹出来,校对无误后一起照相制版。

用得最多的叫“再落石”或“套字”。适用于石印。先把书页全部照相落在亚铅版上,有模糊字各页用浆糊纸翻出,再在其他各页铅版上找出清楚的该字,也用浆糊纸翻出,贴在该模糊字处,再落石,就清楚了。

最花工夫的是传真版,即手工描润。是处理上述两种办法都无法处理的烂版书。从亚铅版上翻出页片,经过校勘,注清模糊各字,然后用白粉填掉瘢垢、双印、塔痕、溢墨,用朱砂描出缺笔、断笔,然后复核后再照相制版(参看《张元济诗文》P. 247 ~ 250)。这样就把工人修版改成由职员修版,把凭感觉修版变成根据校勘成果修版,修版质量有了保障。影印《百衲本二十四史》时遇到南北史,古本仅有眉山七史一刻,是宋、元、明三朝递修本,素有邋遢本之称。不加修版根本无法读,就是用这种办法修版的。如果您看到修版前后对比样张,您将叹为观止。

选自丁景唐编《中国现代著名编辑家编辑生涯》,中国展望出版社 1990 年

为吾国人

——张元济编辑思想探微

孙鲁燕

张元济(1867～1959),号菊生,是我国近代史上一位成就卓著的编辑家、出版家。在60年的出版生涯中,他兢兢业业,努力实干,为我国的出版事业和传播思想文化,做出了重要贡献。这里,仅就张元济的编辑思想进行一些探讨,也以此作为对近现代优秀出版传统的回顾。

普及文化　振兴中华

著名作家冰心在回忆文章中,曾写到商务印书馆里有张元济等几位传授知识的大师。这很好地概括出张元济的编辑思想是以传播知识,普及文化为出发点的。出版活动是一种精神产品的生产过程,编辑家的编辑思想,总是体现在编辑实践和出书内容中。

张元济从事出版活动,既有着在政界受到处分的偶然性,又与他接受进步思想,具有强烈的爱国心和事业心有着必然的联系。他的编辑思想也是与个人经历以及一贯追求密切相关的。张元济生于清朝末年,是接受传统文化教育的学者,曾供职清廷。目睹清政府的昏庸腐败以及帝国主义列强的入侵,他和当时具有爱国思想的进步人士一样,深感焦虑和痛苦,并开始寻找救国救民的道路,立志变法图强。由于参加戊戌变法,张元济受到了"革职永不叙用”①的处分。在当时的历史条件下，维新变法是不可能成功的。他自己也回忆：“在当时环境之下，戊戌变法的失败是必然的。断断无成功的可能。当时我们这些人要借变法来挽回我们的国运，到后来才知道这是一个梦想。”②从失败中，张元济认识到在这个数千年的古国中，要实行变革，绝非容易之事，同时，他也看到了启迪民智，唤醒民众，提高民族知识水平的重要。

张元济的爱国心和强烈的事业心并没有改变。这次革职，成了他生活上的转折点。从此，他脱离政界，选择了出版作为自己的终身职业，走上了为社会提供精神产品，普及文化知识的道路。张元济到上海，先是在南洋公学译书院（南洋公学为交通大学前身，译书院相当于现在的大学出版社），后接受夏瑞芳的邀请，于1902年加入当时还是以经营印刷为主的小型企业——商务印书馆，从事出版活动达60年之久。张元济以普及文化教育，传播先进思想为己任，在自己从事的事业中，默默耕耘，为社会做出了贡献。从生活的时期看，张元济是旧时期的文人，但他却能吸取先进的科学文化知识，思想深刻，目光敏锐，不断追求进步。正是因为有这样的基础，他才能在加入商务印书馆主持编辑工作后，以普及文化和传播知识为出发点，以此来引导编辑工作，出版了一大批具有积极意义的书籍。在张元济任编译所所长之前，商务印书馆只经营印刷业务，并不编书。编译所成立后，张元济确立编辑方针，一方面继承我国传统文化，一方面传播西方文化，倾注了全部心血。张元济不是商务印书馆的最初创办人，但却被公认为是商务的灵魂。他曾任经理、监理、董事长。商务印书馆之所以能成为当时规模最大，享有盛名的文化出版企业，是和张元济的辛勤工作以及全面、系统地出版了各门类知识的书籍分不开的。

张元济的出版活动，大致可分为两个时期。前期，一方面和商

---

①② 王绍曾《近代出版家张元济》，商务印书馆1984年11月版。

务同仁一起，编辑新式教科书、工具书，另一方面，出版西方学术著作和文学作品，使西方的思想文化得以传播。后期，张元济主要从事古籍的校勘、整理和出版工作，为保留我国的文化遗产做出了贡献。张元济是近代新式出版事业的开拓者，茅盾曾说过他是开辟草莱的人。在此之前，还没有哪一家出版机构从事过这样大规模的、系统的出版活动。除了出版新式教科书和西方译著外，商务印书馆在张元济的亲自规划下，于 1915 年出版了我国第一部新式辞书《辞源》。此后，《中国人名大辞典》、《中国地名大辞典》等各种中外文工具书也相继问世。《辞源》之前虽有许多字书、词书，也汇集了文献典籍资料，但缺乏科学的分析和整理，商务的《辞源》正是向这个方向努力。为广泛传播知识，1904 年，商务印书馆创办了国内最有影响的综合性杂志《东方杂志》，还出版了《教育杂志》、《小说月报》、《妇女杂志》、《学生杂志》等一系列专业和综合性刊物。张元济退休后，还从事了《四部丛刊》、《续古逸丛书》、《百衲本二十四史》、《丛书集成》四项古籍的整理工作。这些出版活动，使商务印书馆成为向社会传授知识，普及文化的阵地。对于商务印书馆来说，创业者是一个群体，但张元济是使之由小型印刷企业转变成以编辑为核心，兼有编、印、发三位一体的大型现代出版企业的关键人物。没有他，商务仅是一个印刷企业而已，其中恐怕也不会有传播知识的大师了。

扶助教育　视为己任

张元济到商务印书馆，最初进行的就是新式教科书的编辑、出版工作。这在当时有着特定的环境。戊戌变法虽然失败，但变革和维新思想已产生很大影响。有识之士反对守旧，不满旧式的私塾教育，要求实行废除科举，兴办学堂的教育改革，开展新式教育。此时，全国很多地方开办了学堂，《三字经》、《百家姓》、《千字文》

一类的旧式课本已不再适用,社会上亟需一批从内容到形式都能适合教学的新式教科书。1902 年,清政府颁布了各级学堂章程,这也使教科书的编辑有了一定方向。

说到办教育,这是张元济历来的宿愿。1952 年,他在《别商务印书馆同人》诗中曾写下了"昌明教育生平愿,故向书林努力来。"①这正是张元济参加商务,从事编辑活动的目的。刚一到商务,张元济就与夏瑞芳约定,"吾辈当以扶助教育为己任"。② 他认为无论从何方面着想,终不能不从教育入手,这在行动上也就成为为学校提供教科书。早在张元济还在南洋公学任职时,商务印书馆就有愿望出版教科书,他们找到张元济,由他推荐了蔡元培承担此工作。蔡、张两人一起进行规划,并着手组织编写。不久,蔡元培由于《苏报》案的牵连被迫去青岛,但教科书的编写并没有中止。1902 年,张元济正式进商务印书馆编译所主持工作,使这项工作得以全面展开。最初编辑的是小学教科书,由张元济主持,高梦旦、蒋维乔、庄百俞几位以圆桌会议的形式共同编写。据曾经参加工作的老先生回忆,这套教科书,完全是创作,毫无成例,也无公式。当时的情景是:几位先生围坐一桌,字斟句酌,反复商讨,每编一课,必经几人协议一致,非常认真。1904 年,我国第一部小学教科书《最新初小国文教科书》问世。除内容和形式为全新外,这套书还有精雕细刻的插图,并按照儿童的特点,附有五彩图画。这是国内的儿童读物附有彩色插图的开始。教科书出版后,很快被抢购一空。商务印书馆历经 2 年,按照国内的学期制度,结合中西文化,编成了包括国文、算术、历史、地理、格致(清末对声、光、化、电等自然科学部门的统称)等各科的全套《最新教科书》,使社会上

---

① 陈原:《"张元济年谱"代序》,商务印书馆 1991 年版。

② 张元济:〈涵芬楼书目序〉,《近代出版家张元济》,商务印书馆 1984 年 11 月版。

的教学风气为之一变。

当时出版的教科书可谓不少,然而更有社会意义的是《最新教科书》的修身课本,名为《最新修身教科书》。初小10册由张元济编,高小4册由高梦旦编,中学5册由蔡元培编。这是一套成功的教科书。修身课不同于其他课,其特点不仅是获得一般知识,而是要培养学生的道德、操行,实际是对学生进行人格的陶冶。这套教科书在教学方法上符合修身课的特点,内容也很新颖,完全摈弃封建的三纲,洗刷五常的毒素,接受合理成分,向学生讲授反封建的进步思想,这在当时是很有意义的。张元济把扶助教育的编辑思想,很好地体现在教科书的编辑实践中。他具有强烈的爱国思想和社会责任感,他和当时的进步人士都感到了教育的重要。商务印书馆从编辑初等小学的最新教科书入手,正是为普及教育奠定了基础。商务的教科书,完全不同于旧式课本,是适应时代和社会的要求,以新的内容和形式出现的。不仅如此,它的规模之大,品种之多,也是空前的。从小学、中学到专业学校、大学,几乎应有尽有,受到社会的普遍欢迎。实际上,清末新式学校的教科书差不多全部由商务印书馆供应,民国以后全国教科书由商务供应的也占很大比例。商务的教科书在海外侨胞中也有很高的声誉,海外华侨学校的中小学用书基本上都采用商务的。这么大的影响,在当时的出版界是罕见的,应该说,在张元济主持下,商务是对国家教育事业的进步起了不可磨灭的作用。

中西相为“爱其国、卫其种”

张元济曾经是维新派人物,主张传播西方思想文化,这一点在他的出版活动中是很突出的。对于西方文化,张元济认为不应全盘照搬,中国的传统文化应和西方的思想文化“相为调剂”,取长补短,由此形成中国现代的新文化。介绍和传播西学,应该从中吸取有益的养料，最终还是要服务于自己的社会。

张元济主持的西方著作出版活动首先以严复翻译的学术著作为代表。严复是近代中国第一个系统地翻译、介绍西方资产阶级学术著作的人，他的译著包括西方资产阶级的思想、学说等许多内容。从历史唯物主义的角度看，由于是开先河，这些著作在中国近代旧民主主义革命和近代思想史上占有重要地位。严复出版的第一本译著是赫胥黎的《进化论与伦理学》（这是一本介绍达尔文的进化论观点的书）。此书最早不是商务印书馆出版，但以后由商务出版了铅印本。严复和张元济由于志趣相通，很早就有了交往。张元济还在南洋公学译书院时，他们就磋商过西学名著的翻译出版问题。大致在 1901 ~ 1902 年间，译书院出版了严复翻译的亚当·斯密的《原富》（通译为《国民财富的性质和原因的研究》，简称《国富论》）。张元济退出译书院进商务印书馆后，把传播西方文化也作为一项重点，使得严复翻译的著作能够继续系统地出版。严译名著一共八本，而且只有四本是全译本。除上述的《原富》外，还有《群已权界论》、《社会通诠》、《法意》、《名学浅说》，共有 5 本是经张元济之手在译书院或商务印书馆首次出版的。另外三本《天演论》、《群学肄言》、《名学》，商务印书馆后来都出版了铅印本。这些著作在当时产生了很大的影响，使人们开阔了眼界，为人文科学和社会科学的研究者提供了借鉴。①

在传播西方文化中另一项有代表性的活动是出版林纾翻译的欧美小说。林纾一生共翻译了 179 种欧美小说，其中包括英、法、美、俄、希腊、挪威、比利时、西班牙、瑞士、日本等十几个国家以及莎士比亚、狄更斯、巴尔扎克、雨果、大仲马、小仲马等著名作家的作品。他和商务印书馆长期合作，集中出版了一百四十多种翻译小说。林纾把这么多外国文学作品介绍到中国，使人们通过文学

---

① 〈严复与商务印书馆〉，载《商务印书馆九十年》。

作品接触了欧美的社会与人生,了解了他们的思想和生活。他的翻译小说也提高了商务印书馆在文化界的地位。[①] 张元济主持西方著作的出版,在沟通中西文化和学术思想交流方面做了有意义的工作。从出版方针来看,张元济也是主张尊重自己的传统文化,与西方文化各取精华,互相结合,使二者相为调剂。在 1902 年初发表的《答友人问学堂事书》里,张元济曾说:"中国开化甚早,立国已数千年,亦自有其不可不学之事,何必舍己人。……吾之意在欲取泰西种种学术与吾国民质、俗尚、宗教、政体相为调剂,扫腐儒之陈说而振新吾国之精神耳。"[②]他认为不能不学习西方先进的东西,但总要从自己固有的文化出发,"一以国民精神为主,故学成之辈无不知爱其国、卫其种"。[③] 在以后的出版活动中,张元济正是使这种认识付诸行动,很好地体现在自己的编辑思想中。

识人用人　更要出人

一个出版机构要想取得成绩,不能没有过硬的编辑队伍,在统筹安排出版活动中选拔人才,使用人才是很重要的问题。商务印书馆的出版物在读者中的质量信誉很高,这和张元济在编辑活动中重视人才,建立起了一支过硬的编辑队伍有关。没有人才,就不可能干成事业。张元济在这方面正是留下了许多值得借鉴的经验。商务印书馆的编译所是张元济一手组织起来的。成立之初,张元济就各方物色人才,聘请了许多有成就的学者、专家。他们志趣相通,有共同的事业追求,所以能齐心协力,共同为商务的出版事业奋斗。当时,编译所各部门的负责人高梦旦(国文部)、杜亚

① 〈林纾和商务印书馆〉,载《商务印书馆九十年》。

②③ 汪家熔〈张元济主持的古籍影印工作〉,见《出版史料》第 5 辑(1986 年 6 月)。

泉(理化数学部)、邝富灼(英文部)等都是在这些学科中有所建树的人才。正是由于他们的共同努力,商务印书馆才有了自己的编辑机构,摆脱了只经营印刷业务的局面,逐渐发展成为后来的文化出版企业。商务印书馆原来的规模很小,但却汇集过一大批优秀的知识分子,形成了人才济济、事业繁荣的局面。张元济的敬业精神和他在文化界的影响吸引了许多人才,他们当中有在全国有影响的知识分子以及从国外回来的留学生,也有像茅盾、叶圣陶、胡愈之、郑振铎这样后来在中国文化界有着重要影响的人士。他们被聘用时都很年轻,才华出众,作风干练,给商务带来了新的活力。

张元济在识才用才上是很有眼光的,他主张从事业出发,提拔新人,量才录用。茅盾进编译所就是很生动的例子。张元济和茅盾素不相识,就是因为赏识这位年轻人的才学,在他刚一进所时就给予了很高的礼遇。以后,又是因为在工作中发现他的学识和能力而不断提拔、重用。在用人问题上,张元济虽然和商务的其他负责人存在分歧,内部也有一些矛盾,但他还是为商务的人事安排尽了最大努力。他竭力反对高级职员的子弟在商务任职,并且以身作则,不让从美国留学回来的儿子进商务。他这样做,是从商务的事业和前途出发,让更多有真才实学的人能够进商务。张元济这些卓有成效的工作,使商务印书馆具有了全国一流的编辑队伍。这不仅是成为具有高水平的出版机构的保证,也成为他们的优良传统。叶圣陶在回忆文章中提到,商务印书馆培养了一大批编辑、出版、发行的从业人员,以后的中华书局、世界书局、大东书局、开明书店人员中的骨干大都是从商务出来的。解放以后,在新中国的出版事业中,经过商务培养的人仍旧是一支重要的力量。

一个人的一生,如果能为社会和人类做出贡献,是值得称颂的。张元济正是这样的人。他学识渊博,文字功底深厚,本可以著书立说,更多地留下自己的专门著作,可他却把心血花在了为别人和为社会服务上。他的身后,为我们留下了大量的精神财富。编辑出版工作虽然平凡,但却是有意义的。当我们从优秀的书刊和出版物中获得知识,获得心灵的净化和陶冶时,不应该忘记像张元济这样为编辑出版事业默默奉献的人。1956 年,茅盾在张元济 90 寿辰时曾亲笔书写了一幅祝辞:从戊戌以后,菊生先生致力于文化事业,创办商务印书馆,在中国于是始有近代化的出版事业。商务印书馆在介绍西洋的科学,文学,在保存和传播中国古典文学和其他学术著作方面,都有过重大的贡献。将来的历史将记录菊生先生这些对于祖国文化的贡献。①

原载《出版发行研究》1992 年第 4 期

张元济:振新民族出版业的编辑家

李明山

张元济(1867~1959),号菊生,浙江海盐人。光绪朝进士,曾任清廷刑部主事,总理各国事务衙门章京。因参加维新变法运动,1898 年戊戌政变后受到革职永不叙用处分。先在南洋公学译书院任院长,又应商务印书馆之请开始负责编辑工作。先后担任商务印书馆编译所长,总经理、监理、董事、董事长等职。解放后,仍任商务印书馆董事长,为上海文史馆馆长,全国政协委员,全国人大代表。他一生致力于编辑出版事业,作为近代著名编辑家,充分施展了雄才大略,显现了远见卓识,留下了丰功伟绩。

① 〈茅盾致张元济的信札和祝辞〉,《出版史料》第 4 辑,1985 年 12 月。

一 爱国卫种

张元济生于清朝末年,是中国传统文化熏陶成的学者。供职清廷期间,目睹了清朝政治的腐败及帝国主义列强的横行无忌。特别是在甲午战争以后,中华民族危机加深,张元济和其他爱国知识分子一样,按捺不住思想上的焦虑和痛苦,勇敢地走向救国救民的探索之路,立志通过变法维新,挽回国运,自强图存。戊戌政变后,张元济虽然受到革职永不叙用的处分,退出政坛,但他却在中国的出版界找到了自己的最佳位置,走上了自我塑造编辑家高大形象的历程。爱国主义思想成了指导张元济编辑实践的总的指导思想。

戊戌变法失败的教训,使张元济认识到,在中国这个具有数千年传统文化发展历史的国度里,要完成或实行变革,是十分不容易的事。维新变法时期,张元济就是一个教育救国的实践者,曾创办通艺学堂,提倡新学,宣传变法,培养维新人才。戊戌政变后,他进入出版界,一仍其旧,不改初衷。在南洋公学译书院任院长时,便开始选择编译西方科技政艺书籍,作为学校教科书。到商务印书馆更以"吾辈当以扶助教育为己任"与夏瑞芳相约,开始了学校教科书的编辑。这一重大选题决策,为商务的崛起起了重要作用。在张元济的主持下,历经两年,商务印书馆根据清末学制,融合中西文化,编成了全套《最新教科书》,使中国教育界学风为之一变。特别是由张元济主持编辑的初小十册《最新修身教科书》课本,不仅让学生获得一般知识,而且更要培养学生的道德操行。张元济把爱国主义思想作为编辑思想,使其所编课本与蔡元培、高梦旦(分别为中学、高小课本编者)的一起成为商务馆成功的教科书,不仅销行全国,且被海外华侨学校采用。商务印书馆因此获得了可观的社会、经济效益,促使这个具有民族资本主义性质的文化出版企业,在民族文化教育的土壤中迅速成长。

张元济在商务印书馆的编辑活动中，将爱国主义思想和其他各项编辑实践有机地结合起来。他为了继承维新之志，曾主持编辑出版了西方诸多著作，用以传播西方文化，沟通中西学术思想文化交流，并以此来振新中国的民族精神，达到爱国卫种、救亡图存的目的。他在1902年初发表的《答友人问学堂事书》中说："中国开化甚早，立国已数千年，亦自有其不可不学之事，何必舍己人。……吾之意在欲取泰西种种学术与吾国民质、俗尚、宗教、政体相为调剂，扫腐儒之陈说而振新吾国之精神耳"①。张元济认为，要振新中华民族精神，不能不学习西方先进的学术文化思想。但同时，中国也有它固有的优秀传统文化，仍不能忘记从中华民族固有文化出发，"一以国民精神为主，故学成之辈无不知爱其国，卫其种"②。正是在这种爱国主义编辑思想指导下，张元济还开展了大量的抢救中国珍本秘籍的影印工作。他曾用"求之坊肆，丐之藏家，远走两京，远驰域外"的多渠道方法，抢救民族文化优秀遗产，甚至是和帝国主义文化强盗争夺中华文物，是在做一项制止帝国主义文化肆意掠夺的工作。1906年，皕宋楼藏书要出售，张元济虽因商务无力购买，还要极力游说荣华卿相国拨款买下作为京师图书馆的基藏，其言不见用致使中国藏书外流，张元济每思及此，便懊悔不已，为之心痛。在张看来，中华民族文化优秀遗产，不能在国内妥善保存，这是中国的夺耻大辱。帝国主义分子对中国文物的盗窃行为，更激发了他抢救古籍善本秘籍的信心和决心。后来，他亲自投入大量精力进行古籍整理出版工作，并获得了巨大成就。

张元济的爱国主义思想，在他的编辑生涯中贯彻始终。抗战前夕，他为激发民族正气和爱国热情，曾从历代古籍中编录出一批英雄人物传记，用文言、白话对照，成《中华民族的人格》一书，逐篇加评。张元济在《编书的本意》中说："我现在举出这十几位，并

①② 汪家熔：《张元济主持的古籍影印工作》，《出版史料》第5辑。

不是什么演义、弹词里装点出来的，都是出在最有名的必读的书本里。他们的境遇不同，地位不同，举动也不同，但是都能表现出一种至高无上的人格。”又说：“这些人都活在两千年以前，可见得我中华民族本来的人格，是很高尚的。只要坚守着我国先民的榜样，保全着我们固有的精神，我中华民族，不怕没有复兴的一日。”窥一斑可以见全豹。张元济一生的编辑实践，无不以爱国主义思想为灵魂。这不仅体现了他作为近代中国编辑家的远见卓识和高瞻远瞩，也使他的形象更加伟岸。

二　扶植与昌明教育

张元济作为维新派骨干，以教育救国为已任。进入出版界，仍十分关心祖国的教育事业，认为教育是根本中的根本，“无论从何方着想，终不能不从教育入手”①。1910 年，他赴欧美考察文化教育，更进一步扩大了他的视野。他发现英国实行强迫教育，20 年时间大见成效。他深刻地体会到兴学和其他各方面的关联和制约关系，“乃知仅言兴学，学固不行也”②。1911 年担任了中央教育会副会长。他并和张謇等联名发起成立中国教育会。因此可以说，张元济的爱国主义思想也和他的重视教育分不开的。同时，他进入出版界，进而把自己的编辑活动和发展扶植教育事业有机地联系起来。

前已述及，张元济进商务印书馆之初，便与夏瑞芳约定，要以扶助教育为己任，得到夏的同意，开始在馆中负责编辑工作。扶助教育，事实上成为张元济为商务确定的最初的编辑方针。戊戌变法失败后，维新与变法思想已深入人心，诸多文人志士仍然反对守

① 《致熊希龄书》，《张元济书札》第 63 页。

② 《致沈曾桐书》，《张元济书札》第 8 页。

旧,不满旧的私塾教育和儒学、书院教育,纷纷实行废科举、兴学堂的教育改革。各级各类新式学堂如雨后春笋般地开办起来。1902年,清政府开始颁布各级学堂章程,以便划一和统制教育。全国性新式学堂的创办,使旧有的《三字经》、《百家姓》、《千字文》等旧式课本读物已不适合新式学堂教学需要,新式学堂教科书的编辑成为教育事业的当务之急。张元济和蔡元培是同年进士,便请蔡一块编辑教科书,二人共同擘划,组织人员进行教科书编辑。后因《苏报》案发,蔡受牵连而被迫去了青岛。张元济重新组织人员继续编辑工作,自任编译所长,聘蒋维乔为常任编辑员,庄俞为地理编辑员,徐隽为算学编辑员。张亲自主持编辑工作。因事属草创,没有成规可循,特地聘请日本人长尾桢太郎和小谷重为编辑顾问,以吸取日本教科书编辑经验。教科书编辑在张元济的主持下,以圆桌会议形式共同讨论编写。特别是国文教科书的编写,张元济等围坐一桌。每编一课,字斟句酌,反复讨论,十分认真。1904年,商务编辑出版了我国第一部小学教科书《最新初小国文教科书》的第一册。接着又分别编出了全套的《最新教科书》,这是结合国内学制,融会中西文化编成的包括国文、算术、历史、地理、格致、修身等各门课程的课本,它的编辑出版发行,使中国教学风气为之丕变。

张元济负责编辑的初小十册《最新修身教科书》,加上高梦旦编的高小四册《最新教科书》和蔡元培编的五册中学教科书,构成了商务馆的一整套成功的教科书。张元济把扶助教育的编辑思想,很好地体现在教科书编辑实践中,把强烈的爱国主义思想都融会到教科书编辑之中。这套教科书编得内容新颖,教学方法上也符合修身课的特点。它接受了西方文化教育中的某些合理成分,抛弃了封建三纲五常的毒素,具有明显的时代先进性。张元济作为商务的编辑负责人,在教科书编辑事业方面具有不可抹灭的草创之功。

张元济对中国新式教科书编辑工作,从一开始便紧抓不舍,坚持不懈。将编辑队伍不断扩大,将教科书编辑得越来越完备。如光绪二十八年(1902 年),张元济、高凤谦、蒋维乔、庄俞、杜亚泉等 11 人曾编辑最新初级高级小学教科书 16 种,同时还编辑有师范学堂、高等学堂、实业学堂用书数 10 种,中学用书 13 种。以后不断有新教科书编出。1904 年,编辑出女子教科书初等小学用 2 种,高等小学用 3 种。宣统元年(1910 年),初、高等小学均改为 4 年制,张元济等又编成《简明教科书》,初等小学用 5 种,高小用 1 种,外加教授法 5 种。

民国建立后,教育部公布小学校令,规定小学初、高小分别为 4 年和 3 年。张元济等又组织编辑《共和国新教科书》初小用 10 种,高小用 6 种;教员用者 16 种;中学用 23 种;教员用者等 9 种。编辑队伍由 1902 年的 11 人增加到 1912 年的 23 人。1913 年张元济等又编单级教科书初小用修身、国文、笔算、珠算书 4 种,教法书 4 种。随着教科书编辑业务的扩大,张元济逐步退出教科书的具体编辑工作,从组织领导的角度,不断物色新的编辑人才,更新和壮大教科书编辑队伍。以后,商务馆不断有教科书的编辑和修订,教科书的编辑业务也不断发展壮大。到 1923 年,商务的教科书编辑队伍已发展到 48 人,编辑成新学制教科书初小用 9 种,高小用 10 种,教员用 15 种;初中用 8 种,商中用 20 多种。综合看,商务共编有最新、简明、简易、共和国、单级、民国新教科书和实用、新法、新学制、新撰、现代、新时代、基本教科书等 10 多套。这些教科书在近代中国独步一时,为商务印书馆的发展与崛起立下了汗马功劳。在教科书编辑问题上,正是夏瑞芳独具慧眼请到了张元济来主持编辑业务;也正是张元济独具慧眼笼络了一大批优秀的教科书编辑人才。教科书编辑使张元济践行了教育救国大志,也使他充分展示了编辑家的雄才大略。这正如张元济 1952 年在《告别商务印书馆同人》诗中所写:“昌明教育生平愿,故向书林努力来。”①

三 编创报刊,普及文化

张元济作为具有远见卓识和宽阔视野的爱国主义编辑家,一个教育救国的实践者,他并不拘泥于昌明和扶植正规学校教育,而是也非常注意非正规的社会教育。他还通过编辑创办报刊杂志来教育人民,普及文化,启迪民智,唤醒民众,进而达到提高整个民族的文化素质,振兴中华的目的。

张元济的期刊编辑工作,是从1901年主编《外交报》开始的。该刊共分论说、谕旨、文牍、评论、外交大事记、世界大事记、国际法等编辑内容栏目,共出10卷203期,1910年停刊。当然,张元济于后来没有把太大精力放在期刊编辑上,而是放在了教科书的编辑上。但他作为商务印书馆的编辑负责人,却使商务的杂志编辑工作开展得有声有色。

张元济进入商务印书馆后,1903年便有《绣像小说》编辑发行。它是由《官场现形记》的作者李伯元主编,1906年因其逝世而停办,共发行72期。阿英认为这“是从各方面较之《新小说》(梁启超主编,在日本编辑出版)更为通俗化的读物,目的在唤醒人民,改革弊俗,刷新政治,富强国家”②。张任编译所长的第二年(1904年),商务又创办了大型综合性杂志——《东方杂志》,并成为国内寿命最长的杂志之一,直到1949年才停刊。从1909年起,商务印书馆先后创办了《教育杂志》(1909年至1948年)、《小说月报》(1910年至1921年)、《少年杂志》(1911年至1931年)、《学生杂

---

① 转自孙鲁燕:《为吾国人——张元济编辑思想探微》,《出版发行研究》,1992年第4期。

② 转自魏绍昌:《李伯元研究资料》第460页,上海古籍出版社1980年版。

志》(1914 年至 1947 年)、《妇女杂志》(1915 年至 1931 年)、《儿童画报》、《自然界》、《学艺杂志》、《社会月刊》等月刊杂志 9 种;还编辑出版有《英语周刊》、《儿童世界》等周刊两种;编有《国学论丛》、《哲学评论》、《经济学季刊》、《农业杂志》、《乐艺》等季刊 5 种;此外还办有半年刊《小学教育》和年刊《社会学界》。包括《东方杂志》在内,商务印书馆共约编辑出版各种类杂志 19 种。这些杂志,有些是商务自己编辑的,也有由其他社团编辑由商务出版发行的。期刊作为在中国近代新产生的大众传播媒介,能在商务印书馆得到很好利用和发展,张元济作为编辑活动的核心人物,自然不乏其运筹擘划之功。而且,这些刊物种类不一,内容各异,具有多学科、多层次的读者特点,是传播新文化,启迪民智、唤起民众的最佳形式之一。张元济作为爱国编辑家,以出版推动教育,服务教育,不仅使出版事业改观,教育风气也为之一变。他更以民族利益为重,认为振兴中华,要靠"民智大开",提高人民的精神素质,造就和培育国民性格。提出"无良无贱,无智无愚,无长无少,无城无乡,无不在教育之列",所以主张既"言专门"又"重普遍"①。张元济主持商务编辑工作后组织开展的期刊编辑活动,正是他上述编辑思想的具体实践。

四　传播西方文化,振新民族精神

张元济作为维新派人物,从救亡图存的爱国目的出发,主张传播西方新文化。近代中国出版界有所谓"教会之书多医家言,(制造局)译之书多兵家言"之说,学术思想理论著作极少,特别是有关西方哲学社会科学方面的译著均极少。张元济以为,要挽救时弊,首先应该传播新思想,从编译西方社会政法学说著作入手,并

① 杨忠学:《出版家张元济与翻译家严复》,《编辑之友》1992 年 1 期。

“取泰西种种学术与吾国民质、俗尚、宗教、政体相为调剂，扫腐儒之陈说而振新吾国之精神耳”①。张元济主张传播西方文化，并不是不加选择地照搬，而是有取舍地译介，用以和中国传统文化进行交流调剂，取长补短，从而达到改变中国学术思想界的陈腐死板空气，以振新中华民族精神，救亡图存，挽回国运。

张元济主持的西方著作编译出版，是从严复的翻译著作开始的。

严复也曾是维新派人物，出于爱国主义的思想动机，经过深思熟虑后，选择翻译了多种西方社会政治学说著作。严复选择译书，强调适合中国国情实际。翻译《天演论》，是出于中国“自强保种”的需要；选择《原富》是为了驳斥中国自古以来言理财家之弊病的谬论。严复的编译思想和张元济的编辑思想相吻合，且二人志趣相通，交往很密。因此，早在张元济任职南洋公学译书院长之时，就开始了对严复译著的编审出版工作。

1899 年张元济当时任南洋公学译书院院长不久，便要求出版严译英人宓克著《支那教案论》，严复欣然同意。严译《天演论》虽然最早发表于《国闻汇编》上，1898 年又由慎始基斋编辑出版，但在张元济入主商务印书馆编辑业务后，又重新出版了这一译著。另外，1903 年，商务编辑出版了严译《群己权界论》，同年又出版了《订正群学肄言》（《群学肄言》是在文明编译书局出版的）；1904 年出版了严译《社会通诠》和《法意》；1909 年出版《名学浅说》。1904 年，商务还出了严复编译的《英文汉诂》等书。根据陈应年先生的调查统计，商务印书馆在张元济主持编辑工作起，到中国共产党成立止，在编审出版严复译著方面贡献极大，对传播西方资产阶级新思想、新文化起到了推动作用。如《天演论》于 1898 年由湖北

① 汪家熔：《张元济主持的古籍影印工作》，《出版史料》（第 5 辑）1986 年 6 月。

沔阳慎始基斋出木刻本后，商务1905年初版，至1921年已20次印刷；《原富》一书由南洋公学1901～1902年出版后，1903年商务初版，后又多次重印；《群学肄言》，商务1903年初版，1919年已达10次印刷；《群己权界论》1903年初版，1920年商务已7次印刷。如此等等，不一而足。严复翻译的著作不多，但都是西方哲学、经济学、政治学和方法论方面的著名代表作。这些译著在中国传播，开创了"西学东渐史"的新局面，使中国学术思想界为之一变，令人大开眼界。以往的翻译活动，仅局限于西方自然科学和应用技艺领域的译著；自从严译著作出版，西方的进化论、唯物主义经验论、古典政治经济学乃至资产阶级的政治理论和逻辑方法论等著作，相率在中国传播，使中国近代思想发展出现了一个重大的飞跃，使中国知识界向西方追求真理的旅程已开始进入由感性到理性的崭新阶段，使中国人民从此有了一种新资产阶级世界观和方法论。这在严复，自然有他的巨大功劳。但从严译名著初版后的流传再版情况看，商务印书馆是立下了汗马功劳的。张元济既有伯乐之功，又有广为传播之勋。

林纾也是晚清具有维新思想的爱国知识分子，他主张抵御外侮，拯救民族，重视办教育，兴实业，培养人才。改良主义小说理论在中国盛行之际，林纾也从中受到极大感染。他在西方小说翻译活动中，多次申诉自己的思想观点："今当变政之始而吾书适成，人人既蠲故纸，勤求新学，则吾书虽俚浅，亦足为振作志气，爱国保种之一助"①。从林译诸多小说的序言、跋、例言均可概见林纾翻译西方小说，是要通过译书给华人敲起警钟，使之认识亡国灭种危险，并想借译书的潜移默化作用，改变人们思想，帮助人们认识西方的社会与人生，让人们从中得到启迪，学习西方，变法图强。林纾甚至把翻译小说活动，视为"实业"救国的具体行动。

---

① 林纾：《黑奴吁天录·跋》，1901年。

商务印书馆1902年成立编译所，在第一任所长张元济的支持下，至1903年5月，便出版了林纾《伊索寓言》的第4版。从1906年出版的《蛮荒志异》书中所见林纾跋文，可见林译小说在当时是得到张元济的赞同而后出版的①。《张元济日记》1916～1917年曾有多处收受林纾（琴南）翻译小说稿本的记录。从1903年到1913年10年间，林纾翻译小说销路很好，仅商务印书馆一家就印了林译小说64种。其中1905年出版9种；1907年出版11种；1908年16种；1909年10种；1913年4种。1914年以后出版数量有所减少，但到1916年又出了13种。这时期商务出版林译小说数量下降，主要是因为林译小说态度草率，稿中错误不少，质量较差。但因林纾是商务的老作者，来稿只得照收，虽然文稿质量不高，但为了能够出版，编译所长张元济也不得不亲自看稿，做编辑工作。林译小说难出单行本，便在《小说月报》上发表。这也是使《小说月报》在新文化运动冲击下发行量下降的一个重要原因，迫使商务不得不对刊物进行改革。沈雁冰在《革新〈小说月报〉前后》文中说"已买到的林译小说也有数十万字之多"，都列为不可用之列。后来商务又创办一个《小说世界》，把林纾的译稿都用上了。

林纾是近代杰出的文学家，又是较早把西方小说翻译到中国的编译家。商务印书馆为他出版了各类作品集和古文选集达四十多种。商务编辑出版的林译欧美小说多达一百种，有两辑《林译小说丛书》。林纾是在商务出书最多的译者。他和商务的长期合作与张元济、高梦旦等编辑家的支持不无关系。张元济主持商务编译所期间，对林译书稿均付高稿酬。商务编辑的杂志最低稿酬是千字2元，最高稿酬是千字5元。而商务对林译小说则是给的千

---

① 林纾跋文中有："长安大雪三日，扃户不能出。此编誊缮适成，临窗校勘，指为之僵。……雪止酒热，梅花向人欲笑，引酒呵笔，出此数语邮致张菊生先生为之正之。光绪三十一年十二月二十七日畏庐书于雪中。"

字6元。林纾把许多西方文学名著介绍到中国来，开创了“翻译世界文学作品的风气”，使中国人通过文学作品了解了西方欧美的社会与人生、思想与生活，林纾具有不可磨灭的历史功绩。其中，张元济等确也具有赞成支持的编辑出版之功。与严复、林纾不同的是，张元济经受得住时代考验。1907年应张元济之约，我国第一部用白话翻译的小说《侠隐记》(译者为伍光建)在商务出版。特别是1920年起，面对国内思想界不再满足于达尔文进化论而进一步探讨马克思主义等新理论的喜人趋势，张元济犹如识途老马，适应了时代潮流，选择了正确的编辑方向。他不仅下决心改革商务的编辑工作，并相继编辑出版了《世界丛书》和《共学社丛书》及《时代丛书》；不仅领导了《小说月报》、《妇女杂志》、《东方杂志》、《学生杂志》编辑工作改革，而且开始编译出版一些马克思主义经典著作。因此，张元济虽然是受过儒家教育的学者，但他并不保守，而是一个具有开明思想和爱国主义精神的改革家。

五　抢救民族文化遗产，整理出版古籍

张元济担任商务印书馆编译所长职务之始，就十分重视古籍善本书的搜求。1909年前后，缪荃孙建议影印古籍，张元济认为“期于必得，终当有翕羽之雅，慰我嘤鸣”①。张元济终于在1919年编辑出版《四部丛刊》，实现了这一愿望。二三十年代，使商务的古籍影印出版工作，达到了鼎盛地步。

张元济在《印行四部丛刊启》里将整理出版古籍的动机说得很清楚：“自咸同以来，神州几经多故，旧籍日就沦亡，盖求书之难，国学之微，未有甚于此者。”又在《百衲本廿四史序》说：“长沙叶焕彬(德辉)吏部语余，有清一代，提倡朴学，未能汇刻善本，重刻《十

① 《张元济书札》第2页，《致缪荃孙书》(4)。

三经》、《廿四史》,实为一大憾事！余感其言,慨然有辑印旧本正史之意。"上述表明,张元济辑印流通古籍不仅为了抢救民族文化遗产,使之免于湮没;更为解决学者求书之难,满足读者需要;还为汇集善本,弥补清代朴学家之缺失。另外他还有一个任务,就是通过对古籍的整理、校勘,及考订文字的讹、衍、阙、脱,恢复古籍本来面目,变其不可信为可信。

从1919年起,张元济开始在编辑影印流通古籍工作方面倾注心力,并在前人对古籍整理的基础上迈出了新的一步。解放前,商务印书馆约编辑古籍丛书43种,张元济先生自辑,或用涵芬楼和商务编辑人员名义辑印者有12种。张元济亲自辑印的丛书著名者有《四部丛刊》、《续古逸丛书》、《百衲本廿四史》及参与辑印的《丛书集成·初编》四大丛书。另外,还有《影印四库全书珍本初集》和《选印宛委别藏》虽属委托商务影印,但张元济同样耗费了大量精力。张编辑影印古籍,使之流传,甚能把握时机,当机立断,显现了一个"为古人续命"的有远见有魄力的编辑家风貌。这一点在顾廷龙《回忆张菊生先生二三事》一文中我们可以略见一斑:张和顾谈影印古籍书时说,"影印之事,如果早十年,各种条件没有具备,不可以做;迟二十年,物力维艰,就不能够做。能于文化消沉之际,得网罗仅存之本,为古人续命,这是多么幸运啊！可是于甄择既定之本,尚未版行,而碰到嬴火横飞,成为灰烬。这又多么不幸啊！幸与不幸,真是可为长叹息者也"①。

张元济编辑影印《四部丛刊》,采用底本,以涵芬楼藏书为主,同时遍访海内外公私所藏的宋元旧椠,基本上网罗了当时的现存的珍本秘籍。缩印成体式整齐的开本,出成一包罗宏富的大丛书,共得323种,8548卷,订成2100册。1934年又出《续编》;1936年出《三编》;各分装500册。

---

① 《商务印书馆九十年》第14页。

张元济继黎庶昌校刻《古逸丛书》之后，辑印《续古逸丛书》，和《四部丛刊》一样影印出版。其特点是：收录均是罕传真本；依原书版式大小影印，不失其真。1922 年开始辑印，全书共出 47 种。

1930 年张元济又开始影印《百衲本廿四史》，至 1936 年成。他重新恢复旧本真貌，纠正殿本得失，保持了正史史料的真实性。

1935 年，张元济在《四部丛刊》的《三编》正在影印之际，又开始着手辑印《丛书集成初编》。具体工作虽然由商务的编审部实施，但所有计划都是由张先生制订的。张先生认为，唐宋以降笔记、丛钞、杂说，及文集和零散著作，虽极有价值，却存于各类丛书之中，中国丛书又多，多不合体例。便决定从数百部丛书中，选择名副其实的百部丛书集为一书，即集古今丛书之大成，谓《丛书集成》。百部丛书选择的标准，以实用和罕见为主；前者为适应需要，后者为流传孤本。丛书所选时间，以清为断，辛亥后之丛书，一概不入，丛书的编选，同书见于两丛书中，则汰其重复；一书分见，详略不一，取其最足本；同属足本无校注者，取最早刊印之本，有校注者取最后本；名同而实异之本，则听其两存。这均是张先生为丛书编选而确定的选择标准。书成，共得四千一百余种，约两万多卷。

早在 1916 年，张元济听说哈同要出资影印《四库全书》，便从爱国主义思想出发，提出争取由商务影印。认为外国人越俎代庖插手中国民族文化遗产，是对国格的污辱。由于当时条件尚不够成熟，几经周折，《影印四库全书珍本初集》还是从 1934 年开始，到 1935 年完成了影印出版工作。这一工作中，张元济提出了客观、实际可行的编辑意见。

另外，在商务影印《道藏》问题上，都使张元济先生颇费心机。《道藏》、《续道藏》和《续藏经》作为卷帙浩繁的宗教经典，影印工程大，仅次于《四部丛刊》和《百衲本廿四史》。

张元济先生编辑整理影印古籍，倾注了大量心力，特别是能够充分运用自己版本学、目录学、校勘学、校雠学等方面的优势，在前人整理古籍的基础上又向前迈出一大步。王绍曾著《近代出版家张元济》书中，对他在古籍整理方面的卓越贡献，进行了全面的研究和总结，已足以展示编辑家张元济在古籍整理方面的真知灼见和理论贡献。综合述之，主要有四个特点。

1. 张元济在总结前人汇刻丛书经验的基础上，以常用、实用与罕见相结合，荟萃古书，且不拘门类，兼收并蓄，以精影保持原书的本来面目，使许多珍本秘籍广为流传；在自辑丛书的同时，又进一步将前人校刻的丛书，去其重复，另编成一部包罗富有的大丛书。学者欲求既往著述，均可于丛书中求得。从此将丛书的编辑提到一个更高水平。张元济编辑《四部丛刊》、《国学基本丛书》、《续古逸丛书》等都有这种情况。

2. 张元济继承和发扬祖国校雠学传统，结合近代印刷技术，校影群书，完成了乾嘉以来校勘学家的未竟事业。这既保持了古籍原貌，又提供了比较可据的本子，使我国古典文献工作建立在稳固、可靠的基础上。他还用最早、最好的版本来影印古籍，是用事实来揭发清代统治者纂修《四库全书》和殿本《二十四史》时窜改古书之罪。张氏编辑校印的《百衲本廿四史》就被学者张舜徽先生视为比较可据的本子。《四部丛刊》就是由张编选较早、较好的版本，能保持古书原貌，保存了最真实、最可信赖的文献资料。

3. 张元济总结前人的校书经验，以"书贵初刻"为选择底本的指导思想，千方百计搜求第一流版本，但又不拘泥于宋元旧本，而是在对勘中择善而从。遇有脱简残编或短篇页，总要配补齐全。对前人或自己的校勘成果，总要整理附载，以便读者能从中辨别文字得失和版本优劣。对宋元旧椠字迹模糊者，用描润方法使之恢复旧观。这是编辑家对目录版本学上的一个重要贡献。他编辑中主张"书贵初刻"，但又不拘泥于宋元旧本，不同版本须经反复对比，择善而从。如某些宋元旧本，过于模糊残缺，不宜影印，就选明嘉、隆以前复刻的宋本。

4. 张元济极端重视校勘工作。在前人校书实践基础上，运用科学校勘方法，厘订文字得失；从纷纭错杂的版本中，考镜源流，确定价值，并作为选择底本的依据。在校勘中，对历代著录、题跋、案断的错误，都逐一纠正，并将校勘成果用校勘记或跋文的形式附于书后。这既吸取历代校刻家之长，又不窜乱古书，为读者提供完整的，又是经过核实的资料，对帮助读者参校异同，斟酌是非，择善而从，以及鉴别版本优劣，都起着良好作用。张元济先生校勘十分认真，注意充分利用前人的校勘成果、历代著录和名家题跋，作为对校的补充和验证，首先解决版本源流，辨别文字异同得失，来确定是书的版本和价值。一般都是从书的内容、卷帙编次、版式、行款、刻工、讳字、前后序跋和文字异同等各个方面来鉴别版本和价值。

张元济作为编辑大家，由壮至老数十年间，为祖国的古籍整理出版做出了巨大贡献。这不仅为国家保存了大批珍贵文化遗产，而且为世界文化宝藏的丰富，立下了一份功绩。他在古籍整理方面，"底本"选择审慎，校勘精细，影印严格，考订缜密，这些既集中反映了他在目录学、版本学、校勘学上独有的成就，同时也充分显现了他作为近代编辑大家的应有风范。诚如顾廷龙先生所言：张元济先生"影印古籍规模之大，影响之大，是在中国现代出版史上放一异彩的大事，他的功绩是永远不会磨灭的，后人也会永远怀念他"①。

六　编辑家的用人之道

张元济作为近代有远见和魄力的编辑家，在主持商务印书馆编译所之后，能使商务迅速腾飞，这除了因为他具有适应时代的深

---

①《中国出版年鉴》(1980 年)。

邃编辑思想，为商务确定了相应的编辑方针外，还有一点，就是他的善于用人之道。

1. 多方罗致编辑适用人才。

张元济进商务的首要任务，是建立编辑机构，壮大编辑队伍。这一工作主要也是由张元济来完成的。张元济物色编辑人才，自有他的标准：学有专精，思想进步，脑筋新颖……这从他聘请蔡元培、高梦旦等骨干人才方面就可以概见一斑。

1) 政见相通：张元济聘请到编辑所的人才，大都是赞成维新变法，具有民主思想的进步分子。高梦旦曾在梁启超主办的《时务报》上发表文章，很受张元济赏识。蔡元培思想先进，褒扬民主。高梦旦反对保守，赞成维新。夏曾佑头脑新颖，参加过维新运动。因此，张元济聘请的编译所编辑人才，大都和他政治观点一致，思想相通。

2) 学有专长：张元济聘请编辑人才，非学有专长不为适用。所聘编辑人员大多为进士出身，或留学国外学有专精。如蔡元培为光绪进士，翰林院编修；夏曾佑为光绪进士，是头脑清新的文史学家；伍光建为留学英国格林威治皇家海军学院学生，赐进士出身；高梦旦也是留学日本，曾任浙江大学堂总教习；邝富灼是留学美国哥伦比亚大学的硕士，授进士出身，精通英文，等等，不一而足。当然，张元济选人也不拘一格，对于那些自学有成，奋发上进，有前途的人才也照样选用。如对自学有成的杜亚泉，他不拘其学历出身的加以重用，聘为理化部主任。

当然，张元济聘编辑人才的标准和要求，不仅限上述，而是多方面的。总之张元济为发展商务编辑工作选聘了一大批良将干才，除了蔡元培（后离去）和商务编辑的“创业三杰”（高梦旦、杜亚泉、邝富灼）外，还有伍光建、孙毓修、夏曾佑、蒋维乔、庄俞、陆尔奎等一大批有特长有学问的专业人才。后来，张元济又陆续吸收了诸如周予同、沈雁冰、郑贞文、郑振铎、杨贤江、胡愈之、叶圣陶、竺可桢、周建人等一大批杰出人才。

2. 任人唯贤,任人避亲。

张元济用人,只看是否能为商务所用,而不注重他和商务有什么亲近关系。他曾主张为公司(商务)寻求“可恃之人才”,任人唯才,重才、爱才,凡公司可赖以发展之人才,虽重金聘请而不惜。凡有人推荐来公司工作者,必先考察试用其才能如何,而不管是如何亲近之人所荐。

张元济还主张,父兄在公司任职者,为爱惜公司出发,不能轻易用其子弟。宁可让其子弟在外面工作,多受磨练。等他阅历既深,能知甘苦,办事确有经验和能力,公司才可聘请。因为在公司多年供职之人,大都薄有积蓄,其子弟在公司工作,必定不能像他父兄那样知生活之艰难。不知艰难,看事必易,用钱必费;再者,父兄既在公司居重要地位,子弟在公事干事,假设有不对之处,别人碍于面子而不言,无形中使公司受到损失。即使上边闻知,主事者碍于其父兄情面,也不便斥退,于是出现用人失平现象,而公司更加受害了。

张元济关于商务重要职员子弟不宜轻易入商务工作的主张,虽然曾受到其他商务上层人士的反对,但在他个人确是在坚决贯彻实施。张元济的儿子张树年从美国回国后,曾向父亲表示,一不愿进政界,二不愿入洋行商业。张元济表示,儿子不能进商务印书馆,自己的事业不传代。并说儿子进商务有三不利:一因父亲的地位,儿子进商务后必有人会吹捧,这便失却锻炼的机会;二对父亲工作不利,父子同一处工作,使父亲在内政上处处受牵制,尤其在人事安排上,很难主持公道,讲话无力;三对公司不利,儿子进商务,将开一恶劣风气,人人都有儿子,必有人要求援例,大家都要把儿子塞进来,还像什么企业。张元济主张商务高级职员子弟不要进商务工作，并做到以身作则，言行一致①。张元济因用人问题和商务上层领导意见多有不合，后来曾因此而辞职。

3. 用人要推陈出新，进有用而退无用。

张元济主张用人要有发展眼光，要有远见，要推陈出新。他曾用“喜新厌旧”来概述自己的宗旨。他曾函致高凤池说：“五年前之人才未必宜于今日。则十年前之人才更不宜于今日。即今日最适用之人，五年十年之后，亦必不能适用也。事实如此，无可违抗，此人物之所以有生死，而时代之所以有新旧也”②。因此，张元济主张用新人，用“少年之人”，用有用之人。商务中的高凤池等则持不同意见，主张用旧人，用老人，用平素相识之人。为此，张元济在《致高凤池》信中作逆耳忠告。张元济认为高凤池“用平素相识之人”的主张，用人范围太狭隘，他自己主张不论熟识与不熟识，“但取其已有之经验而试之”，“必因其有用而后可用之”。假如是商务旧人，与其关系密感情厚，“若其精力已衰，或敷衍塞责，甚或至于营私舞弊，则是对公司有害无益之人，不能专以其为旧而仍用之也。即念其在公司久，若曾出力有功于公司”，则应区别不同情况加以对待。“精力已衰者，辞退之时优加酬赠，还家有所赡养；其敷衍塞责，或营私舞弊者，则婉言辞退，保其颜面可也。若必以其为旧而仍留之，于公司且不能易其地位，是以人为重而公司为轻也。”如果这样下去的话，流弊所及必然产生四种恶果：“老朽日增，新进不易超擢，而公司办事必无精神，一也；凡稍有年资者，以为禄位永保，办事无庸尽力，二也；冗老愈多，耗费愈甚，三也；公司事业不能随时势进步，四也。”③积此四弊，公司必日趋败坏。张元济也主张发挥旧人的作用，而主要是在监督的责任上。这样可避

① 转自陈江《略谈张元济的人才观》，《编辑之友》1986 年第 3 期。

② 《张元济书札》，商务印书馆 1981 年版，第 190 页。

③ 《张元济书札》，商务印书馆 1981 年版，第 190 页。

免让旧人心冷。如果公司专为保持尸位素餐、知识不逮之旧人的地位,新进之人心必不服,不服则不尽出其力,这样一来,新人、旧人都不出力办事,公司就有可能被毁。

张元济剖析了用旧人之弊,提出推陈出新和“退无用之人”的主张。他1917年致函高凤池说:“惟鄙意公司事业日繁,人才甚为缺乏。且旧人中之不能办事者甚复不少。若不推陈出新,将来败象已露,临渴掘井断来不及。”解决办法之一就是“退无用之人”,“进有用之人”。并说,“进一有用之人,可退三四无用之人”。办用人进退之事,应当专断行事,从速办理。“只有千日朋友,并无千日东家”,不推陈出新,受害终在公司。正是在这种用人思想指导下,张元济曾聘进一批诸如沈雁冰、杨贤江等青年新进人才,使商务的编辑活动能随着时代步伐,与时俱进,不断改革更新。

4. 培养人才,储备人才。

聘请人才仅是张元济在商务使用人才的一个方面。他还主张自己培养和储备人才,这也是在编辑人才问题上的具有远见卓识之举。他致高凤池信中说,“吾辈均年愈始衰,即勉竭能力,亦为时几何;且时势变迁,吾辈脑筋陈腐,亦应归于淘汰。”“为吾辈退步计,为公司全局计”“不能不急于储才,储才之道,登进固宜稍宽,廪饩也不宜薄”①。要想储才,“不能不先汰冗。与公司休戚相关者,当别论。其仅著有劳绩者,可于辞退之时酌加酬赠。以所省赡养无用之人之款,移以培植新来有用之人”②。

张元济主张“储才”和“预储人才”,有两层意思,对有培养前途的青少年人才聘用时条件稍宽,然后加以培养;再者是由商务出钱在外面培养一些适用人才,等将来到商务工作。津贴学费就是商务预储人才的一个办法。商务曾为郁厚培津贴学费,并收到实

① 《张元济书札》,《致高凤池》,第188页。
② 《张元济书札》,《致高凤池》,第188页。

效。当然商务津贴储才的效果并非都好。甚至有的学成后干脆不来商务服务。后来张元济通过总结经验,认为商务出钱津贴学费储才之法不理想,倒不如收罗现成人才容易收效。那样即便是招聘的现成人才并不合用,仍可以裁汰,商务只不过损失几个月的薪水钱而已。

另外,商务印书馆还自办教育,鼓励有志青年自学成才。商务曾办有函授教育,报名者曾多达数百人,编辑所人员还亲自辅导,批改作业。编译所函授学社从1915年10月创办后,开始只有英语一门,后来增加了国文、数学、商业、图书馆等多种学科。报名学习大多是青年职工。开办11个月,学生增加到八百多人,以后逐年增加。张元济对函授的师资、教材,都要亲自过问。这不仅是发展社会教育,同时也是为商务预储人才的举措。

综观张元济先生一生,是编辑家为文化教育事业奋斗的一生。从早年参加戊戌变法,到投身编辑出版事业,都能与时俱进,顺应潮流。特别是中国近代出版编辑史上,他又是开辟草莱的人。从新式教科书的编辑,工具书的编纂,西方著作的编译出版,尤其是中国古籍的整理流通出版,乃至编辑机构的用人管理,他都能以编辑家的高瞻远瞩和实干精神,使之成效显著大放异彩。他用言论和实绩为自己塑造成一个丰满伟岸的中国近代编辑家形象。

选自李明山著《中国近代编辑家评传》,河南大学出版社1993年

救国自强的终生事业

——论张元济及商务同仁的出版思想

汪家熔

上世纪末本世纪初，在维新自强的呼声中形成一个出版新书刊的高潮。当时在上海很有一些人士倾家产组织团体于出版事业的。像蒯礼卿办金粟斋译书处，罗振玉办农学会及《农学报》社，董康办蜚英馆和译书公会等。自然不止他们几位。然而很快，大都悄然离去。也有经营不得法而只能收歇、退出的。这些人的出版活动也就慢慢被人遗忘。从那时到新中国成立，这变化巨大、天翻地覆的半个世纪，始终从事出版，晨星硕果，唯推张元济先生。他之受人尊敬并不仅仅是他的出版经历长，而在于他多年出版实践给出版事业留下了一笔弥足珍贵的遗产。

张元济与他的朋友，包括商务印书馆的很多位先生，能在这么长时间的出版活动中获得成功是很不容易的(按社会效益讲：有大量书籍是享有盛誉的；经济效益：到 1931 年实有资产 2000 万银元，因而能经受起 1932 年和 1941 年两次致命的打击)。非常关键的一点，不仅仅是“经营有方”四个字所能概括的，而是他(以及他的朋友们，如高梦旦等)办出版有着非常坚实的思想基础。

一　从事出版的扎实思想基础

人们都说张元济于戊戌变法失败后弃官经商，认定了出版的重要作用后义无返顾献身于出版的。[①] 这是很对的。但他认识到出版的作用,并在某种程度上参与出版活动则要早得多。在戊戌变法前,有文字可查的,早在 1896 年初他对出版就表现出高度关心,有极中肯的意见。兹摘录数则:

1896 年孙家鼐受命办理官书局,张元济曾寄以希望,亦“曾有书上之,后屡谒而不得一见。观其行事,亦终难扫除朝贵气习”,[②] 知道不足与为谋。孙家鼐是礼部尚书,兼理官书局,但当时他对办官书局毫无头绪,如果张元济谒而得见,一谈而大洽,张是六品主事,必被充任官书局提调。

《时务报》筹备有绪,张元济积极建议:“鄙意新出紧要图籍,尤宜从速译印。”[③]

“贵报似宜多论西人有益之事,以歆动群伦。”[④]

“专纪外国新政新学,似乎较有裨益。虽与原订章程不符,然天下事贵求其是,不患其变也。”[⑤]

翻译书籍“最妙莫如国会章程及泰西各国条约”。[⑥]

“弟意译成一书,必仔细推敲,其稍有疑难之处,必与原译者悉心讨论,务祈明白晓畅,方为有用。”[⑦]

“贵报所译地名,每无一定之字。能熟外国地理者能有几人。似宜留意。[⑧]”“邹〔编世界地〕图既出,贵报可否全用其地名”。[⑨]

---

① 《谱序》第 25 页。
② 〈致汪康年〉(编号 1),《张元济书札》第 9 页。
③ 同上(编号 1),同上书第 9 页。
④ 同上(编号 10),同上书第 17 页。
⑤ 同上(编号 10),同上书第 17 页。
⑥ 同上(编号 9),同上书第 15 页。
⑦ 同上(编号 14),同上书第 23 页。
⑧ 〈致汪康年〉(编号 9),同上书第 15 页。
⑨ 同上(编号 12),同上书第 20 页。

"初学书不可不急撰。问答体尤宜,歌诀只便幼童。再进则非所急。"①

"中国史书舆地宜亟编,不能不为后来者一乞大君子之手援矣。"②

"卓如善于说法,曷请其一远广长舌以作棒喝乎。"③——通艺学堂有些人不重视西学、外语,张元济要梁启超撰文引导。

"贵报宜亟于西北各省广求销路。"④

"缩印报〔按指《时务报》〕本属为代销,必效劳。惟恐不易售,为欲读者都已购得原本也。此宜多发往售报最后之处,其销路必旺。"⑤

"知新报亦大佳,惟嫌其太无含蓄。非不明作者苦衷,欲自附于忠言药石之义。然……每易激其回护之私……其仇我者更无论矣。且议论时政,臧否人物,均足以能当道之忌,于事仍无所济……该报似不宜于都中代售,恐反累及贵报(按指《时务报》)也。"⑥

"农学报如搜采赅博,译述详明,弟当代为销售。"⑦

"〔经济〕特科命下,人皆思看译本书籍。尊处似宜多译要籍,速印发售,可以津贴报章不少也。"⑧

以上这些都摘自张元济1896年农历四月二十七日至1898年农历正月二十四日,即戊戌变法前给汪康年的信。从这些摘录文

---

① 〈致汪康年〉(编号14),《张元济书札》第23页。

② 同上。

③ 〈致汪康年〉(编号10),同上书第18页。

④ 同上(编号8),同上书第14页。

⑤ 同上(编号14),同上书第22页。

⑥ 同上(编号10),同上书第17页。

⑦ 同上。

⑧ 同上(编号30),同上书第38页。

字，涉及办出版的宗旨，选题方针，译书质量，统一译名，撰文体裁，具体选题。还有发行原则。还在开经济特科的消息公布后建议抓住机遇出些书盈利以补贴刊物亏本，这就触及到经营了。即使在今天看来这些原则也可说是对的。

如果联系到张元济当时自己有很多活动，如代派《时务报》等各种刊物，后来又动议设立总派报处，以期有专人从事各种刊物在京发行事宜，从而扩大发行量看，他的重视出版物，以及对出版所提的各项意见，是有一定原因的。

这答案在 1897 年农历三月二十五日他给汪康年信中（《张元济书札》第 16～17 页）可看出。这封信中除"总以鼓励人心为第一义"一句被人引用过外，有一段答复汪康年挽救中国的 4 项着手办法，是极为重要的。这段文字如果当时被政见不同的人见到是要兴大狱的。汪的来信肯定在政变后毁掉了。为说明问题，特录复信有关段落。

前 3 条是：图以贿赂谋大权、集义民结外援、鼓动一位方面大员。这 3 条的任何一条都很明白，完全不必深文周纳就可以"大刑伺候"。从这 200 字中，我们可以看到汪康年、张元济二位当年为挽救民族危亡不惜个人的拳拳之心！但这 3 条都难以办到。于是有较切实际、力所能及的第 4 条：

"第四条即吾辈今日所当办之事。无论其成否，惟尽吾之心力可耳。"

他肯定汪康年从办《时务报》着手：

"吾兄办事，从报入手，最为中肯。今天下未尝无有心人，苦于隔而不通，散而不聚耳。今渐通矣、聚矣。凡有同志，或至馆相访者，或以文字相赠（按即投稿）者，吾兄宜加意牢笼，毋使倦懈。始者观听系焉，继则臭味洽焉，终且为我所用矣。"

这是张元济答复汪康年提出的救国之道。现在保存的与汪康年往来信件有七百多人三千多封，其中包括汪康年的堂、表兄弟汪大燮、夏曾佑的众多信。他们弟兄三人都是进士出身，六品职，主张维新。但在包括汪、夏在内的这么多人的这么多封信中都没有这4条的任何踪迹，说明张元济和汪康年最莫逆，志同道合。而从上面所引张元济的复信看，他更稳当些、更切合实际些。从答复第4条可以看出，他们认识到出版物的作用，所以用作手段，教育、唤醒人们，所谓："吾辈不操尺寸，惟有以身先之。逢人说法，能醒悟一人，即能救一人。弟此意颇为卓如（按指梁启超）所许。"①他说："时务报……崇论宏议，以激士气，以挽颓波。他年四百兆人当共沐盛德。此举诚不朽矣。"②又对汪康年、梁启超之办《时务报》誉之为："春日至矣，其象更新。天时人事，必当相应。君（按指汪）与卓如固宜首任之，以新此世界也。"③他把办出版看做"以新此世界"的手段。当时汪康年、梁启超从事《时务报》编辑、出版，张元济辅助《时务报》采访和发行。此后汪康年一直从事办报直至逝世。梁启超的出版活动一直未断，最后主持的一本书在1925年3月初版。张元济也是将出版作终生事业。据丁英桂讲，张菊老逝世前已议决影印残宋本《册府元龟》。菊老弥留之际说话已困难，见丁英桂来，不断说："册……册……册……"犹惦记该书出版事。可见他们都是以出版作为挽救民族危亡、振兴中华、发扬光大文化的手段。这应该看做张元济出版活动的主线索。而在他出版活动的各阶段都可以感觉到他的主旨和活动经纬相交。对出版抱有明确的目的性，贯串了张元济的整个出版生涯。

二　寻求同志搜罗人才

1952年初，张元济写了9首告别诗。其中《别商务印书馆同

---

① 《致汪康年》（编号1），《张元济书札》第9页。

② 同上（编号2），同上书第10页。

③ 同上（编号4），同上书第11页。

人》："昌明教育平生愿，故向书林努力来。此是良田好耕植，有秋收获仗群材。""仗群材"这一思想正好说明张元济对搞好出版活动，需要抓住的重要环节。

一个人能力究属有限，救国大业要大家来做。所以张元济要汪康年对投稿者、来访者注意结集同志。他们为此进行了很多这方面的活动（在他们来往信件中有所反映）。

当然有志于救国事业的不都以出版为途径。以出版为途径的较少。如后来和张元济一起在商务印书馆终生从事出版事业的高梦旦，就是在当时和汪康年书信往来结识而成为同志的。

高梦旦和张元济接触是在1903年底，他也是一位很早就认定出版可以作为改变祖国面貌的工具的人。高于1897年初在《时务报》发表的《废除跪拜论》，和1896年的《翻译泰西有用书籍议》，都很有影响。更可贵的还在于他抱有"成事不必在我"的宗旨："吾之所欲言，人既代我而言之，则不啻我之自言。我之所不能言，言之所不能达，人且代我而尽言之，则更胜于我之自言。异日斯说行，天下蒙其泽，我必与焉，否亦同归于尽而已。"（1896年农历9月16日高梦旦致书《时务报》《报馆诸先生》函）后来在商务他"让贤"帮助他人解决"四角号码检字法"的难题，都是人所共知的。但是他常说的"成事不必在我"，即功成不居功和甘做助手的高尚品格，近年却很少人去研究。正是高梦旦有志于出版事业，且极能干而又甘做助手，张元济寻求到这位同志后才能发挥出自己的帅才，商务印书馆才能崛起于出版业中。

寻求同志，是张元济从事出版活动的一个很重要的方面。在他开始全心身从事出版，即任职南洋公学译书院时，就和严复商量译书的事，请严复担任总校。可是严复全部否定了张元济的意见，提出，"如能月以四百金见饷，则仆可扫弃一切，专以译事为生"。①

① 《严复集》第3册，中华书局，第526页。

严复到南洋公学译书事显然没有谈拢。张元济没有找到合适的译者,只能守原来由日本人细田谦藏、稻村新六专译步兵操典等兵书的摊子。至1901年离开时,他原计划译书“以政治、法律、理财、商务”为主要内容的设想基本无法实现。

张元济寻求同志办事业最成功的,莫过于加入商务印书馆,寻到夏瑞芳。

夏瑞芳(1871～1914),字粹方,是工人出身;张元济是进士出身,翰林,被光绪破例(皇帝仅能接见四品以上的官,而张是正六品)接见过的人。尽管张、夏接触时夏瑞芳已经是一个印刷厂的股东兼经理,就当时重士农轻工商的社会风气,张元济能做到这点是非常不容易的。他们二位是志同道合。有人在文章中说张元济向夏瑞芳戏言:“南洋公学月薪350元,你出得起!”夏说:“他给多少我给多少。”于是就进了商务。更有人说在夏瑞芳恭敬而诚笃的邀请下,张元济就进了商务,使人想起三请诸葛亮的故事。无论这样或那样说,都没有提出任何文献根据,而且把张元济从事出版变成一件偶然的事,显然不足信。前面已经提到过,他是以救国为己任的人,大致不会为350元折腰,也决非因恭敬而决定自己的去向。

张元济除了讲过“昌明教育生平愿,故向书林努力来”外,也有几处讲过到商务的偶然性:“昔年元济罢官南旋,羁栖海上,获与〔夏〕粹〔方〕翁订交。意气相合,遂投身于商务印书馆。”①又说:“余被谪南旋,侨寓沪渎,主南洋公学译书院,得识夏君粹方于商务印书馆。继以院费短绌,无可展布,即舍去。夏君招余入馆任编译。余与约:吾辈当以扶助教育为己任,夏君诺之。”②“意气相合”、“以扶助教育为己任”,这恐怕才是张、夏两人身份相差悬殊而能合作的根本原因。

---

① 《致商务印书馆董事会信》,《张元济书札》第263页。

② 《张元济诗文》,第240页。

近年在出版史的小文章中，常把夏瑞芳贬成是一个出身低微，爱钱财觅缝钻头的市侩，没有文化又想发出版财。其实他并不是这样一个人。他是不愿受洋人的气才愤而合伙开办印刷厂。由于他敬业乐事，印件质量精益求精，才获得客户的信任，生意很好，也就有较多利润。杜亚泉讲到商务时说，当时“维新同志，皆以编译书报为开发中国急务，而海上各印刷业皆滥恶相沿，无可与谋者，于是咸踵于商务印书馆，扩大其业务，为国家谋文化上之建设”。①40年后日本的中日交通史专家实藤惠秀在《日本文化对中国的影响》一书中对维新时期商务的印刷质量有极高的评价。杜亚泉所讲离事实不会太远。夏瑞芳的文化在当时讲是不算低的。更可贵他头脑清醒。早在1898年，《马氏文通》脱稿。《马氏文通》是我国近代第一部以西方学术方法总结我国事物的专著。我们从著者马建忠写的序中知道，他有感于中文研究始终没有进入语法研究阶段，读书人必花很多年月才能粗通书面语言，无力再涉足科学技术。可见马建忠花十余年时间写《文通》是以“语法救国”，大有用意的。《文通》脱稿后，马建忠在是年农历3月写有序。又在该年重阳节（该年闰3月）写后序，11月商务印书馆出版该书。后序显然是在商务印书馆接受出版后写的，从后序所表达的中心意思可以看出，正当大家纷纷竞读西学书籍，在讲政治、法律、经商、改科举等等的时候，原先讲西学的马建忠（他的《适可斋纪言》是极受读者欢迎的，并兼及《适可斋记行》），现在却写这文字的书太“不识时务”了。由于别的出版者嫌其不合潮流，无法获利而不愿出。而商务印书馆却接受了，应该承认夏瑞芳有认识时务的胆识。

值得注意的是，夏瑞芳和他的亲友办了商务印书馆，有盈余后，又和亲友如高凤池办五洲大药房（制药厂）。张元济曾说高凤池：“君生平所经营者有二：曰商务印书馆，曰五洲大药房。由前所

---

① 《商务印书馆九十年》，商务印书馆，第9~10页。

为，则浚瀹人之神智，可以常为新民；由后所为，则搜采吾国未有之药物，可以免人于羸病。”①可见夏瑞芳他们几位商务创办人有济世救人思想，而不是唯利是图的市侩。这也说明了为什么他们是相信张元济或说是支持张元济的。我们知道商务1897年创办时资本为3750元，至1901年夏天张元济、印有模投资时，原有资财升值7倍，说明这4年多经营很好。1901年张、印二位共投资23750元，商务资本共为5万元。就出书讲，1902年开始有重大变化：原来几年出版有18种外语读物、2种英汉词典、1部《马氏文通》，1部《邵氏危言》。1902年后这些方面不再有新书出版，而出版政治、法律、经济、商业方面的翻译书。这类新书从1902年到1903年9月共出90种。说明这是张元济改变了商务原来的出书方针。到1903年10月商务中日合资时，原有资财估值为5万元。说明1901年8月到1903年9月这2年，从纯粹经营的角度看，商务没有赚钱，连公积金都没有增加一分。对此夏瑞芳等原有投资者并无怨言，说明他们堪称是张元济的同志。

大致张元济进入商务印书馆，初期有蔡元培的帮助。此外，还有伍光建、夏曾佑。这是在1905年以前的一封信：“穗卿新正三日即东渡，昭扆已先行。馆中愈形寂寞，有事无人可与商榷，殊以为忧。吾兄有何良策，甚愿闻也。”②穗卿即夏曾佑，昭扆即伍光建。他们两人这时随载泽、端方等5大臣出国考察政治。这信证明夏、伍两位是张元济与之商量事的人，他们也是主张办维新的。

1914年夏瑞芳逝世后，商务印书馆缺乏一位有调度、协调编译、发行、印刷3所能力的人。1915年陈叔通进商务。不久他觉得这问题之重大，建议建立总务处制度，以合议的办法调度、协调3所活动和统一3所制度。此后商务业务重上正轨。和陈叔通政

① 《张元济诗文》第361页。

② 张元济致汪康年信，光绪三十一年十二月二十五日。

见极不同的王云五在晚年也承认陈叔通是几位“与他(张)在事业上有密切关系,对于他的中心工作当然都会发生重大影响”的人之一。① 陈叔通不仅当时在业务上,后来在政治思想上对张元济也有很大帮助,特别在1948年初、1949年初及其以后。②

“仗群才”的另一面是搜罗人才。这在张元济的出版活动中是占据相当地位、相当精力的一项工作。一流人才出一流书。翻开《商务印书馆〔九十周年〕大事记》中聘请入馆人的名单,足可编一份中国社会科学家、自然科学家名录。翻开《张元济日记》,你不必看正文中频繁的记录,只要看卷端所附日记原件图片,第一图是他担任编译所长时的日记,共分3栏,第2、3两图是兼理全局后的日记,共分13栏。不论哪个时期,“聘用人事”这一栏都列在第二栏,可见在其全局中所处位置。这个做法保证编译所内有较多各学科的人才,从而保证书稿质量。例如《辞源》,1915年初版时是一部综合性词书,在1911年基本齐稿后就印发熟悉有关学科的编辑审查。③ 在翻译《英汉双解韦氏大学字典》时就采用类似办法,由熟悉有关学科的编辑审定译名、译文(参见该词典张世鎏序)。由于有了各项人才,就可能提出各种中肯的选题、适时的选题。有人在张元济研究中搞神化,甚至说“清末至1936年的汉译科技书籍963种,多数是1936年翻译出版的。这些译著的出版,大都出于张先生的精心挑选”,这就把张元济变成一个事无巨细都必躬亲的事务家,而不是一位处于指挥地位的帅才。这就离开了他“仗群才”的基本思想和基本做法。

---

① 王云五《谈往事》,台湾传记文学出版社,1975年,第209页。

② 《张元济诗文》第62~66、72~73页。

③ 〈蒋维乔日记〉,《出版史料》1992年第2期。

三　审时度势从善如流

事情总有轻重缓急。审时度势非常重要，出版事业也不能例外。有些事、有些书并非不重要，时间不合适、条件不够就要缓办，张元济始终注意这点。如在 1897 年农历 3 月 25 日给汪康年信中就说："格致、化学等学会，其名甚美，而其实未必有益。盖此时尚嫌躐等也。"①当年 4 月 13 日给汪的信中又说："来谕云卓与陈李开公论报。弟揣其名，似已不妥；时尚未至，恐损多益少也。盍为卓如言，并达鄙意。"②1949 年 9～10 月间张元济应邀参加第一届中国人民政治协商会议。会议期间毛泽东曾两次邀请叙谈。10 月 11 日叙谈间，张元济向毛泽东建议：新中国既已成立，建设必须进行，最要为交通，其次为工业，再次为农业。抗战八年，内战三年，民穷财尽。若百端并举，民力实有不逮，不能不权衡缓急"（张元济：《赴会日记——一九四九年秋》，原件）。凡此足见张元济十分注意审时度势。

张元济在整个出版活动中十分注意这一点，特别在商务印书馆。

如影印古籍。商务印书馆的印刷技术有一定规模和声望，版本目录学家缪荃孙曾建议，鼓励张元济从事收集古籍的同时影印古籍。张元济回答他："所商影印古书一事，一再受教，谨志勿谖。此时尚应者寂寥，而鄙意期于必得。终当有翕羽之雅，慰我嘤鸣。"③缪荃孙所建议的影印古籍不是零星小种，是清代学者一直想做而无力进行的大规模整理、翻刻，形成"儒藏"，以和佛教《大

---

① 〈致汪康年〉（编号 10），《张元济书札》第 16 页。

② 同上（编号 11），同上书第 19 页。

③ 〈致缪荃孙〉，《张元济书札》第 2 页。

藏经》,道教《道藏》的做法媲美。后来的《四部丛刊》、《百衲本二十四史》都属其中。就《四部丛刊》讲,早在1914年,准备工作已经基本就绪,其缘起已经草就,并以孙毓修的名义发表。正是当"时尚应者寂寥"而直到1919年才开始决定着手。张元济后来同顾廷龙谈起影印几部大书时,说过:"影印之事,如早10年,各种条件没有具备,不可以做;迟20年,物力维艰,就不能够做。"①他紧紧地抓住了第一次世界大战期间西方帝国主义无暇东顾,中国民族经济获得发展的有利时机。这段好景不长。不久日本帝国主义侵占东北,接着挑起淞沪战争,又蚕食热河、察哈尔和冀东,进扰华北,搞所谓"防共自治",签订丧权辱国的塘沽协定、何梅协定。这种局面对文献保存是非常不利的,而当时的社会经济秩序尚未打乱。商务印书馆从1932年8月战火重创下复业到"七七"事变前抓紧出版了缩印本《四部丛刊》外,又编印了《四部丛刊·续编》、《四部丛刊·三编》以及《丛书集成初编》等,外加出版《四库全书珍本初辑》。正可谓日夜兼程。1937年,正在加紧准备《国藏善本丛书》(收北平图书馆、故宫、中央研究院所藏50种最珍贵善本)的开印工作,以及《四部丛刊·四编》。② 在1937年6月25日还说:"《国藏善本》九月底至少出一百册。鄙见能多些更好。"③8月7日还嘱丁英桂:《四部丛刊·四编》书目"排就即发下"。④ 而8月10日即致信丁英桂,告以"所有已制传真(当时商务所影印古籍都用修润底版的办法,虽费工,但印出后同原书不爽毫发,名为"传真版"。——引者按)之书,备《丛刊四编》者,现在不印,其传真清本应如何保存,请与总管理处接洽"。《国藏善本丛书》的宣传样

① 顾廷龙〈回忆张菊生先生二三事〉,《中国出版年鉴》1980年,第299页。

② 〈致丁英桂〉(编号178、180、181、182、183、184、186),《张元济书札》第246~248页。

③ 〈致丁英桂〉(编号185),《张元济书札》第248页。

④ 同上(编号189),同上书第249页。

本已经印装完毕,已经开始接收预约,这时也只能毅然决定停止出版计划,退还预收款(见《东方杂志》1937 年 9 月份所刊《9 月 1 日商务印书馆启事》丙项第 6)。自然,这是全面抗战前夕的应变活动之一,是商务领导层的集体决定。[①] 但是我们从中可以体会到张元济及其同事们的审时度势。

时机是这样抓住的,也应放弃条件不够的打算。1905 年决定翻译《韦氏大学词典》。那时商务印书馆有两部英汉词典:一部由邝其照编的、而由颜惠庆增订的《商务印书馆华英字典》;一部由谢洪赉主持翻译英国布罗存德的《商务印书馆华英音韵字典集成》,前者初版于 1899 年,收词 4 万,后者初版于 1901 年,收词 10 万。当时英国编的英语词典都偏重于语词,而于百科性词汇收录量相对小,这在使用时不很方便。因为读者阅读时遇到的不仅是语词,更多的是隔行的词不清楚词意。美国的韦勃司脱英语词典注意了这个问题,广泛搜罗百科性词语,受到广泛的好评。但这词典对非母语读者仍然没有用,单词没有公认的译名。翻译这部词典就能受到中国读者的欢迎,经济上也就会有收获。商务于是请颜惠庆承担。颜惠庆组织了上海和香港十多位大学教员分头翻译。开始翻译不久,双方就感到这项计划过于庞大。就翻译者方面,当时还找不到足够的有水平的译者能在较短时期译、订完稿。就出版方面讲,不能及时在短时期译完,投资搁置时间长,不是当时财力能宽舒胜任的。这个翻译就暂停了。12 年后,到 1917 年社会情况和商务本身的财力都发生了变化,才重议这件事。在当年 7 月开始翻译,经 6 年到 1923 年 6 月出书。

然而最值得称道的,是商务在 1903 年停止翻译出版社会科学书籍。这个变化的原因没有书面文字。可以推断的大概这些书的销售比较困难(这是有证据的),经济承受力不能不考虑,而销售

① 王云五《商务印书馆与新教育年谱》第 636 ~ 648 页。

比较好的文学译著则有很大发展。这样自然从经营上是合理的，在人力和财力上可以支持新的项目——教科书的开拓。

四 善于经营而不唯利是图

商务印书馆于 1897 年开创，到 1932 年实有资产合 2000 万（注册资本 500 万），不能否认它是经营得法的。

出版是个非常特殊的行业。特殊之一就是长时间是优胜劣败的，短时间却是“劣胜优败”的；除非有特殊支持。商务印书馆没有任何政治背景，投资者年年要支取股息、红利，能长时间维持下来并获得发展和声誉，本身就说明几十年中间它的出版物是好的。有人在文章中说商务印书馆一直走在时代前列。我说就商务的出版物而言不必这样讲。孙中山在 1921 年在《致海外同志书》里说商务印书馆是保皇派，也是毫无根据的。商务印书馆是个私营合资企业，经理人员受董事会监督，董事会受股东大会委托。这就决定了企业经理人员的活动意志不能不受约束，无法“一直走在时代前列”，走得太前了被反动政权查封，如何向股东交代。商务的历任主持人都将自己的政治观点尽可能不和商务业务掺和，除了朱经农以外。

如王云五，他在国共第二次合作期间的政治倾向性是很明朗的，但是在商务的出版物上，包括期刊，并未有什么相应活动。1941 年太平洋战争，商务印书馆香港基地全部陷于敌手。这时国民党中宣部、正中书局纷纷提出“投资”、“合并”等建议，王云五全都婉辞了，保持了商务的独立。

如张元济，他在戊戌时期是热心政治的。他在商务却提倡“在商言商”，即规定了商务远离政治，他自己的政见并不在商务的书刊上直接陈述。初期他利用《中外日报》，后来（辛亥年）则集资办

《时事新报》,[①]一吐"国民之公论"。他对蒋介石的箝制言论,实行独裁有明确的态度,表示极力反对。他致胡适信中:"所最望者,主持国事皈依三民主义之人,真能致民于生,而不再致民于死。"[②]《生活》杂志被封,他破例去见蒋介石,要求开禁。抗日战争胜利后他对国民党搞内战深恶痛绝。1947 年底到 1948 年初,他写有多首痛斥国民党的《时事杂咏》,都没有在《东方杂志》上发表。1948 年 9 月 26 日,他在中央研究院第一次院士开幕式上作的发言,痛斥国民党发动内战,不去"好好地改造我们的国家"。抨击国民党任意拘捕学生:"还有一件可惨的事情,政府新定了一个名称叫做职业学生,拘捕的拘捕,传询的传询。"[③]这份发言他以《刍荛之言》为题印成小册(总共 2100 字)散发,但不利用诸如《东方杂志》等商务的刊物传播,免得商务遭到麻烦。

商务印书馆在公私合营以前一直是众多股东投资的"公共营业"。[④] 张元济以及其他主持人和很多决定选题的人,当自己的政治倾向、个人兴趣和商务出书的前途冲突的时候,都能将个人政治观点和兴趣放在边上,不利用"职"去行使不合法(投资者的投资意向)的"权"。

我们也只能依这个原理研究张元济以及商务印书馆所形成的传统做法。这并没有贬低的意思。商务印书馆出版过恩格斯和考茨基的各一本书,也有像杨贤江编的《学生杂志》那样激进的刊物。这是史实,应该提。但有文章说这些都是"在张元济先生带动之下"。这样的说法就值得商榷。因为有实实在在的文字材料证明,在出版考茨基著作的同时,张元济根据高梦旦的意见拒绝代印

---

① 〈致梁启超〉(编号 3),《张元济书札》第 58 页。

② 《张元济书札》第 163 页。

③ 《张元济文集》第 227 ~ 228 页。

④ 〈致梁启超〉(编号 2),《张元济书札》第 57 页。

（仅仅是代印）《孙文学说》。杨贤江编《学生杂志》时对曹慕管响应北洋政府读经规定进行批判，是受到商务当局阻挠的；杨贤江离开《学生杂志》后，该刊又回到原来课艺杂志的老路上去了。如问这又是谁带动的，就比较难以回答了。所以只能以这个事实来回答问题，因为他们都在自己的必然王国里活动。

在经济上也同样。有人说张元济和夏瑞芳约定，"以扶助教育为己任，不以盈利为目的"后半句"不以盈利为目的"也是强加给张元济、夏瑞芳的，绝无文献可征。商务的经理人员在那个必然王国里，只能赚钱！不赚钱，投资者、职工、事业发展三者都不答应：要股息，红利，花红，公积金。赚少了还不行，意味着信誉不高，日常经营所需流动资金的正常拆借都障碍重重。而且"不以营利为目的"就缺乏一种发展事业的推动力。不赚钱就谈不上企业发展，奢谈什么事业。张元济以及商务的其他主持人之可贵，在于以盈利为目的而不唯利是图赚昧心钱。

在反动统治下，商务的所有制制约了它的业务不能在政治态度上走在社会前面。但并不强迫它成为社会进步的对立面。张元济对社会政治逆流的态度是极明朗的。如 1917 年康有为和张勋闹复辟丑剧失败后，年底又把 1913 年停刊的《不忍》杂志复刊。"不忍"者，不忍见到帝制被推翻。康有为要求商务印书馆代售，张元济坚决拒绝。当时上海还有两张鼓吹帝制的小报，在商务印书馆所属中国图书公司和记印刷，张元济和高凤池知道后坚决停印。在抗日战争期间，商务的各地分馆在沦陷区的，都不卖奴化书。① 在北平的京华印刷厂为了不印"新民会"的敌伪印件，而去排丁福保、周云青编的《四部总录》这部根本无力印刷的大书，用以搪塞。自然不必讳言，1941 年太平洋战争后，日军进驻上海租

---

① 乐美素〈民国时期山东出版业概述〉，《中国新民主主义革命时期出版史学术讨论会文集》，中国书籍出版社，第 101 页。

界。商务、中华、世界、开明、大东、光明、良友等等在上海的出版机构12月26日全部被日军查封。1942年3月,日军要求与日商合并成立“中国出版配给会社”。这些单位设法拖延、搪塞,到1943年6月1日,才以商务、中华、世界、大东、开明5家出资组成独立的“中国联合出版公司”,即“五联”,出版过汪伪课本。这自然不是件光彩事,但比全部被日军并吞,或稍胜一筹。

商务出书,总出对社会有用的书,并时时有创新,能不断占领市场。这大家已讲得很多了,兹不赘。值得一提的是,在公私合营以前半个世纪里,商务出书万余种。这万余种图书、杂志的总目是“经得起看”的。能从中感到文化的、教育的、思想的、科学的、学术的气息;而找不出一本丝毫黄色的或散发铜臭的或低级趣味的书;像《麻衣神相》、《英语一月通》、《升学指导》这类在旧上海到处充斥的低级书,在商务是无法找到的。一个以盈利为目的的出版社,在文化上、在出书上能保持这样是可贵的。

五　重视发行和印刷

发行和印刷是出版的两翼。商务重视发行和印刷是有其传统的,这或许是它成功的原因之一。

商务印书馆开始是办印刷的,几个创业人和印刷都有感情。但当从事出版后,他们重视发行胜于印刷:夏瑞芳自己就掌握发行所。在高凤池任发行所所长期间,夏瑞芳还坐镇发行所。

缺乏印刷生产力可以请别人代印,没有健全的发行,多好的书也行之不远,不能充分实现其价值。

大致在1900年,商务物色到“书业奇才”沈知方,还有吕子泉、俞志贤等人。他们都是当时旧书业中极有才干的人。有了这几位,就开了店面,叫沧海山房。这样就可以用商务出的书和人换书,再卖,自己出版物的发行折扣都归了自己。

1903 年商务在武汉和广州开了分馆，是在中日合资前。武汉是九省通衢，广州是南方中心。这是商务建设自己发行网的开始。1906 年又在天津、北京设分馆。至此，沿海经济、文化发达地区都有分馆就近照料，避免了当时通行放账所产生的坏账损失。

此后商务又陆续设置分馆、支馆，先后共设分支馆 86 处。但并非同时有这么多，最多时约三十多处。也并非一省一馆，总以需要和单独核算有盈余为原则。但当同业竞争激烈时，某些地方即使亏本也得维持，否则“地盘”就被人占掉，再要抢回这些份额就很困难。

此外尚有临时的“现批处”，当春秋季课本发行时，就到一些中心县推销课本、词典等。春秋销结束后即撤掉。

此外还有特约经销处，经销商务的书可以比同业批发更优待一些，因而这些特约经销处也可以做一些小量转批。

依靠这样一个由不同等级的点构成的网，为商务的发行打开了局面。

图书发行同其他行业不同，发行人员要熟悉各种不同的书。不说懂书，也得知道书。这要求营业人员相对稳定，特别是骨干。书店人员文化低的干不好，文化稍高又不愿干、不安心，特别在人才可自由流动的时代。

商务开始发行时可从别处挖人才，到发展到一定规模时已无处可挖。1909 年阴历 6 月夏瑞芳找编辑蒋维乔商量，委托他办理“商务印书馆附设商业补习学校”。① 这学校出来的人，商务内部习称“补习生”。从 1909 年到 1923 年，共办过 7 届，每届学生五十人左右，去掉淘汰，毕业共 318 人。补习生招自中学生，由于教育针对性强，再加在工作中实习，大都能逐渐成为骨干，任各分支馆经理、分厂厂长、司帐、门市主任等；小部分任总馆协理、襄理、主

① 〈蒋维乔日记〉，《出版史料》1992 年第 2 期。

任、秘书等职务。商务是这样解决自己发行干部来源问题的。

有了理想的发行网点,有了硬扎的发行队伍,如果没有足够的备货,发行工作仍做不好。

发行的具体难点是每种书在每个销货店都要备一定量,集中就是一个大量。每个点不准备,就脱销;每个点都准备,必有滞销。商务针对这一特点,采取集中备货,销货点勤添的办法解决这矛盾。货由发行所统一备,各销货店报销存数,发行所了解销存情况,掌握添印权。这就用适量备货、勤印的办法化解掉分行风险。

我们翻开《张元济日记》第二本,从 1916 年 2 月 23 日开始(当时他任经理,相当于商务第二把手),工作日记就添了"发行"一栏。可见商务主持人对发行重视而成为传统。发行注意到了网点、人员、备货三者。

至于印刷,在张静庐辑注的《中国出版史料补编》所载的商务大事纪要中,可以感觉到商务印书馆对印刷技术是十分注意的。商务的印刷生产力在整个出版活动中或起相辅相成的作用。但是在 1932 年以前,商务的印刷力超过自身出书需要,靠印刷外活赚钱。1932 年后因战争,印刷力大减,只能印自己的东西。

一个单独的出版社不一定要有印刷厂。中华、世界、开明等书店开始都没有自己的印刷厂,但后来都设厂了。这说明出版社有自己的印刷保障很重要。商务历届主持人都注重印刷生产力,唯独王云五例外。1930 年王云五任总经理后停止了添购新设备。但 1932 年的战火,商务之能很快恢复,得力于北京、香港两印刷厂,日夜赶印课本,能在 8 月复业时有足够的课本供应秋销,课本市场未被其他同业夺走。所以王云五后来也注意到有印刷厂的重要。

就张元济讲,他对于石印非常重视,他能清楚识别哪几位修版工人能胜任最复杂的修版任务。正是有这些工人的密切配合,才形成了名为"传真版"的石印影技术组织方法。这种技术组织方法使污垢、虫蛀满面的宋版书母本能印出可以乱真的高质量。著名藏书家傅增湘甚至每当商务印宋版书,必请用古纸代印一部收藏。①

以上分4个方面论述张元济及商务印书馆同人们的出版思想,仅指1954年商务公私合营以前各事,可能极不全面和有错误,希望批评指正。

选自中国出版科学研究所科研办公室编《近现代中国出版优良传统研究》,中国书籍出版社1994年

一个爱国智者的思路历程

——纪念张元济诞生一百二十五周年

陈　原

【题解和思考】 1991年大部分时间我在研究张元济与中国近代出版、文化历史,为《张元济年谱》写了《代序》后,接着写成此文,拟给某杂志偿清所欠"稿债"。也许因为此文着重宣传了爱国主义——自尊才能自强——未必适合时下某些人认为爱国主义已经不合时代潮流的思想,我很快就要回原稿,免使编者为难。现收在本集中,以纪念这位伟大的爱国者。

路漫漫其修远兮
吾将上下而求索

——屈原

① 《张元济傅增湘论书尺牍》。

历史常常会有被遗忘的角落。在被遗忘的角落中往往潜藏着大智大勇的思想者。

世人都知道新文化运动的先驱蔡元培，却很少知道毕生与他相濡以沫的张元济；世人无不知道“百日维新”的六君子以及亡命异国的康(有为)梁(启超)，却不大记得在此役中被革职“永不叙用”的张元济；世人印象中总是把中国近代第一家出版机构商务印书馆跟王云五的名字联想在一起，却很少有人记得创业诸君子中有个学者兼企业家张元济。至于在文化史、思想史、出版史或爱国运动史的论述中，更少直接提到张元济。在相当长的一个时期内，只是在极狭小的学术领域，例如在整理古籍方面，专家们才对此人投以钦佩的眼光。

12 年前(1980 年)茅盾在他的回忆录(《我所走过的道路》)中首次高度评价了张元济其人及其业绩，此时，人们才突然重新“发见”了这位爱国智者。茅盾说张元济“不但是个有远见，有魄力的企业家，同时又是一个学贯中西、博古通今的人”，说从他校点古书所写的跋文中，“可以概见他于史学、文学都有高深的修养”。此后十年，由于张元济的日记、书札、诗文、年谱先后付梓，由于研究张元济的著述相继问世，这才在一定程度上照亮了这个被遗忘的角落。人们“发见”在这个爱国智者身上蕴藏着中华民族的传统精神——他信服人格的力量，他笃信民族自尊才能自强的道理，他奉行的是实干兴邦、空谈误国的信条。(本文中所有重点都是作者即引用者加的，下同。)他在学术和政治圈子里摸索了十年，卷入过政治漩涡，见过大世面，办过学堂，编过报纸，最后才选定了一条旨在开发民智振兴中华的漫长、寂寞而又艰难的道路。他和其他先行者一起创设了一个在当时显得无足轻重的机构(商务印书馆)，为积累文化奋斗了一生：无怨无悔，无取无求。他不以文传世，却以他所创办的事业，造福世世代代。

*

张元济字菊生(1867～1959年),浙江海盐人,于清光绪十八年壬辰(1892年)与蔡元培(1869～1940年)同科考取进士,次年同被任为翰林院庶吉士;5年后因"百日维新"案被革,回到江南,那时,蔡元培则已先走了一步,回江南办学了。本世纪初(1902年)张元济应"意气相合"的夏瑞芳(1871～1914年)之邀,投身于刚刚创业(1897年)的商务印书馆。此时,正是张氏本人所描绘的"大厦将倾,群梦未醒,病者垂毙,方药杂投"即中国近代史上最黯淡然而又是最激发人心的时代。张元济进入商务印书馆是有远大抱负的,借用他自己的诗句来说,那就是"昌明教育平生愿,故向书林努力来"。他企图通过出版事业,使世间"无良无贱,无智无愚,无长无少,无城无乡"都能受到教育,最终达到警醒这东方"睡狮"的理想。

为此,他首先把注意力集中在编印教科书上。后人常说商务是靠教科书"起家"的,确实如此。从企业家角度看,教科书市场是可靠的,因为新式学堂需要教科书;从爱国者角度看,开发民智需要教科书——教科书是一项基础工程,比什么出版物都重要。张元济主持编印的商务版《最新小学教科书》,可以说是中国近代史上新式学堂第一套完备的初小高小教科书。后人不能不注意到,张元济除了筹划整个编辑计划外,还着力于国文,修身,历史这三科,其中特别是修身一科。《最新修身教科书》是由当时提倡新学的三巨子——张元济、蔡元培、高梦旦(1870～1936年)合编的。版权页署"编译所编",而封面则署高、蔡、张"校订",初小10册,(又教授法10册),张元济亲自撰写;高小4册(又教授法4册),高梦旦编撰,于光绪三十年至三十二年(即1904～1906年)陆续出版。此外蔡元培编写了初中修身教科书(发轫于1907年,成于1912年)。

"修身齐家治国平天下"——这个公式主宰了中国知识界精

神生活近两千年,从旧营垒杀出来的忧国忧民之士,看来还没有可能脱出这样的思路。当时的爱国者莫不强调个人的品德修养是救国救民的思想基础。这也就是"天下兴亡,匹夫有责"的传统精神,因此也就信奉人格的力量。正如张元济为同一套教科书中《中国历史》所写的序文中所说:"处今日物竞炽烈之世,欲求自存,不鉴于古则无以进于文明,不观于人则无由自知其不足。虽在髫龄,不可不以此植其根基也。"为什么要从小通过历史来培养品德呢?同一篇序里说,"以养其爱国保种之精神,而非欲仅明于存亡之故焉"。所以《修身》第一册《编辑大意》才说:"德育为万事根本,无古今无中外一也。我国往籍之言道德者不可胜数,然高深之理论,奇特之事迹,非乳臭者所能骤几,本编采取古人嘉言懿行之切近者,以为儿童模范;间借寓言以启发其兴趣,而为惩劝之助,亦言德育者所不弃欤?"张——蔡——高合编的《修身》却不自觉地或者半自觉地突破了独善其身那种传统的修身之道,也不局限于灌输自由、平等、博爱那样的法国大革命所揭示出的新精神即资产阶级民主革命的修身之道。这三位一体的爱国智者针对当时的现实,异口同声地再三致意于宣传合群、爱国的道理。张元济在第四册教授法中说,"孟子曰:寡不可以敌众。寡之与众,非徒以人数之多寡言,乃以同心合力之人之众寡言也。是以由一家相亲和,以推之于一州县,一省,而至全国,皆同心合力如一家然,则国家安固;国家安固,则己身亦安固,决不能离国家而求一人之安固也。"又说,"而人生所可爱者,莫过于国。何则?我之生命,我之财产,我之家庭戚友,凡平生所爱,无不赖国以存,然则吾合众爱以汇之于国,其爱之挚而切,可以见矣。是以吾尽力保护此国,虽悉捐一切所爱者以成之,亦所不惜,国匮于财,吾罄吾产以奉之可也;国竞于战,吾委吾身以赴之可也。"这不啻喊出了饱受列强欺凌的中国民众的最强音。蔡元培此时的思路也相类似,他在所编《修身》中也强调:"爱国心者,本起于人民与国土相关之感情,而又为组织国家最要之原质，足以挽将衰之国运，而使之隆盛，实国民最大之义务，而不可不三致意焉。”张元济大声疾呼：“楚既为吴所灭，而包胥犹必复之，则未灭而将为人灭者，可不知惧知警哉?!”又说，“诸生或以为身者吾所爱也，家者吾所爱也，至于国则与我有何关系，而必爱国如爱身爱家乎？是未知国与身家不能离而为二者也。”张氏指出，不知爱国，只知“保守身家”者，其愚不可及矣！而蔡元培也有类似的警语：“国之将衰也，或其际会大事也，人人惧祖国之沦亡，激励忠义，挺身赴难，以挽狂澜于既倒。”一个警告国人，垂危的中华虽未灭而将为人所灭，一个宣称要挽狂澜于既倒！——这是当时忧国忧民者突破两千年温文尔雅、独善其身的传统教诲而作出的最强有力的呼喊。

人格的力量表现在合群爱国——这就是张元济这位爱国智者思路历程所到达的第一高度。

长太息以掩涕兮
哀民生之多艰

——屈原

张元济入主商务印书馆后遇到的第一个难点是印刷术的落后，因此他赞同夏粹方（1872～1914年，商务创业者之一）的建议，引进日资和先进的印刷技术。在与日本刊行教科书的金港堂合作的10年间（1903～1913年），确实达到了预期的目的。但是甲午战后日本军国主义者亡我的野心有增无减，在华日人的气焰实在令人难以忍受，证之同时代人郑孝胥（1860～1938年）的日记，其中有云“菊生愤愤言，日人太无理，非收回日股不可”，加以当时全国民众反日情绪高涨，于是张、夏下决心中止合作，由夏出面同日方交涉，往来于上海东京间，谈判数十次，卒于1914年1月6日达成赎回日股协议，旋即于1月10日在上海《申报》刊登广告，声明商务印书馆“为完全由国人集资营业之公司,已将外国人股份全数赎回”。同日傍晚,谈判主角夏粹方在商务发行所门前被刺身亡。迄今为止,各家论述都说夏之被刺与赎回日股事无关,但我对此表示怀疑。一则夏粹方是个印刷工人出身的爱国企业家,蔡元培为他作传时说“君信仰基督教,内行甚修,接人甚平易”,很难说夏得罪了什么必置之死地而后快的仇人,正相反,夏出丧时竟有几千人上街送丧,可见夏多么受人爱戴。二则夏粹方没有参加什么政党活动,说他被国民党某些人敲诈未遂加以暗杀,不止不合情理,若果真有此事,四年后(1918 年)蔡元培作传时必有所暗示,因为蔡是国民党革命元老,且从来嫉恶如仇,绝不忌讳的。三则夏被刺前几日,有人送一包旧书到张元济寓所,张不在家,旋即被人索回,该人归去时因包裹爆炸身亡,可见刺客的目标还不止一个夏粹方。但现在我没有能从任何资料中找出证据证实是哪一方面势力暗杀了夏粹方,只能存疑了。

爱国者张元济开风气之先,引进外资,改善技术,然后为了民族尊严毅然中止这不平等的合作,凡此都值得后人景仰——此后,张元济失去了一个意气相投,多年合作无间的挚友,甚至他本人也险遭毒手,而公司则付出了五十四万余元的赎股巨款。尽管如此,得到的还是比失去的多,其中首先是张元济本人在思路历程中向着第二高度迈进了一步。

夏粹方被刺的第二年,即 1915 年,日本帝国主义向我提出了臭名昭彰的二十一条;又四年,即 1919 年,爆发了波澜壮阔的“五四”爱国运动——这次运动带着强烈的新文化启蒙运动的色彩,矛头直指帝国主义和封建主义,甚至还带着萌芽状态的社会革命征象。在这前后,张元济所主持并由高梦旦任编译所长的商务印书馆,不论他们主观上是如何的向往着强国富民的崇高理想,但在客观上已失去了清末民初那一阵的光辉,许多言论落后了,这里被人目为顽固的守旧堡垒。张元济走到了一个十字路口;他所经营的事业也走到了一个十字路口。最明显的表现是:1918 年《东方杂志》连续发表署名文章,抨击战争的罪恶与共产主义的产生,都是西方物质文明发展的结果;因此,它提倡用所谓东方精神文明去克制这些“妖魔”。当是时也,爱国知识分子正在向西方思潮和向十月革命寻求救国救民的方略,而《东方杂志》这种固步自封,把思想的大门关上的论点,不能不遭到陈独秀及其主持下的《新青年》以及北大人办的《新潮》杂志的迎头痛击。《东方杂志》还想负隅反击,却被张元济制止了。在这强大的爱国浪潮冲击下,张元济面临着新思潮与旧思潮,新文化与旧文化,新工具(白话文)与旧工具(文言文),新管理方法(资本主义经营)和旧管理方法的激烈冲突,他不得不作出抉择。

张元济和他的编译所长高梦旦先后北上,到爱国智者云集的北京“取经”——张于 1918 年 6 月 13 日至 8 月 25 日访问京津;高去京则在三年后,即 1921 年 4 月。张元济在京津期间,同思想界学术界文化界广泛接触,这在他一生中恐怕是绝无仅有的。与张会晤的人士包括蔡元培,梁启超,张君励,王宠惠,蒋维乔,傅增湘,伍光建,孙宝琦,夏曾佑,严复,章士钊,李石曾,陈独秀,汪大燮,沈钧儒,马彝初,蒋百里,胡适,熊希龄,马幼渔,沈君默,朱希祖,钱玄同等数十人。7 月 9 日他应北大校长蔡元培邀请到北大参加了座谈会,商谈编印通俗教育书籍和北京大学丛书。看来诸公曾从种种角度提出过激烈意见,我们现在只知道沈君默就直言不讳,说商务所编修身教科书“不合儿童心理”,并且认为小学国文教科书应当全用白话文。北京之行给张元济很大的启发,对他日后的抉择有决定性的影响。此时张元济显然已折服于蔡元培的论点;其实戊戌以还,蔡元培的许多救国救民的思想,实际上已成为张元济的思想支柱。可以想见,蔡元培两个月后写出的《北京大学月刊发刊词》中所揭示的观念,已为张元济所预闻并且接受了。这些观点就是

——“研究也者，非徒输入欧化，而必于欧化之中为更进之发明；非徒保存国粹，而必以科学方法，揭国粹之真相。”

——（有《月刊》以）“网罗各方面之学说，庶学者读之，而于专精之余，旁涉种种有关系之学理，庶有以去其褊狭之见。”

——“大学者，‘囊括大典，网罗众家’之学府也。《礼记》、《中庸》曰：‘万物并育而不相害，道并行而不相悖’。……此思想自由之通则，而大学之所以为大也。吾国承数千年学术专制之积习，常好以见闻所及，持一孔之论。……今有《月刊》以宣布各方面之意见，则校外读者，当亦能知吾校兼容并收之主义，而不至以一道同风之旧见相绳矣。”

张元济北行作出抉择的结果，在当时商务印书馆领导层中没有取得一致意见，这就导致张元济于 1920 年 3 月坚辞经理职（后改任监理，是一种无可奈何的妥协）。而张元济在编辑业务上的左右手高梦旦，也深感不能适应新思潮，有点力不从心之感，他也坚辞编译所长。其实高梦旦是一个有抱负有理想的实干家，胡适说他取名“梦旦”，是长夜漫漫想望晨光到来之意。30 年来他编教科书，提倡新历法，提倡简笔字，为人谦逊而好学，故力主请新思潮的大将来负责编务。为此，他 1921 年去京主要的任务是请胡适入馆。胡适的日记（1921 年 4 月 27 日）中记载了这事经过：

> 高梦旦先生来谈。他这一次来京，屡次来谈，力劝我辞去北京大学的事，到商务印书馆去办编辑部。他是那边的编辑主任，因为近年时势所趋，他觉得不能胜任，故要我去帮他的忙。……他说，我们那边缺少一个眼睛，我们盼望你来做我们的眼睛。此事的重要，我是承认的：得着一个商务印书馆，比得着什么学校更重要。

胡适虽然承认出版机构的重要性，但他却不认为这是一种“事业”，尤其不是他这个能者的“事业”；所以他作出了他的选择：“我还有自己的事业要做；我自己至少应该再做十年，二十年的自己的事业，况且我自己相信不是一个没有可以贡献的能力的人。因此，我几次婉转辞谢了他。”

先是，张元济从北京回沪后，于 1920 年 3 月 8 日同高梦旦商量过，“拟设第二编译所，专办新事。以重薪聘胡适之，请其在京主持。每年约费三万元，试办一年”。但后来这个方案没有实现，改为请胡适入主编务。胡适不干，却又碍于情面，只答应到馆考察，提出改革方案。这样就有 1921 年七八月间胡适来沪“虚晃一枪”的事，胡荐王云五自代。翌年元月 17 日，商务董事会第 268 次会议决议：“编译所所长高梦旦君屡次以精力较衰，迭向总务处坚辞职务，并举王岫庐君以自代。经总务处议决，自十一年（按：1922 年）份起请王岫庐君为编译所所长，仍请高梦旦君在编译所一同办事。”

就在这一年，五四新思潮却确实推动了商务印书馆进行重大改革。例如，《东方杂志》主编易人；《小说月报》全面革新，由茅盾主持；《学生杂志》改革后由杨贤江负责。采取白话文为教科书的主要工具。接受梁启超主编的《共学社丛书》，介绍西学。聘请新文化运动另一主将陈独秀为馆外编辑，等等。

五四运动之后六年——1925 年，爆发了更加轰烈的“五卅”爱国运动。无论是张元济还是商务印书馆，重又经历了一次严峻的考验。商务职工成为“五卅”运动的中坚力量，决非偶然。商务的许多智者都参与了实际行动，其中包括茅盾，杨贤江，胡愈之，叶圣陶，郑振铎，王伯祥以及廖陈云和王景云等，《东方杂志》出了增刊，登载了胡愈之采写的《五卅事件纪实》，详细报道了事件的起因和发展过程，并且预示了这场爱国运动是中华民族要求独立生存大抗争的开始。叶圣陶和郑振铎一群先进知识分子自行集资，自行编印出版了《公理日报》，这个报纸虽只存在了短短的 22 天，但它在当时所起的作用是巨大的，而它的影响则是深远的。所有这些活动，张元济没有公开出面，却在暗中支持，这是同时代人的回忆纪事中证实的。也许这种做法是后人难以理解甚至认为是可耻的，但爱国行动在复杂的政治形势下完全可以采取多种不同的方式。

“五卅”爱国抗争后两年，引起了更大的社会革命大风暴，即1927年上海工人第三次武装起义，商务印书馆成为这风暴中心，也绝不是偶然的。张元济也许不太理解大风暴的形成和走向，但他没有也不会阻止这个出版机关的许多职工直接参加行动；而在事变失败以后，作为“台风眼”的商务印书馆却仍然屹立着，继续它为积累文化做出贡献，不能不归功于张元济的“巍然不动”。可是，此刻，自称“我是书业老蠹鱼”的张元济，毕竟显得力不从心了，他于1927年6月写给梁任公的一封信中自白，“时局骤变，举国若狂，云谲波诡，不知伊于胡底”，他退休了，足60岁。

退休后的张元济仍然以董事长的身份密切关注着这个爱国文化事业的命运。1931年日本侵占东三省。1932年日本挑起了“一·二八”淞沪之战。此役也，日本炸毁了商务印书馆厂房及东方图书馆，日本浪人还公然到现场放火焚烧，以致这个事业的办公楼，印刷厂和图书馆（连同历年搜集到最完备的方志）顷刻之间化成灰烬。日本侵略者毁灭文化的野蛮行为，伤了这爱国老人的心，却未能毁其志，正相反，暴行恰恰激怒了这个年逾花甲的爱国智者的热忱。他给胡适的信写道：

> 商务印书馆诚如来书，未必不可恢复。平地尚可为山，况所覆者犹不止于一篑。设竟从此澌灭，未免太为日本人所轻。兄作乐观，弟亦不敢作悲观也。

笔锋一转，张元济一反其避开现实的常态，直言不讳地斥责置民族危亡于不顾的当权者，他大声疾呼："所最望者，主持国事皈依三民主义之人，真能致民于生，而不再至民于死，则吾辈或尚有可措手之处，否则，摧灭者岂仅一商务印书馆耶?!"

似乎从此时起，他心中重新燃烧起参与百日维新时的激情。1932年春，他的一封致丁文江的未发出的信稿中慷慨陈词，指责养兵不能守土，苛税迫民为盗，"日煤倾销，丝厂停闭，土产拥滞，教育无方，成何国家?"

1933年他应邀上庐山，途中给当时政要汪精卫写过一封信，抨击南京政府的内外政策，警告"今之日本无异于庚子之联军八国矣!"

同年，当他会晤蒋介石时，竟天真地恳求他放宽对宣传抗日救亡的《生活》周刊的禁压。这当然没有结果。尔后由禁刊演变成扣押沈钧儒、邹韬奋等七君子。张元济很少过问时事，这时却一反常态，亲自前往苏州探监；法院公审时，他竟事先取得旁听证，他到苏州后未能进入法院，因为当局怕得要死，临时不准旁听。

然而当沪上"名流"，如王晓籁、杜月笙等函请这位老人参与他们筹款"救济"所谓收复"匪区"的活动时，一向小心谨慎，唯恐沾上政潮的张元济，却在来信批注两个大字："不复。"

1937年5月，张元济在从事校点古书之余，辑录了古时爱国志士的轶事旧闻，译成白话，加以解说，编成一部《中华民族的人格》——张元济博学而不以文传世，却留下了这部倾注了他的全部爱国热忱的独特专著。他把刚印出的小书送给以爱国罪被囚禁的"七君子"时，这些仁人志士深受感动，由邹韬奋写了回信，告慰老人"此间诸友，自陷身囹圄以来，个人利害非所计及，惟救国无罪与民族人格则不得不誓死力争"。

这一年7月，张元济投书《大公报》，揭露官僚营私舞弊，"人民日受剥削，几无生路"。8月，他在《东方杂志》发表长文《农村破产之畜牧问题》，声言农村只因官府摧残，才导致破产。9月，他应

《大公报》邀撰星期论文，倡议树立国民教育的根基，“不要贵族化，不要都市化，不要外洋化”。这一连串干预时政的爱国行动，与他昔日埋头整理古籍，躲开现实抗争，首倡“在商言商”的一贯作为，判若两人。连他的挚友——他的精神支柱蔡元培也惊讶不迭，写道：

> 此老久不干涉政治问题，近渐渐热心。苏州法院审沈钧儒七人案，张君特赴苏旁听，亦其一端。商务近印其所著《中华民族的人格》一书，亦其热情所寄也。

后人看得很清楚，此时的张元济已从个人品德修养（修身）进而倡导中华民族的人格——他悟到非整个民族团结御侮，决不能解救国家、民族、个人的厄运了！张元济作《中华民族的人格》，标志着这位爱国智者在思路历程中到达了第二高度。

> 亦余心之所善兮
> 虽九死其犹未悔
>
> ——屈原

“七七”抗战军兴，张元济的兴奋激昂，溢于言表，这可以从他此时所作诗词看到：“神州未必终沉睦，报国如今大有人。”我军撤离沪滨，老人毕生经营的事业主体已迁港渝，抗战八年的馆务主要是王云五主持的（虽则后来连此人也去当国民党的大官去了）。

张元济蛰伏孤岛（上海），只能与郑振铎、何炳松等学人“搜访遗佚，保存文献，以免落入敌手”。他本人则靠卖字度日。而日寇的搜括，却与时俱增，对沪港商务印书馆的器材，纸张，存书都不放过，老人此时也只能含恨以对。1942 年初，竟有日本军官两人去张宅求见，张写了八个大字：“两国交兵，不便接谈。”古风可掬，大义凛然；临危不惧，拒敌诱降。他只能静待黎明了：他在致友人信中说："吾辈处此时令，横运之来，无时蔑有，惟有勉自排抑，徐待清明，再作道理。"

1945 年 8 月日寇无条件投降。抗战胜利了。也许胜利曾给这位爱国老人带来过一点点朦胧的希望，但现实却是残酷的，国不泰而民不安。饥饿和内战的阴云弥漫四野。然而他没有忘怀《中华民族的人格》——他为自己这部独特的小书题词："孔子曰杀身成仁。所谓仁者，即人格也。生命可掷而人格不可失。"——想必这老人是有感而作。究竟他是感怀某几个故人认贼作父，失了人格呢？还是慨叹某些失掉人格的奸徒，摇身一变而来抢掠胜利的果实呢，我们后生不得而知。他在 1947 年 4 月留下一首《西江月》——是为祝贺中华职教社创办 30 周年而作的——表达了他对创业艰难的眷恋和对兴业渺茫的惆怅，令人读后不禁凄然，却非绝望。词云：

经营费尽心机，三十年为一世。从今以后更艰难，努力还需再试。

敢云有志竟成，总算楼台平地。劝世人多发慈悲，莫尽把他捶碎！

这一年，他与其他爱国老人两度上书当局，谴责他们对学生反饥饿反内战行动强加镇压。翌年（1948 年）年初，他在《大公报》公开发表四首《时事杂咏》，讽刺时政，激励世人。读完这四首政治讽刺诗《竞选》（讽刺竞选"立法委员"），《垂帘听政》（讽刺蒋宋美龄），《缩小省区》（讽刺争官），《设饵捕鸟》（讽刺金融主管诱民犯罪），简直认不出这个为开发民智以振兴中华，默默地笔耕了五六十载的智者原来的面目了。

今日的读者不难从中看见"含泪的微笑"："官多民少费安排，

况复高官滚滚来。”“抛去东方旧美德，故应满地尽刀兵。”“多少男儿齐下拜，夫人裙带更翩翩。”“鸟因求活方寻食，那识旁人设饵忙。”

这位爱国智者还留下另外的20首时事杂咏从未发表。其中一首题名《学生自治会》云：

防民之口甚于川　　若要防心更甚焉
不见秦王除腹诽　　长留话柄二千年

又一首《北平建设》说：

居然点铁成金手　　着意庄严古帝都
歌舞升平真盛事　　梦游直欲上云霄

再一首《九龙城拆屋——特派员美睡》勾画出当时卖国官僚的丑相：

好官我自为之耳　　赢得头衔老还乡
火热水深非我事　　不妨清梦续黄粱

爱国智者张元济一步一步走向他思路历程中的第三高度——标志是1948年9月23日在中央研究院第一次院士会开幕式上的演说。被选为院士的张元济，不仅语惊四座，而且震惊一时。他的演说回顾了半个世纪“使我们贫弱到这个田地”的“一部伤心史”，彻悟到“回想起来因果相生，都是人造的，而不是天定的”。他大声疾呼要和平，不要内战。“都是一家人，有什么不可以坐下来商量的。”倘若再打下去，恐怕中国人“永远要做人家的奴隶和牛马了”。他理直气壮地宣称：

我们要保全我们的国家，要和平；
我们要复兴我们的民族，要和平；
我们为国家为民族要研究种种的学术，更要和平。

在那军警林立，特务横行，战火纷飞，生民涂炭的“戡乱”日子里，如果没有对国家民族最大的忠诚，如果没有最高尚的“中华民族的人格”，如果没有大智大勇置个人安危于度外的胆色和热忱，谁能谁敢如此直言不讳呢！

这样，张元济到达了他的思路历程中的第三高度。他以喜悦的心情迎接新时代的来临，他慨叹“维新未遂平生志”，现在国家得救了，而人也老了，“报国有心奈无命”，只好“泉台仍盼好音传”了。此时(1949年)他仍关心着祖国的统一，遥望西藏，赋诗述怀：

积雪西陲今渐化　怒涛东海讵难平；
祈天我欲须臾缓　扶杖来观告武成。

张元济救国救民的宿愿已偿，祖国出现了曙光。

(1991年11月至12月)

选自《陈原出版文集》，中国书籍出版社1995年

张元济——出版人的骄傲

王国伟

今年是商务印书馆建馆100周年。我们重新审读这段历史，眼光是绕不过张元济先生的。作为中国近、现代出版业的先驱者，

他不但与商务印书馆,而且与中国现代文化进程紧密相连。作为一个文化产业的成功实践者,张元济的名字不啻是一个生命的符号,而且是一个响亮的文化符号,时间已经赋予其特殊的文化意义。

在历史已经走过了整整一个世纪的今天,我们重提往事,是为了纪念,但不仅仅只是纪念。张元济在版本校勘收藏、教育等诸多领域都有建树,却唯独以出版家名声最大。出版家的行为给社会的贡献最大,自然人们就记住了他。在历史的长河中,出版人可能只是一个平淡的职业性称呼,可这平淡却是由生命的邈远和坚实的脚步交织而成的,因此,它也是一个崇高的称呼。

一

历史常常孕育于一种偶然的触发之中。而这瞬间的偶然却又蕴含着久远的必然。张元济从一个显赫的朝廷命官到一个很不起眼的印书馆经理,其间所经历的功名落差,我们可以感受得到,但潜伏在内心的心灵落差,我们却很难体验。程童一先生认为:他是为实现抱负志向(见《开埠——中国南京路 150 年》)。这有一定的道理,但这种推断过于笼统。因为,张元济先生并不是一个浅薄简单的人。他时年 35 岁,又饱经官场起落,决不会凭一时冲动,做出草率的选择。

张元济的儿子张树年先生在《我的父亲张元济》(东方出版中心出版)一书中这样忆及:张元济曾不止一次地表示,他最为崇敬的祖先有四位。第一位是始祖,曾任南宋丞相的张九成,因主战,为秦桧所排挤,谪居十余年,著书立说,自成理学一派,谥称文忠。著有《张状元孟子传》、《横浦文集》。张元济在两部书的跋文中对始祖“清明刚正、国家是急”的高尚品行,景仰备至。第二位是 11 世祖,号称大白先生的张奇龄。他主持的杭州虎林书院,门下弟子望众。他给后代立下家训:“吾家张氏,世业耕读;愿我子孙,善守勿替;匪学何立,匪书何习;继之以勤,圣贤可及。”第三位曾冒死上疏奏请皇上亲政的11祖螺浮公张惟赤。第四位是著书和藏书甚丰的7世祖青在公张宗松。其中,张元济最为推崇的是为张家立下世代家训的11世祖大白公。为此,1914年张元济先生在上海极司非尔路(现万航渡路)的新居落成时,他亲笔用隶书缮写家训,令人镌刻在柚木板上,镶嵌在大客厅的拉门上,以示敬重和遵循。

张树年提供的这个真实的生活细节,为我们理解张元济的选择打通了一个合乎逻辑的思路。从张元济对祖先的敬仰和推崇中,我们可以清晰地看到,他的人生有两个坐标:一是为文,二是做人。他推崇的四位祖先都有共同的特征。为文一流,为人刚正不阿,尤其是大白公立之家训,与张元济内心的追求一脉相传,因此,他把此奉为家传之经典。

然而,学而优则仕,总是历代文人的世俗性追求。张元济没有例外,他们的祖先也不能免俗。因此,他们基本都走上为官之路。

问题在于,张元济和他的祖先们一样,都身处动荡不安的时代,朝廷腐败,使他们都面临着一个无法终结的根本性矛盾,学人对真理的不懈探求,是以人格的独立为基点,而为官仕途却以求同趋步为基本方式,这种冲撞只能潜行在他们的灵魂中,无法表现在言行上。他们的人格无法张扬,他们的良心却难以泯灭。跌宕起伏的官宦之路,他们都走得艰难。因此,他们都从学人向官途挺进的道路上向自我退守,都不约而同地退回到自身的立足之本——为文守格。即使是官至一品的丞相张九成,留给后代最叫得响的依然是理学大师。更令祖先们怎么也不会预料到的是在几百年后,他们的后代会面临着同样的选择。历史真是惊人的相似。终点又回到起点的戏剧人生,充满着幽默和嘲讽。所不同的是,张元济比祖先们更彻底,是弃官走人。这种区别也不失为是历史的进步。

然而,退出政坛步入商海,是要有契机的。近代出版业的崛起以及文化产业所显示出的巨大活力和市场前途,使张元济看到了另一种希望,使他内心沸腾兴奋起来。当然也包括经济上的丰厚收入对他的诱惑。正是这种内在追索和外在环境的成熟,使张元济跨出了这关键的一步。

二

人一生成败的关键处就在于一二步。而张元济的这一步却走出了一段历史,造就了一位文化伟人。

1902 年,应夏瑞芳的诚恳邀请,张元济入主商务印书馆,开创了商务的新时代。在张元济进入商务之前,商务是由印刷工人出身的夏瑞芳、鲍咸昌主持,基本是一个印刷厂。张元济进入商务后,商务不但逐渐成为一个真正意义上的出版产业,而且也获得了文化上的提升。

由于张元济的特殊身份和他的文化注入,商务从单一的经济行为转化成一种复杂的、多元的文化行为。首先,在他的主持和操作下,商务成了一个文化沟通的枢纽。因为他自身优秀的文化素质,使他能与学术界的精英保持良好的关系和对话能力,而他曾为官和生活的丰富经历,又使他能体察到民众的基本文化需求和国民的本质弱点。他非常迅速地就把学界与社会连接起来。而这种连接却要借助一种形式,需要为思想和精神寻求一种合适的物质载体,图书出版就给他提供了这种现实的可能性。

张元济具备的良好的学术涵养和文化感觉,再加上商务所具备的经济和物质基础,商务成了文化的集散地。他与众多文坛大师、学术巨子有着很深的交往。如蔡元培、陈独秀、胡适之、陈仲骞、沈尹默等都是他的至交。他曾出版过林纾的译稿,也请辜鸿铭帮助译书。他结识并交往的文化人,时间跨度很大,上至康有为、梁启超,下至巴金、丁玲。他不但与文化人交往,与文化人沟通,并能给他们提供实实在在的经济帮助。他在经济上曾支持蔡元培的爱国学社,资助蔡元培两次赴德国游学。他还向许多文化人预支稿酬或提供无偿资助,还有很多学者在商务领取干薪。

张元济能进入现代人文化视角的另一个重要原因,在于他良好的文化经营意识和经营才能。这恰恰是很多文化人所匮乏的。

《我的父亲张元济》一书中曾提供这样几个细节。一是他刚主持商务,就以特殊的敏感,捕获到在新文化运动的推动下,中小学教材的缺乏将构成了一个巨大的文化市场,在他的决策之下,商务获得了成功。其次是他与南浔大富翁张澹如的一次土地交易,使商务摆脱了一次经济困境。他常常戏称自己是制订规章制度的"专家"。商务印书馆的许多规章条例都是他亲笔起草,亲手创建的。"他曾经为张氏宗祠起草一份章程,共六章二十九条,主要内容包括总纲、奉祀、祠产、恤养、职掌、禁制、附则等。从建祠宗旨、经费收支到具体提供措施,无不一一列出。"他还以律己的行为,为商务立下了严格的办事原则。"凡是公司业务的需要宴请,总在杏花楼、小有天、多一处等餐馆举行,费用由公司支付。"如是私请,都在居家进行,费用自理,公私泾渭分明。

正是凭借着良好的文化感悟力和经营能力,张元济驾驭着商务这条大舟在茫茫商海之中奋力航行。

三

有人戏言,文化界正为"白话文与文言文谁优谁劣"争辩得不可开交之时,张元济和商务印书馆悄悄地刊行了大量的白话文课本,一个简单的行动就给争论画上了句号。这种说法可能有点幽默,但至少说出了一个事实,商务的教材出版推动了历史的前进。

文化的传播和文化的积累，是出版业的两大文化功能。在文化积累方面，商务可以说是大家汇齐，精英聚成。而在文化的普及上，商务更是功德无量，波澜壮阔。张元济的理想是提高国民的素质，而国民素质的提高在于教育的普及。

商务印书馆建至辛亥年，已出齐了初小、高小至中学各年级的各科课本共375种，801册，完成了连清政府都无法办到的文化工程。至20年代，商务出版的教科书约占全国教科书发行量的70%左右。张元济极其注重图书的质量，他强调教材的权威性和普及性。1918年6月，他为修改教科书，编写通俗教育图书，专赴北京大学，与蔡元培、陈独秀、胡适之、陈仲骞、沈尹默、朱逖先、李石曾等蹉商，请出大手笔写通俗书。正是他的严谨，商务印书馆教科书有着很强的生命力。他主持出版的《文学初阶》，沿用了半个世纪。《中国历史教科书》，1955年还再版使用。

张元济在力抓教材出版的同时，还兴办各种教育，他与严复等人于1910~1917年兴办的师范学习班入学学生遍及全国22个行省9000多学生。他创办的函授学社，前后办了30年，授课科目有英文、算术、商业、国文、图书馆等专业。他为教育普及可谓是竭尽全力。

有人说，地球是圆的，宇宙也是圆的，因此人生也是一个同心圆。20世纪终于将走完一个圆，又走到世纪交替的特殊支点上。作为一个现代出版人，站在历史的制高点上回首历史，也许会有很多感慨。对前辈，同时还在心中揣着一份尊敬。

原载1997年5月7日《中华读书报》

张元济的编辑思想

李 艳

张元济(1867~1959),字筱斋,号菊生,浙江海盐人。早年中进士,点翰林,激于时势,抨击时弊,参与戊戌变法。维新失败后被革职。1901年,张元济加入商务印书馆,历任编译所所长、经理、监理、董事长等职。他主张教育救国,启迪民智,苦心孤诣,矢志不移。在他的主持下,商务印书馆由一个名不见经传的印刷所发展成为中国近现代史上历史最久、影响最大的文化事业机构。张元济在中国出版事业和文化事业上都具有不可磨灭的历史地位。

张元济是中国近代史上的教育家、社会活动家,但首先是一位编辑家。他毕生的事业,是建立在他策划、编辑、出版的一部部教材、典籍、译著等基础之上的。正是这些作品影响了中国几代人,促进了中国文化的新陈代谢。张元济的编辑思想,值得我们当代人思考和借鉴。

编辑的宗旨——普及教育,开启民智

张元济对编辑功能的认识,是一个不断深入的过程。19世纪末20世纪初正是中国国势衰弱、风云激荡之时。一批有志之士纷纷通过组建社团,希图借开启民智来寻求治国的良方。张元济在参与戊戌变法时,便树立了昌明教育、开启民智的理想,举办"健社"、"西学堂",后任职于南洋公学堂。但在腐败的旧中国,这种通过政治途径进行改良的理想,没有最终实现的可能。1901年10月5日,他致信盛宣怀:"国家之政治,全随国民之意想而成。今中国民智过卑,无论如何措施,终难骤臻上理。国民教育之首,就是尽人皆学，所学也无须高深，但求能知处今世界不可不知之事，便可立于地球之上，否则岂有不为人奴，不能消灭者也……中国号称四万万人，其受教育者度不过四十万人，是才得千分之一耳。且此四十万人者，亦不过能背诵四书五经，能写几句八股八韵而已，于今世界所应知之事茫然无知也。”“盖出版之事可以提携多数国民，似比教育少数英才为要。”于是张元济选择了商务印书馆，通过编辑出版这条更为实际的道路来实现他的智民之举。

通过对编辑文化功能的认识，张元济确立了他的编辑宗旨，即“以扶助教育为己任”。他认为，办教育就应当编辑出版编写得体、符合教育教学规律和适合我国国情的教科书。1902 年 1 月，张元济在《答友人问学堂事书》中提出，要杜绝当时的两种通症，一是滥读四书五经，一是用洋人课本。要为中国办现代教育，就不能采用四书五经和那些宣传基督教教义的课本，要采用西方的各种学术，和我国的国民素质、习俗、宗教、政体等结合起来编新的课本。博采众长，推陈出新，是张元济编辑教科书的主导思想。

张元济不仅重视知识的灌输，而且注重新式教科书修身养性之功用。他认为，编制中小学教科书，尤其是中小学修身教科书，是培养国民新的伦理道德的最有效的措施。以商务的第一种新式教科书《最新教科书》为例，课本内容以提倡爱国、提高民族素质、宣扬中华传统美德、普及科学知识为特色。“凡关于立身、居家、处世，以至事物浅近之理由与治生之所不可缺者，皆萃于此书。其有为吾国之特色，则极力表章之；吾国之弊俗，则极力矫正之，以期社会之进步改良。……务使人人皆有普通之道德知识，然后进求古圣贤之要道、世界万国之学术艺能。”通过学习本国历史，“以养其爱国保种之精神，而非欲仅明了盛衰存亡之故”，发挥新式教科书使“教者不劳，学者不困，潜移默化”的教化作用。在他的努力下，商务印书馆先后出版了《最新国文教科书》、《中国历史教科书》、《共和国课本新理科》、《最新格致教科书》等一系列教科书。直到解放，商务印书馆的教科书占全国市场的6/10，为普及新知，推动近代中国科学和文化的发展起到了不可磨灭的作用。“昌明教育生平愿，故向书林努力来”，成为张元济开启民智、传播新学的编辑宗旨的最好写照。

编辑的创新意识——敢为时代先

编辑工作是创造性劳动，从选题、组稿到编辑加工都是复杂的创造性思维过程，是在作者创造性劳动基础上进行的再创造。创新是编辑素养的内在要求。张元济对编辑的创新意识有这样的认识：

首先，编辑的思想必须跟上时代的发展，才能有所创新。1919年新文化运动兴起之时，张元济提出了“喜新厌旧主义”。他说：“弟生平宗旨，以喜新厌旧为事，故不欲厕身于政界。自与粹翁（指夏粹方——笔者）相遇，以为得行其志，故甘为公司效劳。弟敢言，公司今日所以能（有）此成绩者，其一部分未始非鄙人喜新厌旧之主义所致。”这番话虽是有感于商务印书馆改革而发，但实际也表达了张元济的编辑思想，即编辑不能因循守旧，而应与新文化合拍，以适应时代的发展。19世纪初，西学开始传入中国。张元济早年曾进翰林院，饱学中国古典文学。而他作为一个编辑家，却积极接受和传播了新思想，充分体现了他“喜新厌旧”的编辑思想。他重视西方政治法律思想的译介，编辑出版了严复的《天演论》、《群学肆言》、《社会通诠》、《法意》、《日本法规大全》等，还推出《帝国丛书》、《政学丛书》、《商业丛书》、《战史丛书》等一系列介绍西方情况的丛书。同时他还主持编辑了《东方杂志》、《绣像小说》、《教育杂志》、《小说月报》等顺应时代潮流的刊物。这些活动都充分体现了张元济与时代结合的编辑思想。在科学技术发展日新月异的今天，编辑面临着知识老化、思想观念陈旧的问题，我们应当借鉴张元济的编辑思想，以宽容之心和发展的眼光来对待新事物，完善自己的知识结构，以实现编辑主体的现代化。

其次，编辑不应仅局限于顺应潮流，更应有超前的意识。敢为时代先，开时代之先河，这才是开拓创新的真正要义。1902 年清廷发布新学堂章程后，各地新式学堂纷纷创办，而他们使用的教材仍是文言古文。张元济以编辑家敏锐的眼光，看到新式教科书将是时代所需，立即与高梦旦、蔡元培一道编写了《最新教科书》，包括国文、修身、珠算、笔算、格致、理科、农业、中外地理等，风行全国。直至 1906 年，清政府学部才公布第一批初等小学教科书暂用书目，在公布的 102 种书目中，商务版占 54 种，新式教科书的编制实为张元济的创举，他开启了近代中国出版新式教科书之先河。

对注音字母的普及推广，也体现了张元济的开拓精神。他认为，"注音字母亦促进教育之一事"。由于他的重视，商务印书馆在 1919 年 9 月率先推出国内第一部《国音字典》和《国音学生字汇》，当时的教育部却在两个月后才正式公布注音字母。次年商务印书馆出版的《新法国语教科书》，首册即是以注音字母为内容，作为在初级教育中推广注音字母的教材。1921 年上半年，又出版了《国音学讲义》、《实用国音学》、《国音方字图解》、《国音浅说》、《注音字母片》等十余种书籍。从这些举措中可以清楚看到张元济不泥常法、勇于开拓的编辑思想。

编辑的创新活动，是编辑主体意识最突出的表现，它有助于出版社树立品牌、形成特色。正是由于张元济的不断开拓创新，编辑出一大批有鲜明时代色彩的图书，商务印书馆才成为晚清以来传播新知新学的重镇，从而在中国现代社会思想和学术变迁过程中产生深远的影响。

义利之于编辑——有所为有所不为

身为编辑，必须正确处理好社会效益与经济效益的关系，而这两者往往会发生矛盾。张元济将“义”放在首要位置。他的编辑原则十分明确：有利于提高国民素质的书一定要出，于国民无利甚至有害的书坚决不出，即有所为有所不为。为了扶助教育，“学术之书，他家力量所不能出版者，本馆可以多出。欧美名著已译成多种，尚可继续进行。现在编译百科全书，一二年后当可出版”。整理编校古籍，更是为了使古代文化精华“化身亿万饷世人”。是时图书市场充斥着如《星期六》之类专门迎合低级趣味的小报和杂志，他是从不肯为了赚钱去编辑出版这些荒诞低级、黄色淫秽的书刊的。

张元济的编辑宗旨是坚定的，即普及教育、开启民智，但作为一个实业家，他也并不讳谈“利”字。1901 年张元济编辑出版了严复译的《原富》，书中阐述了广义的“理财之道”，认为文明的利己和道德公义之间并无鸿沟，企业家建设性的努力富强国家与利己是一致的。这实质上成为他“兼济义利”编辑思想的理论基础。张元济十分重视广告的作用，以实现良好的经济效益。以花费他 30 年心血的《百衲本二十四史》（以下简称《衲史》）这部巨帙为例，1932 年 11 月 4 日张元济在给丁英桂的信中说，《东方杂志》所登《衲史》广告“仍战前之言，殊有不合，赶紧停止，改撰”，“以后关涉是书广告，务先送敝处看过再发，以免歧误”。在张元济的指挥下，商务印书馆在《申报》上大造广告声势，超过各家同行。1930 年 6 月 1 日《申报》头版用整版篇幅刊登《衲史》广告，6 月中旬到 8 月底，每两三天就在头版登半版广告。广告不仅是一种重要的促销手段，其内容设计也应多样化。《衲史》在《申报》上印上了百衲本与殿本对比的校样，内容每次更换，还附有北平、南京、沈阳、汉口等地报刊对《衲史》的评论摘要。此外还印制大批《衲史》校样，采用与《衲史》同样的六开线装本，内容除序言之外，有各史版本介绍，还特别在各史中选出一二页样张，用红线画出殿本缺、脱、错误之处，在栏外再用红字作说明，使读者对两种本子的优劣一目了然。样本一面有目的地分赠各地藏书家、学者、学校、图书馆，一面放在发行所及各分馆营业大厅，任凭读者索取。张元济的多种营销手段，对销售《衲史》起了很大作用。据 1930 年 9 月 17 日张元济致傅增湘信中所载，《衲史》仅发售预约就售出一千余部。

以社会效益为重还是追求经济效益，一直是当前编辑界争论的焦点。编辑承负着重大的文化使命，当然应以社会效益为先。在张元济所处年代中，书业界同样存在着激烈竞争。商务印书馆与中华书局两大书业巨头的竞争一直持续了三十几年。面对竞争，张元济坚持重义轻利、义利兼顾，有所为有所不为的编辑原则，实际是追求一种大利即：既注重图书的学术价值和文化品位，又与市场紧密联系，实现文化追求与商业利益的结合。因此，市场竞争不应成为有些编辑舍弃文化价值的借口，竞争是对编辑提出更高的要求，即编辑要兼具文化意识和市场意识，张元济重义轻利、义利兼顾的编辑思想值得我们借鉴。

编辑工作的重点——图书的质量

张元济认为，图书质量是衡量编辑人员水平的重要标准。他在编辑活动中，把图书质量放在极其重要的位置。这一点突出表现在他对古籍的编校过程中。由他组织编纂的《四部丛刊》、《续古逸丛书》、《百衲本二十四史》、《丛书集成初稿》四大丛书，在我国文献学史上占有举足轻重的地位，其编校质量的精良，为世人所称道。

整理古籍，选择善本很重要，找不到较好的本子做底本，就会以讹传讹。张元济以“书贵初刻”作为选择底本的原则。他在袁州本《昭德先生郡斋读书志跋》中说:“古书之可贵,从未有不贵其最初之原本而反贵其后人改编之本者。”1928年张元济赴日访书,在日本帝国书寮见到元代重刻蜀本《山谷外集诗注》,又指出:“书中文学,是订今本讹异者,难以缕举,书贵初刻,得此益也。”在“书贵初刻”的同时又不能拘泥于宋元旧版,不同版本必须经过反复对比,择善而从。有的明嘉靖、隆庆以前复刻的宋本“其字清朗,首尾完具,学者得之,引用有所依据”,就应当取明本而舍弃过于模糊残缺的宋元版本。他在搜访善本方面,可谓不遗余力,“求之坊肆,丐之藏家,进走两京,远驰域外。每有所觏,辄影印之。后有善者,前即舍去。积年累月,均得有较胜之本”。

找好善本是古籍质量的保证,而编辑与校对是紧密联系的,古籍编纂尤其需要校对。张元济对古籍校勘十分重视,而以《衲史》的校勘用力最勤。在形式上,他吸收了清代校勘家阮元、黄丕烈的做法,把选定的善本与其他各本参校,发现问题写成校勘记注附在书后,而不改动原书,以保存善本原貌。在校勘方法上,除了采用对校法外,还采用本校、他校、理校等多种方法,旁征博引,追本溯源,解决了古籍中许多讹误。《衲史》不论出版之时,还是其后的几十年,学术界都对其过硬的编校质量给予了很高评价。1930年当胡适看到《衲史》校样后说:“《二十四史》百衲本样本,今早细看,欢喜赞叹,不能自已。此书之出,嘉惠学史者真不可计量!惟先生的校勘,工夫最勤,功用最大。”

张元济编校古籍,不仅要求书籍内容精确无误,而且对装帧也十分讲究,重视内容与形式的统一。他主张版框四周空白“俱宜宽展,否则蹙紧眉头,令人一见烦恼”。他反对“借口推广文化,谓出版之事,不惟其精而惟其廉”。在准备影印《册府元龟》时,他认为《册府元龟》“本甚精湛,但晒出样张,大为减色”,要平版厂邀请懂化学的人研究改进。《居易堂集》抄补缺页,他嘱要模仿原书字体补全。他发现《太平御览》格子过小，行数甚密，过于束缚，殊欠生动，要平版厂重写，"将格子放大，落笔较为自如"，对其所用纸张，主张"选最为适宜之品，不宜省钱"。

正是张元济对图书质量的精益求精，使得商务印书馆在近代出版业的激烈竞争中，始终立于不败之地。孙犁曾评价商务印书馆"对传播中文文化，甚有功绩。所印书讲究质量，不惜小费。此书（指《国学基本丛书》——笔者）系普通版本，然与其他书店所印相较则其字清，其行疏，纸张格式，优点显然。盖当时主持者（指张元济——笔者）有通人，非专求牟利者也。中华书局当时虽极力抗衡，然以其所出版书对比，缺点自露"。综观当前书业界，读者对图书质量的评价是无错不成书，这反映了书稿的编辑含量严重不足。编辑工作效果直接反映于图书质量。我们做编辑工作，必须学习张元济那种对图书质量精益求精的精神，这是对读者负责，也是对自己负责。

原载《出版科学》2002 年第 1 期

存　目

著　作

张元济　《张元济日记》

商务印书馆 1981 年

张元济　《张元济书札》

商务印书馆 1981 年

张元济　《张元济傅增湘论书尺牍》

商务印书馆 1983 年

张元济　《张元济诗文》

商务印书馆 1986 年

张树年主编　《张元济年谱》

商务印书馆 1991 年

张树年、张人凤编　《张元济蔡元培来往书信集》

商务印书馆(香港有限公司)1992 年

张树年　《我的父亲张元济》

东方出版中心(上海)1997 年

张人凤　《智民之师——张元济》

山东画报出版社 2001 年

张人凤　《张元济日记》(上、下)

河北教育出版社 2001 年

王绍曾　《近代出版家张元济》

商务印书馆 1984 年

汪家熔　《大变动时代的建设者——张元济传》

四川人民出版社 1985 年

商务印书馆编　《商务印书馆九十年》

商务印书馆 1987 年

叶宋曼英　《从翰林到出版家——张元济的生平与事业》

商务印书馆(香港有限公司)1992 年初版

商务印书馆编　《商务印书馆九十五年》

商务印书馆 1992 年

吴　方　《仁智的山水——张元济传》

上海文艺出版社 1994 年

张荣华　《张元济评传》

百花洲文艺出版社 1997 年

李西宁　《人淡如菊·张元济》

山东画报出版社 1998 年

商务印书馆编 《商务印书馆一百年》

商务印书馆 1998 年

周　武 《张元济:书卷人生》

上海教育出版社 1999 年

汪　凌 《张元济:书卷中岁月悠长》

大象出版社 2002 年

张学继 《出版巨擘——张元济传》

浙江人民出版社 2003 年

汪家熔 《近代出版人的文化追求——张元济、陆费逵、王云五的文化贡献》

广西教育出版社 2003 年

论　文

张元济 《〈中国历史教科书〉序》

《出版史料》1990 年第 2 期

张树年 《邹韬奋狱中致先父张元济书简》

《出版史料》1985 年第 4 辑

张人凤 《张元济辞商务印书馆监理的前前后后》

《出版史料》1988 年第 3、4 期

张人凤 《张元济和〈四部丛刊〉》

《出版史料》1992 年第 2 期

张人凤 《张元济和两种版本的〈金石录〉》

《出版史料》1992 年第 4 期

张人凤 《张元济和〈百衲本二十四史〉》

《编辑学刊》1993 年第 1 期

张树年 《忆父亲张元济先生》

《编辑学刊》1993 年第 1 期至 1997 年第 2 期

张树年 《病榻十年,奉献不已——记我的父亲张元济》

《炎黄世界》1997 年第 6 期

张人凤　《近代出版业奠基人张元济》

《世纪》1998 年第 1 期

翁昌寿　《我的爷爷张元济——访张人凤先生》

《出版人》2005 年第 1 期

王绍曾　《张元济先生在商务印书馆的几件事》

《学林漫步》(初集)中华书局 1980 年

陈梦熊　《重读张元济著〈中华民族的人格〉及题辞》

《图书馆杂志》1982 年第 2 期

汪守本　《爱国出版家张元济》

《人物》1982 年第 1 期

何成穆　《海盐名人张元济》

《盐城师专学报》1983 年第 1 期

庄　葳　《张元济和〈四库全书〉》

《书林》1983 年第 5 期

汪守本　《卓越的出版先驱——张元济》

《博览群书》1985 年第 8 期

谷　林　《前行的足迹——评〈近代出版家张元济〉》

《读书》1985 年第 10 期

陈　江　《略谈张元济的人才观》

《编辑学刊》1986 年第 3 期

汪家熔　《张元济主持的古籍影印工作》

《出版史料》1986 年第 5 辑

陈　江　《面向世界,振新吾国——张元济先生的前期出版活动》

《出版工作》1987 年第 7、8、9 期

文　伟　《张元济先生和〈百衲本二十四史〉》

《民国春秋》1987 年 3 月 21 日《团结报》

胡道静　《从黄尧翁到张菊老——述一百五十年来版本学的纵深进程》

《出版史料》1988 年第 1 期

郑学孟 《近代出版家的经营管理思想》

《江淮论坛》1988 年第 2 期

柳和城 《张元济的出版宗旨和他的教育思想》

《上海大学学报》1988 年第 4 期

刘光裕 《中国文化史上的一座丰碑——张元济的编辑活动兼谈在文化史上的影响》

《中国出版年鉴》1988 年

刘光裕 《试论张元济的思想和事业》

《编辑学刊》1989 年第 1 期

王　英 《在文学巨匠与出版名家之间——记张元济和沈雁冰的诚挚交往》

1989 年 5 月 16 日《人民政协报》

王　英 《爱国出版家张元济和邹韬奋的交往》

1989 年 7 月 14 日《联合时报》

陈　原 《中国知识界的骄傲——读〈张元济年谱〉》

《读书》1991 年第 9 期

林尔蔚 《启迪民智的目的,锐意革新的手段——略论张元济先生的编辑经营管理思想》

《出版史料》1992 年第 3 期

刘光裕 《务实、进取的文化巨匠——张元济主持商务印书馆 30 年》

《出版史料》1992 年第 3 期

柳和城 《张元济为〈太平天国诗文钞〉校正增补》

《出版研究》1992 年第 4 期

陈　江 《张元济与外交报》

《出版史料》1992 年第 3 期

王自强 《试论张元济精神——纪念张元济先生诞生 125 周年》

《出版史料》1992 年第 4 期

孙鲁燕　《昌明教育，传播西学——张元济先生主持的两项出版活动》

《编辑之友》1992 年第 4 期

邱琼英　《昌明教育生平愿　故向书林努力来——学习张元济先生有感》

《近现代中国出版优良传统研究》，中国书籍出版社 1994 年

陈　原　《张元济和邹韬奋》

《陈原出版文集》，中国书籍出版社 1995 年

陈　原　《张元济年谱代序》

《陈原出版文集》，中国书籍出版社 1995 年

严麟书　《大力传播新学积极出版古籍——张元济编辑活动》（一）

《出版研究》1995 年第 3 期

严麟书　《高度负责求质量一丝不苟为读者——张元济编辑活动》（二）

《出版研究》1995 年第 4 期

严麟书　《惟才·识才·爱才——张元济编辑活动》（三）

《出版研究》1995 年第 5 期

严麟书　《张元济的出版经营思想——张元济编辑活动》（四）

《出版研究》1995 年第 6 期

陈　原　《商务印书馆创业百年随想》

1997 年 5 月 7 日《人民日报》

王　英　《一张照片引出的佳话》

1996 年 11 月 6 日《中华读书报》

何　频　《大梦谁先觉》

《书屋》1997 年第 4 期

何　频　《有品乃贫的张元济》

1997 年 2 月 5 日《中华读书报》

陈巧孙　《张元济与商务印书馆》

《新文化史料》1997 年第 3 期
林尔蔚 《张元济与商务印书馆》
1997 年 5 月 6 日《中国文化报》
陈应年 《"开辟草莱"的人——张元济》
1997 年 5 月 5 日《新闻出版报》
张荣华 《张元济与近代辞书出版》
《辞书研究》1997 年第 5 期
王 蕾 《张元济的出版人才思想》
《编辑学刊》1997 年第 6 期
王灵善 《张元济古籍编校出版方法浅说》
《新闻出版交流》1997 年第 3 期
王云五 《张菊老与商务印书馆》
《旧学新探》,学林出版社 1998 年
张志强 《读新近出版的两部张元济传记》
《编辑学刊》1998 年第 2 期
周 武 《张元济与五四新文化运动》
《史林》1998 年第 2 期
傅光中 《我编〈智民之师·张元济〉》
《博览群书》1999 年第 6 期
李 辉 《从张元济到王云五》
《中国出版》1998 年第 9 期
傅光中 《扶本固元〈启民智·张元济〉编后》
《出版广角》1999 年第 7 期
孙 娟 《五四时期的张元济与商务印书馆》
《民国春秋》2001 年第 4 期
韩文宁 《张元济编辑〈百衲本二十四史〉》
《民国春秋》2002 年第 2 期
高生记、崔晓庆 《编辑出版家张元济》
《沧桑》2002 年第 5 期

张国功 《1949 年里的出版家张元济》

《东方文化》2003 年第 2 期

沈飞德 《上方花园 24 号:张元济最后 19 年》

《上海滩》2003 年第 8 期

郁乃尧 《商务元老张元济》

《人物》2003 年第 5 期

张志强 《张元济不可追》

《出版人》2005 年第 1 期

汪家熔 《从张元济书札说起》

《出版史料》2004 年第 2 期

高梦旦

高梦旦（1870～1936），福建长乐人。名凤谦，笔名崇有，号梦旦，意即梦见长夜想望晨光的到来，足以表现他一生追求光明的理想。

早年投稿于《时务报》，深得梁启超的赏识。1901年任浙江大学堂总教习，后东渡日本留学，1903年回国后，应张元济之邀，进商务印书馆，先后任商务印书馆国文部部长，编译所所长。五四新文化运动兴起后，他自认为："吾辈皆老矣，若不为公司求继起之人，如公司何？况自审不适于新潮流哉。"自动退出领导岗位，显示了他深谋远虑，求贤让贤的高尚品德。

高梦旦是一位有抱负、有追求，事业心很强的出版家。他入商务印书馆之后，即主持国文部，编辑小学国文等门教科书，制定编写计划，确定编写原则，采用合议制，列席者除高外，尚有张元济、蒋维乔、庄百俞等人。在编辑过程中，遇有疑难，彼此辩论，不厌其详。据蒋回忆，他本人编一课时用一"釜"字，高改为"鼎"字，意见不一，二人大争，声色俱厉。争辨之后，达成共识，相与抚掌大笑，足见其严谨认真。小学国文教科书第一册出版后，短期之内，即洛阳纸贵，不胫而走，历时两年，全稿八册完成，影响重大，在教育界占重要地位十余年。

高梦旦还积极创议并参与编辑工具书《新字典》、《辞源》，历时八年，获得成功，广为销售。同时热心研究简化字法、辞典检字法。

在张元济主持商务期间，一切重大决策，他均参与，成为张的有力臂膀，被人誉为商务的参谋长。他前辅张元济，后辅王云五，是一位“能断大事，虑无不中”的举足轻重的人物。

高梦旦为人忠厚，诚恳待人。胡适曾这样评价他：“高先生的做人，最慈祥、最热心，他那古板的外貌里藏着一颗最仁爱暖热的心。”“是一个处处能体谅人，能了解人，能帮助人，能热烈的、爱人的、新时代的圣人。”并称赞他：“他的可爱之处，是因为他最能忘了自己。他没有外心，没有名心，没有胜心。人都说他冲淡，其实他是浓挚热烈。在他那浓挚热烈的心里，他期望一切有力量而又肯努力的人都能成功胜利，别人的成功都使他欢喜安慰，如同他自己的成功胜利一样。因为浓挚热烈，所以冲淡得好像没有自己了。”蔡元培也评价他“性情挚厚，思想清新”，并说他“生平心力，尤尽瘁于教育文化事业，富于新思想，对时代之事物，多主革新，其力主采用通历与简写字体，实重其合理化。先生为人精细，无成见，为商务编教科书，功力甚大，且于教育史上树一异彩”。

新字典序①

高梦旦等

1912年9月

一 缘 起

余早岁训蒙，日抱经典，强聒不舍。舌敝唇焦，竟无术使之领会。间投以子史说部之有兴趣者，则手舞足蹈，迎刃而解。于是悉心采集，冥搜故纸中。往往穷终夕之力，始得供一朝之用。临渴掘井，劳而鲜功。复以人生必需之智识，不可无以语童蒙也。乃又取材于译籍。当是时，余于科学智识，未曾梦见。恒以一二术语之不可通，应用材料因而废置。欲求适当字书，足以兼赅今古，藉资探讨，竟不可得。

会仲兄子益欧游东归，诉以所苦。仲兄为余言，欧洲训蒙之书，乃依学生之年龄，特别编辑。材料如何完具，程度如何适合。其所谓字书者，则合单字成语而成；种类如何繁夥，检查如何便利。余闻而私慕之。发愤欲习欧语，年已蹉跎，迄无成就。久之稍稍以汉读法学习和文，始得窥所谓教科书者，所谓辞书者。平日与二三同志论议，谋从事编辑。各以事牵，因循者有年。

壬寅游日本，见彼都人士，教育之普及，常识之备具，教科书辞书之功为多。既归国，遇张君菊生于海上，纵谈及此。时张君方主商务印书馆，以编辑教科书为己任。因要余襄其事，乃得与蒋君竹庄、庄君百俞辈朝夕共铅椠。致力于所谓教科书者，既历有年所矣。

自教育革新以来，普通学校科目既繁，专门学校分析尤微。承学之子，以余力治文词，殆不及往昔之十一。常见聪颖儿童，入学三数年,执笔成文,朗朗可诵。及授以稍典雅之书翰,与夫报章论说,则满纸荆棘,不能卒读。以古来相传之成语故事,多非素习故耳。欧风东渐,学术进步,百科常识非一人之学力可以兼赅。而社交日用之需要,时又不可或缺。夫文词如是其浩博也,学术如是其繁赜也,辞书之应用,较教科书为尤普。余之入商务馆也,既屡以为言矣!顾馆中方专意教科书,无暇兼营。以余之不学,又岂能以一身两役。

戊申(1908 年)游广州,与陆君炜士谈辞书之关系。所论大洽。归以语张君,乃要陆君主其事。又得傅君伟平、蔡君松如、方君远叔辈相赞助,至今年而脱稿。命之曰《辞源》。又刺取其单辞,先付手民,命之曰《新字典》。呜呼!生平所怀之愿望,日萦回于梦寐间者,止此而已。乃幸得追随我同人后,搜讨编纂,历时十年,仅而有就。而此十年中,因人事之牵帅,几至中辍者屡。勉强自持,得有今日。草创经始,百孔千疮。同人雠校,朝更一字,暮易一义,执卷龃龉。既成犹责难靡已。而余辄沾沾自喜,若忘四方督责之严,与其寸心之所内疚。良念往岁训蒙所苦,积为疢痗,聊藉此苟合苟完者,以偿昔日之愿望也。自此以往,且将公诸于世。大雅宏达,必有匡其不逮,纠其刺谬者。吾侪朝斯夕斯,拾而补苴之。安知今日之愿望,不又取偿于将来乎。即以此慰我同人,因书其缘起如此。

中华民国元年九月十八日高凤谦志

二 书 后

武进陆炜士先生,吾朋友中莫不以师礼事之。先生道德学问,自少见重于乡里。彼之审察时变,善治名物之学,超于其侪辈。戊戌以前,先生正有声于所谓国粹丈人之林,忽受聘主北洋学堂等之讲席。大学校教师,在今日为最礼重之秩位。但于二十年前先生为之,乡先生则群起而短之曰:陆某士夫也,竟与若辈周旋乎!然先生留心于教育者，日益笃。且旋弃所谓大学者，专从事于中小学之普及教育，远赴粤桂间。彼中大吏兴建学校，莫不延先生创立规程。

乃五六年前，敬恒方僦居伦敦，忽闻先生弃学校，辞征辟，挈全家居上海，编辑字典。先生重视字典，议论已有素。向时每剧谈，辄谓非有一适当之新字典者：学校儿童及普通国民，皆受困殊甚，为阻于教育之前途者隐且深。然敬恒虽唯唯，颇未以为至重要也。及闻先生置百务为之，尤深疑怪。吾意若曰：以先生之能力，手巨剪一，用誊写者两人；材料多多益善，部居而条附之；鬻预约券，半年成书矣。何郑重若此！

先生既任编辑字典，不惟不就他职务，且与亲友亦少通书翰。以朝以夕，并力于搜讨。故自先生居上海，敬恒在伦敦，三年中止得彼之一短书。洎张菊生先生作环球之游，相见于伦敦市楼。语次，彼言君有挚友炜士，今正领我商务馆之字典事。着手已数年矣，定稿尚未得半也。敬恒漫应之，而心益疑怪。以为《康熙字典》实官书，开馆分职，务为繁费。然成书亦止五年。今则其事发起于印刷局，为营业性质，得《康熙字典》等为蓝本。又有若海外输入之日本大词典等者救甚贫陋，汇成巨观，至易易也。胡为濡滞不欲急就，以耗重廪？顾知先生必不若是，是必委其事于先生一人，句斟而字酌之，欲速而未能。当时南阁祭酒为《说文解字》，仅十三万余字耳。稿之既定，乃历二十有二年。今则一手一足之烈同也。虽古今取材之法不同，纂集自有难易。然字数则数倍加之，时间则数倍减之，不能期年再稔而成书，亦意中事。张先生归国者，又逾一年。民国肇建，敬恒亦东还。旬日中必与陆先生相见数次，方知所谓《新字典》者，非委先生一人独手为之。竭日夜之劳力，数年共相探讨于一室者，共一二十人。闳雅如高梦旦先生，通博如傅伟平先生，与吾乡名流若蔡松如先生类者，穷年相聚，止治此一事。敬恒乃大骇。于此承教于先生者数十次，始知旧日字书之舛误复杂，非意料所及。需订正者，若何繁重。方言俗诂，寻索其源流。不能拘于寻常之记载者,若何曲折。下一定义,增一短解,斟酌于古今学术之殊异,欲调和于义训之习惯与科学之定理者,若何困难。每有一条而经历数十易,一语而思索数十日,犹以为未可。稿成而毁弃者屡,板就而搁置者又屡。

呜呼!此固非书贾巨剪之业,乃名山著作之事。然就营业之常识讨论之,世人取求之报偿,或不应于劳费,则将奈何?先生笑而不答。余乃悟曰:营业者两利之事,职兼贸利与改良,二者完,即营业之道德也。西方商品之改良,月异而岁不同者,以单纯贸利之品物。扶持营业道德者所勿善,故不登于市场。然其得果,品物日良,而营业益利。皆道德最后之报偿。印刷业为文化之媒介,印刷之品改良,尤重于物物。商务馆愿以改良之品物,不计贸利之微薄,补助于文化。斯重营业之道德,以求营业之发达者欤?先生复笑而不答。适《新字典》出版有日,即拉杂以之其后。

民国元年八月十五日吴敬恒

(录自《新字典》卷端,商务印书馆版)

(子治标点)

注释:

① 《新字典》是抽出《辞源》稿的单字先行补订的汇辑。1908 年商务印书馆打破我国仅有字典而无词典的历史,并用科学语言解释字、词,编辑字和词混合的词书。经几年编辑成书后,经过检查,发现词汇引用书证转引类书的有因循类书错误而需要重查原书。此时正值武昌起义,出版字典已无禁忌,决定先以单字及其解释出书,名《新字典》。出版后半月即销二万余部(见《张元济日记》商务版第 6 ~ 8 页,8 月 30 日至 10 月 18 日杂记栏)

选自宋原放主编、汪家熔辑注《中国出版史料》近代部分第 2 卷,湖北教育出版社、山东教育出版社 2004 年

我所认识的高梦旦先生

王云五

我最初认识高梦旦先生，是在民国十年中秋节之前一二星期。那时候他正担任商务印书馆的编译所所长；我却闲居在上海，替一个旧学生新办的一间小书店主编一部丛书。给我们介绍的人，就是胡适之先生。因为高先生担任商务的编译所长多年，自己常以不懂外国文字为憾。自从新文化运动开始以后，商务努力出版关于新文化的书籍。高先生认为不懂外国文字的人，对于新文化的介绍，不免有些隔阂；因此屡屡求贤自代。他看中了新文化运动的大师胡适之先生，盼望他能够俯就商务的编译所所长。经过了多次劝驾和拖延了几个年头，胡先生毕竟碍于情面而应允了。但是胡先生的应允是有条件的。他的条件就是先行尝试几个月，如果尝试之后认为于自己的性情不合，仍然要还他初服的。那时胡先生正在北大任教，为着便利尝试起见，择定民国十年的暑假，暂时不用名义来商务编译所视察两个月。经过相当时期之后，胡先生把商务编译所的内容和工作都研究清楚；一面提出改革的计划，一面却以编译所长的职务关于行政方面较多，与他的个性不很相宜，便对高先生说明他的意旨，打算尝试期满仍回北大教书。高先生是极重信义的人，也是最能尊重他人意旨的人；因此，他对于胡先生继任编译所所长虽然害了好几年的单相思，但是经胡先生坚决表示意旨之后，他便不敢强留。于是不得已而思其次；请求胡先生找一个替身。他因为崇拜胡先生，便以胡先生认为适当的人是没有不适当的。事有凑巧，胡先生从前和我有同学之雅；当他出洋留学以前，我们常在一起。他回国任教于北大的时候，我已经回南方；直至这次来上海小住，我们才有机会话旧，而且常相过从。他从前知道我对于读书做事都能吃苦，又曾发见我于青年时代做过一件呆事，把一部《大英百科全书》从头至尾读了一遍。这次留沪相聚，又知道我十年来读书做事的经过，和新近从事编译事业。那时候不知道他怎样决定下来，事前绝对没有和我商量，便把我推荐于高先生，作为他自己的替身。高先生对于我从前并无一面之雅；对于我的著译，据他后来对我说，虽略经寓目，却没有看出什么特色。可是一经胡先生的推荐，他便毫不迟疑的郑重考虑。经胡先生介绍我们一度晤谈之后，他便向商务当局提议举我自代。我呢，因为正想从事编译工作；如果能够有一个大规模的出版家给我发展，那是无所用其客气的。而且我平素有一种特性，对于任何新的工作或是重的责任，只要与我的兴趣相合，往往就大着胆去尝试的。因此我除了提出和胡先生从前所提的惟一条件，就是给我三个月尝试再行定夺外，也就一口答应下来。记得从民国十年的中秋日，我便到商务编译所开始工作。初时我并没有什么名义，每日承高先生把编译所的工作和内容详细见告，并由高先生随时把种种问题提出和我商量。这样地过了三个月，他便要求我正式接任编译所所长，并应允和从前应允胡先生一般，于我接任编译所长之后，他仍留所内，改任出版部部长，随时助我处理所务。我在这几个月中，承高先生开诚指导，并承他将来继续相助，同时我对于这件工作的兴趣也很浓厚；因此便正式接受了。从此以后，我便和高先生直接共事六年，到了民国十六年，高先生因为年满六十，坚执要步张菊生先生的后尘，脱离商务印书馆的直接职务。但此后十年之间，无时不以商务和我个人的至友资格，尽力赞助；虽至病笃之日，仍不改其态度。自从我开始认识高先生之日，直至他撒手离开这世界的一秒钟（因为高先生去世的一秒钟我正侍立病榻之旁），中间约莫十五足年，对公事上我和他商讨最多，对私交上我也和他过从最密。他的性情，我是认识最真之一人；他的美德，我也是知道最多之一人。不过事后追记，不免挂一漏万。而且在百忙当中，要作详尽的记述，也有所不能。现在且根据留在我脑中最深刻的印象，给高先生写写各方面的真容。

第一，高先生是一个老少年。高先生的性行，断不是几个字所能完全表现的。如果只限于几个字，恐怕再没有像这老少年三个字为近似了。高先生去世时已经是68岁，不能不算是老；高先生在最近几年间，身体容貌也无一不呈衰老的样子；可是他的精神，直至服了大量安眠药，长眠不醒以前，无时无刻不是少年的。他常常对我说，旧日读书人要推行所主张的事，往往以“于古有之”一句话为护符。高先生却以为把这个“古”字改作“外”字较为妥当。他并不是说笑话，而是认定古制对于现代至少是不适合的。他又以为，现在强盛之外邦确有其致强盛之道；社会状况纵然彼此有些不同，而自然科学是没有国界的。推此一念，所以有病待治，则绝对信赖西医，而反对中医；甚至对其最崇拜之胡适之先生为某中医捧场时，他也不怕公然反对。又如度量衡一项，他极力提倡最合科学的米突制，而反对任何折中的制度或实际流行颇广的英美制。这还算关于自然科学的。至于社会问题，他也很倾向于新的方面。记得民国十年我初到商务任事时，编译所同事某君，以向未结婚的老童男和再醮的某女士结婚；这在目前本不为奇，但在15年前的社会习惯，和现在相差还远。高先生对于此事，却当作断发天足一般地热心提倡，逢人表示恭维的意思。又高先生平素虽不喜谈政治，但偶遇时人主张一种制度而附会到旧说或旧制的时候，高先生屡屡对我说，这简直像把现代国家之共和制度和周召共和附会起来同样的可笑。这几个例子，都可以证明高先生的思想是少年而进步的。再从日常细事观察一下，像高先生的资望和年龄，不知道他的人或者以为是道貌岸然的。其实大大相反，他每次到我家来，见着我的小儿女，总是和他们戏弄说笑，口里常说：“我和你比比气力，打打架，好吗？”因此我的小儿女都不觉得这是老伯伯，只认为他是小朋友之一。他不但对朋友的儿女如此，就是对于自己的儿女，而且是长成的儿女，也持着同一态度。别人家的老父，对于已长成的儿女，大都是庄严其貌；可是我常见高先生和他的儿女一起谈笑讨论，绝对不摆出老父的派头。他去世后之某一日，他的长女君珊小姐含泪对我说："别人家只不过死了一个父亲；我们却不但死了父亲，而且死了最可爱的一个朋友。"这的确是没有半点虚饰的说话。又高先生卧病医院时，我逐日前往探问，因格于医院的禁令，不敢入病室惊动高先生。高先生却屡向家人询问何以我没有来。家人卒以实告。乃坚嘱下次来时，邀我入室，并允不多谈话。其后，我入病室相见。我的第一句话，就是请他安心静养，此时遵医嘱不敢多谈话。而高先生第一句的答语，就是"你每日来此，却不进来谈谈，我已侦探明白，俟我病好出院，和你算账打架"。言毕，彼此一笑。其少年的性情，虽在病重时仍然流露。不料这位可以互相打架的老少年朋友，等不及出医院，已没有再谈话的机会了。

第二，高先生是一个性圆而行方的人。这里性圆二字，虽然是我所杜撰；但上下联缀起来，其意义自然明了。蒋竹庄、庄百俞两先生为高先生所撰的传，都说高先生性刚。但自从我认识高先生以来，至少有六年工夫每日和他共事；觉得他总没有发过一次脾气。换一方面，我自己却发了好几次的怪脾气，全赖高先生把我镇静下来。高先生镇静我的脾气，有一种很巧妙的方法。就是当我脾气正在发作的时候，他大都对我表示十二分的同情，等我脾气稍息，他往往用幽默的话，引我的情绪离开关系的问题，渐渐把它淡忘。俟有相当机会，再用几句警语，使我自己感觉前次发脾气之无意义。他这种方法，如果用于教育上，也可以算是一种优良而有效的方法。他是否对别人也用这种方法，我不得而知。但对我却已用过好几次。我平素性情傲僻，自从开始服务以来，除教书时能长久维持学生的好感外，其他所任职务，都不能久于其职。自从加入商务书馆后，接连 15 年间，虽然好几次自己想走，但是除了民国十九年一度辞职，那时高先生已经脱离商务书馆的直接职务，而且我这次辞职已得高先生同意外，其他好几次想走的机会，都给高先生用上述方法于无形中消泯了。我又常常听见高先生说起，他替商务做了不少次的和事佬。商务的当局，我敢说，都是为公的；可是学识眼光种种不同，长久共事，总不免有些意见。而介于其间，以妥协的方法消除当局间彼此相左的意见的，恐怕高先生就是最重要之一人。他曾经和我提起一句笑话，说他好像是印刷机器上的橡皮，其意便指此事。而且高先生不只是那时候各当局间的橡皮，并且一度做过商务书馆劳资双方的橡皮。因为在民国十五年以前，商务劳资双方虽然极少争执，却也曾有过一次局部的罢工；而复工的时候，则由高先生带领那些罢工者入厂。这件事发生在我加入商务以前，详情我不知道。事后偶闻高先生说起，当时虽然没有详询来由，但总可断定是靠高先生以平素消泯公司当局间意见的同一方法，来解决那一次劳资纠纷罢。综此几个例子，我为他杜撰性圆这一名词，似乎是再适当没有了。但是他的性情虽是圆的，而他的行为却仿佛是四个九十度直角所成的正方形。关于这一项，可举的例子极多，不及枚举。概括说起来，就是绝对不要一个不劳而获的钱，绝对不引用私人，以及违反自己宗旨的事无论如何绝对不肯屈从。这最后的一项，似乎和性圆的人是不相合的。可是就我十几年来所知道的，高先生一方面很方正地维持他的宗旨，另一方面仍无损于圆通的性情。这确是别人所做不到；尤其是像我这样的人，是断断不能学步的。

第三，高先生是一个思虑周密而非寡断的人。高先生思虑的周密，凡在知好同事没有不承认的。就是高先生自己也不否认。但是寡断一语，却是他自己的谦辞。别人因为受了这种自我宣传的影响，却也有些承认此语的。其实思虑周密的人，因为顾虑过多，遇事间或不易决断。不过思虑周密的程度如果达到相当的高，把利害分析得很清楚，虽然任何办法不能有绝对的利，尽可采取利最多而害最少之法；因此仍不难下决断。高先生实在是这一种的人，所以他的思虑尽管周密，遇事仍能下最大决心。试举一个极显著的例子，当他举我自代之时，我的声名远不及胡适之先生，我和高先生的交情可说是绝对无有；同时怀疑我的人，在商务书馆内外皆有之。事后他一一告诉我，我自己也承认这种种怀疑亦有相当理由。但是高先生一部分固然是信赖胡适之先生的推荐，大部分还是利用自己周密的思虑，把利害两方细细权量轻重，才毅然下此决断的。

第四，高先生是一个不能演说的说客。高先生常常称赞我的演说才能，而自恨不能演说。的确，我和高先生认识了十五年，没有听过他的一次演说。所以高先生关于这一项的谦辞，我不敢否认。可是高先生当说客的本领，是值得人人赞许的。我亲见他为着商务书馆的事，做过了好几次的说客，每次都有满意的结果。对公众的演说和对私人的说辞，方法本不相同；公众的演说第一要有气魄，第二要言语清楚，第三还要带点荒唐的态度。高先生说话不很响亮，所说的国语带了一半福建土白；同时过分谨慎，恐怕在公众面前演说，要出了什么差处。因此他不肯轻易作演说的尝试。久而久之，便更觉自怯，而认为自己的确不能演说。其实，只要一二次大着胆尝试尝试，便不觉其难了。我屡次以此劝诱高先生，甚至有一回为着他所最热心提倡的四角号码检字法研究班举行竞赛给奖，坚请他作简单的演说。他总没有答应。可是高先生的口才原来不差；一则他有逻辑的思想，二则他很熟识世故，三则他有极诚恳的态度，四则他有极圆通的性情，所以什么复杂的事，经他解释或疏通一下，没有不症结立解的。

第五，高先生是一个不长于算学的算学家。我国旧日的读书人，最不注重数目字；所以说到山的高，动辄千百里；说到田的多，动辄万千顷。做起事来，也就不肯一一二二分别清楚，总是“差不多”、“大概”，这样地模糊过去。甚至受过新式教育的人，表面上高等算学也曾涉猎;但是除有直接运用算式的必要外,平时办事也很少利用算学来解决的。高先生却不如此,他虽然是旧学的出身,没有受过新教育的洗礼,他对于算学的知识也不高深;但是讨论事件的时候,他总是手持铅笔,运用四则比例或百分的笔算,作为决断的根据。在没有计算清楚以前,不肯遽作结论。他并且喜欢比较计算,譬如想出版某一种书,估计其营业的损失,常人只不过按照所拟的版式字体或纸张加以计算罢了。高先生却另行假定种种可能的版式字体和纸张,把这种种假定计算所得的结果和原拟计算的结果互相比较。这虽然多费一些工夫,但他总是不惮烦劳的。他又常常试作统计,虽然他对于统计工作所能运用的算式,只是百分法或是加法和除法所得的平均数,但是主持全局的人本来用不着自己从事精深繁琐的计算,只要遇事都作粗略的统计或比较,那就很难能可贵了。高先生有了这种运用算学的良好习惯,所以在他的细密思想中,又加上客观的论据了。

第六,高先生是一个舍短取长的鉴衡家。高先生是最爱才的人,随时随地都想物色人才。他对于人才的鉴衡,抱持着最公允的态度。他认为天下没有完全的人物,因此,对于大醇小疵的人才,不仅舍短取长,而且完全忘却其短处。单就商务书馆一方面而论,经他拔擢的人着实不少,结果,都是很有用的人才,影响于商务书馆的发展很大。当他举我自代时,我所有的短处,断不能逃过他的鉴衡。不过还是持着平素所持的态度,把我的短处忘却罢了。

第七,高先生是多方面的研究家,又是许多研究家的赞助人。高先生对于研究的兴趣很浓,而且是多方面的。在二十几年前,有改革部首的草案,其方法但管字形,不管字义,将旧字典的二百十四部,就形式相近者并为八十部,并确定上下左右的部居。此法较旧法已很便利;但高先生是一位彻底的改革家,自己认为此方案还不算彻底,始终没有把它发表。他又抱成功不必在我的态度,当他把自己的检字方案搁置时,便留心到外间有没有热心研究改革检字方案的人。后来给他发见林语堂先生曾经发表一种首笔检字法。那时候林先生在清华大学担任教科。民国十三年秋间，高先生因事到北平，辗转托人介绍与林先生详谈，力劝林先生继续研究。后来回到上海和我商量，我也赞成此举。因此便由商务编译所与林先生订一合作研究的契约。于一年期内，由商务按月资助林先生若干元，由林先生酌减教书的钟点，从事新检字法的研究。后来我对于检字法的研究也发生了兴趣，有一天对高先生说起这事，他虽极力赞助他人从事这项研究，但因我日间职务很忙，不愿我过于劳苦；便把成功不必在我一语来相劝。但是我的兴趣已是一发而不可收拾，便瞒着了高先生，私底下每晚在家里研究。过了约莫半年，我偶然发明号码检字法，欢喜到了不得。次日对高先生和盘托出；他也欢喜万状。其后，我因为这号码检字法虽然易学，但对于笔画较多的字还觉不易检查。于是决计放弃此法，另行研究。又费了一年工夫，才发明四角号码检字法。在这时期和以后继续研究修订四角检字法的一二年内，高先生无时不赞助我，并且给我许多有益的意见。及至四角检字法研究告一段落，高先生又认为一种新方法的成败固由于本体的效用，但是宣传工作也有重大关系。于是他便把宣传四角检字法引为己任。近年我因为职务特忙，简直没工夫顾到检字法。高先生却继续不断把这检字法热心推行。他常常埋怨我近年对四角检字法太不热心，笑对我说："姓王的所养的儿子四角检字法，已经过继给姓高的了。"就此一点，可见高先生对于研究事业的热心赞助。除了检字法以外，高先生自己研究而有成绩者，有一种十三月的新历法，已经著有专书，由商务书馆出版。高先生因幼时读沈括的《梦溪笔谈》，大为感动。沈氏倡议更改历法，分每年为十二月，每月以三十一日与三十日相间，不置闰月，每年每月的日期自较整齐。高先生以沈氏此法较现在阴阳历为胜。后来又以世界各国既以注重星期，则沈氏之法，尚有修改余地。修改的要点，在如何联合年月星期三者，使其成为一种调和的历法。经过许久的思考，高先生遂于民国前十一年创议分每年为十三月，每月为二十八日。此方案先后由《新民丛报》及《东方杂志》发表，引起许多人的注意。及民国十六年全国教育会议开会，高先生将此案提出，即经大会通过，交中央研究院研究后，再呈国民政府训令出席国际联盟会代表，提供国际改历会议之研究。至于高先生热心赞助而常常与人商榷者，尚有"简字方案"、"度量衡方案"等，或见于杂志，或仅存函稿，尚未发表。有一次他为着推行新度量衡，使深入民间起见，提议将铜辅币的直径有所变更，使等于新制的若干公分，俾一般人把铜辅币权充新制尺度之用。又有几次，他把改革电报便利发电人的意见，贡献给交通部电政司长某君，结果竟被采行。高先生只期便利于社会，对于自己的工作多未宣传。但对于别人研究的结果，却力任宣传之责，其大公无私的精神，真足敬佩。

第八，高先生是一个义勇的胆怯者。高先生常说自己胆小。的确，他的胆子并不大；而且思虑周密的人，世事看得太透，在这个遍地荆棘的世界，自然有格外慎重之必要。但高先生虽然胆小，遇着必要的时候，尤其是遇着朋友急难的时候，他简直不怕身入虎穴。十年前我曾一度被难，身陷匪窟，那时候先父以病废，不能行动，儿辈尚幼，家母、内人束手无策，而平素以胆怯自居的高先生独负全责，为我营救。其冒险的情形，非片言所能尽。其义勇的精神，尤非胆怯者所能有。

总之，高先生对家庭，对朋友，对事业，对学术，从现代的意义评量起来，任何一方面都算得是理想的人物。胡适之先生称他为现代圣人之一，绝对不是过分。我小时失学，没有良师督教；我的几个哥哥又早年见背；我的父亲对我的管教向极放任。我就在这样情形之下，自己造成一个世界；因此个性过强，落落寡合。自从获交于现代圣人之一的高先生，有形无形都受了他的很大影响。假使近年我能够在任何方面有些贡献，高先生至少应居过半之功。

高先生待我不仅是最知己的朋友,简直要超过同怀的兄弟。所以我正可模仿君珊小姐的话而说:“别人家只不过死了一个好朋友;我却不但死了好朋友,而且死了最可爱的长兄。”

高先生的嘉言懿行还多得很,有工夫我再详详细细追记下来。

1936 年 9 月 8 日

选自《商务印书馆九十年》,商务印书馆 1987 年

高梦旦先生小传

胡适之

民国十年的春末夏初,高梦旦先生从上海到北京来看我。他说,他现在决定辞去商务印书馆编译所所长的事,他希望我肯去做他的继任者。他说:“北京大学固然重要,我们总希望你不会看不起商务印书馆的事业。我们的意思确是十分诚恳的。”

那时我还不满三十岁,高先生已是五十多岁的人了。他的谈话很诚恳,我很受感动。我对他说:“我决不会看不起商务印书馆的工作。一个支配几千万儿童的知识思想的机关,当然比北京大学重要多了。我所虑的只是怕我自己干不了这件事。”当时我答应他夏天到上海商务印书馆去住一两个月,看看里面的工作,并且看看我自己配不配接受高先生的付托。

那年暑假期中,我在上海住了四十五天,天天到商务印书馆编译所去,高先生每天他把编译所各部分的工作指示给我看,把所中的同事介绍和我谈话。每天他家中送饭来,我若没有外面的约会,总是和他同吃午饭。

我知道他和馆中的老辈张菊生先生、鲍咸昌先生、李拔可先生,对我的意思都很诚恳。但是我研究的结果,我始终承认我的性

情和训练都不配做这件事。我很诚恳的辞谢了高先生。他问我意中有谁可任这事。我推荐王云五先生,并且介绍他和馆中各位老辈相见。他们会见了两次之后,我就回北京去了。

我走后,高先生就请王云五先生每天到编译所去,把所中的工作指示给他看,和他从前指示给我看一样。一个月之后,高先生就辞去了编译所所长,请王先生继他的任,他自己退居出版部部长,尽心尽力地襄助王先生做改革的事业。

民国十九年,王云五先生做了商务印书馆的总理。民国二十一年一月,商务印书馆的闸北各厂都被日本军队烧毁了。兵祸稍定,王先生决心要做恢复的工作。高先生和张菊生先生本来都已退休了,当那危急的时期,他们每天都到馆中来襄助王先生办事。两年之中,王先生苦心硬干,就做到了恢复商务印书馆的奇迹。

我特别记载这个故事,因为我觉得这是一件美谈。王云五先生是我的教师,又是我的朋友,我推荐他自代,这并不足奇怪。最难能的是高梦旦先生和馆中几位老辈,他们看中了一个少年书生,就要把他们毕业经营的事业付托给他;后来又听信这个少年人的几句话,就把这件重要的事业付托给了一个他们平素不相识的人。这是老成人为一件大事业求付托的人的苦心,是大政治家谋国的风度。这是值得大书深刻,留给后人思念的。

* * *

高梦旦先生,福建长乐县人,原名凤谦,晚年只用他的表字“梦旦”为名。“梦旦”是在梦梦长夜里想望晨光的到来,最足以表现他一生追求光明的理想。他早年自号“崇有”,取晋人裴颀崇有论之旨,也最可以表现他一生崇尚事实痛恨清谈的精神。

因为他期望光明,所以他最能欣赏也最能了解这个新鲜的世界。因为他崇尚事实,所以他不梦想那光明可以立刻来临,他知道进步是一点一滴地积聚成的,光明是一线一线地慢慢来的。最要紧的条件只是人人尽他的一点一滴的责任,贡献他一分一秒的光明。高梦旦先生晚年发表了几件改革的建议,标题引一个朋友的一句话:“都是小问题,并且不难办到。”这句引语最能写出他的志趣。他一生做的事,三十年编纂小学教科书,三十年提倡他的十三个月的历法,三十年提倡简笔字,提倡电报的改革,提倡度量衡的改革,都是他认为不难做到的小问题。他的赏识我,也是因为我一生只提出一两个小问题,锲而不舍地做去,不敢好高骛远,不敢轻谈根本改革,够得上做他的一个小同志。

高先生的做人,最慈祥,最热心,他那古板的外貌里藏着一颗最仁爱暖热的心。在他的大家庭里,他的儿子、女儿都说:“吾父不仅是一个好父亲,实兼一个友谊至笃的朋友。”他的侄儿、侄女们都说:“十一叔是圣人。”这个圣人不是圣庙里陪吃冷猪肉的圣人,是一个处处能体谅人,能了解人,能帮助人,能热烈的、爱人的、新时代的圣人。他爱朋友,爱社会,爱国家,爱世界。他爱真理,崇拜自由,信仰科学。因为他信仰科学,所以他痛恨玄谈,痛恨迷信,痛恨中医。因为他爱国家社会,所以他爱护人才真如同性命一样。他爱敬张菊生先生,就如同他爱敬他的两个哥哥一样。他们爱惜我们一班年轻的朋友,就如同他爱护他自己的儿女一样。

他的可爱之处,是因为他最能忘了自己。他没有利心,没有名心,没有胜心。人都说他冲淡,其实他是浓挚热烈。在他那浓挚热烈的心里,他期望一切有力量而又肯努力的人都能成功胜利,别人的成功胜利都使他欢喜安慰,如同他自己的成功胜利一样。因为浓挚热烈,所以冲淡得好像没有自己了。

高先生生于公历 1870 年 1 月 28 日,死于 1936 年 7 月 23 日,葬在上海虹桥公墓。葬后第四个月,他的朋友胡适在太平洋船上写这篇小传。

1936,11,26。

选自《商务印书馆九十年》,商务印书馆 1987 年

悼梦旦高公

庄　俞

梦旦姓高氏，福建长乐人，原名凤谦，公尝言，吾长兄啸桐名凤岐，次兄子益名而谦，吾于两兄之名各取一字而为已名。凡人只须一名可耳，既有名，又有字，且不只一名一字，人与己两不便。籍贯亦然，既署省，又署县，不若并废之。后果以字行，名刺只有高梦旦三字矣。初居乡，即不乐为八股帖括，好为写实文字，研求实用之学，兼事农，种桑经验颇富。目击晚清政治学术之窳腐，外交之失败，昕夕不自安，适梁启超辈创办强学会《时务报》，大表同情，投袂以起，为文投之，与彼往来为友。戊戌政变，国民心理亦变。林迪臣知杭州，新政迭举，实公与其长兄之主谋为多。公旋任浙江高等学堂监督，率学生东渡留学，乘便游览三岛，考察政治教育，甚慕之，革新之思想于是益进。张菊生先生知其人，方应夏公粹方约创办商务印书馆编译所，需才孔亟，乃引公为助，编译所初定组织，分部办事，菊生先生为所长，公为国文部长，我于是时始识公，清光绪三十年之春也。其时编译所同人尚寥寥，最新初小教科书创始编辑，公与蒋竹庄先生及我担任国文部编辑，以国文名，他如修身、历史、地理、唱歌、字帖等均属之。教科书外，凡学生用之自习书，教员用之数学法参考书，以及无可隶属之书皆属之，荜路蓝缕，颇尽创造之艰苦。公则述作校改，搜罗材料，朝思暮想，不厌其详。合坐一室中，每成一课，轮流阅读，或加润色，或竟改作，相互为之，毫无成见。公治事时，右手执笔，左手执烟，思考愈切，吸烟愈频，眼鼻间缭绕如浮云，悠然自得，烟将尽，另以一支接之，不再藉火柴为爇，持续不已，非有事离案不稍停，见者骇其量之宏。晚年有一日，突然不见其吸烟，方知遵医嘱戒吸，从此不再入口，前后迥若两人。

吸则大吸特吸，不吸则绝不一吸，行谊之强毅，即此小事，可以证之。当其撰改文字之际，不许人窃观，否则大怒，尝言吾不愿人阅吾未成之稿，既成，自将示人。尤不愿人阅其往来书信，必待交阅始可阅，谓阅私信者即侵犯自由，可以刑事论也。公既创编小学用最新教科书，依据学制分科延才一一试编，编辑员由此大增。后由初小、高小以至中学、师范，络绎出版，不胫而走。复创编字典、辞典，引陆公伟士（尔奎，武进人）主其事。公与共同研讨，每闻两人操不纯粹之普通话，龈龈雄辩，声达户外，即知有问题正相持也。编辑种类渐多，出版种类亦渐多，但书之为物，虽薄薄一小册子，其自撰稿制版以至印刷装订，经过手续至繁，加以格式之规定，校对之周密，用纸之慎选，印法之分别，成本之计算，定价之斟酌，印数之拟定，凡此属于出版方面之事，皆公所兼。惟以公精计学，措置自适当。编译所日就扩充，最盛时分至二十余部，而菊生先生时已主持总公司，不能专主编译所事，惟公独任之，公遂为编译所所长，亦以余力参预总公司事。盖菊生先生与公情投意合，如左右手，事无巨细，必咨于公，语于公，谋于公，重大问题，公未与议者，虽决不行。如遇数人意见不一致，得公片言立可决。公之于事，欲言则言，无可言则不言，言必尽其意，自初入公司于编译所如是，其后于总公司亦如是，故其在公司名位虽有变更，不啻三十余年之总参谋也。公谓任事宜专，故在上海久，知交不胜屈数，未尝兼任其他机关之职，虽曾一度为复旦大学校长，不久即坚决辞去。次兄子益公奉使意大利，命公从行，藉瞻欧西风景。公性好游，欣然就道，既归，益明了西方强国之因，与东方不同，宜借其长以自镜。五四运动，与蔡元培、胡适辈多所联络，因认胡为不可多得之才。尝闻其言曰：时局日益革新，编译工作宜适应潮流，站在前线，吾将不适于编译所所长，当为公司觅一适于此职之人以自代，适之其庶几乎？既而胡果适然至，居无何，胡又适然去。盖胡不愿为此，而介绍王云五先生。王至，公退居出版部部长。对于王，尽其知以告之，竭其能以助之，编译所事业，果大革新。公以为可告无罪于公司矣，遂束身以退，任何人劝留，不应。我尝谓公，公司不宜少此重要之人，公非富有，能优游林下耶？公瞿然曰，用人宜新陈代谢，任何人无不可去之理，个人但无馁冻可矣；况馆外之身，不可为馆内助耶？为之愧服不置，菊生先生留之既无效，乃于十七年五月提出第333次董事会议经一致挽留，公遽自动不到馆，十八年一月第339次董事会，公复要求核准，始勉从其意。自此仅任董事如故，时往来于二三主持人之间，尽其欲言则言之责如故。"一·二八"国难突起，公司摧毁于俄顷，公忧心如捣，谓将不可收拾。迨云五先生以复业为己任，公与菊生先生排日来公司襄助，以至于成。以退职之人而披发缨冠，急公好义如此者，未见第三人也。公所作长短论文，载于各日报各杂志者不可谓少。如《时务报》、《时事新报》、《东方杂志》、《教育杂志》等均有之，但不署真名，仅署崇有二字，或一崇字，或一有字，大抵不知为公之手笔。公则随手弃去，不肯留稿。自谓书法太劣，稿成，必令写生誊正然后示人。因感我国文字太繁复，不易普及，编辑初小国文教科书时，即搜集简笔字、手头字、破体字、俗体字，就形式顺序意义，比较其优劣繁简异同，而定其需要之等级。早年与劳乃宣、王照辈研究汉字改革，具有特识，劳氏与其往复研究之书尚存之。后黎锦熙、钱玄同辈实行注音字母，王云五氏创制四角号码检字法，公乐为赞成，且为之鼓吹。四角号码检字法今日已行诸全国，公实与有力焉。生平不事著作，已正式刊行者，有13个月历法，他如度量衡制度之改革，电码省便之改革，虽作短文发表，未见专书，而阴使权力相当之机关，见诸实行，受其利者不知凡几。公素持成功不必自我，成名不必在我之旨。古之人，不可及也。性好山水，无山水可消遣，则彳亍园林，数月不出游，皇皇如也。顾游不能履险，不能登高，坦途徒步则又健捷，数十里不告疲。我尝偕游西湖及天目山，行则策杖，止则随处可睡，入晚，头甫着枕，鼾声已起。居沪，至爱兆丰公园，尝言颇思迁居园左,日可三四至,以无相当寓庐而止。凡出游不作诗词,不作游记,间或述行程经过,便利后之游者。最近偕张菊生、李拔可两先生入川,行时谓我曰:我至渝原船即还,目的在浏览川江风景,既而因拔可先生赴蓉,公豪兴又动,偕乘飞机往,遂上峨眉,及山半,因天暑折回渝,乘船东归。过宜昌即病,6 月 28 日抵沪,翌日即入宝隆医院,医谓肺炎,亦既愈矣,失眠症大发。7 月 4 日我往视,似睡非睡,目均闭,口大开,气甚促,面色灰白,窃虑不佳,及 13 日再往,适仰卧,尚言经过终算良好。我方以大转机为幸,不意此为与我之最后一言也。呜呼,涵芬楼老友,可与话心曲者,能有几人,公又往矣,将安仰焉!我近年患血压高病,医嘱休养。我以终日无事,不足养病,实足致病,公谓盍不半日工作,半日休息。从之而大效,讵料有病之我,尚偷息人间,无病之公,竟溘然长逝耶?公春秋六十有八,于我十年以长,某日席间公拈髭视我而笑曰,吾两人异年同寿,遇诞辰不必以物相贻,彼此相销。岂不省便?我亦笑曰,谨如命,吾两人寓居如咫尺近,虽一生一死,五夜梦魂仍可相寻也。公之长兄啸桐,次兄子益两公,先后殁于沪。我与其丧,见公哭之恸,匍匐不能起,苦劝不能止,友于之笃,出于至性。晚年女公子君韦殁于北平协和医院,重伤其心。待友朋亦具诚意,无问新旧,无问老幼,皆能与之周旋。数十年间,罕闻公司有怨恨之者。其处世不爱名,不爱利,非人所能及,平时不拘小节,不念旧恶。尤能济人缓急,知友为难,辄竭智尽力以助之。但厌世俗浮华,人心虚伪,志在改革,而己为之倡,固一革新家,亦一实行家也。世固不少知公者,能文之士,宜为之传,公子辈宜有行述,以告世人,我不文,只以《同舟》主者索稿急,拉杂书此,未尽什一也。廿五年七月廿六公大殓之日写。

选自《商务印书馆九十五年》,商务印书馆 1992 年

高公梦旦传

蒋维乔

公讳凤谦，号梦旦，晚年以字行，福建长乐县人。先世为大族，富甲一县，号称高百万，及公之世已中衰。公胞兄二人，长啸桐，以桐城派古文名家中式壬午科举人。次子益，法国巴黎大学毕业，精法文。以同堂兄弟十三人排行，啸桐称四哥，子益称六哥，公行次十一，称为高十一。公幼而颖悟，太夫人程氏，口授四书五经，未出外就傅。稍长，伯兄啸桐，教之作文。十六岁丧父，公事伯兄犹父师也。公淡于荣利，偶应童子试，得补博士弟子员，即不复进取，以教读自给。癸巳丧母，公年二十有五。其后啸桐官至太守，子益蜚声外交界，出为公使，入为次长，皆贵显。公欲入仕，乃至易易，然视富贵如浮云，绝不措意。生平好为实用之学，所为文，亦自创写实体，偶登诸杂志报章，署名崇有，盖取晋裴頠之崇有论，以矫正时俗浮虚为己任也。梁启超创办《时务报》于上海，公投稿，论废除拜跪事。梁读之，大为叹服。书札往返，未获见面。会公因事至沪，乃与梁会于逆旅。然一操闽语，一操粤语，扞格不通，乃笔谈终日，自此遂为莫逆交。后梁氏获罪清廷，遁至日本，其党多被株连。亲友皆为公危，日日造其庐，问起居。然公实非党，问心无愧，怡然自若也。乙未，林迪臣（启）宰杭州，举行新政，创办西湖蚕学馆，为中国实业教育先河。兴学育才，治绩卓著，殁葬孤山，至今地方人士，犹有林社以纪念之。而为林氏擘划者，公与其伯兄之力为多。辛丑，求是书院改为浙江大学堂，劳玉初（乃宣）任监督，聘公为总教习。翌年，大学堂选派学生十人赴日本，公乃任留学监督，率学生东渡。在日年余，考察日本所以兴盛之由，端在教育，而教育根本在小学，因发编辑小学教科书之志愿，解职而归。

癸卯之春,商务印书馆依蔡君孑民(元培)之计划,编辑小学教科书。蔡兼爱国学社经理,即聘社中教员,分任编辑。嘱余担任国文课本。及苏报案起,蔡赴青岛,张君菊生(元济)自任所长。邀余入所,专任编辑之事。并托余介绍庄百俞(俞)、徐果人(寯)诸君,分任地理、算学等科。其年之冬,公适回国,与张君遇,谈及小学教科书之重要,张君即聘公入商务。是时编译所中方有分部办事之组织,以公任国文部长,余之识公自此始。公对于小学国文教科书,先订全部计划,然后著手编辑。采用合议制,列席者除君与余外,尚有张菊生,庄百俞等,由任何人提出一原则,共认为有讨论价值者,彼此辩论,不厌其详,有时为一原则,讨论至半日或终日方决定者。第一册稿成,公每夕袖之以去,遇其知友,则就正之,请其批判。自来文人结习,自己撰文,不愿他人增损一字。公力矫之,以为一人识力有限,必须互相批改,以求至当。国文部中遂成为风气,彼此水乳,毫无成见。一日,余编某课,用一"釜"字,公援笔改为"鼎"字。余曰:"'鼎'字太古,不普通,不可用。"公曰:"'鼎'乃日常所用之字,何谓不普通?"余曰:"鼎如何是日常所用之字?"公曰:"鼎如何不是日常所用之字?"于是二人大争,至于声色俱厉,及后细细分辨,方知闽语呼"釜"为"鼎"而不呼"釜"也。相与抚掌大笑。此书第一册出版后,不及两周,即纸贵洛阳,不胫而走。历时两年,全稿完成。于是此最新初等小学国文教科书,在教育界占势力者十余年。修身、历史、地理、唱歌、字帖等教科书,同时并出。公夙夜勤劳,计划周密,依据颁定学制,延揽人才,分任编辑。由小学扩充至中学、师范,出版日多。全国学校,多数采用。是为公于商务印书馆第一步之成功。

当时全国人士,怀抱革新思想,咸感法律知识之需要。而本国旧法律,又不适用。留日归国之学生,偶译法政书籍,东鳞西爪,供不应求。公审此时机,创议翻译《日本法规大全》,聘译员十余人,以刘子楷主其事。三载成书,发售预约。国中自官署以至公共机关，几于每处订购一部，销数之多，亚于教科书。在今日视之，此书已同土苴，而时乃不啻馈贫之粮也。是为公于商务印书馆第二步之成功。

学校既兴，国人渐知科学，而研究学术，必有赖于工具之书。旧时之字典，全不合用。公于是创议编《新字典》、《辞源》，于所中另设辞典部，延陆君伟士（尔奎）主之。而公无日不参与其间，恒与陆龈龈争辩，一如编辑国文时之态度。《新字典》先出，《辞源》稿经屡易，劳费八年，方始成书。出版后亦如教科书之广销，至今犹为学界尊重。是为公于商务印书馆第三步之成功。

以上三端，只就荦荦大者约举之。张君菊生，既倚公如左右手，事无大小，悉以咨之。公献可替否，知无不言，言无不尽。公既委身于商务，若将终身，仅于己酉之春，由夏君剑丞（敬观）之推荐，兼任复旦学堂监督，逾年即辞。自此益以公司为己任，名虽为国文部长，而于公司全部规划，罔不参与。公司规模，由小而大，各项规则，逐渐订立，殆皆出于公手。又出版事业，手续至繁，一册之书，编辑，排印，校对，用纸，装订，印数等等，必须详密计算。公有一特性，于自己手中用财，漫不加察，而独于为公家作统计计算表等，则精核迅速。每成一稿，恒见其持片纸，逐项加以估计，未久即成一表，已知此书成本应若干，定价应若干，虽老于印刷者不及也。公尝语我："昔人谓俗士不可医，吾则谓雅人最无用。雅人吟风弄月，对于日用之权度数目，有时且不能辨。试问此等人，于世何益。今日之士宜俗，俗则庶可深入社会，切合实用。"此诚砭世之良言，而公则能实行之也。

厥后商务印书馆日益扩充，张君菊生主持总公司。公乃实任编译所所长。所中极盛时，员工多至数百人。对于公之举措，从无退有后言者。时仲兄子益奉命为意大利公使，命公随行。张君以公司事为重，不听公行。公不置可否。张即请于子益。子益曰：吾兄弟别离时多，相见时少，失此机会，不知何日聚首也。张不忍违其意。公乃得壮游。纵览欧洲风景,周历数国,独爱瑞士山水,归国后时时称道之。迨民国八年,五四运动,新思想之狂潮,普被全国。公自审不识旁行文,不适于编译所所长。曾谓余曰:“公司犹国家也。谋国者不可尸位,当为国求贤,旧令尹之政,以告新令尹,俾国家生命,得以长久。吾辈皆老矣。若不为公司求继起之人,如公司何?况自审不适于新潮流哉。”于是亲赴北平,谒胡君适之。请曰:“君若承认商务印书馆为我国最大文化机关,君应屈为编译所所长。”适之鉴其诚,允于暑假中先来试办。既而适之南下。入所月余。依科学重为分部,增加人员,各司其事。办理数月,自觉才性不宜,力荐其师王君云五以自代。王至,而公退居出版部长。竭其智能经验,以赞助之。初用王时,公司旧人皆惊疑,嗣王任总经理,倡为科学管理,职工亦多不满,迨“一·二八”以后,公司总厂及东方图书馆,悉遭炸毁。王不辞劳怨,不惜生命,卒成复兴之功,然后公司内外,皆信公之知人善任,有非寻常可及者在也。戊辰,公年六十,向公司告老。董事会一致挽留。公坚不肯,乃自动不到馆。己巳,董事会始勉从其请。自此任董事如故,尽力于公司亦如故。及公司被毁时,公以退职之身,被发缨冠,仓皇赴救,忠心耿耿,几忘寝食。云五之得成复兴事业,公亦与有力也,语云,功成而不居,公庶几焉。

公不但办事方面,成功不居。即其著述亦然。凡有所作,不为自己得名,必以便利人群为的。曾病我国文字太繁,不便认识,早年与劳乃宣研究汉字改革方法,往复讨论,积书盈寸。及劳氏之简字成功,公勿与也。又因《康熙字典》,检查困难,苦思力索,创为百部部首法,研究十余年,屡易其稿,终不惬意。会王君云五,亦抱斯志,乃悉以其稿畀之。王因别创制四角号码检字法,在属草时与公面商或电商几无虚日。王氏之书,今已通行全国,而公勿与也。此外如度量衡制度之改革,电码省便之方案,恒自出新意,供献于当道,见诸实行。至今受其利者,不知凡几,而公口既不言,文亦多不留稿。所刊行者，仅有十三个月历法、泰西格言集两小册耳。其不肯居名类如此。

公好山水，既东至日本，西至欧洲，国内名胜，亦多有其足迹。但能行平路，不能陟险。二十五年之夏，与张菊生、李拔可二君入川。临行，曾谓余曰："我体力不支，但至重庆，一览三峡风景，即乘原船返沪。"既而因拔可赴成都。公豪兴勃发，三人乃同乘飞机而往。遂登峨眉。及山半，觉精神不振。折回重庆，乘船东归，过宜昌而病。六月二十八日抵沪，翌日即入宝隆医院。医谓肺炎。余但闻公之归，初不知其病。以电话约谈，始知公已入医院。急趋视之，而医生禁止见客。公神志昏迷，时作谵语，即见客也不能认识。但向君珊问病状而归。及七月十五日，余将赴北戴河海滨，再往视之。则已能据椅而坐。见余至，面现喜色。曰："吾病已愈，君可勿思。"余告以今晚将北上，拟至北戴河，故来话别。公曰："北戴河甚好，此地即北戴河，岂非极好之旅馆耶。"余知其神志尚未全清，则曰："公宜休养，勿多言，我去矣。"及至北平，曾以其病有转机，告孙伯恒、林宰平诸老友，不料至海滨之次日，即于《大公报》骤见公之讣告，而临行乃为最后之一面也，呜呼伤哉。返沪后乃知公非死于病，而死于服过量之安眠药剂，则为之骇诧。公常痛斥中医，笃信西医，乃卒死于西医之手耶。公中年体肥胖，随地随时，欲睡即睡，曾乘人力车，一手持伞蔽日，悠然睡去，而所持之伞，依然不动，孰料晚年因病而瘠，竟以失眠症而致命耶？公生前主薄葬节丧，死于某地，即葬某地，殁后不发丧，不受赙，三日大殓，即葬于虹桥路万国公墓，盖子女贤孝，能行公之遗志也。

公性情和易宽厚，语带诙谐，然能断大事，虑无不中，故公司中凡有大问题，皆取决于公。余性躁而戆直，与人处，偶不合，必面折之，使人难堪。公与余相处久，则时时规诫之。其言切至，发人深省。自此余渐知处世之道，以兄事公，公亦视之如弟，诃斥笑谑，无不有也。公嗜淡巴菰，初至编译所时，左手执旧式旱烟杆，右手执笔,且吸且写,笔有时停,而烟杆则不释。尔后易以雪茄或纸烟,前支既烬,即以后支续烬上吸之,不用火柴。几于终日不离口。当其振笔疾书必且狂吸,烟云起于口鼻间,笼罩顶上,如坐雾中。自言,不藉烟力,即构思不能深入。又多唾洟,胸怀小方纸,时时取出拭之,坐之四周,皆拭余之纸也。余恒与公横肱并席,公坐右,余坐左。余素不吸烟,嗅其气辄咳。又好卫生,憎厌唾洟。乃戏与之约,喷烟请向右方,唾洟必入痰盂,苟不然者,将记过以示罚。公笑曰:“如约。”然开始数日,犯过恒至数十次。余于工作毕,即揭示之。公曰:“请俟半月,过必减少。”其后果然。晚年突然戒烟,绝不沾唇。曰:“遵医生之嘱也。”其为文,初稿不肯示人,必令写生誊正之,方与人传观。余问其故,则言“幼受母教,但令诵读,不责以习字,楷法拙劣,恐贻笑大方耳”。兄弟间友于之笃,出于天性。余深羡之。曾谓“我亦有兄弟,然不如公之乐”。公曰:“兄弟必志趣相同,兼有朋友资格,方能永好。”戊申,伯兄啸桐卒于沪,公号咷大恸,伏地不能起。己未,仲兄子益殁于北平,公恸哭亦如之,其至性然也。然公不但兄弟间如朋友,其待子女,亦如朋友,笑言嘻嘻,绝不督责,而自然感化。公之子女,多半肄业爱国女学校及尚公小学,为我之弟子。君珊从余游最久,离爱国女校,入圣玛利亚女学毕业后,蛰居家中。余在北平,为介绍于北京女子师范为教员,函招之来,而君珊以学力不胜为辞。余驰书于公,严词督责。公答书则云:“此汝师生二人之争执,我守中立可也。”厥后函招公北上偕游妙峰山滴水岩。为君珊所闻,亟函阻其父,谓蒋师喜跑路,父若随之,必受困,切勿来。公以君珊原函寄余,不加一字。余答之云:“公必来,公不能陪我跑山,我却能陪公坐轿。”公即欣然而至。同游数日,乐甚。曰:“君不但能陪我坐轿,且能于险处,扶我陟降,如此游伴,以后乃不可少也。”其举动之诙谐和易,有如此者。余素寡交游,近年居沪,即知友亦恒多终年不见面。唯于公处,月必一至或三四至,自忖恐久不闻公言,将多妄发也。嗟乎,公既殁,当世无有能规我者矣。

公生于清同治八年己巳十二月二十七日(1870 年 1 月 28 日)。殁于民国二十五年(1936 年)七月二十三日。享寿六十有八。娶夫人邱氏,生丈夫子三人,谨轩,仲诒,叔智。女子子四人,君珊,君远,君韦,君箴。君韦早逝。君远适洪观涛,君箴适郑振铎。

原载《同舟》第 4 卷第 12 期,另载《东方杂志》33 卷第 18 号 1976 年 9 月 16 日

高梦旦与商务印书馆

郑逸梅

今年为商务印书馆创办六十五周年纪念。京沪两处都举行了纪念大会,并预备写馆史。其中有许多第一手的资料,是值得珍贵的。

商务印书馆人才济济,尤多耆宿,高梦旦便是耆宿之一,我就在这儿,谈谈他老人家生前的遗闻佚事吧!高名凤谦,梦旦是他的号,福建长乐县人。他的长兄啸桐,为有名的古文家,所以他幼时,即以长兄为师。为文不尚虚浮,创写实体,在杂志上发表,署名崇有。梁启超在上海办《时务报》,他投稿《论废除拜跪事》,梁阅后,大加称叹,从此书札往还,月必数次。

提倡文字改革的先进劳乃宣,任浙江大学堂监督时,聘高为总教习。后来大学堂选派学生十人赴日本,高率学生东渡,任留学监督。在日年余,认为日本兴盛之故,首在教育,而教育以小学为基础,因发愿编辑小学教科书,解职归国。

这时商务印书馆设编译所于蓬路,张元济任所长。高既返国,访张元济,谈小学教科书的重要,张非常钦佩,立即聘他入商务,委

任为国文部长，主编小学国文教科书。他先定全部计划，然后着手编辑，采用合议制，列席者如蒋维乔、张元济、庄百俞等。第一册稿成，高携之而去，遇到知友，请其批评，认为自己几个人识力有限，必须集思广益，以求至当。国文第一册出版，全国采用。历时两年，全稿八册完成，于是这《初等小学国文教科书》在教育界占主要地位者十余年。修身、历史、地理、唱歌、字帖等教科书，同时并出。高瘁心竭力，计划周详，渐由小学扩充至中学、师范，陆续出版，具有相当贡献。

高感觉到我国尚没有一部新型辞书，举凡新旧名词、中外典故，必须广事搜罗，作精确的诠释，系统的编制，他就创议编纂《辞源》，于馆中另设辞典部，请常州陆尔奎为主编。编纂工作，始于1908年（清光绪三十四年），历时八年而告成，他没有一天不参与其事，常和陆争辩不休，一如编辑国文教科书时的认真。

他在名义上虽为国文部长，而公司全部规划大都由他手订，每一稿件，他都加以估计，如某书成本若干，定价几何，虽老于印刷工作的，也没有他计算的敏捷和正确。他曾对人说："从前人说俗士不可医，我说雅士最没用。雅士只知吟风弄月，对于日用的权度数目，有时且不能辨，试问这等人于世何益？"

"五四"运动后，新思想的高潮普及全国，他这时已任商务编译所所长，便起而响应，聘用多位新人物，刊行了许多合于新思潮的书籍。把《东方杂志》、《小说月报》、《妇女杂志》的内容全部革新，特别是《小说月报》，由茅盾、郑振铎先后主持编务，他甚至把爱女君箴许配给郑振铎，并称郑为"新文学运动的一位良好的辅导"。

原载1962年5月7日《文汇报》

“参谋长”高梦旦

汪家熔

一个好汉三个帮。张元济是商务印书馆的灵魂;还不能忘掉他有 3 位重要的助手:夏瑞芳、高梦旦、陈叔通。

高梦旦(1870~1936),名凤谦,字梦旦,以字行;崇尚实事,痛恨清谈,故笔名崇有;福建长乐人。幼时治科举,亲殁后无意功名,涉猎译书。馆于表兄福建船政总稽查魏瀚家。与船政局出洋学生交往,借悉西方政治、经济、司法、财政、教育等,倾心维新。曾撰文主张废除跪拜,极受《时务报》汪康年、梁启超器重,成莫逆交。后在浙江蚕政学堂、求是大学堂任教职,以留学生监督职赴日本。在日年余,考察日本所以兴盛,端在教育,而教育根本在小学。因发编辑小学教科书之愿,1903 年辞职而归。归后入商务印书馆,直至逝世。1905 年广西巡抚林绍虞招、1909 年被推为复旦公学监督(校长)、民初仲兄招任驻外使馆职,均不就,拳拳于出版事业 34 年。

高梦旦入商务编译所,即主持国文部,编辑小学国文等门教科书。编写前先定原则,确定各课难度、字数以及所涉生活、社会等方面各占比例,再着手编写。采用合议制原则,编写诸君各提建议,经辩论后始成立。自来文人积习,文字不愿他人增损一字。他以为一人识力有限,力矫之,必互相批改,以求至当。每册稿成,且袖之以求知友批评。如此精细,第一册印成,仅三天即售缺再版。于是继出下续各册并编写其余各科。自此,我国始有较科学之小学课本。高梦旦青年时阅读译籍,恒以一二术语之不解而废置,亟感词书之必要。入商务后屡以为言。1908 年遇陆尔奎,议及辞书,所论大洽。归以语张元济,邀陆君主其事。而高无日不参与其间。参与其事者四十余人,历时八年稿成,即我国现代辞书之开创者《辞源》。

高能断大事,虑无不中。辛亥后商务印书馆日益扩充,编译所长张元济主持总公司。高梦旦以国文部长实任编译所长。他思虑周密,十余年主持编译所,所定选题切合社会需要,无积压等损失。因思维周密,断事虑无不中,故总公司凡遇重大进退,皆取断于高,张元济视之如左右手;人称之为参谋长。

高梦旦严于律己,性方行圆,待人诚恳。其举措,从无退而有言者,在商务威信最高。商务高层出身、经历、利益、性格均不相同,扞格不久。高梦旦以理游说折冲其间,三十余年始能无大冲突,人称之为商务不可少之润滑剂。1920年高去北平游说胡适,时因商务巨额游资投资流向,经理张元济与总经理争论激烈,无人折中。张愤而辞职。张性格倔强,言必果,南北友人劝说无效。高自北平回,陈叔通与谋,高语张,冰释。

高梦旦淡于名利,素持成功不必自我,成名不必在我之旨。早年与汪康年、劳乃宣、王照等研究统一读音及简化汉字,具有特识,后黎锦熙、钱玄同等实行注音字母,王云五、林语堂研究检字法,均乐为赞助,且为之鼓吹而不列名。四角号码检字法初成,多重号,难以推行,他日夜筹谋计算,设附角,始能应用至今,亦不列名。辛亥后以国文部长实际运作编译所,七八年间虽无名位、待遇,从无怨言。1918年晋升编译所长。1919年新文化运动如火如荼,商务无法适应,高梦旦毅然提出辞所长职,多次往北平邀胡适。胡适荐王云五自代。王云五至编译所,高每日将编译工作内容详细见告,历时三月,退而任出版部长,襄助王云五。

高梦旦早年即有文章问世,自进商务后,34年修改他人文字,补苴罅漏,为他人作嫁衣裳。文字均未署名。1936年逝世后,汪诒年曾致书商务董事会,请裒辑遗文留传,惜未首肯!

选自《商务印书馆一百年》,商务印书馆1998年

高梦旦的人格魅力

王建辉

张元济是近代出版“开辟草莱”的人,已经是一种公认。张元济的同事与同志高梦旦(1870~1936)人们还不是太熟悉。此公是福建长乐人,原名凤谦,晚年只用表字“梦旦”为名,梦旦的意思是梦见长夜想望晨光的到来。这二个字,最足以表达他一生追求光明的理想。

成事不必在我

高梦旦是一位学者型的编辑,是本世纪初年一位有抱负的知识分子。1902 年他从日本考察教育回国,与张元济一起谈到教育救国的志向,竟十分相投,于是张邀请高入商务印书馆。从此,高梦旦成为张元济的有力臂膀,和张元济、蔡元培等一起编辑出了商务的第一批近代新式教科书,继张元济后又担任编译所长,组成了商务印书馆的强大的编辑知识分子群体。有人说,张元济的一切重大举措,高梦旦几乎全都得以与谋。张元济在商务取得的成就,和这位性格豪迈的高梦旦的甘心辅佐密不可分。

这一位有抱负并追求和时代一起进步的人,“能断大事,虑无不中”(蒋维乔语),却抱定“成事不必在我”的人生宗旨:成功不必在我,成名不必在我。他说:“吾之所欲言,人既代我而言之,则不啻我之自言。我之所不能言,言之所不能达,人且代我而尽言之,则更胜于我之自言。异日斯说行,天下蒙其泽,我必与焉,否亦同归于尽而已。”这句话可以成为世纪名言,它有三个意思,其一,最要紧的是尽自己一点一滴的责任,贡献一分一秒的光阴;其二,别人可以为的事,自己不计较机遇,可以为而不为,把机会让与他人;其三,功成不居,功劳是大家的,辛苦是自己的。高一生勤勉从事,商务有前后期之兴,前辅张元济,后辅王云五,他都有很重要的贡献,可是他总退居幕后,更不以天下之功为己功。

说一点事例。林译小说曾经风行全国,可没有多少人知道,这项出版活动大约源于高梦旦和林纾的友谊。他们两人是同乡,高对林译《茶花女》十分赞赏,因此他进商务后便大力支持林纾续译外国文学作品。林译小说绝大部分都在商务出版。本世纪初最早推行简化字的先驱,人们都知道是劳乃宣,可是谁知道高梦旦,也是一位这样的先驱,最早的这些简化字法,可以说是他们两人共同研究的。高梦旦功成不居。还有四角号码检字法,商务人都有说他的功劳,更有说他还把自己的研究心得也提供给了王云五,说是姓高的儿子过继给了姓王的。可是他从来不提及此。在推行四角号码检字法方面,可以说高梦旦比王云五还要积极。

成事不必在我,是高梦旦人生哲学的一个基点。胡适曾称赞他:"他的可爱之处,是因为他最能忘了自己。他没有利心,没有名心,没有胜心。人都说他冲淡,其实他是浓挚热烈。在他那浓挚热烈的心里,他期望一切有力量而又肯努力的人都能成功胜利,别人的成功都使他欢喜安慰,如同他自己的成功胜利一样。因为浓挚热烈,所以冲淡得好像没有了自己。"(《高梦旦先生小传》)成事不必在我,这是做一个编辑出版人的最好的最可贵而又最需要的一种品格和素质。

求贤让贤

新文化运动起来后,高梦旦感到自己观念陈旧知识老化,能力和学识已不适应新思潮猛进的条件,不足以跟上潮流,便提出编译所长另选人才以代替自己,让一代新人担起商务的事业。1919 年

7月14日，高梦旦就对张元济说到公司大局及一己之去留的看法，两人交谈了一个晚上。经张元济同意，两人一起在全国学界为编译所物色新的主持人。他的原话是："吾辈老矣，若不为公司求继起之人，如公司何？况自审不适于新潮流哉。"这是他的一种深思熟虑，他曾经考虑过很长的一段时间，他认为公司好比国家，谋国者不可尸位素餐，而应当为国求贤，把治国大事交给他，这样国运才能长久。"时局日益革新，编译工作宜适应潮流，站在前线。吾特为适于编译所之事，当为公司觅一适于此职之人以自代，适之其庶几乎。"高梦旦把目光盯住了胡适，五十多岁的老人——那个时代这个年龄已然是一位老人了，专程从上海到北京来请当时不满30岁的胡适的大驾，去做商务感应时代的"眼睛"。而胡适还在日记中记道："他说的要我代他的位置，但那话大概是客气的话。"1921年暑假，胡适到上海考察了一个多月后，终不愿担任这个要牺牲自己学术事业的大任，另行推荐了自己过去在中国公学的老师王云五。王入馆三个月后，高正式辞去编译所长职，荐王云五继任。高退居编译所属下的出版部任部长，尽心尽意地襄助王云五。半个多世纪后中国流行一句"扶上马送一程"，而高梦旦的做法庶开其端绪。当时有人曾以商务需要而高也并不富有为由，劝其留任。高说："用人宜新陈代谢，任何人无不可去之理，个人但无馁冻可矣。"在此时，张元济也决定辞去经理之职，在进退问题上他又一次和张元济相呼应，在商务树立起一个自动辞职的榜样，表现出一种勇者气魄和主动让贤的长者风范。从此，商务印书馆开辟了一个新的时期，中国出版史上的另一个出色的人才得以脱颖而出。

重视人才

高梦旦注重人才，是他一贯的主张。和张元济一样，他也特别看重陆费逵，委以出版部部长、《教育杂志》主编的重任。高还做主将侄女嫁给他“欲坚其心”。高原和陆氏非亲非故，只是和当时在文明书局的陆费逵常有工作会面，惊其才干，经张元济同意后，以重金聘入馆内，待遇之优为馆中旧人不能及。后来，陆费逵利用商务决策人在辛亥革命期间眼光不远的失误，从商务杀出成立中华书局。高为此还被责怪为引狼入室。经张元济出来说话，议论才被止住。张说，“梦翁失算，赔了夫人又折兵，不必多行责怪”。陆费逵脱离商务虽然是商务的一失，但又何尝不是一得？因为从此商务多了一个真正意义的竞争对手，中国出版在一个高水平竞争的台阶上展开，不也是对商务的一大促进吗！

胡适 1921 年 7 月到商务考察，高梦旦设家宴请胡适的客，特地让商务的一些年轻人也到家中作陪，其中有郑振铎、沈雁冰、胡愈之等，高把他们介绍给胡适。虽然这些人后来并未成为胡适的同路人，但说明高梦旦的培养新人的苦心。1923 年 10 月，高将自己的女儿高君箴嫁给了郑振铎。

联想当年高荐王云五，王长编译所后，厉行改革，以近代科学管理激起群怨，到“一·二八”商务被炸，王氏不辞劳怨，不惜性命，复兴商务，然后公司内外，皆信服高梦旦的“知人善任，有非寻常可及者也”（蒋维乔语）。胡适更说他“因为爱国家社会，所以他爱护人才真如同性命一样”。对于高梦旦的知遇之恩，王云五一生最为感佩。

高梦旦对于人才，有一个很重要的见解，就是看重了解社会服务社会的适用型人才。“昔人谓俗士不可医，吾则谓雅人最无用。雅人吟风弄月，对于日用之权度数目，有时且不能辨。试论此等人，于世何益。今日之士宜俗，俗则庶可深入社会，切合实用。”蒋维乔谓：“此诚砭世之言，而公则能实行之。”陆费逵和王云五是他眼中的适用型人才。

为人最慈善

蔡元培在高梦旦去世的当天日记中记道:"梦旦性情挚厚,思想清新。"又在追悼词中说:"先生乃通人,亦一世好人。""先生抱经世之学,躬行实践,其生平心力,尤尽瘁于教育文化事业,富于新思想,对旧时代之事物,多主革新,其力主采用通历与简写字体,实重其合理化。先生为人精细,无成见,为商务编教科书,功力甚大,且于教育史上树一异彩。"

胡适在太平洋的船上,为逝去不久的高梦旦写过《高梦旦先生小传》。有一个地方胡适是这样写的:"高先生的做人,最慈祥,最热心,他那古板的外貌里藏着一颗最仁爱暖热的心。""是一个处处能体谅人,能了解人,能帮助人,能热烈的,爱人的新时代的圣人。"这是一个很高的评语。比这早许多年,胡适在日记里,曾经以不少的笔墨,记过高梦旦对于他和夫人江冬秀不曾分手非常感动的事。从这件小事可见高的为人非常忠厚。在前说的那篇小传里自称为高的一个小同志的胡适,晚年还曾向他身边的人讲过两则故事。刘半农因在西北作文化调查时染上回归热,在北京协和医院不治死去。刘的夫人认为是医生贻误所致,竟动手打了主治的外籍医生的耳光。事后,胡亲自向医院代为致歉。而高梦旦的爱女因盲肠炎手术失误而死,这位老人却一句埋怨的话也没有说。两相对比,胡适甚为钦佩高的为人,对别人的工作表示尊重,体谅和不苛求,这是一种推己及人的精神。(《胡适晚年谈话录》)

由胡推荐的王云五是这样描述高梦旦的:"梦旦的为人,我初次见面时,只知道他是一个至诚待人的忠厚长者;待到和他共事后,我更发见他许多不可及之处:第一件就系思想细密,第二件能知大体,第三件富有革新的志向,第四件度量宽宏——这几件事都系做主体者最可贵的资格。"(王云五致胡适的信,1921 年 1 月 6

日）

最仁和慈祥可也有他严格的一面。据他商务的同事说，高有一特性，于自己手中用财，漫不加察，而独于公家做统计计算表，则精核迅速。每成一稿，恒见其持片纸，逐项加以估计，未久即成一表，已知此书成本应若干，定价应若干，虽老于印刷者不及也。（蒋维乔《高公梦旦传》）

商务老人陈叔通在1960年回忆高梦旦说，故以后的出版编辑工作实由高梦旦主持——高梦旦在商务历史上，也是重要的人物，出版的基础，成套的规划，高出力不少，我常说他是参谋长。这样一位幕后的人物，1936年中苏文化协会曾拟议中苏名人追悼会，追悼中国的章太炎、丁文江、高梦旦、曾孟朴，以及苏联的派佛罗夫、高尔基、卡尔平斯基。高不愧是商务几代人形成的爱国敬业、艰苦奋斗、精益求精、乐于奉献的好传统的一个典型代表，是我们这个世纪的先行者。

原载《出版广角》1999年第1期

存　目

高梦旦　《校印〈四库全书〉及其他旧书计划》

《东方杂志》第30卷第19号，1922年9月

陈应年　《张元济的左右手——高梦旦》

1997年5月5日《新闻出版报》

梁长洲　《高梦旦先生小传》

宋原放主编、汪家熔辑注《中国出版史料》近代部分

第3卷，湖北教育出版社、山东教育出版社2004年

梁启超

梁启超(1873～1929),广东新会人。字卓如,号任公、饮冰子,举人出身。近代资产阶级改良派政治家、思想家,著名报刊编辑出版家。1890～1894年就读于康有为的万木草堂,接受康的改良思想影响。后投身于戊戌变法运动,成为清末政坛的风云人物,维新思想的代言人,有"齐名南海,康梁并称"之誉。1895年起,先后在北京编《中外纪闻》,在上海主编《时务报》,宣传变法,介绍西学,名噪一时。戊戌变法失败后,逃亡日本,先办《清议报》,继办《新民丛报》、《新小说》杂志,宣传君主立宪,同时介绍西方文化学术思想。1903年后,思想渐趋保守,在其所办《新民丛报》与孙中山所办《民报》的论战中节节失败。在清政府宣布预备立宪期间,组织政闻社,创办《政论》和《国风报》,继续鼓吹君主立宪。辛亥革命后,主编《解放与改造》,提倡东方文化,后思想渐趋保守。此间,曾任袁世凯政府司法总长。晚年讲学于清华大学,著有《饮冰室合集》等。

梁启超从 1895 年涉足报刊编辑工作,先后创办有《时务报》、《清议报》、《新民丛报》等十多种报刊,报刊编辑生涯长达二十七年之久。他具有丰富的报刊编辑实践经验,提出了一系列报刊编辑的理论和主张。戊戌变法一开始,他就抓住报刊反应敏捷、传递快速、覆盖面广等特点,大力宣传维新思想,他把报刊当作去塞求通的工具,并提出报刊明确的办刊宗旨和编辑原则,并第一次提出了政治家办报和"党报"的观念。他的报刊编辑成就卓著,被后人称为"舆论骄子"、"报刊巨匠"。

梁启超意气风发,才华横溢,他所写政论文章平易畅达,条理明晰,笔端常带感情,深受读者欢迎,被文坛称为"时务文体"(也称"新民文体")的典范。

作为资产阶级改良派的政治家与著名报刊编辑家,梁启超的政治思想和报刊编辑思想具有明显的时代烙印和历史局限性。但从历史发展的角度看待,梁启超不失为一个伟大的历史人物。诚如著名学者蔡尚思所说:"总的来说,梁启超介绍西学、宣传资产阶级维新和革命,其启蒙作用远比他以后日趋保守的政治主张大得多。1903 年以后,梁启超害怕革命,思想趋于保守并和革命派论战。已经日渐丧失他的进步地位。但就整个清末的介绍西方思想,主张史学革命、小说革命和长于新闻宣传等几个方面来说,梁启超都是超过了当时任何资产阶级维新派和革命派的。梁启超真是出色的资产阶级启蒙宣传家和近代报界的巨匠。"(《近代报界巨匠梁启超》,见《编辑记者一百人》,学林出版社,1985 年)

论报馆有益于国事

梁启超

觇国之强弱，则于其通塞而已。血脉不通则病，学术不通则陋。道路不通，故秦越之视肥瘠漠不相关；言语不通，故闽粤之与中原邈若异域。惟国亦然：上下不通，故无宣德达情之效，而舞文之吏因缘为奸；内外不通，故无知己知彼之能，而守旧之儒反鼓其舌。中国受侮数十年，坐此焉耳。

去塞求通，厥道非一，而报馆其导端也。无耳目、无喉舌，是曰废疾。今夫万国并立，犹比邻也。齐州以内，犹同室也。比邻之事而吾不知，甚乃同室所为不相闻问，则有耳目而无耳目；上有所措置不能喻之民，下有所苦患不能告之君，则有喉舌而无喉舌。其有助耳目喉舌之用而起天下之废疾者，则报馆之谓也。

报馆于古有征乎？古者太师陈诗以观民风：饥者歌其食，劳者歌其事，使乘輶轩以采访之，乡移于邑，邑移于国，国移于天子，犹民报也；公卿大夫，揄扬上德，论列政治，皇华命使，江汉纪勋，斯干考室，駉马畜牧，君以之告臣，上以之告下，犹官报也。又如诵训掌道方志，以诏观事，掌道方慝，以诏辟忌，以知地俗。外史掌四方之志，达书名于四方，撢人掌诵王志，道国之政事以巡天下之邦国而语之，凡所以宣上德通下情者，非徒纪述兼有职掌，故人主可坐一室而知四海，士夫可诵三百而知国政，三代盛强，罔不由此。

西人之大报也，议院之言论纪焉，国用之会计纪焉，人数之生死纪焉，地理之险要纪焉，民业之盈绌纪焉，学会之程课纪焉，物产之品目纪焉，邻国之举动纪焉，兵力之增减纪焉，律法之改变纪焉，格致之新理纪焉，器艺之新制纪焉。其分报也，言政务者可阅官报，言地理者可阅地学报，言兵事者可阅水陆军报，言农务者可阅农学报,言商政者可阅商会报,言医学者可阅医报,言工务者可阅工程报,言格致者可阅各种天算声光化电专门名家之报。有一学即有一报,其某学得一新义,即某报多一新闻,体繁者证以图,事赜者列为表,朝登一纸,夕布万邦,是故任事者无阂隔蒙昧之忧,言学者得观善濯磨之益。犹恐文义太赜不能尽人而解,故有妇女报,有孩孺报。其出报也,或季报,或月报,或半月报,或旬报,或七日报,或五日报,或三日报,或两日报,或每日报,或半日报。国家之保护报馆,如鸟鷇子,士民之嗜报章,如蚁附膻。阅报愈多者其人愈智;报馆愈多者其国愈强。曰,惟通之故。

其益于国事如此,故怀才抱德之士,有昨为主笔而今作执政者;亦有朝罢枢府而夕进报馆者。其主张国是,每与政府通声气,如俄土之争战,德奥意之联盟,五洲之人,莫不仰首企足以观泰晤士之议论,文甫脱稿,电已飞驰,其重之又如此。然而英国、德国、日本国,或于报馆有谗谤之律,有惩罚之条,则又何也?记载琐故,采访异闻,非齐东之野语,即秘辛之杂事,闭门而造,信口以谈,无补时艰,徒伤风化,其弊一也。军事敌情,记载不实,仅凭市虎之口,罔惩夕鸡之嫌,甚乃揣摩众情,臆造诡说,海外已成劫烬,纸上犹登捷书,荧惑听闻,贻误大局,其弊二也。臧否人物,论列近事,毁誉凭其恩怨,笔舌甚于刀兵,或飏颂权贵,为曳裾之阶梯,或指斥富豪,作苞苴之左券,行同无赖,义乖祥言,其弊三也。操觚发论,匪有本原,蹈袭陈言,剿撮涂说,或乃才尽与忧,敷衍塞责,讨论轶闻,纪述游览,义无足取,言之无文,其弊四也。或有译录稍广,言论足观,删汰秽芜,颇知体要,而借阐宗风,不出郑志,虽有断章取义之益,未免歌诗不类之憾,其弊五也。具此诸端,斯义遂梏,遂使海内一二自好之士,反视报馆为蠹贼,目报章为妖言,古义不行,良法致敝,呜呼!不其恫欤?

今设报于中国,而欲复西人之大观,其势则不能也,西国议院议定一事,布之于众,令报馆人入院珥笔而录之。中国则讳莫如深,枢府举动,真相不知,无论外人也。西国人数、物产、民业、商册,日有记注,展卷粲然,录副印报,与众共悉。中国则夫家六畜,未有专司,州县亲民,于其所辖民物产业,未由周知,无论朝廷也。西人格致制造专门之业,官立学校,士立学会,讲求观摩,新法日出,故亟登报章,先睹为快。中国则稍讲此学之人,已如凤毛麟角,安有专精其业,神明其法而出新制也?坐此数故,则西报之长,皆非吾之所能有也。然则报之例当如何?曰:广译五洲近事,则阅者知全地大局与其强盛弱亡之故,而不至夜郎自大,坐眢井以议天地矣。详录各省新政,则阅者知新法之实有利益,及任事人之艰难经画与其宗旨所在,而阻挠者或希矣。博搜交涉要案,则阅者知国体不立,受人嫚辱,律法不讲,为人愚弄,可以奋厉新学,思洗前耻矣。旁载政治学艺要书,则阅者知一切实学源流门径与其日新月异之迹,而不至抱八股八韵考据词章之学,枵然而自大矣。准此行之,待以岁月,风气渐开,百废渐举,国体渐立,人才渐出,十年以后而报馆之规模亦可以渐备矣。

嗟夫!中国邸报兴于西报未行以前,然历数百年未一推广。商岸肇辟,踵事滋多,劝百讽一,裨补盖寡。横流益急,晦盲依然,喉舌不通,病及心腹。虽蟁蟁之力无取负山,而精禽之心未忘填海。上循不非大夫之义,下附庶人市谏之条。私怀救火弗趋之愚,迫为大声疾呼之举,见知见罪,悉凭当途。若听者不亮,目为诽言,摧萌拉蘖,其何有焉!或亦同舟共艰,念厥孤愤,提倡保护,以成区区,则顾亭林所谓天下兴亡匹夫之贱与有责焉已耳。

原载《时务报》第1册,1896年

本馆第一百册祝辞并论报馆之责任及本馆之经历*

梁启超

第一 祝典之通例及其关系

祝典乌乎起？所以纪念旧事业而奖励新事业也。凡天下一事之成，每不易易，恒历许多曲折，经许多忍耐，费许多价值，而后仅乃得之，故虽过其时，不忘其劳，于是乎有以祝之。其祝之也，或以年年，或以十年，或以五十年，或以百年，要之借已往之感情，作方新之元气，其用意至深且美。若美国之七月四日，法国之七月十四日，为其开国功成之日，年年祝之勿替焉。一千八百八十七年，美国举行独立百年之祝典。八十九年，法国举行共和百年之祝典。九十三年，开万国大博览会于芝加哥，以举行哥仑布寻出西半球四百年之祝典。去年开十九世纪博览会于巴黎，以举行耶稣降生一千九百年之祝典。又如亚丹斯密氏"原富"出版后第一百年，世界之理财学者，共举祝典焉。瓦特氏发明汽机后第五十年，世界之工艺学者，共举祝典焉。达尔文氏"种源论"成书后第三十年，世界之物理学者，共举祝典焉。下之如一市，如一乡，如一学校，如一医院，如一船舰，如一商店，亦往往各有其祝典。大抵凡富强之国其

---

* 本馆，指清议报馆。《清议报》为戊戌变法失败以后，资产阶级改良派在海外创办的报纸。1898 年 12 月 23 日在日本横滨创刊。十日一期，线装书式装订。主要由侨商资助刊行，发行人冯镜如，梁启超主编，麦孟华、欧榘甲等协助。本篇载于 1901 年 12 月 21 日出版的第一百册特大号上。这一期刚出，报馆遭火灾焚毁，因此停刊。

祝典愈多，凡文明之事业其祝典愈盛。岂好为侈靡烦费以震骇庸耳俗目哉，所以记已往，振现在，厉将来，所谓历史的思想，精神的教育，其关系如此其重大也。

中国向无所谓祝典也。中国以保守主义闻于天下，虽然，其于前人之事业也，有赞叹而无继述，而率循而无扩充，有考据而无纪念。以故历史的思想甚薄弱，而爱国、爱团体、爱事业之感情亦因以不生。夫西人以好事而强，中国以无动而弱。斯事虽小，亦可以喻大矣。清议报，事业之至小者也，其责任止在于文字，其目的仅注于一国，其位置僻处于海外，加以其组织未完备，其体例未精详，其言论思想未能有所大辅助于国民；况当今日天子蒙尘，宗国岌岌之顷，有何可祝？更何忍祝？虽然，菲葑不弃，敝帚自珍，哓音瘏口，亦已三年，言念前劳，不欲泯没：且以中国向来无此风气，从而导之，请自隗始，故于今印行第一百册之际，援各国大报馆通例，加增页数，荟萃精华，从而祝之。亦庶几以纪念既往，而奖励将来，此同人区区之微意也。

第二　报馆之势力及其责任

清议报之事业虽小，而报馆之事业则非小。英国前大臣波尔克，尝在下议院指报馆记事之席（各国议院议事时，皆别设一席以备各报馆之傍听记载。）而叹曰：“此殆于贵族、教会、平民三大种族之外，而更为一绝大势力之第四种族也。”（英国议院以贵族、教徒、平民三阶级组织而成。盖英国全国民实不外此三大种族而已。）日本松本君平氏著“新闻学”一书，其颂报馆之功德也，曰：“彼如豫言者，驱国民之运命；彼如裁判官，断国民之疑狱；彼如大立法家，制定律令；彼如大哲学家，教育国民；彼如大圣贤，弹劾国民之罪恶；彼如救世主，察国民之无告苦痛而与以救济之途。”谅哉言乎！近世泰西各国之文明，日进月迈，观已往数千年，殆如别辟一新天地，究其所以致此者何自乎？我曰是法国大革命之产儿也。而产此大革命者谁乎？或曰中世神权专制政体之反动力也。而唤起此反动力者谁乎？或曰新学新艺勃兴之结果也。而勃兴此新学新艺者谁乎？无他，思想自由、言论自由、出版自由，此三大自由者，实惟一切文明之母，而近世世界种种现象皆其子孙也。而报馆者实荟萃全国人之思想言论，或大或小，或精或粗，或庄或谐，或激或随，而一一绍介之于国民；故报馆者，能纳一切，能吐一切，能生一切，能灭一切。西谚云："报馆者国家之耳目也、喉舌也，人群之镜也，文坛之王也，将来之灯也，现在之粮也。"伟哉，报馆之势力！重哉，报馆之责任！

欧美各国之大报馆，其一言一论，动为全世界人之所注视、所耸听。何以故？彼政府采其议以为政策焉，彼国民奉其言以为精神焉。故往往有今日为大宰相、大统领，而明日为主笔者；亦往往有今日为主笔，而明日为大宰相、大统领者。美国禁黑奴之盛业何自成乎？林肯主笔之报馆为之也。英国爱尔兰自治案何以通过乎？格兰斯顿主笔之报馆为之也。近日俄皇何以开弭兵会乎？吐尔斯吐主笔之报馆为之也。报馆者政本之本，而教师之师也。惟其然也，故其人民嗜之，如饮食男女，不可须臾离。闻之，英国人无论男妇老幼贫富贵贱，有不读书者，无不读报者，其他文明诸国国民，大率例是。以此之故，其从事于报馆事业者，亦益复备勉刻厉，日求进步，故报章愈多，体例愈善，议论愈精，记载愈富，能使人专读报纸数种，而可以尽知古今天下之政治、学问、风俗、事迹，吸纳全世界之新空气于其脑中。故欲觇国家之强弱，无他道焉，则于其报章之多寡良否而已矣。

校报章之良否，其率何如？一曰宗旨定而高，二曰思想新而正，三曰材料富而当，四曰报事确而速。若是者良，反是则劣。

所谓宗旨定而高者何也？凡行一事，著一书，皆不可无宗旨，惟报亦然。宗旨一定，如项庄舞剑，其意常在沛公，旦旦而聒之，月月而浸润之,大声而呼之,谲谏而逗之,以一报之力而发明一宗旨,何坚不摧,何艰不成!虽然,宗旨固有择焉,牟利亦宗旨也,媚权贵亦宗旨也,悦市人亦宗旨也;故为报馆者,不可不以热诚慧眼,注定一最高之宗旨而守之。政治学者之言曰:政治者,以国民最多数之公益为目的。若为报者能以国民最多数之公益为目的,斯可谓真善良之宗旨焉矣!

所谓思想新而正者何也?所贵乎报馆之著述者,贵其能以语言文字开将来之世界也。使取人人所已知者而敷衍之,则与其阅报,何如坐禅;使拾前人所已言者而牙慧之,则与其阅报,何如观剧。故思想不可以不新。凡欲造成一种新国民者,不可不将其国古来误谬之理想,摧陷廓清,以变其脑质。而欲达此目的,恒须借他社会之事物理论,输入之而调和之,如南北极之寒流与赤道之热流,相剂而成新海潮,如常雪界之冷气与地平之热气,相摩而成新空气。故交换智识,实惟人生第一要件;而报馆之天职,则取万国之新思想以贡于其同胞者也。不宁惟是,凡一新理之出世也,恒与旧义不相容,故或举国敌之,一世弃之,固又视其自信力何如焉,信之坚而持之毅,此又前者所谓定宗旨也。若夫处今日万芽齐茁之世界,其各种新思想,骰列而不一定,则又当校本国之历史,察国民之原质,审今后之时势,而知以何种思想为最有利而无病,而后以全力鼓吹之,是之谓正。

所谓材料富而当者何也?凡真善良之报,能使人读其报,而全世界之智识,无一不具备焉。若此者,日报与丛报,(丛报者指旬报、月报、来复报等,日本所谓杂志者是也。)皆所当务,而丛报为尤要。各国之大丛报,其搜罗极博,其门类极繁,如政治,如理财,如法律,如哲学,如教育,如宗教,如格致,如农工商,如军事,如各国近事,如小说,如文苑,如图画,如评骘各报,无一不载,而其选择又极严。闻之欧美有力之丛报,每年所搜集著记之论说纪事在一万篇以上,而其刊发者不过二百篇内外。盖其目的在使阅者省无谓之目力,阅一字则得一字之益,而又不使有所挂漏有所缺陷。诚哉其进步!诚哉其难能而可贵也!

所谓报事速而确者何也?报之所以惠人者不一端,而知今为最要。故各国之报馆,不徒重主笔也,更重时事,或访问,或通信,或电报,费重资以求一新事不惜焉。此事之要,业此者多能知之,兹不具论。

合此四端,则成一完全尽善之报。盖其难哉,是以报章如牛毛,而良者如麟角也。欧美且然,而况于中国乎!

第三　中国报馆之沿革及其价值

西谚曰:罗马者,非一日之罗马。凡天下大业,必非一蹴可几,必渐次发达,以进于圆满之域,此事物之公例,无可逃避者也。虽然,其发达之迟缓而无力,独未有如中国之报馆者。中国邸报,视万国之报纸,皆为先辈,姑勿置论。即自通商以后,西国之报章形式,始入中国,于是香港有循环日报,上海有申报,于今殆三十余年矣,其间继起者虽不少,而卒无一完整良好,可以及西人百分之一者。以京都首善之区,而自联军割据以前,曾无一报馆,此真天下万国之所无也。十八行省,每省之幅员户口,皆可敌欧洲一国,而除广东、福建外,省会之有报馆者无一焉,此亦世界之一怪现象矣。近年以来,陈陈相接,惟上海、香港、广州三处,号称最盛,而其体例无一足取。每一展读,大抵"沪滨冠盖""瀛眷南来""祝融肆虐""图窃不成""惊散鸳鸯""甘为情死"等字样阗塞纸面,千篇一律;甚乃如台湾之役,记刘永福之娘子军,团匪之变,演李秉衡之黄河水,明目张胆,自欺欺人;观其论说,非"西学原出中国考",则"中国宜亟图富强论"也,辗转抄袭,读之惟恐卧。以故报馆之兴数十年,而于全国社会无纤毫之影响。大抵以资本不足,阅一年数月而闭歇者十之七八。其余一二,亦若是则已耳。惟前者天津之国闻报，近日上海之中外日报，同文沪报、苏报，体段稍完，然以比诸日本一僻县之报，犹不能望其肩背，无论东京之大者，更无论泰西也。若夫丛报，则更不足道。前者惟格致汇编稍称完整，然出于西人之手，且据上海制造局官书之力，又不过每季一册，又仅明一义，不及其他，然犹仅出二十八册，遽亦中断。其次则万国公报，亦出西人之手，凭教会之力，其宗旨多倚于教，于政治学问界，非有大关系焉。甲午挫后，时务报起，一时风靡海内，数月之间，销行至万余份，为中国有报以来所未有，举国趋之，如饮狂泉。作者当时，承乏斯役。虽然，今日检阅其旧论，辄欲作呕，复勘其体例，未尝不汗流浃背也。夫以作者今日之学识思想经历，其固陋浅薄，不足以当东西通人之一指趾，甚明也，则数年前之庸滥愚谬，更何待论。而举国士夫，乃啧啧然目之曰：此新说也，此名著也。呜呼伤哉！吾中国人之文明程度何低下之至于此极也！时务报后，澳门知新报继之，尔后一年间，沿海各都会，继轨而作者风起云涌，骤十余家，大率面目体裁，悉仿时务，若惟恐不肖者然。其间惟天津国闻汇编，成于硕学之手，精深完粹乎尚矣，然仅出五册，更已戛然。此外余子，等诸自桧。及戊戌政变，时务云亡，而所谓此十余家者，亦如西山残阳，倏忽匿影，风吹落叶，余片无存。由此观之，其当初设报之心，果何在乎，不待鞫讯矣！知新报僻在贫岛，灵光岿然者凡四年有余，出报至一百三十余册，旬报之持久者以此为最，然其文字体例尚不及时务报，于社会之关系盖甚浅薄。己、庚之间，上海有所谓亚东时报、五洲时事报、中外大事报者出，皆颇阐新理，视时务有过之无不及，然当中国晦盲否塞达于极点之际，不为学界所欢迎，旋兴旋废，殆无足论。客冬今春以来，日本留学生有"译书汇编"、"国民报"、"开智录"等之作。"译书汇编"至今尚存。能输入文明思想，为吾国放一大光明，良可珍诵，然实不过丛书之体，不可谓报。"国民报"、"开智录"，亦铮铮者也，而以经费不支，皆不满十号，而今已矣。此实中国数十年来报界之情状也。由此观之，其发达之迟缓无力，一何太甚！吾向者谓欲觇国家之强弱，则于其报章之多寡良否而已；使此言而无稽也则可，此言如稍有可信者，则是岂可不为寒心哉！推原其所以致此之由，盖有数端：一、由于创设报馆者，不预筹相当之经费，故无力扩充，或小试辄蹶；二、由于主笔时事等员之位置，不为世所重，高才之辈莫肯俯就；三、由于风气不开，阅报人少，道路未通，传布为难；四、由于从事斯业之人，思想浅陋，学识迂愚，才力薄弱，无思易天下之心，无自张其军之力。而四者之中，尤以第四项为病根之根焉。呜呼！案既往，考现在，不知吾中国所谓此第四种族者，何时始见其成立也？掷笔三思，感慨系之矣！

第四　清议报之性质

清议报可谓之良报乎？曰乌可，清议报之与诸报，其犹百步之与五十步也。虽然，有其宗旨焉，有其精神焉，譬之幼儿，虽其肤革未充，其肢干未成，然有灵魂莹然湛然，是亦进化之一原力欤？清议报之特色有数端。一曰倡民权，始终抱定此义，为独一无二之宗旨，虽说种种方法，开种种门径，百变而不离其宗，海可枯石可烂，此义不普及于我国，吾党弗措也。二曰衍哲理，读东西诸硕学之书，务衍其学说以输入于中国，虽不敢自谓有所得，而得寸则贡寸焉，得尺则贡尺焉，华严经云“未能自度而先度人，是为菩萨发心”，以是为尽国民责任于万一而已。三曰明朝局，戊戌之政变，己亥之立嗣，庚子之纵团，其中阴谋毒手病国殃民，本报发微阐幽得其真相，指斥权奸一无假借。四曰厉国耻，务使吾国民知我国在世界上之位置，知东西列强待我国之政策，鉴观既往，熟察现在，以图将来，内其国而外诸邦，一以天演学物竞天择优胜劣败之公例，疾呼而棒喝之，以冀同胞之一悟。此四者，实惟我清议报之脉络之神髓，一言以蔽之，曰广民智振民气而已。

其内容之重要者，则有谭浏阳之仁学以宗教之魂、哲学之髓，发挥公理，出乎天天，入乎人人，冲重重之网罗，造劫劫之慧果，其思想为吾人所不能达，其言论为吾人所不敢言，实禹域未有之书，抑众生无价之宝，此编之出现于世界，盖本报为首焉。有饮冰室自由书，虽复东鳞西爪，不见全牛，然其愿力所集注不在形质而在精神，以精锐之笔说微妙之理，谈言微中，闻者足兴。有国家论政治学案，述近世政学大原，养吾人国家思想。有章氏儒术新论，诠发教旨，精微独到。有瓜分危言、亡羊录、灭国新法论等，陈宇内之大势，唤东方之顽梦。有少年中国说、呵旁观者文、过渡时代论等，开文章之新体，激民气之暗潮。有埃及近世史、扬子江、中国财政一斑、社会进化论、支那现势论等，皆东西名著巨构，可以借鉴。有政治小说、佳人奇遇、经国美谈等，以稗官之异才，写政界之大势。美人芳草，别有会心，铁血舌坛，几多健者，一读击节，每移我情，千金国门，谁无同好。若夫雕虫小技，余事诗人，则卷末所录诸章，类皆以诗界革命之神魂，为斯道别辟新土。凡兹诸端，皆我清议报之有以特异于群报者。虽然，以云良也，则前途辽哉邈乎，非所敢言也，非所敢望也。不有椎轮安有大辂，不有萌蘖安有森林，思以此为我国报界进化之一征验云尔。祝之祝之，非祝椎轮，祝大辂也；非祝萌蘖，祝森林也。

第五　清议报时代中外之历史

清议报之在中国，其沧海之一粟乎？清议报之在世界，其大千之一尘乎？虽然，其寿命固已亘于新旧两世纪，无舌而鸣，其踪迹固已遍于纵横五大洲，不胫而走。今请与阅报诸君一为戏言，斯亦可谓文字界中之得天最厚者耶?！且勿具论。要之清议报时代，实为中国与世界最有关系之时代，读者若能研究此时代之历史，而有所心得，有所感奋，则其于天下事，思过半矣。

请先言中国。清议报起于戊戌十月，其时正值政变之后，今上皇帝百日维新之志事，忽大挫跌，举国失望，群情鼎沸。自兹以往，中国遂闭于沈沈妖雾之中，其反动力，一起再起而未有已。翌年己亥夏秋之间，刚毅下江南、岭南，搜括膏脂，民不堪命。其冬十二月，遂有议废君立伪储之事，本朝二百年来，内变之祸未有甚于此时者也。既而臣民犯颜，友邦侧目，志不得逞，遂乃积羞成怒，大兴党狱，积怒成狂，自弄兵戎，奖群盗为义民，尸邻使于朝市。庚子八月，十国联兵，以群虎而搏一羊，未五旬而举万乘，乘舆播荡，神京陆沈，天坛为刍牧之场，曹署充屯营之帐，中国数千年来，外侮之辱未有甚于此时者也。反动之潮，至斯而极，过此以往，而反动力之反动力起焉。十九世纪与二十世纪交点之一刹那顷，实中国两异性之大动力相搏相射，短兵紧接，而新陈嬗代之时也。今年以来，伪维新之诏书屡降，科举竟废，捐例竟停，动力微蠢于上；俄人密约，士民集议，日本游学，踅跷纷来，动力萌蘖于下。故二十世纪之中国，有断不能以长睡终者，此中消息，稍有识者所能参也。清议报虽不能为其主动者，而欲窃附于助动者，未敢多让焉。

请更言世界。清议报时代世界之大事，除北京联军外，有最大者三端：一曰美国与菲律宾之战，二曰英国与波亚之战，三曰俄皇开万国和平会。其次大者五端：一曰日本政党内阁之两次失败，二曰意大利政府之更迭，三曰俄国学生之骚动，四曰美国大统领之被刺，五曰南亚美利加之争乱。美国之县菲律宾也，是其伸权力于东方之第一着，而将来雄飞于二十世纪之根据地也。英国之蹙波亚也，殖民政略之结果也，其下种在数十年以前，而刈实在数十年以后，凡在英国势力范围之下者，不可不引为前车也。俄皇之倡和平会也，保欧洲之和平也，欧洲和平，然后可合力以逞志于欧洲以外也。意大利政府之更迭也，为索三门湾不得也，索不得而政府遂不能安其位，意人之心未熄也。日本政党内阁之屡败也，东方民政思想尚幼稚之征验也，非加完全之教育，养民族之公德，则文明之实未易期也，日本且然，我中国更安得不兢兢也。俄罗斯学生之骚动也，革命之先声也，专制政体未有能立于今世界者也，中国之君民不可不自择也。美国大统领之被刺与南美之争乱也，由贫富两级太相悬绝，而社会党之人从而乘之也，此事将为二十世纪第一大事，而我中国人蒙其影响，将有甚重者，而现时在北美侨民为工党所排，在南美侨民为乱党所掠，犹其小焉者也。要之二十世纪世界之大问题有三：一为处分中国之问题，二为扩张民权之问题，三为调和经济革命（因贫富不均所起之革命日本人译为经济革命）之问题。其第一题各国直接于中国者也。其第二题中国所自当从事者也。其第三题各国间接于中国，而亦中国所自当从事者也。抑今日之世界与昔异，轮船、铁路、电线大通，异洲之国犹比邻而居，异国之人犹比肩而立，故一国有事，其影响未有不及于他国者也。故今日有志之士，不惟当视国事如家事，又当视世界之事如国事。于是乎报馆之责任愈益重，若清议报则有志焉而未之逮也。

第六　结　论

有一人之报，有一党之报，有一国之报，有世界之报。以一人或一公司之利益为目的者，一人之报也；以一党之利益为目的者，一党之报也；以国民之利益为目的者，一国之报也；以全世界人类之利益为目的者，世界之报也。中国昔虽有一人报，而无一党报、一国报、世界报。日本今有一人报、一党报、一国报，而无世界报。若前之时务报、知新报者，殆脱一人报之范围，而进入于一党报之范围也。敢问清议报于此四者中，位置何等乎？曰在党报与国报之间。今以何祝之？曰祝其全脱离一党报之范围，而进入于一国报之范围，且更努力渐进以达于世界报之范围。乃为祝曰：报兮报兮！君之生涯亘两周兮，君之声尘遍五洲兮，君之责任重且遒兮，君其自爱罔俾羞兮，祝君永年与国民同休兮！重为祝曰：清议报万岁！中国各报馆万岁！中国万岁！

原载《清议报》第 100 期,1901 年 12 月 21 日

创办时务报源委[①]

梁启超

本日在《国闻报》中见有汪君穰卿告白云:“康年于丙申秋在上海创办《时务报》,延请新会梁卓如孝廉为主笔”等语,阅之不胜骇诧。现《时务报》既奉旨改为官报,又适派吾师南海康先生督办,局外人见穰卿告白,恐将有谓启超攙夺彼所独创之事者,故不得不详细言之。

夫所谓创办者何？一曰筹款,二曰出力而已。查《时务报》初起,系用上海强学会余款。当乙未九月,康先生在上海办强学会,张南皮师首捐一千五百两为开办经费,沪上诸当道亦有捐助者,遂在王家沙地方开办。当时康先生以母寿之故,不能久驻上海,因致穰卿一函两电,属其来沪接办。时穰卿犹在湖北就馆也。既而穰卿到沪,而京师强学会为言者中止,沪会亦因停办。当时尚余银七百余两;又将原租房屋已交去一年之租银,追回半年,得三百五十元;又将会中所置器物书籍等项变卖,得二百余

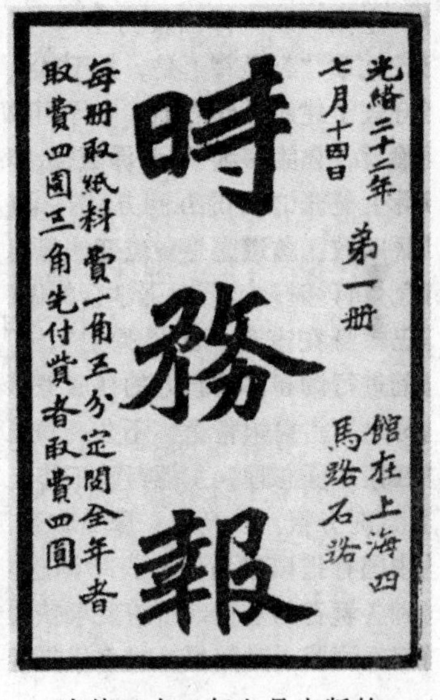

光緒二十二年七月十四日
第一册
時務報
館在上海四馬路石路
每册取紙料費一角五分定閱全年者取費四圓五角先付費者取費四圓

光绪二十二年七月出版的《时务报》第一册

元；共得千二百金，实为《时务报》嚆矢。

第一期报中所登汪穰卿进士、梁卓如孝廉捐集银一千二百两者，即此项也。第三期以后，改为张孝达制军捐银七百两，汪梁捐集六百元者，以原存七百两，乃南皮师原捐，故改登；其追回房租变卖器物等项，无从指名，故仍冒我等二人名号。当时穰卿因欲没康先生之旧迹，故不将此款声明强学会之余款，而登为汪某某捐集云云；黄公度京卿改之，使并列两名，实则启超何尝有捐集之功，而冒此称，实滋不安耳。此《时务报》最初之起点也。

强学会停办之后，穰卿即在沪度岁，（时穰卿已移家上海，时启超方在京师。）康先生并招出沪改办报以续会事。时同乡黄公度京卿遵宪适在沪，公度固强学会同事之人，愤学会之停散，谋再振之，亦以报馆为倡始；于是与穰卿及启超三人，日夜谋议此事。公度自捐金一千圆为开办费，且语穰卿云："我辈办此事，当作为众人之事，不可作为一人之事，乃易有成；故吾所集款，不作为股份，不作为垫款，务期此事之成而已。"此等语固公度屡言之，穰卿屡闻之者也。创办时所出印公启三十条，系由启超初拟草稿，而公度大加改定。（彼时穰卿力主办日报，欲与天南遯叟争短长，公度及启超力主旬报之说，乃定议。）其后聘请英文翻译张少塘，系公度托郑瀚生司马代请者；东文翻译古城贞吉，系由公度托日本驻上海总领事代请者；所立合同，亦出公度之手。其致函各处劝捐，托处派报，亦多公度之力。当时公度在上海，至九月始北行，数月之中，报馆一切事，公度无不与闻，其捐款之独多也如彼，其开办之出力也如此。今穰卿自称《时务报》为彼所创办者，不知置公度于何地也。

邹殿书部郎凌瀚，亦强学会同事之人，志愿与公度同，故首捐五百金开办，吴季清大令德潚与公度、穰卿、启超皆至交；当时又与启超同寓京师，故《时务报》开办一切事，无不共之。丙申五月，季清先生与其子亡友铁樵（名樵）同到沪，即寓在报馆，朝夕商榷一切，故《时务报》公启，即以公度、季清、殿书、穰卿及启超五人出名，此人人所共见者。（当时公启钉成一小本，自四五月间，即分送各处同志，至第一期出报时，用单张夹在报内，想阅报诸君无不共见四人之名，岂可画去。）今穰卿自称《时务报》为彼所创办者，不知置季清、殿书于何地也？

同人既定议此报为众人之事，不得作为一人之事，因得以公义向各同志劝捐，而海内君子，亦以公义之故而乐助之。两年以来，捐款至万余金，此实《时务报》为公事而非私事之明证。今穰卿自称《时务报》为彼所创办者，不知置捐款诸公于何地也？

至于启超，既为穰卿雇工之人，亦复何足比数，然自问创办时固不无微劳矣。当丙申五六月间，穰卿湖北馆地尚未辞却，恐报馆之或不能支，住鄂住沪，不能自决。屡商之于启超，启超谓报能销四千份，则此局便可支持，因故留之。启超自以不谙会计，惮管杂务，因与穰卿约彼理事务，兼外间酬应，而启超主报中文字；此总理、撰述之名，所由分也。当时各因其才，自执一职，天泽之分不甚严，总办之与属员名分平等，而启超亦贸贸然自忘其受总办厚恩，为总办雇请之人也。当时总办之勤劳，固云至矣，然即如启超者，忝任报中文字，每期报中论说四千余言，归其撰述；东西文各报二万余言，归其润色；一切奏牍告白等项，归其编排；全本报章，归其复校。十日一册，每册三万字，经启超自撰及删改者几万字，其余亦字字经目经心。六月酷暑，洋蜡皆变流质，独居一小楼上，挥汗执笔，日不遑食，夜不遑息，记当时一人所任之事，自去年以来，分七八人始乃任之，虽云受总办厚恩，顾东家生意，然自问亦无负于《时务报》矣。

然犹不止此，计丙申七月初一为《时务报》出报之日，而穰卿于六月前赴湖北，月底始返沪；七月下旬，又因祝南皮寿辰，前赴湖北，中秋后始返沪，彼时正当创办吃紧之时，承乏其间者谁乎？虽以启超之不才，亦只得竭蹶从事，僭行护理总办而已。此后局面既成矣，捐款既至万余金矣，销报既至万余分矣，穰卿之以启超为功狗，固其宜也。且穰卿之自称《时务报》为彼创办，不自今日始，当丙申夏秋间，海内钜公，同志提倡斯举，捐款日多，当时我两人商议，谓不可无谢启，启超谓宜将公启内出名之五人作为公函，凡有捐款者，五人公谢之，穰卿谓何必如是，只我两人出名足矣。凡此等馆中杂务，向章皆由穰卿主办，启超不能争也。自八月后，凡有捐款者，皆穰卿一人出名函谢矣，其函中之言，犹夫本日《国闻报》告白之言也。盖当初办之时，早已有据为汪氏产业之计，而天下之人，视此局为汪氏产业也，亦已久矣。穰卿既为东家，则启超虽欲辞佣工之名？岂可得哉？

当开办之始，公度恐穰卿应酬太繁，（盖穰卿宗旨谓必须吃花酒，乃能广通声气，故每日常有半日在应酬中，一面吃酒，一面办事。）不能兼办全局之事，因议推吴铁樵，（名樵，四川人，季清先生之子，去年已即世矣。）为坐办，时铁樵方由蜀至湘，公度屡函电促之。又开办时所出公启内办事规条第九款云："本报除住馆办事各人外，另举总董四人，所有办事规条，应由总董议定，交馆中照行。"云云。自丙申秋至丁酉夏，公度屡申此议，谓当举总董。以此两事之故，穰卿深衔公度，在沪日日向同人诋排之，且遍腾书各省同志，攻击无所不至，以致各同志中，有生平极敬公度，转而为极恶公度者。至去年八月，公度赴湘任，道经上海，因力持董事之议，几于翻脸，始勉强依议举数人；然此后遇事，未尝一公商如故也。总董虽有虚名，岂能干预汪家产业哉？

穰卿常语启超云：公度欲以其官稍大，捐钱稍多，而挠我权利，我故抗之，度彼如我何？公度一抗，则莫有毒予者矣。此言启超之所熟闻也。自兹以往，正名之论大起，日日自语云，总理之名不可不正，总理之权利不可不定，于是东家之架子益出矣。去年一年中，凡添请十余人。时启超在沪同事也，而所添请之人，未有一次与启超言及者，虽总办之尊，东家之阔，亦何至如是乎？启超性狭隘，诚不能无所芥蒂，自去秋以来，常不免有龃龉总办之事，此实不容自讳也。

至于馆中开销，公度与启超开办时再四熟筹，能销报四千份，即可支持。乃后此捐款万余金，销报万余份，而去年年底，犹几于不能度岁，致使《万国公报》从旁讪笑。虽由各处报费，难于收齐，然其中曲折，固有非佣工小人所能窥者。穰卿与启超之有意见，自去年以来矣。同事之难，自古所叹，以乱易整，旁观所笑启超所以隐忍于心，绝不敢为我同志一言之也。独所不解者，穰卿于康先生何怨何仇，而以启超有嫌之故，迁怒于康先生，日日向花酒场中，专以诋排为事；犹以为未足，又于《时务日报》中，编造谣言，嬉笑怒骂；犹以为未足，又腾书当道，及各省大府，设法构陷之，至诬以不可听闻之言。夫谤康先生之人亦多矣，诬康先生之言，亦种种色色，怪怪奇奇，无所不有矣，启超固不与辩，亦不稍愤；独怪我穰卿自命维新之人，乃亦同室操戈，落井下石，吾不解其何心也？

康先生之待穰卿，自启超观之，可谓得朋友之道矣。乙未办强学会，屡致函电，请其来沪接办，是久以同志可信之人待之也。此次奉旨督办《时务报》后，即致一电一函与穰卿，请其仍旧办理，己不过遥领而已。（电文云："奉旨办报，一切依旧，望相助，有为叩。"其函则系六月十二由邮政局寄者，文长不能全录。[②]）康先生之于穰卿，可谓尽道矣。而穰卿既无复电，又无回信；既不肯仍旧同办，又不肯交出。私众人所捐之金为己产，私众人所出之力为己功，不顾交情，显抗圣旨，吾不解其何心也。此后之事，既改归官办，则亦非启超之所敢言，惟于创办之原委，及启超之果为佣工与否，不得不哓哓一辩白之，褊心之诮，固不敢辞，知我罪我，听之海内同志而已。六月二十四日新会梁启超谨白。

注释：

① 《时务报》(The Chinese Progress)旬刊，创刊于光绪二十二年七月初一，二十四年六月初八清廷命改为官办，出第69期后，即改名《昌言报》；《昌言

报》自六月中开始至政变停刊,共出10期。《时务报》是戊戌运动时期影响最为深远的刊物,发行量每期达万余份。蔡元培在1901年1月31日有说:"丁酉之际,有《时务报》,始欲以言论转移思想,抉摘弊习,有摧陷廓清之功;其后有《知新报》,参以学理;有《湘学报》参之以掌故。嗣是人心为之一变。"《时务报》总理钱塘汪康年(穰卿);先后担任主笔的有新会梁启超(卓如)、顺德麦孟华(孺博)、余杭章炳麟(枚叔)、三水徐勤(君勉)、归善欧榘甲(云樵)等。梁启超很早就离开《时务报》社。光绪二十四年五月,御史宋伯鲁奏请将《时务报》改为官报。宋伯鲁请"以梁启超督同向来主笔人等实力办理。"二十九日光绪帝命将该奏折着管理大学堂大臣孙家鼐酌核妥议。六月初八孙家鼐议复,云:"梁启超已被任奉旨办理译书局事务……可否以康有为督办官报政处。"(见《光绪朝东华录》中华版第4136、4143页)孙家鼐复奏中并有:"《时务报》虽有可取,而庞杂猥琐之谈,夸诞虚诬之语,实所不免。今既改为官报,宜令主笔者慎加选择。如有颠倒是非,混淆黑白,挟嫌妄议,渎乱宸聪者,一经查出,主笔者不得辞其咎"等语。《时务报》原非官办,汪康年见孙家鼐未明白说明将私办收为官办,就留下《时务报》刊名供官用,继《时务报》格式风格办《昌言报》。《时务报》开始时由汪康年任经理,梁启超任正主笔。《时务报》创刊后不久,汪康年、梁启超之间产生芥蒂。当时与汪康年交往频深的罗振玉在其《贞松老人遗稿·集蓼编》中说:"未几[时务]报馆中主撰述者某某,以私意忿争,致挥拳相向,杭人某伤粤人某,于是杭粤遂分党派,渐成水火,梁君遂去沪就湖南时务学堂之聘。"张之洞的幕僚又多方干预,后又命"官办",波澜起伏,扑朔迷离,有待清理。梁启超的《源委》一文是有助于了解真相的一件文字。

② 康有为自光绪二十四年六月庚寅(初八)获命督办《时务报》后,曾致信汪康年,该信全文如下:"久不奉教,无任愿言。一月以来新政络绎,使人蹈厉,君想同之。昨日忽奉上谕,命弟督办报事,实出意外。殆由大臣相爱,虑其喜事太甚,故使之居外,以敛其气。昔朱子自谓,立朝四十日;弟正同之。天恩高厚,感激靡尽。报事本足下与公度、卓如承强学而起,弟连年在粤,一无所助。馆中诸事仍望足下相助为理,凡百皆拟仍旧。前经电达,想已洞鉴。惟近日馆中存款想复无多。既改官报,自不能再收捐款,而官款又复无着,且并无款故各项薪水不能不稍从节省耳;容再开

单奉寄。本年出报收款各项,亦望开一清单见示为盼。闻卓如与足下曾小有意见。然我辈同舟共济,想足下必不因此而芥蒂也。顷因进呈书籍尚未告成,须十日外乃可成行,或先奏派一二人出沪商办,到时望一切有以告之。此请大安。弟为顿首。”

选自宋原放主编、汪家熔辑注《中国出版史料》近代部分第2卷,湖北教育出版社、山东教育出版社2004年

梁启超:叱咤维新风云的编辑家

李明山

梁启超(1873~1929),字卓如,号任公,又号饮冰室主人。广东新会人,举人出身。近代资产阶级改良派的杰出代表人物之一。与其老师康有为共同倡导变法维新,世人并称“康梁”。一生曾致力于报刊编辑事业,又以政论学术著称于世。他23岁开始跻身报刊编辑业,曾编辑创办《时务报》等十多种报刊。编辑有《西政丛书》等书籍,为维新变法运动服务。在长期的编辑实践中,树立了编著合一、学者编办报刊的典范。而且在史书编纂、方志编修、西书编译方面都有深刻的见解。他拓宽了中国近代编辑思想的领域,为编辑事业的发展建树颇多。

一 丰富的报刊编辑实践

梁启超一生编辑报刊十多种。早在光绪二十一年(1895)六月,曾创办《中外纪闻》。这年的四月,清政府与日本政府签订了丧权辱国的《马关条约》,康有为、梁启超等一千多名在京应试的举人举行了著名的“公车上书”。后来又组织成立了强学会,同

时，康有为命梁启超等在北京创办了改良派的机关报——《中外纪闻》。《中外纪闻》初名《万国公报》，因与传教士办的《万国公报》重名，三个月后才改名《中外纪闻》。这是梁启超主编的第一种报刊。该刊用木活字印刷，双日刊，每册连封面十页，约四千五百字，设有上谕，外电、译报、各地报纸选录和论说等栏目。每期都登载梁启超、麦孟华写的时评。强学会被封闭，《中外纪闻》随之停刊。这是梁启超从事近代报刊编辑事业的起点。从此，梁启超更加感慨时局，自认舍言论之外，未由为国效力，办报之心更加迫切。

强学会被封以后，维新派没有畏缩不前。他们很快组织力量，创办了《时务报》。主要由黄遵宪（公度）、汪穰卿（康年）、梁启超出面办理。创办伊始，黄公度出力最大。嗣后由汪康年任该报经理，梁启超任总撰述。创刊后的第一年，实际担任编撰工作的只有梁启超一个人，后来才增加麦孟华（孺博）、徐勤（君勉）、欧榘甲（云樵）等人。梁启超当时的编辑工作十分勤苦，曾在《创办时务报原委记》中自述："忝任报中文字，每期报中论说四千余言，归其撰述；东西文各报二万余言，归其润色；一切奏牍告白等项，归其编排；全本报章，归其复校。十日一册，每册三万字，经启超自撰及删改者几万字，其余亦字字经目经心。六月酷暑，洋蜡皆变流质，独居一小楼上，挥汗执笔，日不遑食，夜不遑息。记当时一人所任之事，自去年以来，分七八人始乃任之。"梁启超因编办《时务报》而名重一时，"自通都大邑，下至僻壤穷陬，无不知有新会梁氏者"①。后来，因为梁启超越来越勇敢地在《时务报》上抨击清朝弊政，阐发民主思想，引起了张之洞的不满，张便多次假手汪康年予以干涉。梁启超在汪氏的多方排挤下，于1897年10月离开《时务报》，到湖南时务学堂担任总教习。在此期间，梁启超曾积极支持上海《农学报》、《蒙学报》、《演义白话报》和《萃报》的编辑出版。他还

① 胡思敬：《戊戌履霜录》。

曾去澳门参与创办《知新报》、并担任了该报的撰述，"遥领"该报"诸事"。到了湖南，梁启超又积极支持《湘学报》和《湘报》，担任董事，还为这些报刊撰稿。梁启超主持编辑和支持的这些报刊，在维新变法运动宣传中，互相配合，彼此呼应，形成了一支推动维新变法的巨大舆论力量。维新变法期间，《时务报》被改为官报，汪康年抗命改为《昌言报》继续出版。随着戊戌政变的发生，康、梁亡命日本，《时务报》也停刊了。

戊戌政变后，清朝后党的腐败更促使梁启超在愤懑中奋勉自励。不到三个月，就在旅日侨商冯镜如等的资助下创办了《清议报》，并于 1898 年 12 月 27 日开始发行，旬刊，每册 40 页，篇幅比《时务报》增加一倍。主要编辑内容栏目有支那人论说、日本及泰西论说、支那近事、万国近事、支那哲学和政治小说。第 11 册后又增设来稿杂文、政治学谈、诗文辞随录三个栏目。关于该报的编辑宗旨，梁启超在《清议报叙例》中曾说道："一、维持支那之清议，激发国民之正气；二、增长支那人之学识；三、交通支那日本两国之声气，联其情谊；四、发明东亚学术以保存亚粹。"①梁启超认为，该刊有它自己的编辑特色："一倡民权；始终抱定此议，为独一无二之宗旨，虽说种种方法，开种种门径，百变而不离其宗，海可枯，石可烂，此义不普及于我国，吾党弗措也。二曰衍哲理：读东西诸硕学之书，务衍其学说以输入于中国，虽不敢自谓有所得，而得寸则贡寸焉，得尺则贡尺焉。华严经云'未能自度而先度人，是为菩萨发心'，以是为尽国民责任于万一而已。三曰明政局：戊戌之政变，己亥之立嗣，庚子之纵团，其中阴谋毒手，病国殃民，本报发微阐幽得其真相，指斥权奸，一无假借。四曰厉国耻：务使吾国民知我国在世界上之位置，知东西列强待我国之政策，鉴观既往，熟察现在，以图将来，内其国而外诸邦，一以天演说物竞天择，优胜劣败之公例，

① 《清议报》第 1 册。

疾呼而棒喝之，以冀同胞一悟。一言以蔽之曰：广民智，振民气而矣。"①在此期间，梁启超用饮冰子、哀子客、饮冰室主人、少年中国之少年、定远等笔名，在《清议报》上发表了三十多篇政论，多部专著和大量诗文。他在《自励诗》中谓："献身甘作万矢的，著论求为百世师。誓起民权移旧俗，更研哲理牖新知。"内中道出了他从事报刊编辑和著作撰述时的抱负。《清议报》编辑出版到第100册，报馆遭火灾，报刊停刊，时在1901年12月。《清议报》编得很受国人欢迎，虽然清廷禁止其入境，但仍然秘密运回国内发行。此外在日本、朝鲜、南洋各埠，澳洲、美国、加拿大和俄国都有一定的发行量。

1902年2月8日，梁启超又在日本横滨创办了《新民丛报》。编辑内容丰富，篇幅较《时务报》、《清议报》增加了两倍多。它一仿西方大丛报的编辑体例，设置编辑内容栏目达二十多个：图画、论说、学说、时局、政治、史传、地理、教育、宗教、学术、农工商、兵事、财政、法律、国闻短评、名家谈丛、舆论一斑、杂俎、问答、小说、文苑、绍介新著、中国近事、海外汇报、余录等。梁启超在述及该报的编辑宗旨时谓："本报取《大学》新民之意，以为欲维新我国，当先维新我民。中国所以不振，由于国民公德缺乏，智慧不开，故本报专对此病而药治之，务采合中西道德以为教育之方针，广罗政学理论，以为智育之原本。本报以教育为主脑，以政论为附从，但今日世界所趋重在国家主义之教育，故于政治亦不得不详。惟所论务在养我国家思想，故于目前政府一二事之得失不暇沾沾词费。本报为我国前途起见，一为国民公利公益为目的，持论务极公平，不偏于一党派，不为灌夫骂座之语，以败坏中国者，咎非专在一人也。不为危险激烈之言，以导中国进步当以渐也。"②梁启超认为

① 梁启超：《清议报一百册祝辞》，《饮冰室文集》第11册。

② 见《新民丛报》第1号。

《新民丛报》的编辑，具有诸多特色："一、本报全册皆经同人意匠经营，精心结撰，无一语不用心，无一字属闲笔，非敢自夸，却能自信。二、本报议论取材虽大半原本于西籍，然一一皆镕铸之以适于中国人之用。……故本报从无直译之文。三、……本报多设门类，间册论载，但能阅本报一年者，即他种书一部不读亦可以知政治学术之崖略矣。……六、本报所载中国外国近事，择精语详，可省则省，应有尽有。又设舆论一斑一门，凡中国各报之名论，皆择载其大要。苟无目力多读他报者，即专阅本报所得已多矣。……十、本报之杂俎小说文苑等门，皆趣味浓深，怡魂悦目，茶前酒后，调冰围炉，能使读者生气盎然，非若寻常丛报满纸胪载生涩之语，令人如耽古乐惟恐卧也。"①在梁启超所编办的报刊中，《新民丛报》最为成功，无论内容的丰富，议论的深刻，编辑的精密，印刷的精美，均属中国报界前所未有。仅创刊号就加印了四次，最高发行量达14000份，在国内外设立了97个销售处，在当时产生了很大作用。正如梁启超对该报的自我评价所言："本报自壬寅开办以来，于兹两载，其条例精密，议论崭新，为国民之警钟，作文明之木铎，且开我国丛报界之先河，居我国丛报界之魁首。"②但由于梁启超思想右转，在和革命派进行论战中不支而败北，加上其他原因，《新民丛报》出至96期即停刊了。

在《新民丛报》创办的同年(1902年)，梁启超还创办了中国较早的刊登新体小说的杂志——《新小说》。梁启超办此刊的目的不在"文学"方面，而在于"政治"。因为他认为，中国人的各种思想都来源于小说，小说有支配人道的不可忽视的力量，"欲新一国之民，不可不先新一国之小说。欲新道德，必新小说，欲新宗教，必新小说，欲新政治，必新小说。"依此类推，举凡风俗、学艺，乃至人

---

① 《新民丛报》第1号。

② 《新民丛报》第48号"广告"。

心、人格之新均必先自小说始。① 梁启超充分肯定了小说的社会地位与作用,在文学发展史上有划时代的意义,但同时却又作了过分夸大的估价,具有唯心的色彩。《新小说》月编辑出版1册,内容包括论说、历史小说、政治小说、科学小说、哲理小说、冒险小说、侦探小说、传奇体小说及广东戏本。除编登创作外,还有译作。第1号编辑出版后,未及半月即销行一空,曾经再版。但编发至第4号以后,便发生衍期现象。于光绪三十一年九月出至第10号改由广智书局发行(先由新民社发行)。因无起色,不久便停刊了。

此外,梁启超还于1900年4月在檀香山创办了《新中国报》,他自任主笔。梁启超当年离开檀香山后,该报又由黄绍纯继任主笔。

1906年9月,清廷迫于革命势力的发展,不得不宣布"预备仿行立宪",康梁为首的保皇派便开始聚集势力,准备建立一个立宪政党。1907年10月成立了具有政党性质的政闻社,并创办了机关报《政论》月刊。该刊明确宣布以"实行国会制度,建设责任政府"为奋斗目标。主要设置有演讲、论著、记载、社说、批评等栏目。虽由政闻社的主要骨干蒋智由任主编,但一切重大事情都由梁启超决定。是年6月,梁启超有复致蒋观云、徐佛苏等人函,内中论及《政论》的编辑内容:"新报之文,弟即当预备。弟所欲作之文,一为世界大势与中国前途,一为宪政之运用,一为货币政策(原注:此大意如此,命题或尚有斟酌),颇欲对于政府举措,常为批评训导,如此乃尽我辈之责任。"②关于《政论》杂志,梁启超在《民国元年莅报界欢迎会演说辞》上又说:"及丁未夏秋间,与同人发起政闻社,其机关杂志名曰政论,鄙人实为主任。政闻社为清政府所封禁,政论亦废。"时在光绪三十四年(1908年),《政论》只编发了7

---

① 梁启超:《论小说与群治之关系》,《新小说》第1号。

② 《梁任公先生年谱长编初稿》第247页。

期便停刊了。

1910年2月，梁启超又在上海创办了《国风报》旬刊，宣称"以忠告政府，指导国民，灌输世界之常识，造成健全之舆论为宗旨"①，继续鼓吹君主立宪。该刊每期一百余页，编辑栏目有谕旨、论说、时评、著译、调查、记事、法令、文牍、谈丛、文苑、小说、图画、问答、附录等共14个。内中半数以上的文稿出自梁启超（笔名沧江）之手。每期稿件由梁启超在日本编定，然后寄到上海去印刷发行。1911年辛亥革命爆发，《国风报》编辑出版了53期便停刊了。辛亥革命前的一段时期，梁启超除主办上述报刊外，还参与了《时报》和《国民公报》的创办，并且为在上海、武汉、北京等地创办大型日报而多方筹划。《时报》是戊戌变法后资产阶级改良派在国内办成的第一家机关报。1904年在上海创刊，由康有为大力支持。梁启超化名潜回上海，曾与狄楚青等具体筹划。该报首任主笔罗孝高回忆说："甲辰春，任公自澳洲返，至沪时，尚在名捕中，未便露头角，乃改姓名，匿居虹口日本旅馆虎之家三楼上。时罗孝高、狄楚青方奉南海先生命，在上海筹办时报馆，任公实亦暗中主持，乃日夕集商，其命名曰时报。及发刊词与体例，皆任公所拟定。而时报初办时所登论说，亦多系任公从横滨寄稿来者。"②可见，梁启超在日本时还支持着《时报》。1910年，梁启超的门生和密友徐佛苏在北京创办了鼓吹立宪运动的报刊《国民公报》，梁启超曾积极为该刊制订编辑方针，筹款和撰稿，尤其于开办数月之内，每三四日平均寄文一篇。这种关系一直保存到北洋军阀统治时代。

1912年12月，梁启超归国后在天津创办了《庸言报》半月刊。该刊利用梁启超的声望吸引了众多撰搞人，如林纾、林长民、夏曾佑、徐佛苏、梁启勋、麦孟华、汤觉顿、严复等。编辑内容分建言、译

---

① 《梁任公先生年谱长编初稿》第247页。

② 丁文江：《梁任公先生年谱长编初稿》，第194页。

述、佥载、艺林四门。包括通论、专论、杂论、讲演、名著、外论、杂谈、国闻、外记、史料、随笔、谈艺、文录、说部等十多类项。《庸言报》编辑出版后，曾风行一时，销数最高达15000份。这时，梁编办报刊的勇气颇足，自谓："鄙人二十年来固以报馆为生涯，且自今以往，尤愿终身不离报馆之生涯者也。"①但后来不久(1913年春)举行的国会选举中，梁启超的共和党遭到了失败，便无心绪编报撰稿。他给女儿的信中说："吾党败矣！吾心力俱瘁，无如此社会何！……吾心绪恶极，仍不能不作报中文字，为苦乃不可状，执笔两小时，乃不成一字，顷天将曙，兀兀椗坐而已。"②他编办《庸言报》一年，便让黄远庸接任了编辑主任，自己到袁世凯政府中做官去了。

此后，梁启超再也没有独自创办报刊。1915年中华书局要出版发行《大中华》杂志，请梁启超担任总撰述。书局总经理陆费逵在《大中华》杂志第1号上发表的宣言书中有谓："梁任公先生学术文章，海内自有定评。窃谓我国中上流人稍有常识，固先生之功居多，而青年学子作应用文字其得力于先生者尤众。我大中华杂志与先生订三年契约，主持撰述。"这时的梁启超，对政治运动已经有绝望厌弃之感，开始想通过编辑活动，致力于社会文化教育事业。

在护国运动时期，梁启超又与《时事新报》保持了密切联系，不久梁启超便有了实际的指挥权。1919年北京出版有《解放与改造》杂志，先由张东荪主编，次年梁启超便参与主编，并改名《改造》，还为《改造》撰写了发刊词。1922年《改造》停办。梁启超从此结束了他一生的报刊编辑生涯。虽然他也曾想再办一个学术杂志和政论周报，但均没能付诸实践。

梁启超从1895年开始编办报刊，到1922年结束报馆生涯，和

---

① 梁启超：《鄙人对于言论界之过去与将来》。

② 丁文江：《梁任公先生年谱长编初稿》，民国二年。

报刊编辑事业结缘27年,几乎用去了他半生年华。27年中,他亲自创办和主编报刊11种,他支持或影响所及的报刊也有6种,是"执近代报业之牛耳"的报刊编辑家。梁启超的报刊编辑实践十分丰富,他既有成功的编辑经验,也有不少失败的教训。终于因为他的思想不能顺应历史发展趋势,不能与时俱进,最终还是失败了。但他通过自己的编辑实践,阐发出了许多闪光的报刊编辑思想理论,这在中国近代报刊编辑史上还是具有重要地位和作用的。

二　在报刊编辑方面的思考与贡献

1. 充分评估报刊编辑业的重要作用。

中国报刊编辑事业在封建社会末期依然发展缓慢,政府控制的官报只能起御用传声筒作用,报人没有自己的编辑思想。私人编印的报刊又大多以赚钱为宗旨。只是到了近代,报刊编辑业才出现了一个飞跃发展过程。外国的传教士和商人等在华编办报刊,主要是以传教、侵略为目的,给中国文化知识阶层是一个强烈的刺激。资产阶级改良派在诸多知识分子醉心科举,士大夫阶层视报刊编辑业为莠民贱业的颓败风气中,以编辑报刊为契机,鼓吹新说,传播新知,大大推动了中国近代报刊编辑事业的向前发展。梁启超作为改良派的杰出代表人物,对卑视报刊编辑业的世俗观念予以大胆否定和抨击,并把报刊编辑业提高到事关民族国家存在发展的重要地位来认识。他认为,报馆可以荟萃国人的思想、言论,"或大或小,或精或粗,或庄或谐,或激或随,而一一绍介之于国民;故报馆者能纳一切,能吐一切,能生一切,能灭一切"①。进而借西方谚语把报纸喻为国家的耳目喉舌,说报馆是人群之镜,是文

① 梁启超:《本馆第一百册祝辞并论报馆之责任及本馆之经历》,《清议报》第100册。

坛之王，是未来之灯，是现在之粮①。不管是否有夸大之辞，但梁启超在当时能将报刊及其编辑机构（报馆）的作用提到如此高度来认识，无疑是具有积极意义的，尤其对报刊编辑事业的发展具有促进作用。

梁启超为进一步提请社会各界对报刊编辑事业的重视，极力主张政治家办报，学者办报。他指出，欧美各国大报的每一言论之所以能为全世界观听所系，是因为它是政府制定政策的依据，是国民精神的依托。并说，在西方"往往有今日为大宰相、大统领者，而明日为主笔者；亦往往有今日为主笔，而明日为大宰相、大统领者"②。他还列举林肯主笔、美国解放黑奴之业功成，格兰斯顿主笔、英国爱尔兰自治案通过等史实，说明报刊主编的重要作用。梁启超在戊戌变法期间和以后，曾努力实践自己的政治家、学者办报主张，积极投身报刊编辑事业，不遗余力。他还和康有为一起，影响和带动诸如康广仁、谭嗣同、唐才常、严复等一大批改良派人物从事报刊编辑事业。正是因为有一批像梁启超这样的报刊编辑家，不遗余力地躬身尽瘁于报刊编辑事业，才得以使中国近代报刊编辑业迅速发展，在社会中发挥着越来越重要的作用，使世人从此对报刊、报人及报刊编辑事业刮目相看。政治家、学者编办报刊之风也在近代中国逐渐形成。

2. 明确报刊编辑原则。

梁启超认为报馆是政治之本，教师之师，其所以如此，西方人民才嗜之如饮食男女，须臾不可离。"其从事于报馆事业者，亦益复奋勉刻厉，日求进步。报章愈多，体例愈善，议论愈精，记载愈富，能使人专读报纸数种，而可以尽知古今天下之政治、学问、风俗、事迹，吸纳全世界之新空气于其脑中。故欲观国家之强弱，无

---

①② 梁启超：《本馆第一百册祝辞并论报馆之责任及本馆之经历》，《清议报》第100册。

他道焉，则于其报章之多寡良否而已矣。”①在梁氏看来，报章的多寡良莠事关国家的强弱。经过梁启超等一大批报人的躬亲实践，身体力行，报刊业得到发展，报刊数量增加。但同时他又感到，报章多如牛毛，而良报则如麟角，将报刊的编辑质量问题提到了重要地位。如何提高报刊的编辑质量，衡量报刊质量的标准是什么呢？梁启超根据自己的报刊编辑实践，提出了衡量报刊编辑质量的四条标准。

“一曰宗旨定而高。”梁启超说：“凡行一事，著一书，皆不可无宗旨，惟报亦然。宗旨一定，如项庄舞剑，其意常在沛公，旦旦而聒之，月月而浸润之，大声而呼之，谲谏而逗之，以一报之力而发明一宗旨，何坚不摧，何艰不成！虽然，宗旨固有择焉，牟利亦宗旨也，媚权贵亦宗旨也，悦市人亦宗旨也；故为报馆者，不可不以热诚慧眼，注定一最高之宗旨而守之。政治学者之言曰：政治者，以国民之最多数之公益为目的，斯可谓真善良之宗旨焉矣！”②显而易见，梁启超主张报馆要有一个严守不变的为国民最多数人利益服务的最高宗旨。他主办的《新民丛报》，其编辑宗旨就谓为国家前途和国民公利公益。③梁启超虽如此说，但随着历史的发展，他的思想却不能与时俱进，主张君主立宪、保皇，墨守改良主义，不可能不脱离国民的大多数。

“二曰思想新而正。”梁启超认为，“所贵乎报馆之著述者，贵其能以语言文字开将来之世界也”。假如报纸内容为人所共知或拾人牙慧之作，与其让人阅报不如让人坐禅观剧。报馆要造就新国民，不可没有新思想，向国民输入各国新思想是报馆的天职。报刊编辑人员应该在宗旨一定的情况下，撷取世界上各种新思想，审察中国古往今来的发展大势，进而选择出对国民最为有利无病的

---

①② 梁启超：《清议报第一百册祝辞》，《清议报》100 期。

③ 《新民丛报》第一号《告白》。

思想,全力鼓吹①。梁启超在前期主编的报刊,确实选择传播了许多开启民智的新思想。

"三曰材料富而当。"这是梁启超就报刊编辑内容提出的又一编辑主张。认为"凡真善良之报,能使人读其报,而全世界之智识,无一不具备焉"②。他还对外国大丛报(指旬报、月报、周报等杂志)编辑内容搜罗极博,门类极繁十分赞赏。为使阅报者省无谓之目力,阅一字则得一字之益,而又不使文章的内容有所挂漏有所缺失,报刊内容不能仅限于搜罗极博,门类极繁,而且还要对所用材料内容选择极严。至于博、繁、严得如何恰到好处,由于当时中国近代报刊编辑事业事属草创,尚无成规可循,仍得借鉴西方报刊,酌情行事。梁启超认为"日报与丛报,皆所当务,而丛报为尤要";"其门类极繁,如政治,如理财,如法律,如哲学,如教育,如宗教,如格致,如农工商,如军事,如各国近事,如小说,如文苑,如图画,如评骘各报,无一不载";"欧美有力之丛报,每年有搜集著记之论说纪事在一万篇以上,而其刊发者不过二百篇内外"③。他对西方报刊的编辑方法表示赞赏。因此,梁启超主持《时务报》笔政时,就曾将广译五洲近事,详录各省新政,博搜交涉要案,旁载政治学艺要书等作为重要编辑内容,这是他有关编辑主张的具体体现和实践。

"四曰报事速而确。"报纸一度被称为新闻纸,主要原因之一是它具有报道新闻的功能特征。梁启超吸收国内外报刊编辑经验,明确提出了新闻编辑的主要原则。他说,"报之所以惠人者不一端,而知今为最要。各国之报馆不徒重主笔也,也更重时事,或访问,或通讯,或电报,费重资求一新事不惜焉"④。这事实上是对报刊编辑内容的时效性与真实性原则的最初揭示。

3. 制订报刊编辑道德修养规范。

---

①②③④ 梁启超:《清议报第一百册祝辞》,《清议报》第100期。

梁启超先后担任过多种报刊的主笔,曾稳执维新舆论之牛耳。他认为舆论是天地间的最大势力,没有什么力量可以抗拒。要使报馆能成为制造健全舆论的最有力机关,必须谨五本,修八德。

五本为常识、真诚、直道、公心、节制,是报馆能否造成一国健全舆论的五种要素,实质上也是报刊编辑机构人员应该遵循的职业道德修养规范。

一曰常识。要求懂得自然界和人类社会的种种现象、规律、原理及国内外重大历史史实与当前重大事件。这样,“持论乃有凭借”,不然的话,他人以“共信之学理”和“反对之事例”予以反驳,“斯顷刻成齑粉矣”①。只有具有相当学识水平的报人编辑报刊,才能久立不败之地。

二曰真诚。真诚即“以国家利益为鹄,而不以私人利害为鹄是已”,“若夫怀挟私计,而欲构煽舆论,利用之以供少数人之刍狗,则未有能久者也”。②要求报馆编辑出于公心,不为少数人谋私利,要以国家利益为重,否则,将难以立足或持久。

三曰直道。是要有“柔而不茹、刚而不吐,不侮鳏寡、不畏强御之精神”,既不能“一遇威怵,则噤若寒蝉”,更不能因此而“依附草木,变其主张而迎合之”。③

四曰公心。不以自己好恶来判断是非,不要“怀挟党派思想,而以党以外之言论举动,一切深文以排挤之”;也不要以祖护国民自命,而一概反对“政府之所设施”。④

五曰节制。即要“导之以真理”,不能“拨之以感情”,更不能“迎合佻浅之性,故作偏至之论”。⑤

梁启超的上述主张,由于他阶级与时代的局限性,不无可议之处。但他作为近代中国杰出的报刊编辑家,所提出的“以国家利益为鹄,而不以私人利害为鹄”,不怀挟私计构煽舆论,要有“柔而不

---

①②③④⑤ 梁启超:《国风报叙例》。

茹、刚而不吐，不侮鳏寡、不畏强御之精神”，不以个人好恶来判断是非等等编辑主张，对今天的报刊编辑来说，在职业道德修养的规范上，仍不失其借鉴作用。

梁启超还认为，报馆报人要造成一种具有巨大力量的健全舆论①，还应该修八德：即忠告、向导、浸润、强聒、见大、主一、旁通、下逮。

“忠告”是指对政府或国民，“苟其举动有不轨于正道、不适于时势者，皆当竭吾才以规正之”，既不能“袒庇”“容默”，也不可有“嬉笑怒骂之言”，只能进行苦口婆心、仁至义尽的忠告。“向导”，也可称“导向”，是报馆诸种职责的主干，实施起来比较难，但也应该“循序以进，使积跬步以致千里”。“浸润”、“强聒”，就是“旦旦而聒之，月月而浸润之”，能使读者耳濡目染，潜移默化，“虽有顽童，终必为之感动”，“反复以谏，若孝子之事父母；再三以读，若良师之诱童蒙，久之而熟于其耳，又久之而厌于其心矣”。“见大”是对社会比比皆是的政治弊端，只有“务其大者、远者”，才能达到纲举目张的目的，这也叫“先后主从则有别矣”，实际上是分清和区别轻重缓急。“主一”是要求报馆报人自始至终坚持自己的一贯编辑宗旨，“一以贯之，彻于终始。凡所论述，百变不离其宗，然后入人者深，而相孚者笃也”，如果“并无宗旨”，“敷衍陈言”，或者“持论矛盾”，读者就会“迷于适从”。“旁通”要求“集种种资料以馈之粮，使人人得所凭借以广其益而眇其思，则进可以获攻错，而退可以助张目”。“下逮”则要求报刊编辑将报刊编辑得能适合读者知识水平，并能为读者所喜闻乐见，如果是“侈谈学理，广列异

---

① 梁启超对“健全舆论”是这样解释的：“健全舆论云者，多数人之意思结合，而有统一性、继续性者也。非多数意思结合，不足以名舆论；非统一、继续，不足以名健全。”

闻,自炫其博,而不顾读者之惟恐卧,此则操术最拙者也”。[1]

梁启超进一步认为,要舆论具有“五本”性质,“造舆论之人先以此五者自勉,而更以之勉国人而已矣”。“为向导者,必先自识途至熟,择途而精,然后有以导人”。[2]否则,便会出现有如项羽因农夫指错路而陷入大泽的悲剧。

经费资金是报刊办理的重要支柱,但往往有很多报刊因经济上受人资助或支配,而逐渐丧失了言论思想自由,编办报刊受制于人,违心地背离了自己的编辑宗旨。梁启超主张报刊的编辑办理自行独立,不要因经济因素而丧失言论思想自主权。他在《时事新报五千号纪念辞》中说:“吾侪不能革涤社会罪恶,既以兹愧,何忍更假言论机关,为罪恶播种?吾侪为欲保持发言之绝对的自由,以与各方面罪恶势力奋斗,于是吾侪相与矢:无论经济若何困难,终不肯与势力家发生一文钱之关系。”

4. 勇于创新报刊编辑体例。

梁启超作为维新变法的杰出领导人之一,借编辑报刊来阐发维新改良思想,为世人所推重。同时,他在报刊编辑实践中,积极倡导和实施编辑工作的创新和改良,这和他当时的文章风格一样富有特色。近代中国早期的报刊,编辑体例大多数长期泥古不变,编辑内容大多数是无关宏旨的里巷琐闻,报章论说也大多是不触疼痒的老生常谈。上海、广州、香港三地报业最盛,报刊大多以“沪滨冠盖”、“瀛眷南来”、“祝融肆虐”、“图窃不成”、“惊散鸳鸯”、“甘为情死”等字样为体例内容。梁启超对此十分不满和厌恶,便结合自己的报刊编辑实践经验体会,借鉴西方报刊新颖之处,主张对报刊编辑体例进行大胆改革和创新。他编辑《中外纪闻》时,开创了一事一议的短评(有人称时评)栏。又在编辑《新民丛报》时,专门开辟了一个《国闻短评》栏,成为该报编辑体例方面一个重要

---

①② 梁启超:《国风报叙例》、《读十月三日上谕感言》。

特色。时评体裁栏目自此在国内中文报刊上竞相仿效出现,并逐步成为近代中国报刊上引人注目的一个重要报刊体裁。

梁启超反对编辑体例泥古不变,主张革新改良体例。他主办的《清议报》,在第一号上就将革新编辑体例自诩为该报的一个特色:“本报多设门类,间册论载,但能阅本报一年者,即他种书一部不读亦可以知政治学术之崖略矣。”《清议报》在编辑体例上创新改革,栏目校多,内容比较丰富确是事实。另外,《新民丛报》也是梁启超主编的较有影响的报刊,它曾为该报辟了25个编辑栏目,体例之新颖,内容之丰富,为中国当时报刊中所少见。

5. 厘定报刊主要栏目编辑细则。

梁启超为了匡正中国近代报纸编辑质量内容低劣之风,在自己的编辑实践中十分注重报刊主要栏目内容的编辑,并为自己影响所及的报刊厘定栏目编辑细则,从而阐发自己的报刊编辑思想。且不说梁氏自己经营的报刊,就是诸如《时报》这种他暗中支持的报刊,也要亲自为它订定栏目编辑细则。梁启超在《〈时报〉发刊例》中,曾对主要的《论说》、《纪事》两栏的编辑细则作了规定。关于《论说》栏规定有四条:第一以公为主,不偏徇一党之意见;第二以要为主,凡所讨论必一国一群之大问题;第三以周为主,凡每日所出事实,其关于一国一群之大问题,为国民所当厝其意者,必次论之。或著之论说,或缀以批评,务献刍荛,以助达识。第四以适为主,虽有高尚之学理,恢奇之言论,苟其不适于中国今日社会之程度,则其言必无力而反以滋病,故同人相助,必度可行者乃言之。

《纪事》一栏是报刊的又一重要编辑栏目。梁启超对《时报》的《纪事》栏提出了五条编辑原则。第一以博为主,国内外要埠遍设访事(记者)从事采访,为报刊提供稿件。精选翻译外国重要报刊的重要内容,“务期材料丰富,使读者不出户而知天下”。第二以速为主,各处访事员(记者)采访的要闻电讯应迅速见报,务供读者先睹之快。第三以确为主,“凡风闻影响之事,概不登录。若有访函一时失实者,必更正之”。第四以直为主,“凡事关大局者,必忠实报闻,无所隐讳”。第五以正为主,“凡攻讦他人隐私,或轻讳排挤、借端报复之言,概严屏绝”。[①] 梁启超的这些编辑主张很有特色。“精”编可以最大限度地增加知识、信息量,易受读者欢迎,可以扩大报刊发行量。“速”,体现了报刊编辑的新闻时效性特征。“确”,表现了报刊编辑对读者、对社会的高度负责精神。尤其是主张对失实报道的更正,对当时的报刊编者来说,也是很难得的。至于“直”、“正”,更要报道忠于事实,实事求是,禁止报刊成为个人攻击报复他人的工具,这在当时就有一定的积极意义。梁启超的这些报刊编辑主张,对后世的报人编辑,产生了借鉴影响作用。

6. 积极改革报刊版式编排和文体。

中国近代早期的报刊版式编排,一直大多是通栏竖排,并采用古籍线装书册式装订。印刷排版字型字号单一,有许多文章甚至就没有标题。读者阅读起来,多有不便。这种状况相沿因袭很久,很少变化。梁启超跻身报业后,积极主张实施报刊版式编排方面的改进,以方便读者,新人耳目。梁启超任主笔的《时务报》,在编辑业务上就有过不少创新和改革。首先,该报改古籍线装书册式装订为新式装订,改旧式报刊版式编排为新式编排。即,让报纸两面印字,每面划为四栏编排,每栏再划为两小栏,每栏排 36 行文字,每行可排 16 个字。行短字少,便于读者阅读转行。这种编排方式,和以前每版上下通栏竖排,每行 40 个字一排到底的编排方式相比,大大方便了读者。这种编排方式,无疑是报刊编辑方式上的一次改革。这种新式编排方式为后来上海诸多大报刊(如《申报》等)所沿用、改进。

不仅如此,梁启超对报刊编辑业务的其他方面,也多有创见。

---

① 梁启超:《〈时报〉发刊例》,转自戈公振《中国报学史》第 150 页。

他在《〈时报〉发刊例》中说，“本报编排，务求秩序”，其目的在于使各栏目内容编排定位，具有规则，有规律可循，这样可以大大方便读者。“论说、谕旨、电报及紧要新闻皆有一定之位置，使读者开卷既见，不劳探索。其记载本国新闻，以地别之；外国新闻，以国别之。”①又说：“本报编排，务求显醒。故一号、二号、三号、四号、五号、六号字模及各种圈点符号，俱行置备。其最要紧之事则用大字，次者中字，寻常新闻用小字。用大字者，所以醒目者；用小字者，求内容之丰富也。论说批评中之主眼，新闻中之标题，皆加圈点以识别。凡以省读者之目力而已。”②利用秩序编排和醒目编排方便读者，吸引读者，用改变文章标题单一或无标题的编辑方法，用变换大小不同字型字号的编辑方法，不仅可以较好地体现编辑思想，增强宣传效果，而且也是报刊编辑工作的一个改革和进步。

中国近代早期的报刊文体大多沿用艰涩古奥的古文言体，人们阅读起来费神拗口，枯燥无味，难以理解。资产阶级改良派为了宣传激越的改良主义主张，以报刊为主要武器，逐步形成了一种与八股文和桐城派古文体风格大相迥异的新式文体。时有称之为报章文体，或称为时务文体，又因梁启超在主办《新民丛报》期间，能集新文体运用发展成就之大成，使新式文体大放异彩，故又有称为“新民文体”。事实上，梁启超在新民文体的创立、发展、运用等方面，贡献尤为突出。他自己对这一新式文体也有中肯论述。梁启超在他的《清代学术概论》中说：新民文体“平易畅达，时杂以俚语，韵语及外国语法，纵笔所至，略不检束。……其文条理明晰，笔锋常带感情，对于读者别有一种魔力”。新民文体与旧式文体相比较，风格确实独特，优越性十分突出。梁启超本人对新民文体的运用达到了炉火纯青的地步。同时，他又通过报刊编辑实践推动这种文体在当时进一步发扬光大，在报刊界产生了巨大影响作用。

---

①② 梁启超：《〈时报〉发刊例》，转自戈公振《中国报学史》，第150页。

时人黄遵宪对此曾有评说，他在《致新民函文书》中说："此半年中，中国四五十家之报，无一非助公（指梁启超——引者）之舌战，拾公之牙慧者。乃至新译名词，杜撰之语言，大吏之奏折，试官之题目，亦剿袭而用之。"影响之大，可以想见。

梁启超作为资产阶级改良派的杰出领袖之一，开思想家，学者编辑报刊之先河，对中国近代报刊编辑事业做出了卓越的贡献。正是由于梁启超等一大批改良派人物对报刊编辑业的重视，并积极投身报刊编辑事业，才使中国近代报刊编辑事业在戊戌维新期间得到很大发展。梁启超在自己的报刊编辑实践中，对于报刊编辑原则，编辑修养，编辑体例等一系列问题阐发了独到的见解和新颖的主张，这些是梁启超改良主义思想体系的重要组成部分。尽管梁启超一生走过了一条从改良到保皇的下坡路，但不能因此而忽视他在中国近代报刊编辑史上的重要地位和影响。

三　论史书编纂

梁启超又是中国近代著名的历史学家，在中国史学方面有许多创见。其中关于历史著作的编纂问题，更具有许多新颖独到的观点。

关于中国旧史书籍编写体例问题。梁氏认为：中国古代史书浩如烟海、汗牛充栋。四库全书中史书就占了十分之六七。中国旧史书按内容体例可分 10 种 22 类：正史（官书、别史）；编年体；纪事本末体（通体、别体）；政书（通体、别体、小记）；杂史（综记、琐记、诏令、奏议）；传记（通体、别体）；地志（通体、别体）；学史；史学（理论、事论、杂论）；附庸（外史、考据、注释）。这既是对中国书籍目录学的贡献，也是对史学编辑体例的一种新认识。

梁启超对中国旧史书籍的编纂，大多是持批判认识观点。他在《新史学》中说，上自太史公司马迁、班固，下至毕秋帆、赵瓯北，以史家著名天下者不下数百人，两千年来，陈陈相因，未能为史界开辟新天地，未能将史学之功德普及于国民。主要原因是作史者的史书编辑指导思想存在种种弊端。

一是“知有朝廷而不知有国家”。梁启超认为，有人说《廿四史》不是史，而是廿四姓的家谱。这种说法虽有过当之处，但按作史者的指导思想去认识，其实不诬。因为史家们认为，天下是君主一人之天下，所以他们编史，也不过是叙述某王朝如何得之，如何治之，如何失之，舍此无他。梁氏还说，有人说《左传》是互相残杀之书，岂止《左传》如此，《廿四史》也是一大部空前绝后的互相残杀之书。司马光虽然贤明，但他编《资治通鉴》，也不过是备为君主浏览。所以，梁启超认为，从来编史者编史都是为朝廷君臣而作，而没有一书是为国民百姓而作也。这是编史者不知道朝廷与国家的区别，认为没有朝廷就没有了国家。因此，编史中便会出现诸如正统、闰统之争，就会有了所谓的鼎革前后之笔法。更有甚者，史书中便会出现今日是盗贼，明日是圣神，说甲是天命，说乙是僭逆等现象，其如群蛆啄矢，各自争夺其甘苦。自欺欺人，莫此为甚，以致中国民族国家思想，至今不能兴起，史家应该具有不可推卸的责任。

二是知有个人而不知有群体。梁启超认为，历史是英雄人物表演的大舞台，舍英雄便无历史。西方良史也无不重视人物。尽管如此，善于作史者，只以人物作为历史的材料，没听说是用历史为人物画像；只以人物为时代的代表，没听说将时代作为人物的附庸。中国的史书则不然，本纪、列传，一篇篇如海岸上错落堆放的乱石，实质上是将无数墓志铭汇合而成。史书编纂，贵在能编写叙述出人群间的交涉、竞争、团结之道和所以休养生息、同体进化的情状，使后来读者能在读后油然而生“爱群”、“善群”之心。中国史家虽多，未能有见及此，故中国的群力、群智、群德总也不能产生，群体终不能成立。

三是知有陈迹而不知有今务。大凡书籍之作，贵有编辑宗旨。如果史作仅只是为若干陈死之人树碑立传，是为了对若干过去之事进行歌颂，那就大错特错了。应该能使历史为经世致用服务，能使历史成为当今世人的镜鉴和尺子。西方历史愈近愈详。中国历史则不然，多有知古而不知今之弊。

四是知有事实而不知有理想。梁启超打了一个比方说，人体由四十多种物质合成，由眼、耳、鼻、舌、手、足、脏、腑、皮、毛、筋络、骨节、血、输精管等组成，即使取来这四十多种物质还不能说是人，因为它没有精神。史书也是如此，它的精神是理想。大群体中有小群体，大时代中有小时代，群体之关系，时间之延续，其间均有消息、原理。编史者假如能点破消息、原理，知道其中因果，达到鉴既往之大例，示将来之风潮，这样的史书才能算编得有益于社会。现今中国史书呆板叙述事件，何以发生，远近之因，全未说出。彼此影响，应得何果（恶、善之果）亦说不出。因此，中国史书虽汗牛充栋，但却如蜡人院中的偶像，均无精神生气，徒让读者费脑力阅读。因此，梁启超认为，现有中国史书不是益民智的媒介，而是耗民智的媒介。

梁启超不仅对中国史书的编辑体例有所认识，而且对旧史书籍的编辑指导思想提出了全新的看法。他对英雄史观的批判，和对历史应该为现实服务的观点，在当时抑或是后来，都是具有积极意义的。从史书编辑学来认识，应该说梁启超于此提出了全新的编辑思想主张。我们可以把梁氏史书编辑的指导思想扼要归纳为：1. 不仅知有朝廷而且知有国家；2. 不仅知有个人而且知有群体；3. 不仅知有陈迹而且知有今务；4. 不仅知有事实而且知有理想。

梁启超不仅认为中国故有史书在编辑指导思想上存在着弊端，而且还认为在编撰过程中进而派生出能铺设而不能别裁、能因袭而不能创作的弊病。具体讲来，主要有二。

其一,史料取舍不精问题。梁启超对中国旧史的繁冗驳杂十分反感,有繁冗驳杂现象的史书不属于良史之作。他引证西方学问大家斯宾塞之言曰:"或有告者曰:'邻家之猫,昨产一子。'以云事实,诚事实也。然谁不知为无用之事实乎!何也?以其与他事毫无关涉,与吾人生活上之行为,毫无影响也。然历史上事迹,其类是者正多。能推此例以读书观万物的,则思过半矣。"梁认为斯宾塞教给人们编史、读史的方法。西方史家不免此病,而中国史家于此更甚。诸如某日日食,某日地震,某日册封皇子,某日某大臣死,某日有诏书,满纸填塞的均是"邻猫产子"的事实。往往书读完了一卷,还没有一句有价值的话语进入脑海。即如是《资治通鉴》那样属稿19年,史料选择取舍最称精善的书,如用现今读西方史书的眼光去看,也觉得它其中有用者不过十之二三。其他史书就不必说了。像《新五代史》之类,虽也以史书之别裁自命,实际上也是将大事都删去了,只剩下"邻猫产子"之语。中国史书太多,太繁冗爻杂,使治史者大有无从下手之慨。中国史学知识之所以不能普及,根本原因在于中国无一善别裁之良史。而且中国史书有越编部头越大,越写文字越长的趋势。这种趋势,不能不引起历史编家们的十分注意。

其二,因循守旧,陈陈相因问题。梁启超认为,中国万事都习惯采取"述而不作"主义。而在史学只是其中的一个方面。中国两千多年来的大小史家,其中稍有创作之才者也只有6个人。一是太史公司马迁;二是杜佑;三是郑樵;四是司马光;五是袁枢;六是黄黎洲。司马迁是中国史界的创始人,他编创史书具有国民(人民)思想,将项羽列诸本纪,孔子、陈涉列诸世家,儒林、游侠、刺客、货殖而为之列传。这是具有很深刻的编辑用意的。杜佑编《通典》,不记事专记制度,制度关系着全体国民,比记事还重要。虽然记制度尚不完备,但此前无此史书,具有开创性意义。郑渔仲(樵)史识卓绝千古,史才不足称,但作《通志》二十略,以论断为主,以记述为辅,在中国史界放了一大光明。司马光编《通鉴》,结构宏伟,取材丰赡,使后世作史者不得不奉为蓝本,至清末未有过之者。袁枢创纪事本末史体,西方之史体与之同,他在中国史界之功亦不小。但所著《通鉴纪事本末》,不见事与事之间的有机联系,不见求事件之原因结果,只不过是读《通鉴》的一个入门书。黄梨洲著《明儒学案》,前此史家,无此盛大事业。中国几千年来只有政治史,其他无所闻,黄梨洲开创了学史之格,后此之人便师其意,创作中国文学史、种族史、经济史、宗教史等。六经史家以外,其他诸多史家都可说是忙忙碌碌,因人成事。《史记》以后的21 部正史均属刻画般地摹编《史记》。《通典》以后,又有 8 部摹仿《通典》之作。这类书让人一读就想打瞌睡,主要原因在于编者没有创新思想,只能因袭,不会创作。

总之,梁启超主张史书编辑应该注意材料的精选善用,不能因袭陈规,而要敢于创新。

关于编史注意适应读者需要问题。梁启超还一再论及史书编著应注意读者需要问题。他在《中国历史研究法》①文中论道:"著书须问将以供何等人之读"。他对中国历代史书是否供大多数人阅读发生疑问。他认为,所有史书之作,不是为了供少数贵族阶级阅读,就是为了"藏诸名山传与其人",是供后世学者来读。所以,旧史中无论何家何体,总不离贵族性。他主张时今史家编著史书应注意能让人民来读,并且能对人民群众起到教育作用。历史书不能是为"古人—死人"而作,而应当是为"活人—今人—后人"而作。编史应尽可能编具有客观性的历史,不应编得像中国旧史那样,让主观作用影响了客观性。他说,"今日惟个性圆满发达之民,自进而为种族上地域上职业上之团结互助,夫然后可以生存世界而求有所贡献。而历史其物,即以养成人类此种性习为职志,今之

① 《饮冰室合集》专集 73 第 29 页。

史家常常念吾书之读者与彼迁(司马迁)记光(司马光)鉴之读者绝不同伦而矢忠覃精以善为之地焉。其庶可以告无罪于天下也。"①

梁启超还用读者观点去审视中国历史书籍。由于中国史书在编纂过程中存在种种弊端,因此对后来读者产生了严重恶果。

一是读者难读。中国史书甚多,浩如烟海,穷年莫殚,一辈子也读不完,令人望而生畏。

二是读者难选择。即使有时间,有耐性,遍读应该之书,不是有极机敏的眼光,极高深的学识,则难以选择出哪一条材料有用,哪一条材料没用。因此,中国旧有史书徒让人白白浪费时日和精力。

三是读者无感触。读者尽管尽读全史,也很难激发起爱国热情,去团结民众力量,去适应时势需要。所以,中国史学虽发达,史书虽多,却不能像欧美各国那样,让读者大众从中受到实际教益。

正是由于中国史书在编辑过程中存在种种弊端,所以对中国读者产生多种不良影响和后果。梁启超认为,中国很有必要进行史学革命。因为中国要提倡民族主义,要使中国4万万同胞自立于优胜劣败的世界民族之林,就应该人无分老幼、男女、智愚与贤不肖,都应该如饥似渴地读史知史。现存的万卷史著虽然无一能适应读者急需,但随着史学革命的发展,史学新作定会编辑出来。

四　论方志编纂

梁启超很重视学术研究,曾有《中国近三百年学术史》之作。

---

① 《饮冰室合集》专集73,第28页。

其中论及清代整理旧学的总成绩问题时，专门论述到方志学问题。

梁启超也认为，中国最古之史书是方志，即如孟子所称：晋乘、楚梼杌，鲁春秋。宋以后，荟萃图经、政记、人物、风云记、古迹、谱谍、文征等体裁合成方志。初为府志，继分有县志，综合上达为省志。在梁氏看来，因方志十之八九是由地方官奉行故事，开局众修，位置冗员，抄撮陈案，不足以称为著作。但它积存很多，达数千种十余万卷，对时今治史者用处颇大，蕴涵了大批宝贵史料。方志的通病还是芜杂。方志编纂方面，可称者有乾隆中叶的李南涧，他纂历城、诸城两志，全书均纂集旧文，自己不著一字，以求绝对征信。后来的方志编纂家多加效仿。又有《广西通志》总纂谢蕴山，曾遍征晋唐宋明诸志门类体例，舍短取长，说明因革兴替之由，认为方志是著述大业。后来各省志又视为楷模。但梁启超更推重章实斋(学诚)。认为从章氏起才创立了方志学，章氏在方志方面的一大贡献是改造了“方志”的概念。以前所有论方志者都囿于“图经”概念，认为方志仅只是“地理书”而已。章学诚则认为，方志是周官小史、外史之遗，其编纂目的在于供给国史取用的素材。非深通史法则不能从事此事。方志概念扩大，方志内容也随之扩大。梁启超专门摘引章学诚著《方志书三》，强调方志编纂体例问题：“凡欲经纪一方之文献，必立三家之学。仿正史传记之体而作志；仿律令典之体而作掌故；仿文选文苑之体而作文徵。三书相辅而行，缺一不可。”章学诚晚年即在湖北通志局践行自己的修志理想。为了编纂好方志，不使资料散佚，他倡议州县设立志科。他明辨了省志与府志，府志与县志等的差别，府县志是省志资料，省志为国史资料，各省有其任务和组织。省志不是由县志拼合起来就成的；府、县志也不是省志割裂后就得的。

梁启超将章学诚和方志学联系起来，纳入他的学术研究范围，这充分显示了他对方志学的重视，及他在这方面的真知灼见。

梁启超还把谢蕴山的《广西通志》与章实斋的《湖北三书》稿进行比较认识。梁氏认为,"向来的作志者皆将'著述'与'著述资料'混为一谈。欲求简洁断制不失著述之体耶,则资料之割舍者必多。欲将重要资料悉予保焉,则全书繁而不刹,必芜秽而无厌。故康之武功,韩之朝邑,与汗牛充栋之俗志交讥,盖此之由。实斋'三书'之法,其通志一部分,纯为'词尚体要','成一家言'之著述。掌故、文徵两部分,则专以保存著述所需之资料。故'纯著述体'之通志,可以肃括宏深,文极简而不虞遗阙"。梁氏进一步认为:"其保存资料之书,又非徒堆集档案谬夸繁富而已,加以别裁、组织而整理之,驭资料使适于用。"①

梁启超对章学诚方志编纂理论成就加以充分肯定的同时,还联系当时方志编纂实际提出了一些可议之处。

国立法政大学教授余越园,是梁启超的朋友。余于授课之余,用四年之功编成《龙游县志》。梁启超曾有《龙游县志序》之作,其中亦对章学诚志书理论的某些方面加以论评,同时对余编志书的编辑特色加以肯定和赞赏。

梁启超在《龙游县志·序》劈头就说:"章学诚以旷代史才,不获藉手述作国史,乃出其绪余以理方志。方志托体之尊自章氏始也。章氏论方志善矣。"又说,章学诚"所业与年俱进",然而"尚有未能尽慊人意者"。他主要对章氏的方志编纂提出三点批评:"专注重作史别裁,而于史料之蒐辑用力较鲜,一也;嫉视当时考证之学,务与戴东原立异,坐是关于沿革事项率多疏略,二也;其所自创之义例,虽泰半精思独辟,然亦有为旧史观念所束缚。或时讳牵制,不能自贯彻其主张者,三也。"不仅如此,梁启超在序文中进一步评论说:"夫以章氏于斯学大辂椎轮,势固未能立造极诣。且以羁栖幕府之身,所叙述者非所夙习。凭官方以采资料,既常不获如

---

① 梁启超:《饮冰室合集·专集》卷75,《中国近三百年学术史》。

意。而咻而吠之者复日集其旁,则所就者不能如所期,亦宜然耳。独怪章氏哓音喑口弘阐斯学于今既有百余年,后之作者,匪直不闻有所光大损益,并踵其成规深知其意且不一睹焉。士之识锢而志偷不能有所负荷也非一日矣。"梁启超认为,余越园修志,不步章氏后尘,在《龙游县志》卷首叙例中自述方志编纂心得,也成一家之言。梁说余氏之方志学说"实事求是,无徵不信,纯采科学家最严正之态度,剖析力极机敏,组织力极强,故能驾驭其所得之正确资料,若金在炉,惟所铸焉。其为文也,选辞尔雅而不诡涩,述事绵密而不枝蔓,陈义廉劲而不噍杀"①。这些评论,摒去其感情成分,也不难看出梁启超在方志编纂方面的某些独到见解。

选自李明山著《中国近代编辑家评传》,河南大学出版社 1993 年

梁启超在日本的小说出版活动考略

王中忱

1898 年戊戌维新运动失败之后,梁启超(1873~1929 年)亡命日本,在横滨继续进行政治活动,同时也对文学特别是小说倾注了热情。他在自己主持的《清议报》、《新民丛报》上连续刊载翻译小说和创作小说,并于 1902 年创办了小说杂志《新小说》,倡导"小说界革命",从而正式揭开了近代小说历史的帷幕。梁氏这一期间的文学活动,一直受到文学史家的重视,但迄今为止的研究,大都集中于梁氏的小说论和小说作品,而对梁氏的小说出版活动,以及当时的小说出版与流通情况,则极少关心。然而,在笔者看来,小

① 梁启超:《饮冰室合集·文集》卷 43,第 2 页。

说文本的意义生成，并不仅仅受控于作者的写作行为，也与小说书籍的物质生产颇有关系；了解小说书籍的物质生产过程，将有助于我们更丰富理解小说文本意义形成的过程。出于这样的考虑，本文拟着重考察梁启超在日本横滨的小说出版活动，并从这侧面，对近代初期中国小说的出版形态略做一些分析。

一

1898 年 10 月，梁启超抵达日本后，先住在东京牛込区；那时，他曾游说日本政治家，企望借助日本的力量帮助光绪皇帝复权，但未获结果。[①]为此，梁氏不得不考虑在日活动的另外的可行途径。同年 11 月，他从东京移居横滨，可以说即是这一考虑的结果，毫无疑问，他是希望在横滨华人社区寻找同志，重新展开活动。

其实，早在来日本之前，梁启超即与横滨的华侨有所接触。1897 年，横滨华侨冯镜如等为创办华侨子弟学校，曾派人专程到上海拜访维新派领袖康有为、梁启超，请托他们帮助选择教员，并希望梁启超出任总教习；其时梁任《时务报》主笔，风头正健，便改派了徐勤等另外三人。戊戌运动失败之前，这几位康门弟子即已到任，在横滨创办了大同学校。[②]对亡命的梁启超来说，大同学校当然是非常理想的根据地。他迁到横滨之后，很快就成了大同学校的核心式的存在。

梁启超迁居横滨的另一重要目的，则是创办杂志，继续传播维新派的主张。1898 年 11 月，在给妻子的信里说："吾在此创办报馆已成。"[③]12 月，《清议报》即创刊发行。

不必说，如果仅仅凭借梁启超自己的力量，在这样短的时间里，在异国他乡，如此顺利地创办一份刊物，几乎是不可能的；这其中，在横滨经营印刷所的华侨冯镜如起到了重要的作用。但至今为止，似乎很少有人注意到作为印刷业经营者的冯镜如和《清议报》的关系。近年出版的厚达六千多页的《梁启超传》，叙述梁氏与《清议报》时，竟只字不提冯镜如；④中华书局的《清议报·影印说明》介绍该刊创办缘起时，也仅仅注意到冯的政治倾向，说“梁启超在旅日华侨的资助下创办此刊，发行人为原兴中会横滨分会会长冯镜如”，而忽略了和《清议报》出版有直接关系的冯氏印刷所。⑤

光绪二十四年出版的《清议报》第一册

就笔者所见，近年来对冯镜如与横滨华侨印刷业做了认真研究的，是日本学者伊藤泉美。据伊藤氏介绍，冯镜如是广东南海人，在香港长大，“1869年，冯氏东渡日本，先在长崎经营文具店，不久移至横滨……1878年，在横滨外国人居留地53番开设文具商店（现警友医院附近）。但这个商店不只贩卖文具，还兼营印刷、装订，并代理茶和生丝的包装”。⑥

冯氏商店的店名，伊藤氏根据该店的英文广告，称之为“文经文具店”，但冯镜如之子冯自由在其所著的《革命逸史》里则记作“文经商店”、“文经印刷所”、“文经活版所”等，而该店在《清议报》刊登的广告，又署“文经印书店”和“文经印字馆”；因为兼营多种业务，有多种店名，也不足为怪。

至于冯氏到日本之前，在香港的情况，现在尚不能详细得知，但从其抵日时期及所营业务，可以推断他可能在与印刷业有关的欧美系的公司或商社工作过。⑦居日期间，冯曾向英国领事馆申请保护。其子冯自由这样记述说：“甲午之战，旅日侨多避难返国，及马关和议既成，侨商渐次东渡，余父仍有戒心，以生长香港，遂剪辫易服，求英国领事馆保护。”⑧

冯镜如为什么能够向英国领事馆申请保护呢？冯自由的说法颇为暧昧，其实这是因为冯氏拥有英国国籍；《清议报》的版权页上记载得很清楚：“发行人兼编辑人英国人冯镜如。”冯自由后来成为孙中山的革命派成员，而较早结识孙中山且身为横滨兴中会会长的冯镜如，却转向了康梁一派。或许由是之故，冯自由谈及其父时，常有一些有意的遗忘。

冯镜如的文经在横滨开设时，日本的印刷业已经越过活字制造的摸索阶段，进入了大步发展时期。⑨但在横滨，印刷业的主要服务对象是外国人，特别是欧美人，因此，在香港或广东的欧美公司学会了近代印刷技术和英语的华人，就比这两方面都不很熟练的日本人有利得多。不仅英文系统的新闻杂志社里的技术工人华人比日本人多，华人独立经营的印刷装订所，也在外国人居留地占优势。⑩而冯镜如，不仅是印刷所经营者，同时还是《英华辞典》的编纂者和出版者，⑪当然属于同业乃至横滨华侨界有影响的人物。

这里，还有必要提到冯镜如的弟弟冯紫珊。《梁启超年谱长编》的编者把“紫珊”注为冯镜如的字，⑫是错误的，冯紫珊早年曾在其兄的商店任职，1885 年左右独立经营致生印刷店，到 1905 年，致生的工人职员达到 35 人，超过文经，在外国人居留地的同业里算得上是大公司。

冯紫珊也和冯镜如一样，是梁启超的热情支持者，后来成了《新民丛报》的发行人兼编辑人。虽然《清议》《新民》两刊皆有自己的活版印刷所（《新小说》在日本出刊时，由《新民》的活版所承印），但其技术与设备，无疑都主要依靠冯氏兄弟印刷所的支持；从这一意义上说，确实如伊藤氏指出的那样，梁启超在横滨的出版活动，其实是“横滨华侨的资本、技术”和“亡命政客带来的新思想”相遇后产生的结果。⑬。

二

但是,也必须看到,冯氏兄弟与梁启超的相逢,不仅使梁氏的活动获得资金和技术的保证,同时也对梁的活动方式乃至思想都产生了不容忽视的影响。

梁的新闻出版活动,最早可以追溯到1895年6月在北京创刊的《万国公报》(后改称《中外记闻》),11月该刊被禁;翌年7月,《时务报》在上海创刊,正值维新运动高潮,引起较大反响,担任主笔的梁氏,也成为全国注目的人物。因此,在《三十自述》里,他称自己的"报馆生涯"始自"时务"。但如果从出版经营的角度看,《万国公报》免费向京城官僚赠送,《时务报》主要靠强学会会费和官僚支持层的捐款支持,梁氏并不需要担心运营问题,他此时的"报馆生涯",严格说主要的工作内容仍是著述;也正因为如此,尽管梁本是《时务报》的创办人和最初出资人之一,后来他和主持经营的汪康年发生分歧时,汪可以说"康年于丙申秋创办《时务报》,延请新会梁卓如为主笔",[14]把他看做是被雇佣的职员,轻易地排挤出去。

但到了《清议报》,情况就不同了。《时务报》直到停刊也不曾登过有偿收费广告,而《清议报》从创刊号起就刊出广告价目表,随即便陆续登载银行、药店的商业性广告;仅此似乎不难看出两刊的性质区别。作为民营杂志,《清议报》不能不在经营方面投入精力。不难想像,该刊的运营方式,肯定主要出自富有近代商业经营经验的冯氏兄弟。

梁启超究竟多大程度上参与了《清议报》的经营,情况不详。但在《新民丛报》出版,以及在此前后创办的广智书局(1901年,上海)和译书局(1902年,横滨)开设的时候,梁则成了主要经营者。1902年4月,梁氏在致康有为的信里汇报《新民丛报》社的情况说:“……此报,股份分之为六,以二归弟子,而紫珊、为之、荫南、倡笙各占其一。”

和《时务报》“官款商办”(汪康年语)、所有权暧昧不清的状态不同,《新民丛报》采取股份制,明确了创办人的产权、责任和义务,其组织方式,应该说已经具备了近代民营出版机构的雏形。这种组织形式,梁启超应该早就有所了解,因为《时务报》就曾译载过一些外国公司的章程,但能在自己的出版活动中顺利付诸实施,则不能不说,很大程度上是得力于冯氏兄弟等熟悉近代商业规则的同人。

梁启超既任主笔,又是股东之一,其所持股份,比编辑人兼发行人的冯紫珊还多,占总股份的三分之一,不必说,他不能不关心杂志的经营。1907 年 7 月,《新民丛报》停刊之前,梁曾考虑出新刊接续,在给徐佛苏的信里,他相当详细地谈到印刷费用、发行部数、稿费和版税的支付办法等,俨然是一个老练的出版经营者了。在同书简里,梁氏还明确提出:“办报固为开通社会起见,亦必须求经济可以独立支持。”

办报为开通社会,本是梁启超自己的主张。在《论报馆有益于国事》(1896 年 8 月,《时务报》创刊号)等文章里,他曾大声呼吁人们重视报纸杂志等出版物的文明启蒙和沟通社会交流渠道的作用;但当梁渐次从撰述者向出版经营者的立场转移的时候,他思考问题的方式和角度似乎也发生了变化,注意到了出版物的文明启蒙作用与作为商品的二重属性,并且,认识到后者是前者得以成立的不可或缺的前提。因此,在实际运营中,他也不像以前那样仅仅把读者视为启蒙对象了,而是同时也把读者视为消费者,并且相当重视读者市场的消费需求。比如,梁本是科举制度的激烈批判者,但他主持的一向以出版进步书籍而闻名于社会的广智书局,却曾大量印行过科场用书;在关于该书局的一份报告书里,梁坦率地说:“当本局初办时,科举未废,故所印之书,多为科场之用。”⑮这或许是比较极端的例子，但因此也就比较突出地从一个侧面显露了梁启超等维新派的出版活动从文明启蒙向商业化转变的轨迹。

三

小说出版，是梁启超等在日本的出版活动的一个重要组成部分。《清议报》从创刊号起，连续 69 期译载日本政治小说《佳人奇遇》（柴四郎著，梁启超译）和《经国美谈》（矢野龙溪著，译者不详）。接续《清议报》和《新民丛报》（1902 年 2 月）出刊时，虽然编者们已经在筹划专门的小说杂志，但也用了相当的篇幅，刊载了梁启超从日文转译的《十五豪杰》（凡尔纳著）等作品。至于《新小说》（1902 年 11 月创刊），就更不必详细介绍了，晚清小说的一些重要作品，如梁启超的《新中国未来记》，我佛山人（吴趼人）的《痛史》、《二十年目睹之怪现状》、《九命奇冤》等，都首发于此刊。

1903 年 7 月，《新小说》移至上海广智书局出版后，该刊以及广智的一些书籍的编辑和印刷工作，仍在日本进行。但这些问题拟另稿处理，本文处理的内容，限定在《清议报》创刊（1898.12）到《新小说》迁沪这一时段内。这一期间，梁启超等也印行过小说作品的单行本，但其小说出版，如上所述，主要采用的是定期刊物形式。

这在今天看来极其普通的事情，从小说出版史的角度看，却是划时期的事件。这当然不能说是始自梁启超，因为早在 1873 年，上海《申报》（1872 年 4 月创刊）及该报馆的杂志《瀛寰琐记》就陆续刊载过翻译小说；但是，这些报刊只把小说当做一种装饰和调剂，而不是常设的重要栏目；而梁启超对小说的态度，则与《申报》编者不同，他把小说视为杂志必不可少的内容；在《清议报》创刊号“叙例”上，明确规定政治小说为常设的六个栏目的一栏；在该刊 100 期纪念号上，他列举“清议报之有以特异于群报”的内容时，政治小说也赫然在列。[16]因此,如果说梁启超是小说与定期刊物结合的最有力的促成者,应该不算言过其实。

在此,有必要谈一下梁启超对同属定期出版物的报纸与杂志的媒体特征的认识。亡命之前,梁氏似乎还没有意识到二者的区别,在《论报馆有益于国事》一文里,他介绍西方的情形说:"其出报也,或季报,或月报,或半月报,或旬报,或七日报,或五日报,或三日报,或两日报,或每日报,或半日报……"把报纸和杂志统统称为"报",报刊不分,这是近代新闻中初期常见的现象,不独中国,日本也是如此。但日本明治10年前后,报与刊的分别已渐趋明显,专门指称刊物的名词"杂志"也被普遍认可。[17]到日本以后,梁很快注意到了一现象,因此,在《清议报》百期纪念号的《祝词》里,他特意在日报与丛报下面做了注释,指出二者的区别:"丛报者,指旬报、月报、来复报等,日本所谓杂志是也。"[18]

在同篇祝词里,梁氏特别强调杂志的作用,认为和日报比较,"丛报为尤要"。客观地说,这当然是这位论客式的报人的偏爱之词,如果换位记者型的报人,可能又另有别论了;但梁启超对杂志的偏爱,却确实是为小说找到了合适的载体。报载小说大都控制在半版或更少的篇幅内,杂志却可以容纳比这丰富得多的内容;而在刊行时间上,杂志又远比传统的单行本迅速、及时。对于近代城市的小说读者来说,杂志,特别是专门的小说杂志,无疑是最受欢迎的读物。因此,《新小说》一书,很快就有《绣像小说》(1903)、《月月小说》(1906)、《小说时报》(1909)、《小说月报》(1910)等接踵问世,而近代以来的重要小说作品,则多数都是首先在刊物上发表,然后再出版单行本的。这种出版形态,一直延续至今。而一定形态的确立,应该说是始自梁启超的《新小说》。

小说以定期刊物的形式出版,自然要求有相应速度的印刷配合。如前所述,因为有冯氏兄弟的支持,这对梁启超来说,不成为问题。他在横滨主持的三个杂志,都是铅字活版印刷的。施蜇存先生在讨论近代小说的成立时期时，曾提出应该考虑到小说的印刷形态，并指出，近代翻译小说的代表性作品《巴黎茶花女遗事》（林纾译，1899 年初版）、《黑奴吁天录》（林纾译，1901 年初版）的初版本“还是木刻本”，后来再版时，才改为铅印本（《文艺百话》第 370～371 页，华东师范大学出版社，1995 年 11 月第二次印刷本）。比较起来，梁启超主持出版的小说书刊印刷形态的近代化改革很明显是先行了一步。

小说的印刷形态，自然也应该包括装订样式。但无论中国还是日本，接受西方的洋式装订，都晚于铅字活版印刷。有相当一段时间，都是采用单面印刷，折页线订的方式。日本最早的一页双面印刷、机器钉装的所谓洋装本，据说出现于 1877 年，并很快获得普及，代替旧式和装本占据了书刊市场。[19]中国的铅字活版，早于日本，但洋式装订的采用，却比日本要晚。据实藤惠秀的研究，中国人最早出版的洋装书，可能是 1900 年 8 月留日学生唐宝锷、戢翼翚的《东语正规》，以及同年 12 月留日学生组织的译书汇编社刊行的《译书汇编》丛书。这两种书都是在东京印装的，很明显，都直接受到了日本的影响。实藤氏认为，中国采用洋式装订较晚，并不是因为不了解洋装技术，而是中国阅读旧装书的传统习惯力量太强。他特别提到梁启超，说被称为中国近代报人始祖、最喜欢新潮的梁氏主持的《清议报》竟也用的旧装，直到 1902 年创办《新民丛报》和《新小说》，受到留学生出版物的启发和刺激，才改用洋装，由此可见，装订样式“虽是很小的改革，也来之不易”。[20]

但在《新小说》问世之前，梁启超已注意到或者实际采用了洋式装订。《清议报》第 100 期所刊的一则广告说，该报馆拟将《佳人奇遇》和《经国美谈》合为一册，“用洋装精式钉装成帙，尽本年内出售”。该期杂志出版于 1901 年 12 月，如果广告所说的内容确实落实了的话，那么，中国近代小说最早的洋装本，就应该是这两部政治小说译本的合集。

梁启超在日本的小说出版活动,虽然时间不长,又因为距离国内读者市场较远,出版的数量也不太大,但却促成了小说与定期刊物、与铅印洋装技术的结合,确立了近代小说出版的基本规范,并带动了中国小说出版形态从传统向近代的转变,其作用应该得到重视。而出版形态的变化,无疑要影响到小说创作与阅读方式的变化。就创作来说,杂志出版的时间要求,使近代作者不可能像古代作家那样"披阅十载",从容推敲,却会从另一方面促发作家的创作/生产热情;比如梁启超的《新中国未来记》,据说酝酿了五年也未能动笔,最后梁氏决心办《新小说》,"限以报章,用自鞭策",才强迫自己把作品写了出来。[21]从读者方面看,杂志的定时可期待性,同一杂志上多部作品的可参照性,都会带来以往不曾领略过的乐趣。洋装书(不管是杂志还是单行本)翻阅检索的便利,则为读者反复品味提供了更多的可能。而新的阅读方式养成的新的阅读趣味,又势必反过来对小说创作提出新要求。本文无法详细探讨合作—出版—阅读之间的互动关系,及其在小说文本上的体现,但这肯定是一个诱人的课题。

(附言:本文在调查与写作过程中,曾得到日本岩手大学深泽秀男先生、菲莉斯女子大学江上幸子先生的指教与帮助,在此谨致谢意。)

注释:

①③⑫⑭⑮ 参见《梁启超年谱长编》,第159~166页,第169页,第272页,第131页,第487页,丁文江、赵丰田编,上海人民出版社,1983年8月。

② 参见中村聪:《日本横滨大同学校》,东洋大学《中国哲学文学纪要》,1995年第3号。

④ 李喜所、元青:《梁启超传》,人民出版社,1994年4月。

⑤ 《中国近代期刊汇编·清议报》,中华书局,1991年9月。

⑥ 伊藤泉美:《冯自由》,《横滨开港资料馆馆报》,第32号,1990年11月。

⑦ 加藤祐三等著《横滨/今·昔》(横滨市立大学1990年刊行)说:开港初期来到横滨的中国人,大都是欧美公司与商社的买办或雇员,这些人中,后来有的积蓄了财力,成了独立的贸易商。

⑧ 《革命逸史》初集1~2页,台湾商务印书馆,1953年2月。

⑨ 19世纪初叶,西方传教士就在香港等地开始尝试汉字的铅字活版印刷,1859年美国长老会的美华书馆从宁波迁至上海后,铅印技术获得较大进展,业务也渐渐扩大,一些中国雇员就在这里学到了近代的印刷技术。而日本则要到上海购买铅字,或把书稿送到上海印刷。但1869年日本的活字研制者本木昌造得到上海美华印书馆美国技师的指导后,日本的铅字活版印刷业很快就获得显著发展,并颇有青出于蓝的势头。特别是东京筑地活版所和秀英舍(1887年)开设之后,很快就在上海设立分店,在日本国内也不断接受中国的印刷委托。(参见日本经济社1994年10月版高桥康雄《媒体的曙光》、实藤惠秀《中国人留学日本史》第6章)

⑩⑬ 参见伊藤泉美:《居留地的中国人印刷装订文具店》,《横滨开港资料馆馆报》,第37号,1992年4月。

⑪ 参见《清议报》第11册广告:“华英字典出售”。

⑯⑱ 《本馆第100期祝词并论报馆之责任及本馆之经历》,《清议报》,第100期,1901年12月。

⑰ 参见山本文雄:《日本新闻出版史》,东海大学出版会,1992年1月增补版。

⑲ 李孝德:《表象空间的近代》第6章,新曜社,1996年2月。

⑳ 实藤惠秀:《中国留学日本史》第6章。

㉑ 梁启超:《新中国未来记·绪言》,《新小说》第1号。

原载《清华大学学报》哲社版1996年第4期

梁启超与《时务报》

沈继成

梁启超是中国历史上以政治家身份从事报刊活动的第一人,

善于利用报刊进行舆论宣传是他一生政治活动的突出特点和优势。他的如椽大笔在中国政海曾几度搅起过巨波狂澜，推崇他的人称赞他为“舆论骄子”，痛恨他的人诅咒他是“文坛野狐”，他自己则以言论界、思想界之陈涉自任。梁启超从追随乃师康有为参与“公车上书”起就开始在士人中小有名气，但真正在晚清政坛崭然见头角并赢得“齐名南海，并称康梁”的声誉，则是在主编《时务报》之后。

一　主编《时务报》，推动中国近代第一次办报高潮

梁启超参与创办的第一份维新刊物是《中外纪闻》。该刊在以慈禧太后为首的顽固派的打压下，于 1896 年 1 月 20 日被迫停办，梁启超本人的“服器书籍皆没收，流浪于萧寺中者数月”①，十分狼狈，维新派以变法图强为目的的结党办报活动遭到了第一次严重挫折。然而梁启超却从《中外纪闻》的变法言论使“朝士乃日闻所不闻，识议一变”②的事实中受到了鼓励，看到了报刊的巨大作用，“自审舍言论外未由致力，办报之心益切”③。他决心继续创办报刊，利用报刊这种反应敏捷，传递快速，覆盖面广泛而稳定的大众传媒形式，大力宣传维新思想，创通变法风气，为维新运动的深入发展作必不可少的舆论上的准备。从一开始就抓住报刊这一重要工具为政治斗争服务，这正是梁启超政治上的成熟和高明之处。

1896 年春，维新派人士黄遵宪、汪康年倡议在上海创办一份以“时务”命名的刊物，作为维新派的舆论阵地。1896 年 4 月，梁启超应邀赶赴上海参与筹备工作。8 月，《时务报》正式创刊。《时务报》虽名为“报”，实则是一份每期三十页左右的书本式的旬刊，以宣传维新变法、救亡图存为宗旨，以“论说”和翻译外报为主要内容。公推梁启超任主笔，汪康年任经理，先后参加编撰工作的有

麦孟华、徐勤、欧榘甲、章炳麟、王国维,在他们周围还有马良、马建忠、严复、谭嗣同、容闳等人。于是,在经过北京强学会和《中外纪闻》被查禁,海内"渐讳新政"的短暂沉寂后,以《时务报》为中心,一批维新志士开始在上海重新聚集。《时务报》即成为维新运动的一面旗帜,而举旗者就是23岁的青年梁启超。

从《时务报》创刊到1897年11月去湖南长沙担任时务学堂总教习,梁启超主持《时务报》笔政有一年零三个月时间。此时的梁启超意气风发、才华横溢、无所畏惧,为这份虽无维新派机关报之名,却有机关报之实的刊物倾注了极多的心血。两年后,他回忆当时情形时说:"每期报中论说四千余言,归其撰述;东西文各版二万余言,归其润色;一切牍奏告白等项,归其编排;全本报章,归其复校。十日一册,每册三万字,经启超自撰及删改者几万字,其余亦字字经目经心。六月酷暑,洋蜡皆变流质,独居一小楼上,挥汗执笔,日不遑食,夜不遑息。记当时一人所任之事,自去年以来,分七八人始乃任之。"④可见,梁启超不仅是这份刊物的主编,还亲自担负了编辑、编务、撰稿、校对等工作,集编、撰、校于一身。

由于梁启超的出色工作,《时务报》出版后即受到广泛欢迎,"一时风靡海内"⑤,成了对全国发生巨大影响的维新派刊物。它的发行点很快从十几处增至一百多处,发行地区从沿海大城市延伸到边远小城镇。起初每期只销四千份左右,数月之间,销行至万余份,最多时达一万七千多份。尤其是梁启超本人的论说文,新颖活泼,有声有色,"士大夫爱其语言笔札之妙,争礼下之,自通都大邑,下至僻壤穷陬,无不知有新会梁氏者"⑥。梁启超等人通过《时务报》把他们的思想诉诸社会,左右舆论,"以笔舌倾动人主","借报章鼓簧天下",在各界人士中产生了很大影响,所以胡思敬在《戊戌履霜录》中说:"自时务报出,张目大骂,如人人意欲所云,江淮河汉之间,爱其文字奇诡,争传诵之。"《时务报》因梁启超风行天下,梁启超亦因《时务报》名扬四海,从此,他开始走出乃师康有为的影子，成为清末政坛的风云人物、维新思想的杰出代言人。

在此期间，除主编《时务报》外，梁启超还参与策划和积极支持澳门《知新报》，湖南《湘报》，或为其撰写叙例，当时全国五十多家报刊，至少有十多种与他有过关系。对作为维新派在华南的舆论重镇的《知新报》，梁启超更是"全力助成"。他不仅为该报拟定报名，还帮助草拟章程，筹措经费，并兼任该报撰稿人，先后在该报发表了《〈知新报〉叙例》、《说群》、《新学伪经考叙》、《保国会演说》等 18 篇文章。由于《知新报》远在澳门出版，清政府鞭长莫及，因此，有些言论之激烈甚至超过了《时务报》。《知新报》与《时务报》南北呼应，紧密配合，对维新思想的传播，对士大夫知识分子的思想解放，都起过很大的促进作用。

《时务报》的成功使全国各地维新人士深受鼓舞，各种鼓吹变法的刊物，如《国闻报》、《湘报》等二三十家报刊先后面世，正如梁启超所言："时务报后，澳门知新报继之，尔后一年间，沿海各都会，继轨而作者风起云涌，骤十余家，大率面目体裁悉仿时务，若惟恐不肖者然。"⑦在维新报刊外，女报、白话报以及消闲性报刊也如雨后春笋般地在全国各地创办起来，如 1898 年 7 月出版的由康有为的女儿康同薇和梁启超的妻子李蕙仙等任主编的《女学报》是最早的妇女报，1898 年 5 月创刊的《上海晚报》是最早的由中国人自办的晚报，1897 年 10 月创办的《译书公会报》是中国最早的译报，1897 年 5 月面世的《集成报》是中国最早的文摘报。《蒙学报》、《演义白话报》、《无锡白话报》等最早的白话报刊也在这一时期先后问世。以上海为中心，这一时期还出现了一批由著名文人李伯元、吴趼人等主编的小型文艺报刊，其中有《指南报》、《采风报》、《笑报》和《趣报》。

中国人自办近代报刊是在外报的刺激和影响下开始的。从伍廷芳 1858 年在香港创办《中外新报》，到 80 年代末，在香港和广州、上海等内地城市，先后出现了近二十家中国人自办的报刊。只是这些报刊除在香港出版的几份存在时间较长外,其余存在的时间都很短,阅读的人不多,影响十分有限。到到维新运动兴起,《时务报》破土而出、应运而生,大众传媒制造鼓吹变法革新舆论,成为举世瞩目的热点,中国近代报刊发展开始形成第一次高潮。

二 提出"耳目喉舌"论,揭示报刊的多方面功能

梁启超毕生致力于报刊事业,对报刊的功能和作用有十分精辟的见解。他在《时务报》上发表的第一篇文章就是《论报馆有益于国事》。在该文中,他提出"耳目喉舌"论,用耳目喉舌之喻说明了报刊"去塞求通"的作用。其后又在自己主编的《清议报》、《新民丛报》等报刊上发表《本馆第一百册祝辞并论报馆之责任及本馆之经历》、《论舆论之母与舆论之仆》、《敬告我同业诸君》等文,继续阐发这一思想,论及创办报刊的必要性、重要性及巨大作用,且断言"学生日多、书局日多、报馆日多"[⑧],是影响中国前途至关重要的三件大事。梁启超的新闻思想和报刊理论十分丰富,仅《时务报》所及,略有以下数端。

第一,他认为报刊是国家和国民的"耳目喉舌",是"去塞求通"促使国家富强的重要工具。

在《论报馆有益于国事》[⑨]中,梁启超认为"觇国之强弱,则于其通塞而已","中国受侮数十年"就在于清政府的"壅塞",壅塞的表现一是"上下不通",二是"内外不通"。上下不通使君民隔膜,"故无宣德达情之效",内外不通使中外阻塞,"故无知己知彼之能"。因此,这种壅塞严重地阻碍了社会的进步和国家的强盛。如何才能去塞求通呢?他说最好的办法就是多办报。他对西方各国广设报馆,"有一学即有一报","或季报、或月报、或半月报、或旬报、或七日报、或五日报、或三日报、或两日报、或每日报、或半日报","朝登一纸,夕布万邦,是故任事者无阂隔蒙昧之忧,言学者

得观善濯磨之益”的情况推崇备至。他高度评价报刊的作用说:“阅报愈多者,其人愈智;报馆愈多者,其国愈强。曰:惟通之故。”所以他说国之有报纸,犹人之有耳目喉舌。他痛感中国报业的不发达,致使“比邻之事而吾不知,甚乃同室所为不相闻问”,这是“有耳目而无耳目”,“上有所措置不能喻之民,下有所苦患不能告之君”,这是“有喉舌而无喉舌”。无耳目、无喉舌,就像聋子瞎子哑子,“是曰废疾”。“其有助耳目喉舌之用,而起天下废疾者,则报馆之为也。”因此,他主张中国应该学习西方各国,民间要大力创办报刊,国家要大力保护报刊,充分发挥报刊“上下通”、“内外通”、“去塞求通”的功能,使国家臻于富强。

第二,他认为报刊具有强烈的政治性、党派性,是政治斗争的重要武器。

以康有为、梁启超为首的维新派是以办学会和办报刊,首先是办报刊,来开始他们的政治活动的。在近代中国,梁启超是以政治活动家的身份亲自办报的第一人。对他来说,政治家办报可谓自始即然。维新派人士认为,报刊是唤起舆论、造成舆论,揭露社会现实问题,抨击清廷秕政,宣传变法维新思想,争取实现政治革新的重要武器和救国手段,用他们自己的语言概括,就是参与政治斗争的“利器”。梁启超并不讳言自己所办报纸的政治性、党派性。他坦然承认,他主编的《时务报》、《清议报》以及《知新报》就是“以一党之利益为目的”的党报⑩。在他写的《〈清议报〉叙例》中,他公开申言该报的性质:“为国民之耳目,作维新之喉舌。”⑪他毫不掩饰地说,他办报的目的就是使“天下人咸知变法”,“知新法之实有利益”,“而阻挠者或希矣”⑫。他对报刊事业寄于极大的希望,在《时务报》创刊号上即满怀信心地预言,“准此行之,待以岁月”,必能“风气渐开,百废渐举,国体渐立,人才渐出”⑬,大声疾呼:“报馆有益于国事。”一再强调报纸的社会政治作用,把报纸当作救国的手段,是梁启超的远见卓识,在当时是难能可贵的。正是基于这种认识，在现实的政治斗争中，梁启超等人往往先办报，用报刊造成舆论，打开局面，扩大影响，争取群众，尤其是争取官员和士大夫知识分子的同情和支持，即所谓“欲开民智，先开官智”，在“报馆之议论既浸渍于人心，则风气之成不远”的基础上再建立政治团体，推动政治改革。这就是梁启超主张为了建立议院，讲求法律，创立新的国体，必须先办报，“度欲开会，非有报馆不可”⑭的原因。以梁启超办《时务报》为肇始，中国近代各政治团体、各党派、很多政治人物，也都十分注意办报，并把报刊作为政治斗争的一个重要工具。

第三，他认为报刊是“开民智”、“育人才”的重要手段。

梁启超极其重视报刊在教育读者，提供新知，开通民智，培育人才等方面的功能。在维新运动期间，康、梁等人提出了一整套政治改革方案。而政治改革能否实现，国家能否兴民权、行民主，能否变法维新转弱为强，最关键的就是要唤起国民的议论，振刷国民的精神，提高国民的教育程度。所以梁启超一再强调：“故言自强于今日，以开民智为第一义。”⑮那么，在晦盲否塞达于极点的中国又如何开民智呢？他提出了三条途径：一是办学校，二是兴学会，三是开报馆。事实上，三途之中，梁启超又更加看重报纸的作用，用力也最多。因为在他和其他维新人士看来，办学校是开通青少年之智，兴学会是开通成年人之智（主要是官智），惟有报纸是兼而有之，一纸之出，“不得观者观，不得听者听”⑯，信息传布的空间大幅度扩展，城市和乡镇的广大民众都进入受众群体，在启迪民智，开通风气，社会启蒙上，较之学校、学会，报刊的影响更加深远、广泛。他认为，“去塞求通，阙道非一，而报馆其导端也。……阅报愈多者，其人愈智。报馆愈多者，其国愈强”，甚至说，“报馆者政本之本，而教师之师也”⑰，道理即在于此。为了充分发挥报纸开民智、育人才的功能，梁启超一方面在《时务报》上撰文指斥清廷秕政，微论民权思想，广译五洲近事，详录各省新政，以时事和政论为主，大造变法维新舆论，进行政治启蒙；另一方面在报纸上又辟有专栏，“旁载政治学艺要书”，使“阅者知一切实学源流门径与其日新月异之迹”[18]，“取万国之新思想以贡于其同胞”，“摧陷廓清，以变其脑质”[19]，造成新国民。

在近代中国，梁启超是最早对报刊的重要功能有深刻认识的少数政治活动家之一。在维新运动期间，他自觉地把报刊作为政治斗争的重要工具，积极地利用《时务报》为维新运动鼓噪呐喊，制造舆论。他在一篇文章中曾满怀激情地说：“报馆者国家之耳目也、喉舌也，人群之镜也，文坛之王也，将来之灯也，现在之粮也。伟哉！报馆之势力，重哉！报馆之责任。”[20]他自己则身体力行，从22岁主编《中外纪闻》，开始其报馆生涯，到1920年旅欧回国参与主编《改造》半月刊，前后达25年之久，主编的刊物有《中外纪闻》、《时务报》、《清议报》、《新民丛报》、《新小说》、《政论》、《国风报》、《庸言》、《大中华》和《改造》，可以说，他将其半生精力都倾注于办报以广开民智的事业上了。

三 创造“时务文体”，开启一代文风

梁启超主编的“报”既有报纸，也有杂志，实际上他更重视兼有政治和时事性材料、介于报纸和杂志之间的时事政治性期刊。对政治期刊来说，政论占有十分重要的地位，它不仅是进行政治宣传的重要手段，也是衡量一家刊物是优是劣的主要标志。因此，这一时期几乎所有的维新派重要报刊，都把主要精力用于每期都必不可少的报刊政论的写作上。为了使政论文章更易于为广大受众接受，更好地向社会宣传变法维新的新思想，迫切需要一种适合时代需要的新的表现形式，于是一种通俗自由新颖的报刊政论文体即“时务文体”就在这种情况下应运而生了。

梁启超等维新派报刊政论家在创作实践中，继承了早期维新

思想家王韬、郑观应等人的政论传统，创造出一种新颖的政论文体，当时人称为“时务文体”、“新文体”或“报章文体”。时务文体是从梁启超在《时务报》上发表洋洋洒洒数万言的《变法通议》开始的，并以梁启超为时务文体的代表人物。这种文体形式自由，富于表达力，为宣传维新派的政治主张，发挥了很大的作用。特别是梁启超的文章，“介乎仅为少数学者所懂的古文，及劳动者所能了解的俗语之间”[21]，使《时务报》以极其清新的风格，吸引广大读者，受到社会的广泛欢迎。诚如梁启超所言：“时务报起，一时风靡海内，数月之间，销行至万余份，为中国有报以来所未有，举国趋之，如饮狂泉。”[22]梁启超的文章何以有如此大的魔力呢？这是因为他的文章除具有当时政论文章的一般特点之外，还形成了鲜明的个人风格。其政论风格从《时务报》上的文章开始形成，在1898年出版《清议报》上的文章成熟，至1902年在《新民丛报》上发表《新民说》、《少年中国说》等一系列文章达到顶峰。

梁启超开创的“时务文体”，其特点，用他自己的话概括，略有下列几条：

其一，“纵笔所至不检束”。即要求解除写作上的清规戒律、条条框框，摆脱各种古文义法的束缚，打破古文、时文、散文、骈文的界限，实行文体上的“自解放”、大解放。这是因为梁启超等人的政论文章，宣传的是救亡图存、变法维新的政治主张和各种新颖思想，其目的是“取万国之新思想”改变国民的“脑质”，为实行政治改革摇旗呐喊，鸣锣开道。而且报纸这种大众传媒改变了文化传播形式，扩大了受众的空间分布和社会层面，接受对象并不限于官员和士大夫知识分子，还扩及到一些文化程度并不太高的一般民众。因此，旧的表现形式不仅无法容纳全新的内容，而且也不能满足社会公众的需要。这就要求彻底摆脱桐城派古文、八股文的僵死文体的束缚，抛弃“代圣立言”、“文以载道”、“托古证今”的教条，应于时势，畅所欲言，用自己的笔写自己要说的话，用通俗的文字发挥新颖的思想。

其二,“务为平易畅达,时杂以俚语、韵语及外国语法”。即要求文章的语言浅显流畅,明白通晓,摒弃矫揉造作、艰涩古僻的文字,同时又允许根据内容的需要,使用俗语、韵语及外来的词汇、句式和语法来论证问题、说明道理。这是因为梁启超等报刊政论家,为了开通民智和鼓吹变法的需要,在自己的刊物上向读者介绍了大量的有关西方社会科学和自然科学的知识,引用了大量的对于中国人来说十分陌生的名词术语。对于这些外来的新鲜东西,不能削足适履,只能兼容并包,允许它存在。既然如此,也就只能打破陈规,采用能够和它的极其丰富、广泛的内容相适应的表现手法了。

其三,“条理明晰,笔锋常带情感”。即要求文章层次清楚,逻辑性强,汪洋恣肆,酣畅淋漓,以饱带情感之笔,写流利畅达之文,使读者为之倾倒,受到鼓动,受到感染,在不知不觉中被说服,进而接受他们的主张。文章是写给人看的,要想自己的文章能说服人、感动人,要想别人动感情,写文章的人自己先得有感情、动感情、以情感人。梁启超是在甲午战后“敌无日不可以来,国无日不可以亡”之时走上政治舞台的。对民族的危亡,他忧心如焚,对朝廷的腐败、不思振作,他痛心疾首。他希望用自己情感激越的文字,把亡国的危险高山兀立般地展现在国人面前,震起警觉,启迪蒙昧!他旺盛的精力,横溢的才华,激荡的爱国热情,变法图强的坚强信念和对新中国美妙未来的憧憬,都要通过自己“灼然如炽火,热情如沸水,猛烈如飞瀑,奔腾如驰马”的文字表达出来。因此,他写出来的文章感情充沛,气势磅礴,“洋洋万言,雅俗共赏,读时则摄魂忘疲,读竟或怒发冲冠,或热泪湿纸”[23],“对于读者别有种魔力”。

以梁启超的政论为代表的时务文体,自由放纵,不拘一格。它不仅风靡一时,对辛亥革命时期乃至五四运动以后的文风都有极其深远的影响。报纸文体改革的成功,在很大程度上要归功于梁启超。但除梁氏之外,撰写时务文章的还有康有为、严复、谭嗣同、唐才常等人。只是他们的文章并非具有“时务文体”的全部特点。所以后人评论说:“就文体的改革的功绩论,经梁氏 16 年来的洗涤与扫荡,新文体(或名报章体)的体制、风格,乃完全确立。”㉔开启一代文风,是梁启超对中国新闻事业的重大贡献之一。

四　发表《变法通议》,系统阐述维新变法理论

《变法通议》是梁启超在《时务报》上发表的第一篇全面阐述他的变法主张的论文,也是戊戌变法期间最重要的代表作。正是这篇文章使梁启超声名远扬,成为维新思想的杰出代言人。这篇六万余言的长文由“变法通议自序”、“论不变法之害”、“论变法不知本原之害”㉕等十余篇论文组成,在该刊连载 21 期。在文中,梁启超以慷慨激昂的语调论述了变法的合理性和必要性,强调了能否认真实行变法是关系中国存亡的大问题,向清廷发出了“变则全,不变则亡”的严重警告。

在《变法通议》中,梁启超以西方资产阶级进化论的观点,阐述自然界中的一切事物都在不断变化,进而推论人类社会也没有一成不变的制度。他以中国的赋税制度由贡助之法一变而为租庸调,由租庸调一变而为两税法,由两税法一变而为一条鞭为例,说明人类社会的各种制度必须随着时代的变化而变化,古今中外,“无时不变,无事不变”,“法”是“天下之公器”,而“变”是“古今之公理”,这是社会历史发展的必然趋势,绝非人力所能抗拒和阻挠。他断言:“法行十年,或数十年,或百年,而必敝。”文章全面地、深刻地揭露了封建制度的腐朽,对清廷君臣上下“墨守祖宗成法”以致“百事废弛,率至疲敝,不可收拾”的行径进行了猛烈抨击。他警告清朝统治者说:在强邻四逼的险恶情势下,中国是“变亦变,不变亦变”,不是自己主动变,就要被人强迫变。主动变法,“变之权操诸己”;被迫变法,“变之权操诸人”。只有因势利导主动实行变

法，才可能“保国、保种、保教”，挽狂澜于既倒；而被强邻逼着变，其后果则“非吾之所敢言矣”。他要求清政府仿效日本明治维新，自变而强，否则就要像土耳其、印度、波兰那样被人“代变”，遭致瓜分亡国之祸。

梁启超对1860年以来清朝洋务派的“变法”即以练兵置械为主要内容的所谓“自强”新政提出了尖锐批评。在《论变法不知本原之害》中，他指斥洋务派空言变法而专事“练兵”、“购械”是“不知本原”，是“补苴罅漏，弥缝蚁穴，漂摇一至，同归死亡，而于去陈用新，改弦更张之道，未始有合也”。所以他认为，洋务派的变法只能叫做“弥补”、“变事”，而弥补、变事并不是真正的变法。非但顽固派的守旧不变，非致亡国不可，洋务派的“小变”、“变事”也达不到“富国强兵”的目的，反而是弊病百出，奸宄丛生，贻害社会。

梁启超是主张从“根本”上进行变法的，那么究竟什么是“根本”呢？怎样变法才是他说的“全变”、“大变”、从根本上变呢？他回答说：“吾今为一言以蔽之曰：变法之本，在育人才；人才之兴，在开学校；学校之立，在变科举，而一切要其大成，在变官制。”可见，在梁启超看来，变法的本原或根本，就是要改变“官制”，要学习西方的“法度政令”，进行社会政治的改革，而着眼点则在于开民智。

梁启超一贯关注国民的教育问题。他认为，由于封建统治者长期推行愚民政策和封建科举制度对知识分子思想的束缚，导致中国社会人才的缺乏已达极点。而中国欲求自强，变法欲求成功，关键在于人才。只有当国民的教育程度有了普遍提高，国民的素质有了明显的改善，国民对外部世界有了更多的了解，维新变法、民权政治才有了坚实的基础。反之，如果广大国民缺乏爱国心、独立性、公益心、自治力，愚昧无知，放荡无纪，公德缺乏，智慧不开，连起码的民主意识都没有，就根本谈不上兴民权，行民主，推行政治改革。后来在著名的《新民说》中，他进一步阐发了开民智的重要性，“苟有新民，何患无新制度，无新政府，无新国家”[26]。那么如何开民智、育人才、造就新国民呢？梁启超指出，最好的办法就是改变毒害中国知识分子一千几百年的科举制度，学习西方资本主义国家的教育制度，普遍设立包括女学、幼学、师范在内的各级各类学校，提倡西学、学习西学，对广大国民进行民主与科学的启蒙教育。他变科举、开学校的主张，传播了西方资产阶级的教育理论，对封建教育制度和科举制度无疑是有力的冲击。

但是，中国的问题又不仅仅是人才的缺乏已达极点，更为严重的是，吏治的败坏也达极点。在《变法通议》中，他对清朝官场的空前的腐败进行了无情的揭露，认为绝对不能指望那些老耄守旧的“肉食官吏”进行维新变法。要变法先得变人，即破格擢用新进人才，逐渐淘汰守旧官吏。所以梁启超说，“而一切要其大成，在变官制”，即改变造就那些“肉食官吏”的官僚制度，学习西方的“法度政令”，实行君主立宪制。他的这种认识与康有为“宜变法律，官制为先”[27]，“故制度局之设，尤为变法之源”[28]的主张完全一致，都表明了维新派对改革官制的高度关注。

总之，梁启超在《变法通议》中论及了当时政治、经济、文化、教育、军事诸方面的问题，第一次全面系统地将维新派的变法改革主张诉诸社会，实为维新运动的一份纲领性文件。尤其是那“变亦变，不变亦变”的呼喊，危言耸听，振聋发聩，说出了人人想说又不敢说的话，大有登高一呼，万山环应之势，朝野上下无不为之震动。

除《变法通议》外，梁启超在《时务报》上还刊载了《论报馆有益于国事》、《波兰灭亡记》、《论中国积弱由于防弊》、《古议院考》、《说群自述》、《论中国之将强》、《论军政民政相嬗之理》、《知耻学会叙》、《西学书目表后序》等重要论著，极力宣传“伸民权”、“抑君权”、“设议院”等带有资产阶级民主色彩的观点。他以进化论和西方资产阶级政治学说为武器，对两千年来的封建专制制度发起了极其猛烈的冲击，动摇了历来当作封建政治宪法的儒家经典，使资产阶级民权思想开始在古老的中国大地上广泛传播，在中国近代第一次思想解放运动中起到了巨大的作用,产生了极其深远的影响。

注释:

①③ 梁启超:《莅报界欢迎会演说词》,载《戊戌变法》丛刊(四),神州国光社1953年版,第255页。

②㉗ 《康南海自编年谱》,载《戊戌变法》丛刊(四),第132、140页。

④ 梁启超:《创办时务报原委》,载《戊戌变法》丛刊(四),第524页。

⑤⑦⑩⑰⑲⑳㉒ 《本馆第一百册祝辞并论报馆之责任及本馆之经历》,见《饮冰室合集·文集之六》,中华书局1989年版。

⑥ 胡思敬:《戊戌履霜录》卷四,载《戊戌变法》丛刊(四),第47页。

⑧ 梁启超:《警告我同业诸君》,载《新民丛报》第17号,1902年10月3日。

⑨⑬⑱ 《论报馆有益于国事》,见《饮冰室合集·文集之一》。

⑪ 梁启超:《〈清议报〉叙例》,载《清议报》第1号,1898年12月23日。

⑫ 《戊戌政变记》,见《饮冰室合集·专集之一》。

⑭ 丁文江、赵丰田:《梁启超年谱长编》,上海人民出版社1983年版,第40页。

⑮㉕ 《变法通议》,见《饮冰室合集·文集之一》。

⑯ 《〈湘报〉后叙》,见《谭嗣同全集》,中华书局1981年版。

㉑ [英]李提摩太:《中国的维新运动》,载《戊戌变法》丛刊(三),第560页。

㉓㉔ 吴其昌:《梁启超》,第28、29页。

㉖ 《新民说》,见《饮冰室合集·专集之四》。

㉘ 康有为:《应诏统筹全局折》,载《戊戌变法》丛刊(二),第200页。

参考文献:

[1] 中国史学会主编:《戊戌变法》,神州国光社1953年版。

[2] 梁启超:《饮冰室合集》,中华书局1989年版。

[3] 丁文江、赵丰田编:《梁启超年谱长编》,上海人民出版社1983年版。

[4] 董方奎:《梁启超与立宪政治》,华中师范大学出版社1991年版。

原载《华中师范大学学报》1998年第5期

也论梁启超的编辑出版思想

刘文俊

梁启超(1873~1929年),广东新会人,近代著名的资产阶级启蒙思想家,同时也是著名的报刊活动家、新闻思想家。从早年办《时务报》到晚年主持《庸言》,他主编或参与办的报刊前后有十多种,在国内外新闻出版界产生了很大影响。除有丰富的实践经验以外,梁启超撰写了编辑出版学论文三十余篇,包括:《论报馆有益于国事》、《敬告我同业诸君》、《国风报叙例》、《舆论之母与舆论之仆》、《读十月初三日上谕感言》等,形成了其内容丰富、独具特色的编辑出版思想。对于梁启超的编辑出版思想,以前曾有学者论及,但多对他编辑出版思想的消极方面强调过多,对他在我国新闻出版史上的地位没有给予应有的评价。本文试图补充前人所论之不及和不足。

一　注重选题组稿,体现时代潮流

梁启超批评戊戌变法前报刊登载的文章多为低级趣味,无所取义,内容贫乏,"以故报馆之兴数十年,而于全国社会无纤毫之影响"。①他主张报刊应多刊载那些关心国家大事、民族命运、探求救亡图强之道,唤醒民众、教育民众的文章。并具体规范报刊文章的内容是:"广译五洲政事,则阅者知全地大局,与其强盛弱亡之故,而不至夜郎自大,坐眢井以议天地矣。详录各省新政,则阅者知新法之实有益,及任事人之艰难经画,与其宗旨所在,而阻挠者或希矣。博收交涉要案,则阅者知国体不立,受人嫚辱,律法不讲,为人愚弄,可以奋励新学,思洗前耻矣。旁载政治学艺要书,则阅者知一切实学源流门径,与其日新月异之迹,而不至抱八股八韵考据词章之学,枵然自大矣。”②梁启超自认为他创办的《清议报》有四大优点:一曰倡民权,二曰衍哲理,三曰明朝局,四曰厉国耻,“此四者,实惟我《清议报》脉络神髓,一言以蔽之曰:广民智、振民气而已”。①1902年,梁启超在任《新民丛报》主编时,为报纸开列了25个栏目,即:图画、论说、学说、时局、政治、史传、地理、教育、宗教、学术、农工商、兵事、财政、法律、国闻短评、名家丛谈、舆论一斑、杂俎、问答、小说、文苑、介绍新著、中国近事、海外汇报、余录。这25项内容,涉及社会生活的各个方面,读者层面包括社会各个阶层,体现了梁启超关于报刊思想内容的总体思路,反映了他对当时客观现实和读者阅读需要的科学估价。《新民丛报》按上述思想内容选材组稿,很受读者欢迎,一时供不应求。在出版《新民丛报》的同时,梁启超又创办了中国第一份专门刊登小说的杂志,即《新小说》。他认为旧小说多描写帝王宰相、才子佳人、江湖盗贼、妖巫狐兔,与社会现实关系不大,与时代潮流相违背,因而主张改造旧小说。他在《新小说》第1期上撰文指出:“欲新一国之民,不可不先新一国之小说。故欲新道德,必新小说;欲新宗教,必新小说;欲新政治,必新小说;欲新风俗,必新小说;欲新学艺,必新小说;乃至欲新人心,欲新人格,必新小说。”③(P3)尽管梁启超对小说的作用有所夸大,但这段话反映了他想利用具有新的思想内容的小说改造社会、改造国民的愿望。

总之,梁启超认为报刊文章的内容要反映时代的特点与要求,要为救亡图强,提高民族素质服务。

二　革新报刊文体,满足读者需要

清代,科举考试是写作八股文,天下读书人竞相练习八股文,遂致思想僵化,人才难以脱颖而出。在散文创作上,桐城派古文盛行一时。梁启超攻击八股文不过是“数千年民贼之所以驯伏吾民”的工具;④(P85)批评桐城派古文“以文而论,因袭矫揉,无所取材;以学而论,则奖空疏,阏创获,无益于社会”⑤。由于旧文体晦涩难懂,脱离广大群众,所以早在戊戌变法时期,梁启超就倡导写新诗,作新文,呼吁言文合一。创办《新民丛报》后,梁启超实践了自己文体改革的主张,不仅自己写文章力求通俗易懂,而且要求其他作者也尽量写得平易朴实;对于一些写得艰深难懂的文章,则以自己的要求加以修改。由于通俗易懂,《新民丛报》上的文章曾受到许多读者的欢迎,人们把梁启超首创的这种报章文体叫做“新民体”。这种新文体尽管还只是一种通俗的文言体,但有许多新的特点:(1)“纵笔所至不检束”,畅所欲言,肆笔自如;(2)“务为平易畅达”,口语化,大众化;(3)用国外传入的新名词,用标点符号;(4)“笔锋常带情感”,富于感染力;(5)在结构修辞上,常用排比、夸张、比喻。

新文体的运用使一般民众也能看懂报刊上的文章,从而拉近了读者与报刊的距离,扩大了读者面,报刊逐渐成为人们文化生活的一个重要方面。梁启超新型报章文体的成功,吸引了许多报刊竞相模仿,极大地促进了报刊业的发展,直到今天,梁启超那种面向广大读者、服务读者的报刊从业态度,对我们仍有借鉴意义。

三　认清报刊职责,明确出版原则

梁启超认为报刊影响巨大,关乎国家民族的命运。他说:“报业者,实荟萃全国人思想言论,或大或小,或精或粗,或庄或谐,或激或随,而一一介绍之于国民。故报馆者,能纳一切,能吐一切,能生一切,能灭一切。西谚云,报馆者,国家之耳目也,喉舌也,人群之镜也,文坛之王也,将来之灯也,现在之粮也。伟哉!报馆之势力;重哉!报馆之责任。”①在《论报馆有益于国事》一文中,梁启超把报刊的职责归纳为“去塞求通”四个字。他针对清末中国社会闭关自守、妄自尊大、愚昧无知的状况，指出一个国家的强与弱取决于国情的“通”与“塞”，“通”包括通上下和通中外两个方面：通上下是把政府的政策“喻之民”，把百姓的下情达于上；通中外是为了“知己知彼”，打破闭关锁国的局面。后来梁启超又进一步把报刊的职责概括为“监督政府”和“向导国民”两个方面。并就此展开了系统的论述。梁启超之所以会产生上述思想，在于他具有资产阶级民主思想。出版自由是梁启超新闻学说的思想理论基础，他把思想、言论、出版的自由看做民主社会建设的基本要素。他说，思想、言论、出版自由，“此三大自由者，实惟一切文明之母，而近世世界种种现象，皆其子孙也”。①

认清报刊的职责以后，就应该确定报刊编辑出版的原则。梁启超曾经提出四条衡量报刊好坏的标准，也就是办好报刊的四条原则：一曰宗旨定而高。宗旨是报刊的灵魂。梁认为“为报馆者，不可不以热情慧眼，注定一最高宗旨而守之”。报刊应当“以国民最多数之益”为宗旨，不应该以“牟利”、“媚权贵”、“悦市人”为宗旨。宗旨要一贯，目标要高远，这样报刊才会有生命力，才能办出特色。二曰思想新而正。梁启超认为报刊贵在“能以语言文字开将来之世界也。使取人人所已知者而敷衍之，则与其阅报，何如坐禅？使拾前之所已言者而牙慧之，则与其阅报，何如视戏？故思想不可以不新”。又说：“交换智识，实惟人生第一要件，而报馆之天职，则取万国之新思想以贡于其同胞者也。”所谓“正”，就是对各种新思想、新知识要有选择地介绍，要看是否适合中国国情，是否对国家有利，对读者有益。三曰材料富而当。就是说，为满足社会各阶层读者的不同阅读需要，要选择丰富而恰当的内容登载于报刊上，要使读者“阅一字而得一字之益”。四曰报事确而速。新闻报道准确无误是取信于读者的前提，迅速及时是赢得读者的重要因素。梁启超指出：“报之所以惠人者不一端，而知今为最要。故各国之报馆不徒重主笔也，而更重时事，或访问，或通信，或电报，费重资以求一新事，不惜焉。”①

四　规范论说记事，提高职业意识

梁启超把论说看做左右舆论的关键，他曾提出论说应遵守“公、要、周、适”四项原则：

> 第一以公为主。不偏徇一党之私见，非好为模棱，实鉴乎挟党见以论国事，必将有辟于亲友，辟于所贱恶，非惟自蔽，抑其言亦不足取重于社会也，故勉避之。
>
> 第二以要为主。凡所讨论，必一国一群之大问题，若辽豕白头之理想，邻猫产子之事实，概不置论，以严别裁。
>
> 第三以周为主。凡每日所出事实，其关于一国一群之大问题，为国民所当厝其意者，必次论之，或著之论说，或缀以批评，务献刍荛，以助达诚。
>
> 第四以适为主。虽有高尚之学理，恢奇之言论，苟其不适于中国今日社会之程度，则其言必无力而反以滋病，故同人相勗，必度可行者而言之。⑥(P659～660)

这四条原则的主要精神就是要实事求是，有利于国计民生。

关于记事，梁启超提出了“博、速、确、直、达”5条原则。“博”即消息来源渠道要多样；“速”即新闻报道要迅速，要让读者先睹为快；“确”即新闻报道要真实；“直”即忠于实事，无所隐讳；“正”即光明磊落，不揭人阴私，不借端报复。

在《论报馆有益于国事》一文中，梁启超明确表示反对报刊文章的五种弊端：

记载琐故，采访异闻，非齐东之野言，即秘辛之杂事，闭门而造，信口以谈，无补时艰，徒伤风化，其弊一也。军事敌情，记载不实，仅凭市虎之口，罔惩夕鸡之嫌，甚乃揣摩众情，臆造诡说，海外已成劫烬，纸上犹登捷书，荧惑听闻，贻误大局，其弊二也。臧否人物，论列近事，毁誉凭其恩怨，笔舌甚于刀兵，或扬颂权贵，或曳裾之阶梯，或指斥豪富，作苞苴之左券，行同无赖，义乖祥言，其弊三也。操觚发论，匪有本源，蹈袭陈言，剿撮途说，或乃才尽为忧，敷衍塞责，讨论轶闻，纪述游览，义无足取，言之无文，其弊四也。或有译录稍广，言论足观，删汰秽芜，颇知体要，而借阐宗风，不出郑志，虽有断章取义之益，未免歌诗不类之憾，其弊五也。②

这五种弊端，都违背了报刊论说记事的原则。有上述弊端的文章，误导读者，贻害社会，编辑人员应避免让其见诸报刊，或将其修改后才载之报刊。

梁启超强调报刊从业人员的才气学识和道德风范的培养，认为编辑人员的职业素质决定着报刊的成败，决定着报刊是否受读者欢迎。他尤其强调报刊编辑应该品德高尚，要有奉献精神。他说："彼其造舆论也，非有所私利也，为国民而已。"④(P241)报刊编辑还要有独立人格，要敢于主持社会正义，敢于与邪恶作斗争。他说："报馆之天职，在指导社会，矫正社会，而万不容玩弄社会，逢迎社会。"⑦报刊要积极参与社会事务，促使社会进步，要在社会变革中扮演积极角色，而不是相反。

梁启超是资产阶级维新派最有影响的新闻理论家，也是中国近代报刊事业的奠基者之一，他的编辑出版思想极大地促进了中国近代报刊的发展，深刻地影响了一代报刊从业人员，在中国出版史上占有重要地位。但是，我们也应该看到，梁启超作为近代资产阶级启蒙思想家，由于时代及个人思想认识的局限，他的出版思想中也有一些消极、落后的因素，对此，我们要有清醒的认识。对他的编辑出版思想，我们不能全盘吸收。同时，他的编辑出版思想中，对编辑出版的内在规律涉及不多，这不能不说是他编辑出版思想的一个缺陷。当然，我们不能过多地苛求他，因为梁启超在近代史上扮演的主要是一个思想启蒙家的角色，他对中国近代社会的进步做出了多方面的贡献，至于对他编辑出版思想的完善与发展，则是我等后辈应做的事。

参考文献：

① 清议报第一百册祝辞并论报馆之责任及本馆之经历[A].饮冰室合集(文集第6)[C].北京：中华书局，1989.

② 论报馆有益于国事[A].饮冰室合集(文集第1)[C].[北京]：中华书局，1989.

③ 夏晓虹编.梁启超文选(下)[M].北京：中国广播电视出版社，1992.

④ 夏晓虹编.梁启超文选(上)[M].北京：中国广播电视出版社，1992.

⑤ 清代学术概论[A].饮冰室合集(专集第34)[C].北京：中华书局，1989.

⑥ 李喜所，元青.梁启超传[M].北京：人民出版社，1993.

⑦ 时事新报五千号纪念辞[M].饮冰室合集(文集第36)[C].北京：中华书局，1989.

原载《广西师院学报》2001 年第 3 期

倡导言论自由　宣传改良派主张

——试论梁启超对近代中国报业发展的贡献

万　平

梁启超是中国近代史上著名的政治家，戊戌变法的主要领导者，已为世人所公认。如果将梁启超称为中国近代史上最富传奇色彩，最有影响力的报人，恐怕亦不过分。

作为报人，梁启超主要办过《万国公报》（后改名《中外纪闻》）、《时务报》、《清议报》和《新民丛报》，即他亲自创办或主持，或任主笔的报纸，至于在各类报章上发表文章，不在此讨论范围内。从时间上看，又可分为两个时期：《万国公报》（《中外纪闻》）、《时务报》为变法维新时期；《清议报》、《新民丛报》为流亡海外，鼓吹保皇时期。可以说，维新派人士的主要理论主张，均是通过梁启超的笔端诉诸社会、公众，他是维新派的宣传家，同时又是维新派的发言人。康有为通过《新学伪经考》、《孔子改制考》等著述，奠定了"由古入今，托古改制"的维新变法理论基础，通过一系列上书，表达了维新派变法图强，救亡图存的具体建议和措施。而梁启超除协助康有为做好以上工作外，主要从事报纸主笔、撰述工作，鼓吹言论自由，宣传变法主张。康有为的活动，主要针对光绪、帝党等上层人士；而梁启超的活动对象则更为广泛，而向全体国民，包括官僚士绅。

一　创办中国近代史上第一份政党报刊，对于冲破几千年来封建统治阶级严厉的结社、新闻出版禁令，具有开山之功

1895 年 8 月 7 日，康、梁等人在北京创办《万国公报》，系双日刊，每次发行 1000 份，委托《京报》发行者"分送朝士，不收报费"。由梁启超、汪大燮任主笔。该报主要刊载择自外国书、报、杂志上介绍西方各国社会政治、历史地理、思想文化及风土人情方面的文论，主要取自英国传教士李提摩太在上海办的同名《万国公报》中。除了译文之外，每期还刊登"论说"一篇，大多由梁启超撰写，其思想主旨在于宣传维新变法，争取在朝官吏对改良运动的同情

与支持。正是通过创办《万国公报》,康、梁等维新派人士在王公大臣中宣传了自己的变法主张,获得了一部分清朝官员主要是帝党的同情与支持。在此基础上,成立了北京强学会,《万国公报》也改名《中外纪闻》,成为了北京强学会的机关报,内容上较《万国公报》更为丰富,且改为公开发行,扩大了读者范围,增强了报纸作为舆论宣传工具的效力。它也是中国近代史上第一份政党报刊,对于冲破几千年来封建统治阶级严厉的结社、新闻出版禁令,具有开山之功。1895 年 12 月,御史杨崇伊上奏朝廷,攻击强学会私刊报纸,贩卖西学,要挟官员,图谋不轨,要求朝廷予以查禁,《中外纪闻》随即停刊。梁启超这次办报时间太短,且"摘报"形式明显,还未真正显露出办报才能,亦算小试牛刀,但他已深感报纸在抨击时弊,宣传鼓动人心方面的重要作用,"感慨时局,自审舍言论外求由致力,办报之心益切"。(《初归国演说辞》正好此时汪康年,黄遵宪等人准备在上海办《时务报》,"以撰述属之",(《汪穰卿先生传记》)这对梁启超来说,正是崭露自己才华的好时机,便于 1896 年 3 月离开北京,欣然前往就任《时务报》主撰述去了。

二　主笔《时务报》风行天下,宣传了维新变法的主张,扩大了维新派的影响

1896 年 8 月 9 日,《时务报》正式创刊。该报为旬刊,到 1898 年 8 月 8 日停刊,一共出了 69 册。报馆由张之洞幕僚汪康年总理其事,梁启超担任主笔,专司撰述。在办报方针上,汪康年保守求稳,"忧谗思讥",主张以"广译西报为主",少发议论。梁启超则主张抒发言论,以便发挥报纸的舆论宣传作用。双方各执一端,似为以后《时务报》的汪、梁之争埋下伏笔。在黄遵宪调和下,双方暂告妥协,《时务报》几乎每册都有一两篇"论说",但"西文译报"占很大篇幅。其论说大多出自梁启超手笔。该报还邀请了马相伯、

马建忠兄弟以及严复、谭嗣同、容闳、章太炎等人作为撰稿人。在他们的共同努力下,《时务报》很快风行天下,宣传了维新变法的主张,扩大了维新派的影响。

《时务报》以"变法图存"为宗旨。在创刊号上,梁启超发表了《论报馆有益于国事》一文。他认为国家的强弱与信息学术及道路交通密切相关,通则强,塞则弱。报纸乃是一个国家的耳目喉舌,西方资本主义国家因报务发达,故能做到上下相通,君臣一气,国家因此而日益强盛。中国因政治体制异于外邦,当政者对国家大事讳莫如深,政府的举动,老百姓"真相不知",对于外国的情势更是了解甚少。针对中国国情,梁启超提出了在中国办报应采取的四条措施:一是"广译五洲近事",使阅者知世界形势,明各国强弱盛衰的原因,避免夜郎自大,"坐眢井以议天地也";二是"详录各省新政",使读者认识到新法有利国家,明白革新人士的宗旨,以减少维新运动的阻力;三是"博搜交涉要案",使读者知"国体不立,受人嫚辱;法律不讲,为人愚弄",并因此而"奋励新学,思洗前耻矣";四是"旁载政治学艺要书",使读者渐知一切实学之源流,为学门径及发展趋势,不再抱残守缺,死守"八股八韵考据词章"之学。如果按照这种办法办报,假以岁月,必将"风气渐开,百废渐举,国体渐上,人才渐出",10年之后,报馆的规模将臻于完备。

可以说,梁启超的《论报馆有益于国事》一文,是中国近代史上第一篇全面论述报纸的职能、作用,报纸与国家兴衰的关系,与信息技术、交通道路的关系,宣传先进的思想学说,正确引导舆论的论文。马克思认为:"报刊最适当的使命就是向公众介绍当前形势、研究变革的条件、讨论改良的方法、形成舆论、给共同意志指出一个正确的方向。"(《马克思恩格斯全集》第43卷)我们无意拿马克思的论述来规范梁启超,但两相对照,至少我们可以得出一个结论:梁启超关于报纸的职能、作用、办报方法的阐释在当时是先进的。

为了贯彻“变法图存”的办报宗旨，梁启超在《时务报》上发表了《变法通议》一文，全文共13小节，分43期在《时务报》上连载，较为系统地、全面地阐述了他在这一时期的维新变法思想，也可以说是维新派在其维新思想发展时期最重要的代表作。梁启超首先宣传了“穷变通久”的朴素辩证思想，认为中外古今，“无时不变，无事不变”，如泥古守旧，必然“因循废弛”。他进而论证了变法维新的合理性与迫切性。

法者，天下之公器也；变者，天下之公理也。大地既通，万国蒸蒸，日趋于上，大势相迫，非可阏制。变亦变，不变亦变。变而变者，变之权操诸己，可以保国，可以保种，可以保教。不变而变者，变之权操诸人，束缚之，驰骤之。呜呼，则非吾之所敢言矣！

他以世界历史为例警告国人说，日本因能“自变”而迅速崛起，达到富国强兵的目的。印度、波兰不敢主动变法，结果印度沦为英国的殖民地，几乎亡国；而波兰则惨遭各国瓜分。根据中国当时的处境，只能效法日本实施变法，而绝不能步印度、波兰的后尘，自寻亡国之祸。他批驳洋务派空言变法而专事“练兵”、“购械”为“不知本源”。要谋求中国的真正富强，必须“蓄养民力，整顿内治”。发展资本主义的经济和文化教育事业，进行社会政治的改革，而着眼点则在于开民智。梁启超从春秋公羊三世说出发，认为“据乱世以力胜，升平世以智力互相胜，太平世以智胜”，而“世界之运，自乱世而入平，胜败之原，由力而趋于智。故言自强于今日，以开智为第一义”。“变法之本，在育人才；人才之兴，在开学校；学校之立，在废科举；而一切要其大成，在变官制。”

除《变法通议》外，梁启超还在《时务报》上发表了《古议院考》、《论中国积弱由于防弊》、《知耻学会叙》、《西学书目表后序》等重要文章，宣传了“伸民权”、“抑君权”、“设议院”等带有资产阶级民主色彩的政治观点。他在康有为《新学伪经考》、公羊三世说的基础上进一步发挥，以公羊三世之义解释人类社会历史的发展，提出了“三世六别”的进化观,即多君为政之世,君为政之世、民为政之世。三世又各区别为二,依次为酋长之世、封建及世卿之世、君主之世、君民共主之世、有总统之世、无总统之世。“多君者,据乱世之政也;一君者,升平世之政也;民者,太平世之政也。”此三世六别者,与地球始有人类以来之年限,有相关之理。未及其世,不能躐等;既及其世,不能阏之。他分析中国落后于西方的原因就在于中国君主之世太长,并指出民主政治既非西方国家所得专有,亦非中国所能避免,“盖地球之运,将入太平……不及百年,将举五洲而悉惟民之从。而吾中国,亦未必能独立而不变,此亦事理之无如可者也”。其“三世六别”说虽有庸俗进化观的性质,但也是“托古改制”的需要,至少,打击了君权神授、皇统永固的反动观念和封建顽固势力,勾画了民主政治的美好前景。

《时务报》创办初期是梁启超的言论事业取得重大成绩时期,也是他投身报业最为顺心的时期。他既要主笔、撰述,又要修改来稿、校稿、编排。两年后,他回忆担任《时务报》主笔这段不同寻常的经历说:

> 每期报中论说四千余言,归其撰述;东西文各报二万余言,归其润色;一切奏牍告白等项,归其编排;全本报章,归其复校;十日一册,每册三万字,经启超自撰及删改者几万字,其余亦字字经目经心。六月酷暑,洋蜡皆变流质,独居一小楼上,挥汗执笔,日不遑食,夜不遑息,记当时一人所任之事,自去年以来,分七八人始乃任之。(梁启超《创办时务报原委记》)

仅仅就其勤奋而言,誉梁启超为中国近代报人第一,恐不过分。辛勤的汗水,换来了社会对《时务报》的承认和对梁启超的赞许。《时务报》由梁启超主笔的论说,有声有色,新颖活泼,其“文章的格式，是介乎于仅为少数学者所懂的古义，及劳动者所能了解的俗话之间”（[英]李提摩太《中国的维新运动》），受到了广泛欢迎，“一时风靡海内”，销量大增，从初期4000份的发行量，猛增至13000份，最多达到17000份，“为中国有报以来所未有，举国趋之，如饮狂泉”（梁启超：《清议报一百册祝辞并论报馆之责任及本馆之经历》）。梁启超也“名重一时，士大夫爱其语言笔札之妙，争礼下之。自通都大邑，下至僻壤穷陬，无不知有新会梁氏者”（胡思敬：《戊戌履霜录》），赢得了“齐名南海，并称康梁”的美誉，成为维新思想的杰出代言人。

随着梁启超与汪康年的分歧日益加大，梁启超便离开《时务报》，于1897年2月南下澳门，参与创办《知新报》，自己兼任撰述；年底便去长沙主持时务学堂了。

戊戌政变以后，梁启超开始了长达十余年的海外流亡生活，以在日本居留时间最长，也就是在这个时期，他又重操旧业，先后创办了《清议报》和《新民丛报》。

三　主编《清议报》、《新民丛报》，宣传西方先进思想，提倡民主民权

戊戌政变后，维新派在国内的舆论阵地丧失殆尽，为了及时向世人讲述维新变法的经过，争取舆论的支持，继续宣传变法思想，抨击慈禧为首的顽固派，梁启超想创办一份新的报刊。在旅日侨商冯镜如、冯紫珊、林北泉等人的支持下，加上黄遵宪的捐款，于1898年12月23日在横滨创办了《清议报》。与《时务报》一样，《清议报》也是旬刊。其宗旨则较变法维新时期有了较明显的改变：“维持支那之清议，激发国民之正气”；“增长支那人之学识”以及“倡民权”、“衍哲理”、“明朝局”、“励国耻”等。在1900年唐才常自立军起义之前，因需配合武装勤王，讨论实际政治、抨击慈禧

专权的文章较多。起义失败后，根据当时国内的实际情况，梁启超感到短时间内已无力展开大规模实际政治运动，转而介绍西学，启迪民智。三年中，除去檀香山、澳大利亚、武装勤王离开日本一年左右外，其余时间基本上都在横滨主持编务工作，在此期间，他使用得比较频繁，知名度最高的笔名任公、饮冰室主人等一直沿用下来。他既为《清议报》写政论性评论文章，也有专栏作品和诗词韵文。1901 年 12 月 21 日，《清议报》出至第 100 期，因报社遭火灾而停刊。一个月以后，梁启超又设法创办了《新民丛报》，报馆仍设在横滨。创刊之初，人手少，由梁启超独力支撑，他仍然精力旺盛，意气风发，以"中国之新民"、"饮冰子"等笔名为《新民丛报》写了大量的政论文章。"每日属文以五千言为率"，并承担了全部编辑工作。直到后来蒋智由、韩文举、麦孟华等人先后来报社分担了编辑工作后才稍微减轻了一些压力。

主编《清议报》、《新民丛报》时期，梁启超撰写的大量政论文章，已逐渐接受了西方近代的社会政治学说、伦理观念和学术思想，逐渐抛弃了维新变法时期津津乐道的"公羊三世"及"孔子改制"一类说教，有了更新的、更为进步的思想观念。除了继续论证救亡图存的必要性和迫切性，唤起民族的觉醒以外，较之戊戌变法时的宣传有了两方面的新内容：

首先，倡言民权，引进和提出了国民与奴隶、权利与义务等概念，发挥国民的自由权利思想，批判专制政术与奴隶根性，宣传了资产阶级的民主主义思想。他的《爱国论》、《中国积弱溯源论》、《自由书》、《新民说》等近百篇痛快淋漓的文章，热情奔放地歌颂自由民权："自由者，天下之公理，人生之要具，无往而不适用者也。"（梁启超：《新民说·论自由》）"自由民政者，世界上最神圣荣贵之政体也。"（梁启超：《尧舜为中国君权滥觞考》）"民权自由主义，放诸四海而皆准，俟诸百世而不惑。"（梁启超：《答某君问法国禁止民权自由之说》）并提出了"民权兴则国权兴，民权灭则国权亡”的命题,把民权思想提到了新的高度。

他还通过介绍法国启蒙主义思想家卢梭、孟德斯鸠等人的政治学说,论述了国民应当享有言论、行动、居住、财产、请愿、出版、集会、结社等自由权利,这是天所赋予,“君不能夺之民,父不能夺之子,兄不能夺之弟,夫不能夺之妇”(梁启超:《草茅危言》)。“欲使吾国之国权与他国之国权平等,必先使吾国中人人固有之权皆平等,必先使吾国民在我国所享受之权利与他国民在彼国所享之权利相平等。”故政治家应“以勿摧压权利思想为第一义”,教育家应“以养成权利思想为第一义”,国民应“各以自坚持权利思想为第一义”。(梁启超:《新民说·论权利思想》)

梁启超在提倡民主、民权的同时,还对中国几千年的专制制度,尤其是清王朝的专制展开了猛烈批判。他认为中国政治不进步,就是因为封建专制剥夺了人们的民主自由权利,摧残了人们的自由平等观念以及维护自由平等的思想意识。他愤怒地将中国封建统治者称为“民贼”,“数千年民贼既以国家为彼一姓之私产,于是凡百经营,凡百措置,皆为保护一己之私产而设,此实中国数千年来政术之总根源也”(梁启超:《中国积弱溯源论》)。在《拟讨专制政体檄》中,他历数专制制度对国人犯下的种种罪恶,发誓与专制制度不共戴天,号召人们行动起来,摧毁罪恶的专制制度。

其次,提出了“新民”的历史任务,广泛介绍西学,并以资产阶级的宇宙观改造传统的旧学,推陈出新,展开了颇有成效的资产阶级启蒙宣传。戊戌变法时期,维新派主张开民智,并力图通过“变官制”即改造国家政权来实现这一任务。变法失败后,梁启超总结了教训,把眼光更多地集中到国民身上,从积民成国,民之强弱即国之强弱的观念出发,把新民当作“今日中国第一急务”(梁启超:《新民说》),所撰《新民说》、《新民议》,洋洋洒洒十余万言,畅论新民要讲究公德,树立国家思想,具有进取冒险精神,富于自由权利思想,自治、自尊、合群,力图用资产阶级的面貌铸造一代新的国民，以便将封建专制的中国改造成为资本主义的中国，其"新民说"，不啻为新兴资产阶级的"人权宣言书"。

要实现新民这一任务，就要广泛介绍和传播西学，来补其所本无。《新民报》从创刊开始就十分注意介绍西学。以1902年的《新民丛报》为例，全年24期，每期首篇和第二篇的内容，属于介绍西方思想文化的，占23期；全年共刊登80幅卷首插图，属于介绍西方国家景物和人物的，占75幅；全年发表各种文章、资料三百四十多个篇目，其中评介西方资产阶级意识形态方面的文字，计一百八十多个篇目，梁启超以通俗流畅的文笔，广泛评介西学，扩展了人们的视野，吸引、鼓舞了青年一代的惊醒和奋起。

《清议报》、《新民丛报》刊载的大量的宣传西方先进思想，提倡民主民权的文章，以其恣肆奔放，酣畅淋漓、笔力豪健、文辞优美不胫而行于天下。梁启超作为这两份报刊的主笔，获得了比戊戌时期还要广泛的声誉。与同时代的文人墨客相比，梁启超的文章适应了时代的需要，反映了广大爱国志士追求真理，改变现状的强烈愿望，其文章"洋洋万言，雅俗共赏，读时则摄魂忘疲，读竟或怒发冲冠，或热泪湿纸"（吴其昌：《梁启超》），足见其感人之深。黄遵宪在评价梁启超及其所主编的两份报刊时曾说：

> 《清议报》胜《时务报》远矣，今之《新民丛报》又胜《清议报》百倍矣。惊心动魄，一字千金，人人笔下所无，却为人人意中所有，虽铁石人亦应感动。从古至今文字之力之大，无过于此矣。罗浮山洞中一猴，一出而逞妖作怪。东游而后，又变为《西游记》之孙行者，七十二变，愈出愈奇。吾辈猪八戒，安所容置喙乎，惟有合掌膜拜而已。（黄遵宪：《致饮冰室主人书》）

毋庸讳言，在梁启超主办《新民丛报》期间，由于改良派坚持保皇复辟主张，与孙中山的同盟会展开过一场关于民族革命、民主革命和土地国有化的激烈的大论战，并且以失败告终。1905 年，全国性的资产阶级革命政党——中国同盟会成立，全面提出了建立资产阶级民主共和国的理想，对封建主义的末代王朝全面宣战。而保皇派的面目更加显露，公然跳将出来，为清政府“预备立宪”摇旗呐喊。革命与保皇的界限更加泾渭分明，一场公开大论战已不可避免。

同盟会成立以后，以孙中山为首的革命派广泛宣传同盟会的革命纲领，引起以康有为、梁启超为代表的改良派的攻击。于是，在 1905 年到 1907 年间，革命派与改良派在政治思想战线上展开了一场大论战。革命派以《民报》为主要阵地。两派的激烈论战主要在日本进行，大论战涉及的内容相当广泛。尽管革命派的理论还有其幼稚，不尽科学之处，但大论战还是以革命派的大获全胜结束，通过论战，划清了革命与保皇、改良的界限，提高了人民的民主主义思想觉悟，为开展推翻清王朝的革命活动做了思想、理论方面的准备。

康有为、梁启超通过在维新变法前组织强学会、保国会，创办《万国公报》、《中外纪闻》、《强学报》、《时务报》等活动，冲破了清政府的例禁，初步争得了言论、出版、结社等民主权利。同时，一大批志在变法维新、救亡图存的知识分子，同声相应，同气相求，大致相同的政治理想和奋斗目标，使他们集合到了一起，促进了资产阶级知识分子群的形成，并促进了我国近代知识分子队伍的集结壮大。从一定意义上讲，这是它的一大历史功绩，在相当大的程度上关系到中国近代史乃至现代史上某些变革的成败。从《万国公报》、《中外纪闻》，再到《清议报》、《新民丛报》，梁启超步入报坛，便置身其中，全身心投入，使这几份报刊在各自生存的有限时间内充分发挥了其宣传、鼓动、引导的职能和作用，就其亲自撰述的那些精妙的论说文字，以超乎常人的精力集编、撰于一体而创出的声誉而论,称梁启超为中国近代史上最成功的报人,可谓恰如其分。

参考文献:

① 丁文江,赵丰田.梁启超年谱长编[M].上海:上海人民出版社,1983.

② 汪康年师友书札[C].上海:上海古籍出版社,1986.

③ 饮冰室合集[C].

④ 冯自由.革命逸史[M].北京:中华书局,1981.

⑤ 汤志钧.戊戌变法史论丛[C].武汉:湖北人民出版社,1957.

⑥ 李喜所,元青.梁启超传[M].北京:人民出版社,1994

⑦ 章开沅,林增平.辛亥革命史[M].北京:人民出版社.

⑧ (日)宫崎滔天.三十三年之梦[M].北京:花城出版社,1981.

⑨ 陈锡祺.孙中山年谱长编[M].北京:中华书局,1991.

⑩ 孟祥才.梁启超传[M].北京:北京出版社,1980.

原载《达县师范高等专科学校学报》2003年第3期

近代中国出版史上之梁启超

王建辉

梁启超在近代中国是一个具有多重角色的重要人物,对于他的政治活动,对于他的学术研究,以至于对于他的报刊活动,学术界都有较为深入的研究。与办报关联最为密切的是办出版,梁启超也将“书局日多”和“报馆日多”作为20世纪初最见光明的三大社会现象中的两项,梁本人投入于这两项中的精力也多,他在中国近代出版史上也应有一席地位。但对于梁启超在中国近代图书出版方面的作为,研究成果则还不多见。梁启超与近代中国出版有多种关联。作为著作家与出版家,在梁启超的编辑出版劳动里,往往含有著作者劳动在内,这是新出版建立之初的一个特点,如

1897年辑《西政丛书》共32种（慎记书庄石印）。这种著述与编辑出版重叠的间接性的出版工作，这里不多述，特研究梁启超所从事的直接的出版活动。

一 变法时期的译书局

近代中国为数千年来一大变局。中国一部分知识分子力图与这种变局相适应，推行变法维新。梁启超是其中的最重要的代表。在变法之前与期间，梁启超曾经有过办报办书局的一番经历。我们还可以说，创立译书局办出版就是这部分先觉的知识分子变法维新的重要内容之一。

1895年，梁启超等在北京组织强学会，强学会的活动之一就是集资"拟即为译书刻书刻报地步，若能成亦大佳也"[①]。故当时强学会也称译书局，也叫强学书局。半年不到强学会被禁，至戊戌之岁，又将所查抄强学会之书籍仪器发还，改为官书局，后官书局改为大学校，即京师大学堂。图书出版成为维新活动的起点之一。

1897年梁启超等诸同人集资五六千元，在上海创设大同译书局，由康广仁经理。创办这家译书局的宗旨是着重在译书，梁氏亲拟《大同译书叙例》："以东文为主，而辅以西文，以政学为先，而次以艺学，至旧译希见之本，邦人新著之书，其有精言，悉在采纳，或编为丛刻，以便购读，或分卷单行，以广流传，将以洗空言之诮，增实学之用，助有司之不逮，救燃眉之急难，其或忧天下者之乐闻也。""本局首译各国变法之事，及将变未变之际一切情形之书，以备今日取法；译学堂各种功课，以便肄读；译宪法书，以明立国之本；译章程书，以资办事之用；译商务书，以兴中国商学，挽回利权。大约所译先此数类，自余各门，随时间译一二，种部繁多，无事枚举。其农书则有农学会专译，医书则有医学会专译，兵书则各省官局，尚时有续译者，故暂缓焉。"[②]将译书出版的轻重缓急先后安排都考虑清楚。梁并托其友人韩云台赴日本采购应译之书。当年出书有十余种,大部头书有《经世文新编》,康有为最重要的著作《孔子改制考》,便是这年冬天刻印的。其他还有《俄皇大彼得变政考》,都是为变法制造舆论。康梁在时务报馆创办不缠足会,后改由大同译书局兼办会务。从梁启超最初的出版活动看,梁氏出版活动的浓厚的政治色彩是一个特点,将译书局与政治运动结合在一起,将出版与政治宣传结合在一起,以出版为变法服务。1898年大同译书局奉谕改为官书局,未成而政变发生。

知识分子们所期待的变法开始了。1898 年 7 月 3 日,梁启超受光绪帝召见赏六品衔,由光绪帝委任专办京师大学堂译书局事务。对于这个译书局光绪帝可谓厚爱有加。对于梁的开办奏折,光绪帝认为"所拟章程十条,均尚切实,即著依议行"。梁的奏折要求拨给开办费银 1 万两,长年用费(流动资金)每月银 1 千两,光绪帝的批示却是开办费加银 1 万两,长年用费每月加银 2 千两。这是一家官书局,以可以说是皇家书局。梁启超奉旨办出版,政治高于其他,宣传和贯彻好皇帝维新旨意是首要的任务。8 月 16 日,译书局成立。10 天后,光绪帝准梁启超所奏,在上海设立编译学堂,所编译之书籍报章,概准免纳厘税。变法维新只百日而告失败,梁启超这次专办官书局的历史也就不长。

在酝酿与宣传变法运动的实践中,梁启超深化了对于出版的认识。1895 年他谈道:"此间又欲辑《经世文新编》,专采近人通达之言,刻以告天下,其于转移风气,视新闻纸之力量似尚过之。"③他在这里比较了报纸与图书的优势,认为图书自有其厚重的优势在。梁启超在 1899 年写的《戊戌政变记》中指出:"民之愚,由于不读万国书,不知万国之事也。欲救其弊,当有二端:一曰开学校以习西文;二曰将西书译成汉字。……故欲实行改革,必使天下年齿方壮志气远大之人,多读西书通西学而后可,故译书实为改革第一急务也。"④译书与出版是相连的,因此出版在梁启超眼里也具有头等重要的意义。

二　保皇会与初期广智书局

维新失败了,但社会毕竟是要前行的。1902 年 10 月,梁启超看到,在社会浑浊前途黑暗之际,“其放一线光明,差强人意者,惟有三事:曰学生日多,书局日多,报馆日多是也。”[⑤]前此一年即 1901 年,梁启超从西方引进了一个重要的思想,这个重要的思想对于中国近代的出版业是要产生非同小可的影响的。这就是:“思想自由,言论自由,出版自由,此三大自由者,实惟一切文明之母。”此后,梁启超不只一次地阐述这个思想[⑥]。为争取自由,只有自己去创造自由,也就是为自由而奋斗。

梁启超果然是力行笃信。变法失败后亡命日本的梁启超相继创办了《清议报》、《新民丛报》和《新小说》三种杂志,并集股创办译书局于横滨。他又和康有为一道用“保皇会”的名义,用入股的形式,向北美、澳洲华侨和港澳的华人集资,1902 年初在上海开设了广智书局[⑦]。

这个时期是梁启超的报章体文章大放异彩的时期。黄遵宪称梁在《新民丛报》的文字“惊心动魄,一字千金,人人笔下所无,却为人人意中所有”。报与书是两个轮子,宣传与经营又是两个轮子。梁启超现在既是在办报办出版宣传保皇派的思想,同时也是在办企业搞经营。这个新成立的广智书局,便成为康梁派事业中一个重要的组成部分。和《清议报》创办一样,康梁请马镜如列名为名义上的注册人[⑧],而梁启超实际主持其事,何擎一等任编辑具体操作。梁自云对于广智书局的经营“无日不念”,对于盈利偏少时也“实不满意”,所以有人将之称为“梁启超的广智书局”。梁启超创办的几种杂志《新民丛报》、《新小说》由广智书局出版发行(总经销),而且梁也是广智书局主要的股东。主持者宣称其出版方针是，“出版各书皆务以输进文明为宗旨”，“不敢草率从事，至于译笔精畅，订价从廉，非徒为图利可同日而语”⑨。广智书局开头几年，出版了一些民众感兴趣的书，如有关介绍与评述社会主义的译作，吴研人的《二十年目睹之怪现状》，康有为、梁启超的一些著作（如《饮冰室文集》，此乃梁本人的首次著作结集），“通俗时局鉴丛书”及一部分科举读物，一度也很红火。梁启超是这家出版机构的受益者，这个意思不仅是说他的著作由广智书局出版发行，而且也指他本人投身于出版之后从出版业得到了实惠，他编辑的报刊有很好的市场，他作为书局的股东也得益。他既是广智书局的股东，便从广智书局不仅得到稿酬，也分得股息。

毕竟因为梁启超所要做的事情太多，而又长期在日本等地奔走活动，办出版的内部经营还得假借于人，于是便不可避免地出现一些经营混乱的问题。1905 年下半年起，营业颇不振，资金周转出现困难，连康有为的书在广智书局也被搁之二年，康有点怨言了：“吾欲刻一书尚不能，何须广智乎？”⑩曾经有人在康有为那里告状，反映广智书局问题和梁乱花股东的钱。梁写信反驳说，他的书在广智书局出版，“应分回利息与弟者亦数千金”，“所用虽如此其多，然尚可勉强敷衍过去，未尝亏空局中款项也”⑪。保皇会内部因为意见的隔阂而致龃龉，曾有人借在香港开办商会与译书局在经费上难以两全而主张撤译书局，梁坚持“实亦不能撤局”。他希望自己所著《中国史》一书能尽快脱稿以救窘局，但是因为事冗难能如愿。

虽然梁启超“决意欲易人者已久”，但接手之人难求，书局也只能维持。到了 1906 年广智书局因赔累过甚，不仅派不出红利，连日常的开支也成了问题。梁只好采取变通的办法，向股东派股不派息。这就是将股份的利息变成新的股权。对于经营得好的企业，这是股东求之不得的，但对于经营受挫的企业则不是好事。本来对于广智书局就有烦言，因此停息之事在保皇立宪党内部几成风波。梁启超承认广智书局是他主要经手的一个事业,“其有办理不当之处”,“不能卸其责”。他特写一长函向海外同志报告广智书局经营状况和艰难,并向股东解释派不出股息的原因,除财务用人不当之外,还有经营旧式教科书失误造成积压,盗版也使其深受蒙害:“本局所印好书销行稍广者,无不为他局所翻印,贬价夺市,虽屡禀官究治,皆置之不理。故本局每出一书,未能赚回成本,已为他人所翻,本局若不贬价,则一本不能售出,而成本既重,贬价则必至亏本而后已。”⑫同函称他个人绝对不曾滥用公款一分一文,并请查账。广智不振当然还有一个原因是梁启超此时认识不到的,这就是形势的发展革命渐成时代主题,康梁及其所经营的书报刊事业都有日渐落伍之虞。不过眼下幸好,康有为帮助梁启超稳住了一时局面。在广智书局及保皇派的许多经济事务活动中,康有为深感“天下无人才,万不能作一事”,而商才“尤为吾党所缺”⑬。

由于梁在书局中占有的股份以及各种出版收入,所以有人说梁如果继续从事报刊与出版的话,会增加一个出版资本家的新头衔⑭。但是文人经商,很难成功。梁此时办报办出版,以政治为职志,而不是以出版为职志,故而政治和理想的成分偏多,商业的灵活性偏少,不能适应市场的变化。梁启超办出版之初,政治小说一出现便风行起来,缺少商业灵活性的广智死守住政治类读物(包括政治小说)和科举读物不变,不注意调整结构。当商务印书馆面向市场为读者提供所需,并向新式教科书转向时,梁与广智书局丝毫没有反映,便只能在市场经济的商场上败下阵来。相比之下,此时的商务是由夏瑞芳这样精明的生意人主持,以张元济这样以出版为职志的职业文化出版人襄助,很快地适应了时代与社会的一种转型,从而崛起于出版之林。

尽管梁办出版着眼的是政治,但办刊办出版成了梁此时生活的必要来源。当书局出现危机,梁便陷于告贷的困境,出版市场就是这样地无情。没有更多地记载可以说明梁启超后来直接参与了广智书局的运作,但是萧规曹随,由梁启超开拓的出版走向,后来者也只能依样画葫芦。广智书局在出版政治法律类、历史类图书方面是强项,都是梁启超初期思路的扩大。广智书局在20年代中期歇业,由世界书局盘入。总体来看,广智书局是近代一家重要的和有一定影响的出版机构,出版了一些有影响的书,在中国近代政治发展中也发挥了一定的作用,只是今人对它的研究还不那么充分。

自办书店与印刷所向来是出版的两个重要环节,梁启超也很重视。在旧时,书店与出版机构并无十分严格的区分,取名上也常常是混一的,如开明书店主要是一家出版机构。这里所说的是没有出版职任的书店。

还在1896年,梁启超就与人谈道,“顷有同志数人,欲在粤集股开一书店,专卖西书及中国有用之书,其事已成”。并具体谈到图书寄售的办法,“沈子林处之书,即贱其价,一时亦不能遽销,拟即寄在此书坊随时沽之,(价即照来函)何如?”[15]

梁启超在天津也办有一家书店。梁晚年定居天津,京津两地的书商常请梁鉴定名贵书籍。梁启超发现一位来送书的叫王连雨的书店伙计颇有经营能力,便鼓励他独立开一家书店,梁还自掏开办经费3000元和不少书籍作为底货,交王姓伙计经营。书店取名藻玉堂,建成后经营良好,并进入天津的商业中心劝业场又立一号,东家还是梁启超[16]。

梁启超与张君劢等一起,组织新学术团体新学社与共学社。他们在欧洲游历时曾商归国后办的几件事,其中一件就是办月报与印刷所。“为文化运动计,创刊小丛书,故非自办印刷所不可。”据张函:“第三事除任公拟定编辑人外,其经理印刷所之人,亦不可不注意。总之应作为一种独立商业,不可与政党财政混同,方能持久。”[17]这大约是张梁两人共同的意思,也大概吸取了以前广智书局财务上与保皇会关联太紧密的教训。

1923年梁启超又与友人商办印刷局:“印局似此情形自以在

京为宜。合资办法极好,弟处可筹三四千元,意欲向商家款凑若干,余则同人共凑。书籍以外之印刷品,以公及霖生策之,颇有把握否?书籍部分则弟任之。惟此部分最麻烦之事业在发行,必须下一番苦功始能打开局面,未知霖生一人精力能兼顾否?"⑱这段话不仅表明梁启超在考虑办印刷,还表明他有一个重要的观点,即他认为最困难的是发行。

由上来看,缺少资金,往往是民间办报刊、办出版、办书店、办印刷的一个通病,只能靠集资资股的办法来凑合,梁启超办出版别无他法也只能照此办理。

三　与大出版机构的合作

梁启超晚年主要精力在于治学,于政治活动既较少涉足,纯粹的出版活动也告一段落。与大出版机构的合作,成为他晚年从事出版的一种重要方式。这种合作与作者提供稿件这种方式有所不同,而是一种共同策划、共同介入式的合作。

1915年初中华书局出版发行《大中华》杂志,请梁启超担任总撰述。中华书局总经理陆费逵在《大中华》杂志第1号发表的宣言书中称:"梁任公先生学术文章,海内自有定评。窃谓我国中上流人稍有常识,固先生之功居多,而青年学子作应用文字其得力于先生者尤众。我大中华杂志与先生订三年契约,主持撰述。"刚好接受中华聘请之际,梁于上年末辞去了在政府中的币制总局总裁的任职,几成了中华书局的专任编辑。《大中华》这个刊物是中华书局历史上最重要的刊物之一,梁在创刊号上发表数千字的长文《发刊词》,阐述发刊宗旨与职志,是要为国人从事个人事业与社会事业提供帮助。这个总撰述是什么?在当时实带有总编辑与总写作人的双重角色。在第8期上,梁发表的《异哉所谓国体问题》,成为当时著名的讨袁(世凯)檄文。据传此文未发表前,袁氏曾出20万元高价收买不要发表，为梁启超所拒绝。是年他与中华书局发起“时局小丛书”的计划，并自任主编。中华书局的启事里述其缘起：“现在时局变化不测，其影响吾国者甚大，不惟政治财政与有关系，即实业及社会上种种事情亦无一不视时局为进退也。梁任公先生有见于此，特与同志分纂此书，冀令我国上下瞭然于世界事情各国状况，诚今日最要之书也。”[19]

梁启超与商务印书馆主持人张元济为维新同党，自有不浅交谊，对商务多有支持也自在分内，如辛亥前后为商务编辑《国民常识丛书》。商务曾以馆外编辑之待遇给梁提供津贴、旅费与经济上的帮助。1920年，梁启超与商务印书馆达成新的合作。张元济在致梁启超的书信中写道：“前尊意拟集同志数人，译辑新书，铸造全国青年之思想，此实为今日至要之举，敝处拟岁拨两万元先行试办，仰蒙采纳。梦旦又言在津与公晤谈，尊意欲更为久大之计划，属加拨两万元，为两年之布置，鄙意当属可行。”[20]梦旦即高梦旦，有商务参谋长之称，时任编译所长。所谓“辑译新书”就是共学社丛书。共学社是梁启超与蒋百里等组织的，任务就是编译新书，并以“培养新人才，宣传新文化，开拓新政治”为宗旨，是梁启超在新文化运动中的重要作为。梁启超并与张元济商定，创办讲学社并作计划邀请外国名人如罗素等来华讲学，每年由商务提供资助5000元，讲演稿则由商务出版。

梁启超曾称自己报馆生涯几十年，确实梁启超不愧是近代报刊巨子。其实他办出版也时断时续地贯穿于一生的事业当中。梁启超在报刊方面建立了完整的思想体系，对近代中国报刊的发展有着深远的影响。由于报刊与图书出版实有相通之处，故也可以借用来论述其出版思想。这样的探讨可成另文。且说到了1927年中，病中的梁启超提出一个大的设想即编纂《中国图书大辞典》，北京图书馆委托梁启超主持编纂，并成立编纂处，由中华教育文化基金会从庚款中发给每年5000元津贴。梁启超督率门人先就本人藏书进行分类，编成《饮冰室藏书目录》，工作进行一年也编写出了若干册，梁启超"颇感斯业之有益，兴未引而弥长"，并在致胡适的信中认为这项工作，对"承学之士欲研治某科之学，一展卷即能应其顾问，示以资料之所在，及其资料之种类与良窳，即一般涉览者，亦如读一部有新系统的《四库提要》，诸学之门径可得窥也"㉑。张元济也表示"成书之日，敝馆可以效力之处，总不敢卸责也"㉒。但终因身体不济，梁启超不得不提出辞去此项工作，所成部分书稿及卡片数万张全部赠送给北图，并执意分年退还所领一年津贴。尽管北图一再坚请其完成此举，但终因不数月即翌年1月梁病逝而未果。这是梁启超在中国出版史上最后的绝唱，同时也给中国出版业留下一个数十年未竟的遗憾。

注释：

① 梁启超：《致夏穗卿书之二》，丁文江、赵丰田编：《梁启超年谱长编》，上海人民出版社1983年版，第42页。

② 《饮冰室合集》文集之二，第58页；丁文江、赵丰田编：《梁启超年谱长编》，第72页。

③ 梁启超：《与穰卿足下书》，丁文江、赵丰田编：《梁启超年谱长编》，第49页。

④ 梁启超：《戊戌政变记》，中华书局1954年版，第28页。

⑤ 梁启超：《敬告我同业诸君》，李华兴等编：《梁启超选集》，上海人民出版社1984年，第334页。

⑥ 《清议报一百册祝词并论报馆之责任及本馆之经历》，《饮冰室合集》第1册，中华书局1989年版；《治外法权与国民思想能力之关系》，《新民丛报》第64号，1905年3月6日。

⑦ 关于广智书局的开办时间，朱联保先生说为1898年，恐误。见氏著：《近现代上海出版业印象记》，学林出版社1993年版，第59页。一说为1901年，一说为1902年。年底年初较为可信。

⑧ 叶再生先生说广智书局由冯镜如独资创办，疑误，待进一步考证。见氏著：《中国近现代出版通史》第1卷，华文出版社2002年版，第946页。

⑨ 《广智书局特别告白》,《新民丛报》第25号,1903年2月。

⑩ 《康南海与擎一仁弟书》,丁文江、赵丰田编:《梁启超年谱长编》,第361页。

⑪ 梁启超:《由湾哥华致勉兄书》,丁文江、赵丰田编:《梁启超年谱长编》,第314页。

⑫ 梁启超:《致美洲各埠帝国宪政会书》,丁文江、赵丰田编:《梁启超年谱长编》,第487页。

⑬ 康有为:《与任弟书》,丁文江、赵丰田编:《梁启超年谱长编》,第447页。

⑭ 鲁湘元:《稿酬怎样搅动文坛》,红旗出版社1998年版,第99页。

⑮ 梁启超:《与穰、颂兄弟》,丁文江、赵丰田编:《梁启超年谱长编》。

⑯ 王翁如:《梁启超和天津藻玉堂书店》,《历史教学》1994年第12期。

⑰⑲ 丁文江、赵丰田编:《梁启超年谱长编》,第897、704页。

⑱ 梁启超:《致季常足下书》,丁文江、赵丰田编:《梁启超年谱长编》,第1002页。

⑳㉒ 张树年、张人凤编:《张元济书札》下册,商务印书馆1998年版,第1028、1032页。

㉑ 梁启超:《与适之足下书》,丁文江、赵丰田编:《梁启超年谱长编》,第1181页。

原载《江汉论坛》2002年第9期

梁启超:近代中国倡导版权的第一人

李明山

中国的版权观念的产生在世界上是最早的。起码在宋代,就有人知道在自己的著作上加上一个牌记(宋光宗绍熙年间(1190~1194),四川眉山王称〈季平〉就在《东都事略》上标注了“已申上司,不许复板”字样),来保护自己的权利。但由于中国封建制度的长足发展,版权立法保护却落在了西方人的后面。待到1910年清朝在寿终正寝之际颁行了中国的第一部版权法——《大清著作权律》时,它已经比世界上第一个版权法——1709 年英国的《安娜法》晚了整整两个世纪。事实上,在《大清著作权律》颁行之前,中国著作界和文化界曾经多方呼吁,作了诸多舆论准备。既往的中国近代版权史研究较多地注意到严复、蔡元培、张元济、陶保霖、廉泉和西方传教士林乐知等人,惟独没有注意到梁启超。殊不知,梁启超是中国近代版权的最早倡导者之一。在这里可以提出以下理由加以证明。

梁启超在 1898 年的戊戌变法运动失败后,乘坐日本军舰逃到了日本。他在康有为的支持下,1898 年 12 月在横滨办了《清议报》。《辛丑条约》一年后,中日外交史上发生了一件对文化出版影响巨大的事件,即《中日通商行船续约》加入了版权保护条款,并于 1903 年签字生效了。日本方面在此之前就做了一定的舆论准备,即早在 1899 年(或者更早),日本的《东洋经济新报》上就发表题目为《论布版权制度于支那》的社论文章,主张在中国实行版权保护制度,进而要求中国与日本签订版权保护条约。梁启超主编的《清议报》,对这篇议论很感兴趣。因为此文不仅提出要中国实行版权制度,订立中日版权保护条约,另外,文章还有赞成维新、改良的话。光绪二十五年(1899 年)三月二十一日出版的《清议报》(第十三册),立即对此文作出回应。先将《论布版权制度于支那》一文译出,编发于"外论汇译"栏中,同时在"来稿杂文"栏中又配发响应文章——《读经济新报布版权于支那论》。1901 年横滨新民社辑印的《清议报全编(五集)》的《外论汇译·论中国》部分又全文收入。文章最初在《清议报》"来稿杂文"栏目刊登时,未署作者名称,只是在竖排大标题之下双行竖排了七个小字"原论见本册译篇",注明东洋经济新报的《论布版权制度于支那》一文,已译成汉文,在本册"外论汇译"栏中登载。根据文章思想内容和文笔风格等各方面情况判断,此文作者应该是梁启超;起码可以推定,梁启超作为《清议报》的主编，对此文的观点是赞同的，或者说，此文是梁启超授意创作的。文章通篇所谈内容，都是改良、救国、维新、变法，这和梁启超此前的思想主张是一致的。文章条例明晰，行文流畅，笔锋带有感情，对读者别有一种魔力，这符合梁启超的文笔风格。文章开头不仅言及他往昔在国内与当时著名老臣谈及救国之策，行文中还用“我　皇上……特颁　谕旨”等字样，这都符合梁启超的身份和行文口气。文章急切主张用翻译国家社会理论及政治经济的实用书籍来改变中国青年的思想，既与梁启超维新思想吻合，又与他任主笔的《清议报》的编辑宗旨相一致。何况，中国早期的报刊，大多是同人刊物，它不用或少用外稿，主办者称主笔、撰述而不叫主编，加上早期刊物发表文章多以书代酬或不致稿酬。这一点，也是梁启超为上文作者的又一佐证。

在1902年中日修订商约谈判期间，大清朝野包括中国文教出版界都对加入版权保护条款讳莫如深，一片反对之声。包括朝臣张百熙、刘坤一，在野人士蔡元培、张元济，都表示出了坚决的反对意见。但在此前，梁启超《清议报》的文章却对中日订立版权条约表示赞同，并显示出了一定程度的热心。还惟恐日本当局在这个问题上动作迟缓，主张日方速提此议。

通过综合考察，我们对梁启超在近代中国版权历史中的地位可以得出以下认识：

一　近代中国“版权”的较早使用者

中国古代并无“版权”一词，表示雕版印刷的“版”是和“板”通用的。西方传教士林乐知1904年在《万国公报》上发表维护广学会书籍版权的文章《板权之关系》时，还在用“板”而不用“版”。此前用文字表述“版权”的有著名翻译家严复，他于光绪二十七(1901)年致书商务印书馆张元济，就所译《原富》一书的出版问题时曾有国外“专利版权，本有年限”（见《严复集》（三），《书信·与张元济书》一语。1902年，张元济主笔的《外交报》于1、2、3号全文译载了《伯尔尼公约》（当时译名《创设万国同盟保护文学及美术著作条约》）。同年3月9日，蔡元培撰写了《日人盟我版权》（见《蔡元培全集（第一卷）》）一文，只惜当时没有发表。1903年，商务印书馆又编译出版了《版权考》一书。是年，户部郎中兼文明书局总办廉泉（惠卿）上书北洋大臣袁世凯、管学大臣张百熙，请求版权保护，原文发表在当年的《大公报》（见1月19日，5月19、22日，1904年3月3日等报纸内容）上。但是，较早在汉语出版物中使用“版权”一词还是梁启超的《清议报》及其《清议报全编（五）》，分别发表于光绪二十五（1899）年三月二十一日和光绪二十七（1901）年。这些出版物虽然在日本出版，但它们的读者大都在国内。尽管梁启超的《清议报》较早地将“版权”一词译入到汉文出版物中，但也大可不必去说它是最早，因为这还需要进一步的研究来证实。

二　主张在中国通都大邑实施版权制

梁启超的《清议报》在1899年译载东洋经济新报社论《论布版权制度于支那》同时，配发的赞同响应文章《读经济新报布版权制于支那论》中说，“读东洋经济新报，有论布版权制度于支那之一篇，为之狂喜赞叹，可谓先得我心者矣。”文章论者又说，中国过去没有版权制度，英美传教士在华译书的广学会，“实为行版权之嚆矢”；去（1898）年五月，光绪皇帝推行变法之际，亦深知此事为开广人民智识的要务，所以在变法谕旨中，也有保护著书、译书专利的内容。现在，日本与我国提议版权保护的事，“吾知其必无窒碍也”。当然中国内地法制废弛，法律效力很小，实行版权制恐怕不容易。但是这一版权制度，在京师和各通商口岸可以严格实行，偏远的内地可以松弛一点。通晓学问的人,大都在京师和各通商口岸,在这些地方严禁翻印盗版侵权,以此补偿著译者的劳动,也可以了。

三　中日版权保护结盟的赞同者

梁启超的《清议报》文章《读经济新报布版权制于支那论》中还主张日本政府和中国清政府提议交涉版权结盟问题,应该"以一般地方版权为定案,然后其权限乃适可行于此有限之区域而已。凡与我国今日政府相交涉,其事率多类是,不可不察也"。"吾甚望日本之当局,速定此议,勿轻视之而迟回以误事机。大望日本之学士大夫仁人君子,人人认译书为扶植支那惟一之政策,合众力以共赞之,务使一二年内,日本之要籍,悉输入于支那。则非惟我国之福,亦东方之福矣。"在这里,他主张日本政府向中国政府迅速提议交涉版权结盟问题,只是主张中国对日本的版权保护范围限禁在通都大邑和通商口岸。

四　古籍作者精神权利的维护者

中国文化源远流长,古代书籍,可以称得上是载籍宏富、汗牛充栋了。这些古书是中华民族的精神财富,也是后世学人进行学术研究的基础。但是,中国自从有了古书(现今也称著作物)的那一天起,也就开始出现鱼龙混杂、良莠不齐的情况,也就是说就有了假冒伪劣书籍的出现。因此可以说,这些中国古籍给后人积累了巨大精神财富;但也不可否认,由于还存在一些伪书,也同时给后人带来了不少的麻烦。不过,中国古代学术界,很早就注意到了这个问题,那就是古书的辨伪。梁启超抽身政坛而致力于教育救国阶段,即很好地继承了中国古书考伪传统,详细地研究了中国古代伪书的种类及作伪的原因(附论年代错乱的原因),而且还具体研究了辨别伪书的方法,进而对伪书作了分类评价。

梁启超研究古代伪书辨别时,先把伪书进行了分类:一、全伪书。二、一部分是伪书。三、本无其书而伪。曾有其书,因佚而伪。五、内容不尽伪而书名伪。六、内容不尽伪,而书名人名皆伪。七、内容及书名皆不伪而人名伪。八、盗袭割裂旧书而伪。九、伪后出伪。十、伪中益伪。在对古代伪书进行分类时,梁启超均一一列举每种伪书的典型事例。

梁启超对伪书研究很细。中国那么多种类的伪书,是缘何而来的呢?梁氏经过研究,认为大概有四种来源:一、因好古而来;二、含有秘密的来路(来路不明);三、第二类,散乱后购求;四、是因秘本的偶然发现而附会。梁启超将古书作伪者的动机,分了有意作伪的和非有意作伪的两类加以认识。此外,他还对古书的辨伪之法作了详细论述。他这样做,将那些对古人古书进行假冒者、盗袭割裂者的真实面目暴露于天下,让世人认识清楚。这实际上也是对古代著作权人作品的署名权、作品完整权、名誉权的一种维护。

参考文献:

① 《读新经济报布版权于支那论》,《清议报》(第十三册)光绪二十五年(1899年)三月二十一日。

② 梁启超著:《饮冰室书话》,时代文艺出版社,1998年2月版。

原载《编辑学刊》2003年第1期

近代中国报界之巨子梁启超

周兴樑

作为清末民初社会改革政治活动家的梁启超,同时也是近代中国报业界之第一人。他从1895年起涉足报坛,到1922年离开报界,前后历时长达27年。对其这期间创办和主持的报刊数目,众说纷纭;笔者认为他当时创办、主编和任笔政之报刊有12种,其支持开办的报刊则在8种以上。梁二十几年的办报实践活动及其报业思想,对近代中国报业本身的发展及清末民初社会政治生活的变迁,都产生过巨大而深远的历史影响,他亦因此而成为杰出的一代报人、政治改革家和启蒙宣传思想家,并充当了沟通中西方文化以开风气的时代主角。

一 27年的办报实践

梁启超自己曾说:"鄙人二十年来,固以报馆为生涯"。①(文集29. P1)的确,他清末民初创办与主编了一系列的改良立宪派报刊,堪称为当时中国办报最多、撰述最丰、影响最大的一代杰出报人。

戊戌维新运动时期,梁启超参与创办和主编的报刊,主要有北京的《中外纪闻》和上海的《时务报》。《中外纪闻》原名《万国公报》,于1895年8月17日创刊,出版4个月后自46期起更名为《中外纪闻》(一说改名《中外公报》)。这是梁启超协助其师康有为创办、并亲自主编的一份木刻印刷的双日刊。它每期十页约四千五百字,内容方面设有上谕、外电、报译等栏目,除转录中外各国有关社会改革的时事政闻外,还载有梁等撰写的一些按语和短评,反映出维新派学习西方、变法图强的政治意向。该报出版之初印一千份,一个月后增至三千多份,皆随京报或宫门抄免费送给北京的官绅阅读,对浸渍人心、开通风气起过进步作用。一些同情与支持维新变法的官绅对该报表示欢迎,而封建顽固派则抵制和攻击它。在西太后等的压力下,清廷于1896年1月20日下令查封了强学会,《中外纪闻》作为该会机关报也被迫停刊。主编《中外纪

闻》是梁启超从事报业活动的开端,自此后他深感变革时局非有报馆不可,于是"办报之心益切"。[①(文集29. P2)]

梁启超参与创办主持而有重大影响的报刊,首推上海《时务报》。该报是1896年8月9日创刊的石印旬刊,载有本馆论说、谕旨奏章、中外杂志、报刊选译及来稿摘登等项内容,每期二十页约三万余字。其创刊时发行约四千份,出版后之第一年销售数"在八千份左右,第二年'传播至万二千通';代售处计达一百零九所,遍布全国七十个县市"。[②(P178)]它到1898年8月17日终刊时出了69期。《时务报》作为维新派的重要机关报,几乎聚结了维新派的主要骨干分子及洋务派的一些激进人物。梁启超在其创刊后的一年多时间里既是总编,又是主笔,实为报社的台柱和灵魂。他当时一人兼任多项工作:"每期报中论说四千余言,归其撰述;东西文各报二万余言,归其润色;一切奏牍告白等项,归其编排;全本报章,归其复校。十日一册,每册三万字……字字经目经心……日不遑食,夜不遑息。"[③(P79)]除完成异常紧张而繁忙的总编事务外,"梁还在《时务报》发表论著达60篇以上"。[④(P83)]可以说,梁启超之为文论政和名噪一时,皆自主编《时务报》开始。

《时务报》的出版发行,促成了维新派办报高潮的到来。1895~1898年3年间,全国报刊数增加3.7倍,出现了"报馆之盛为四千年来所未有"的局面。[③(P135)]这期间,梁启超在主编《时务报》之余,曾全力协助康有为、何穗田等,以《时务报》为样板于1897年2月22日创办了澳门《知新报》,并答应"遥领报馆诸事",先后为该报撰发了18篇文章。[③(P87)]他"还参与筹划和积极支持……上海《农学会报》、《蒙学报》、《演义报》和《萃报》的创办活动,为它们撰写序言、稿件,拟定办报方针等"。[⑤(P40)]长沙南学会的机关报《湘报》于1898年3月7日创刊时,他又担任了其董事和撰述。由此可知,戊戌维新时期的梁启超,是维新派在华东、华南与中南地区三大宣传重镇的创办主持者与主要撰稿人。

1898年8月21日“百日维新”遭到西太后等扼杀后，梁启超被迫亡命日本开展救国斗争。他这期间先后创办与主编了《清议报》、《新民丛报》、《政论》和《国风报》，成为宣传保皇立宪的旗手，及中国一流的启蒙思想家。

《清议报》是梁启超得日本官方支持在横滨创办主编的第一份旬刊。它于1898年12月23日创刊，每期三十多页约计三万余字，发行四千份左右，后因两次大火终刊于1901年12月21日，前后3年时间共出了100期。该报以“倡民权”、“衍哲理”、“明朝局”、“励国耻”为宗旨，以期“广民智，振民气”，[⑥]继续推行变法救亡运动。它在编务上借鉴外报尤其是日本杂志的做法，栏目设置除有传统的本馆论说、中外汇译、时论译录、中外纪事、新书译丛等外，还新增加了政治学谭、汗漫录、闻戒录、猛省录等评论。这是一份以政论为主兼有时事新闻的刊物，谈爱国、尊保皇、倡民权、启新知是其宣传的中心内容。梁启超在完成报刊主编工作之余，还先后在它上面发表了三十多篇政论文，及数部专著、一些专栏作品和不少诗文，进行变法改革和宪政思想的启蒙宣传，以期“陈宇内之大势，唤东方之顽梦”，[①(文集6. P54)]鼓动群伦起而救亡图强。

《清议报》停刊后约五十天，梁启超得旅日侨商资助，又于1902年2月8日在横滨创办了大型的半月刊《新民丛报》。它每期40~100页不等，约5~6万字；其栏目的设置头一年不分类，从第二年起将之归为论著门、批评门、丛录门三大类，按稿件内容灵活开设二十几个专栏。该报从整体观之，仍是一份以政论为主的刊物。它到1907年11月停刊时，五年半多时间仅出了96期。这几年是梁氏工作最勤、撰稿最多、声誉最隆的时期：他每天除负责编排报用的全部稿件外，还要自撰政论五千多字，其“在《新民丛报》上发表的论说和著述，粗略统计有一百五十篇左右”。[④(P246)]梁这期间改良与革命兼有、保守与激进并存的思想流变，直接影响到《新民丛报》的宣传内容：该报在第37期以前基本上以宣传新学说、新思想、新知识为主调,鼓吹破坏主义乃至革命排满;其在第38期以后明显地转向保守,宣传的中心内容是力主君主立宪和反对排满革命,并为此同革命派的机关报《民报》进行过公开论战。不过就整份《新民丛报》观之,其一贯之内容是鼓吹维吾新民、国家思想、人权自由、民主宪政等,期望以此引导近代中国社会走向进步与发展。该报创刊后不久就发行至五千多份,后销量日增,最多时每期印至一万四千份左右。它"胜《清议报》百倍矣",[⑦(P150)]是20世纪初中国最有影响的刊物,实"居我国丛报界之魁首"。[②(P245)]

《政论》月刊于1907年10月在上海公共租界内创刊(一说创刊于日本东京,自第二期起在上海发行)。它是梁启超为立宪团体政闻社办的机关刊,以鼓吹改造政府、行和平立宪、建立国会制度、实行责任内阁为主旨,每期60页,内容分演讲、论著、记载、批评、社说等栏。梁启超是《政论》的重要撰稿人,他写的《政闻社宣言》揭橥该社的四大纲领,旗帜鲜明地提出了立宪派以有秩序的和平请愿方式来改造专制政府为君主立宪政府的政治要求。在《政论》杂志的鼓吹下,加上政闻社成员及国内各立宪团体的积极组织参与,全国很快开展了国会请愿筹备活动。清廷对此恼羞成怒,于1908年8月13日下令查禁政闻社,《政论》月刊受牵连也随之停刊,它前后共出了7期。

《政论》停刊后,梁启超为适应全国国会请愿运动高涨之新形势,又于1910年2月20日在上海创办了旬刊《国风报》,自任总编撰。该报每期百余页约八万字,内容分为论说、时评、著译、调查、纪事等栏,所有稿件由梁在日本编排好后寄上海出版发行,约有一半文章为其亲撰。有人统计说,"梁启超在该刊上发表了159篇文章"。[⑤(P137)]《国风报》"以忠告政府,指导国民,灌输世界之知识,造成健全之舆论为宗旨",[②(P201)]大力宣传君主立宪的系统理论和具体方案。它每期约发行三千份左右,遍及全国17个省市及海外各地,是当时立宪派指导和推动国会请愿运动的、有重大影响的报刊。该报到1911年7月停刊时,共出了52期。

除上述四种报刊外,梁启超这期间还创办主编或参与创办过以下几种报刊:一是他于1902年11月4日在横滨创办了《新小说》月刊,聘赵毓林任主编,而自为主撰述。该刊设有十多个栏目,以登载政治、历史、科学、侦探等小说为主,兼及文艺理论、剧本、诗文、丛话、笔记等内容,三年多时间共出了二卷计二十四期,于1906年1月停刊。它是近代中国第一份新体小说杂志,旨在以新小说为工具,暴露清廷专制黑暗,宣传立宪政治,倡导社会改良,以达"新民"之目的。二是梁于1900年4月19日与陈义侃等创办了号称"夏威夷第一"的《新中国报》,并任其首任主编兼主笔。该报"大倡保皇",⑧(P129)是保皇会在檀岛的重要机关报。三是1904年春,梁与其师康有为共投资十万余金,支持荻楚青等筹办上海《时报》;它"命名曰《时报》,及发刊辞与体例,皆任公所拟定,而《时报》初办时所登论说,亦多是任公从横滨寄稿来者"。⑦(P194)此外,梁氏还大力支持新加坡的保皇党人邱菽园等,于1899年5月17日创办了《天南新报》。他又于1910年7月支持徐佛苏等人在北京创办了《国民公报》,并每月给其写稿七八篇,"利用排满革命风潮,痛底清政而鼓吹立宪",使该报成为"宪政运动之大本营"。③(P581)

民国初年,梁启超虽曾几度步入政坛为官,但办报宣传仍是其职业政治活动。这期间,他于1911年12月1日在天津创办了《庸言报》,聘吴贯因为编辑,而自任主撰述。该报之内容分为建言、译述、佥载、艺林四个门类,包括有通论、专论、杂论、演讲、国闻、史料、外论、随笔等十几个栏目。梁常针对当时国内国际的政治经济问题在该报上发表些专论。他的声望与地位使《庸言报》风行一时,报纸初办时每期发行万余份,半年后销数增至一万五千份。它共出版了30期,于1914年6月中停刊。梁启超弃政从教后,与张东荪、俞颂华等人于1919年9月3日在北京创办了半月刊《解放与改造》。他自欧洲考察归国后,又于1920年9月将之更名为《改造》,自任主编。除上述两报刊外,梁启超还于1914年初应中华书局总理陆费逵之请,为该书局创办的《大中华》杂志撰写了发刊词,并签约答应任其总编撰3年。1916年8月15日,他还与汤化龙等在北京创办了《晨钟报》(后更名《晨报》),聘李大钊为第一任总编辑。该报的副刊设有自由论坛、译丛等栏目,以宣传新学说、新思想、新修养、新文化为主旨。它与《新青年》一起共同促进了中国知识界的觉醒,为五四爱国反帝运动作了些思想准备。

综观梁启超1895~1922年的办报生涯,我们可以看到:他往往既是报刊的创办者,又是其总编兼主笔,在报业工作中表现出精力与才智超人;他的办报活动时常与组党事业或政党的活动紧密相联系,表现出其强烈的政治激情与责任心;他为文论政进行宣传,始终坚持以鼓动群伦、服务于社会政治改革为主旨,表现出其执着的使命感与救国心;他所办的报刊分量越来越大,版面越来越灵活多样,内容越来越丰富多彩,在办报方面表现出与时俱进的进取性。总之,梁氏27年办报的实践经历说明:他不愧为清末民初的一代杰出报人和爱国的社会改革宣传家,其政治生涯与办报活动相始终。

二 办报的思想主张

梁启超在长期办报的过程中,不断地接触到一些西方资产阶级的新闻办报理论,经过一段时间的摸索、实践和总结,逐步形成与提出了自己独特的办报思想主张。归纳言之,它主要有以下几点内容。

第一,梁启超十分重视报刊这一宣传工具的社会功能和作用。他在论及报刊与国家及社会舆论之关系时,认为"报馆者,国家之耳目也，喉舌也，人群之镜也，文坛之王也，将来之灯也，现在之粮也”。⑥梁启超在办《时务报》时一方面指出，“去塞求通厥道非一，而报馆其导端也”；“西人之大报也，议院之言论纪焉，国用之会计纪焉，人数之生死纪焉，地理之险要纪焉，民业之盈绌纪焉，学会之程课纪焉，物产之品用纪焉，邻国之举动纪焉，兵力之增减纪焉，法律之改变纪焉，格致之新理纪焉，器艺之新制纪焉”⑧——它正是通过刊发国内外无所不包的各种讯息，来发挥耳目和喉舌的作用，国君和臣民有了这样的耳目和喉舌，就能去塞达聪，通上下之情和明中外之故。另一方面他又将国家比作一个人，说明“无耳目无喉舌，是曰废疾。今夫万国并立犹比邻也，齐州以内犹同室也，比邻之事而吾不知，甚至同室所为不相闻问，则有耳目而无耳目；上有所措置不能喻之民，下有我所苦患不能告之君，则有喉舌而无喉舌。其有助耳目喉舌之用而起天下之废疾者，则报馆之为也”；又谓：“血脉不通则病……惟国亦然。上下不通，故无宣德达情之效，而舞文之吏夤缘为奸；内外不通，故无知己知彼之能，而守旧之儒鼓其舌。中国受侮数十年，坐此焉耳。”⑧因此，梁认为报刊是明镜、指路灯和粮食，十分重要，社会、国家和民众都不可缺少它。

在《清议报》与《新民丛报》时期乃至稍后，梁启超认为报刊是资产阶级文明的标志和传播世界文明的三大利器之一，突出它的两大社会功能，“一曰对于政府而为其监督者，二曰对于国民而为其响导者”，①（文集11.P36）强调此乃报刊应尽的天职。这见解颇显新颖而具进步性。梁当时以西方民主政治的观念，阐明报刊与政府两者的对等地位，及报刊完全有义务和职责监督政府不滥用职权，并为其行政当好参谋；他同时又认为报馆是“现代之史记”，具有鉴既往、察现在、看将来，导国民以进化途径之责任和作用。梁指出西方的各大报刊正是这样做而很好地发挥了此两大功效：“伟哉！报馆之势力，重哉！报馆之责任，欧美各国之大报馆，其一言一行，动为全世界人之所注视、所怂听，何故哉？彼政府采其议以为政策,彼国民奉其言以为精神。”[⑥]在论及如何更好地来发挥报刊监督政府与指导国民这两大社会功能作用时,梁氏强调要具体研究“各种政治问题”以明救世之义,及向国民灌输“政治常识”以开民智,并进而“造成健全之舆论”。何为“健全之舆论呢?”他认为报刊可“荟萃全国人思想言论”,[⑥]有造成社会舆论的能力,而要使舆论健全则报馆必须谨“五本”(常识、真诚、直道、公心、节制)和修“八德”(忠告、响导、浸润、强聒、见大、王一、旁通、下逮)。这才能造成衷于正理而适于时势的积极舆论,“使上而政府大臣及一切官吏,下而有参政权之国民,皆得所相助、得所指导,而立宪政体之有所托命,而国家乃可以措诸长治久安,而外之有所恃以与各国争齐盟”。[⑨]他还强调报刊在忠告政府和晓喻国民时,要注意将浸润宣传法与激烈宣传法结合交替并用,并视不同之对象和不同之情况而有所侧重之,这样才能收到良好之实效。由此可见,梁氏对于报刊在国家民主政治中的社会功能及其功能作用应如何更好地发挥,均有充分和深刻的认识;他善于在体察熟识西方各国报刊社会功能的基础上,尽其义蕴,发其新理,析其旨归,申其职责,并作为提升自已报业思想之资料加以汲取之。

第二,梁启超承认并多次宣传报刊的党性原则。他认为报刊具有强烈的政治性和阶级性,将所办之报刊称为“党报”,指出它是本阶级政党直接参与政治斗争以改革国政的重要舆论阵地和宣传机关;其在戊戌维新和君主立宪运动的过程中,总是自觉地利用报刊为维新改良派的政治经济利益大喊大叫,制造实行君主立宪的舆论,希望“以二三报馆之权力以变易天下”。[③(P139)]早在1895年维新运动准备时期,梁启超就有了“度欲开会非有报馆不可”的思想,[⑦(P43)]即主张将办报刊轰开局面和扩大影响,与建立政治团体、开展组织活动,紧密地联系起来干。其后来在谈及此时曾说,为图“改良国政”,“乙未夏秋间,诸先辈乃发起一政社名强学会者……而最初着手之事业,则欲办图书馆与报馆”。[①(文集29. P1)]《中外纪闻》正是这样的报刊——强学会一成立就将它作为机关报;而稍后出版的《时务报》,也是维新派鼓吹变法图强的舆论机关。这说明,戊戌维新时期的梁启超已在行动上把自己所办之报刊,作为资产阶级改良派的机关报。这在实际上是承认了这些报刊反封建专制的阶级性和党性。

在日本办报时期,梁启超的党报思想日趋成熟和明确。主办《清议报》期间,他一方面(表面上)以在野的清议派自居而定其报名,并认为"《清议报》在党报与国报之间",标榜它公正无私,"不涉一党派之私言";而在另一方面(实质上),他却强调"以一党之利益为目的者,一党之报也",[⑥]表示"联合同志共兴《清议报》,为国民之耳目,作维新之喉舌","始终抱定"以"倡民权"为该报"独一无二之宗旨","海可枯,石可烂,此义不普及于我国,吾党弗措"。[①(P227)]显然,梁启超在这里公开承认了《清议报》是"吾党"——即维新派的党报。这期间和稍后,他还在给康有为的信中明确地谈到办党报问题:如 1900 年 2 月其谓:"既与西人交涉,我党宜出一西文党报";[⑩(P206)] 1902 年 4 月又谓《新民丛报》实"为吾党一生力军"。[⑩(P257)]他 1907 年 4 月在筹办《政论》月刊时,更明确谈到"党报将出","先造此基础,为立党之先河"。[⑩(P396)]由此可见,梁当时已十分明确地提出了报刊的党性问题,承认并肯定其所办的党报,是资产阶级改良派手中用来从事政治斗争的有力武器。

既然党报是阶级政党的代言人,那么其言论就一定要反映该党派的意志和政治经济利益,而表现出强烈的政治性。鉴于此,梁启超在论及评判党报之优劣时,提出了 4 条标准:"一曰宗旨定而高,二曰思想新而正,三曰材料富而当,四曰报事确而速。若是者良,反是者劣"。他指出:所谓"宗旨定而高",是"为报馆者,不可不以热情慧眼,注定一最高之宗旨而守之",牟大利、媚权贵、悦市人等皆不可取,应"以国民最多数之公益为目的,斯可谓真善良之宗旨焉矣”；所谓“思想新而正”，是指“报馆之天职，则取万国之新思想贡献于其同胞者也”，“故思想不可以不新”，“报馆之著述者，贵能以语言文字开将来之世界也”，应依据国史民情选取“最有利而无病”之新思想，“而后以全力鼓吹，是之谓正”。[⑥]他在此把关系到报刊政治方向的宗旨和思想这两条摆在第一、二位，显然是有了以政治标准为其第一评价标准的思想；而他在办报的实践中，也始终坚持其所办报刊为维新改良派之政治改革活动摇旗呐喊的政治方向——以宣传爱国救国、输入文明新理、鼓吹实行君主立宪、导中国社会进步为主旨，及以“睿牖民智、薰陶民德、发扬民力，务使养成共和法治国国民之资格”与“务在养成吾人国家思想”，[①(文集29. P4)；⑩(P272)]构建将来独立、自由、民主之新中国的政治基础为目标。由此可知，无论是从梁启超的办报理论本身观之，还是从其办报实践中反映出来的办报思想来看，他所办的报刊都是资产阶级改良派为维护自身的政治经济利益，而同封建专制势力进行战斗及与革命派展开论争的舆论工具。

第三，梁启超厘定了办报的新方针，分别提出了报刊论说和记事方面应遵循之准则。他指出，新式报刊应去掉以往报刊的信口以谈、臆造诡说、揣摩众好、蹈袭陈言、毁誉褒贬全凭恩怨、言之无文、义无可取等弊病，改为树立和遵循全新的报刊论说原则与记事准则。他认为报刊在政论与评论方面，要切实做到“第一以公为主，不偏徇一党之意见”，“第二以要为主，凡所讨论必一国一群之大问题”，“第三以周为主，凡每日所出……之大问题，为国民所当厝意者，必次论之”，“第四以适为主”，所发言论务求“适于中国今日社会之程度”；报刊在新闻时事方面，要坚持做到“以博为主”，“以速为主”，“以确为主”，“以直为主”，“以正为主”。[⑪(P152)]这样一来，报刊就能反映国内外的形势与时事之变，及其学术思想之光华，使读者不出门而可知天下事。梁启超的这些论述，为近代中国报界树立了崭新的职业道德规范和应遵循的行动准绳，从而有利于中国报人观念之更新和近代报业的良性发展。

第四，梁启超提出办好报刊的两大必要条件是：宽松的社会政治环境——实现思想、言论、出版三大自由，及丰裕的经济支持——实现报刊经济独立。他在阐述新闻自由的重要性时指出："自由者，天下之公理也，人生之要具，无往而不适应者也"，"人群之进化，莫要于思想自由、言论自由、出版自由"；[⑫(P91)]这是人类神圣之权利，不可侵犯，天下之第一罪恶就是侵人自由。他主张并号召报界同人起来冲破清政府所设的言禁清规戒律，力争实现思想自由、言论自由和出版自由，因为"此三大自由者，实惟一切文明之母"和"文明普及不可缺少之条件"，"而近世世界之各种现象，皆其子孙也"。[②(P226~227)]他针对当时士大夫明哲保身、士习葸懦的现状，指出"不敢稍有异思想……此实为滋愚滋弱之最大根源"，要开民智和去掉自身与社会上的"奴性"，"舍自由而无他道矣"。[⑦(P125~127)]他还强调报刊要履行其监督政府、防卫国民之天职，也必须有思想尤其是言论和出版的自由，如此则"良政治必于是出焉"，否则"则行政之权限万不能立，国民之权利万不能完"。[①(文集.P37)]梁氏对西方资产阶级二三百年来培育发皇之新闻自由的灼见、笃信和力行，在当时的报人中尚无出其右者；思想、言论、出版三大自由思想经他宣传鼓吹后，始移植于中国报业界和国人思想中。梁启超同时又认为，办好一份报刊离不开雄厚的经济基础。他指出："吾侪从事报业者，其第一难关则在经济之不易独立"，[①(文集36.P67)]"故在经济界谋独立，自是达我目的之一法门"，[⑦(P289)]"办报固为开通社会起见，亦必须求经济可以独立维持"。[⑩(P384)]此言实在不虚，乃其教训之谈。

第五，梁启超对于报刊的采访记事、文字表达及编排技巧等具体问题，也提出了全新的见解。在报刊的采访记事方面，他提出要彻底弃市井里巷琐议，而改为采录刊登政治时事新闻，具体而言就是要推陈出新——广译五洲近事，择录各省新政，博采交涉要案，广罗政艺要书，采合中西道德等，总之要以报道论列国内外所演之近事及所发之现象，作为新闻的主要内容。在报刊的文字表达方面，梁力倡并带头使用了一种报章时务文体——它为文“纵笔所至不束”，行文“务为平易畅达，时杂以俚语、韵语及外国语法”，“其文条理明晰，笔锋常带情感，对于读者别有一种魔力焉”。①（专集34. P62）为此他主张：打破桐城古文、八股时文及骈体散文等的一切框套与束缚，实行文体大解放，论说叙事做到畅所欲言、自抒胸臆；在新闻报道中大量运用西方的社会与自然科学中出现之名词术语，兼容并包，取譬设喻，使文章明白晓达与浅显易懂；文章要写得灼然如炽火，猛烈如飞瀑，奔腾如骏马，气势如长虹，并载理想之羽翼，发情感之声音，使读者读后易受鼓动感染而产生强烈的共鸣。这种时务文体在梁所办报刊登载的政论、新闻、小说、短评、时评、杂评、丛谈、问答中，都有淋漓尽致的表现。它风靡一时，不仅对当时报业之发展助力甚大，而且还开了五四前后文学革命的先河。在报刊的编辑技巧方面，梁提出要注意不断改进版面编排而使报刊面貌为之一新：如把栏目按内容设计得新颖多样，实行分栏分类编排稿件，新闻做到一事一标题，印刷时使用多种字体以示醒目，并提出设立副刊附于报末等。

由上可知，梁启超的报业理论之内容极为广泛丰富。它包含了其新闻舆论观与具体的办报思想主张，涉及到报刊的功能说、宣传的方法论，及办报的方针、宗旨、目标与报章之内容、体例、文体的编排等方方面面。他的办报思想具有汲取中外文化思想资料的杂糅性和推陈出新的创新性，而西方资产阶级的新闻思想观念，实构成了其主体内容。中国创办主编近代报刊者虽非自梁氏开始，但能像他那样较为全面而系统地提出一整套办报思想，并以之指导近代报业的革新而促使其进步者，则尚未见有第二人。他的办报思想主张，适应世界报业发展的潮流，代表了近代中国报业界前进的方向。

三 办报活动的社会影响

梁启超办报的目的是为唤起民众爱国救国。他晚年表白说:"我的中心思想是什么呢?就是爱国;我的一贯主张是什么呢?就是救国。"[⑫(P484)]的确,作为一位赤诚的爱国者,"救国才是他的宗旨"。[⑬(P64)]梁启超清末民初的办报活动,在促进近代中国社会变革、加速清王朝垮台及思想启蒙解放等方面皆起过巨大的作用,并产生了深远的历史影响。具体来说,这主要表现在以下几个方面:

首先,梁启超通过办报宣传活动,促使清末的维新变法与立宪运动走向高涨,在一定程度上推动了中国近代民主化之进程。他主编的《时务报》以鼓吹变法图存为主旨,自创刊号始就连载其长文《变法通议》;它揭露清廷封建专制统治及其官僚因循守旧给国家带来的危害,反复论证了变法图强的必要性和发出了"变亦变、不变亦变"的呐喊,说明能变法则强,不变法则亡的道理,并强调"变法之本"在"开学校"、"废科举"和"变官制"。[①(文集1. P8、10)]他在《论君政民政相嬗之理》等文中,阐明了民主政治必然会代替封建专制,"强国以议院为本"。[①(文集1. P96)]梁氏关于变法图强、伸民权、设议院和发展资本主义的宣传,当时在知识界收到了振聋发聩之功效:"虽天下至愚之人,亦当为之蹶然奋兴",结果不少人因之"横涕集慨而不能自禁","草野为歆动";[③(P83)]《时务报》"风行海内,自是谈变法自强者,成为风气"。[⑫(P51)]显然,他的办报宣传活动促使与推动了维新变法运动趋于高涨。

梁启超在日本主办《清议报》和《新民丛报》期间,"保守性与进取性常交战于胸中,随感情而发,所执往往前后相矛盾"。[①(专集32. P246)]他虽曾一度力倡破坏革命,有与康有为立异之势,但其思想终究无法脱出保皇与君宪的藩篱,于1903年后终放弃排满共和论而重尚君主立宪主张。他在《论专制政体有百害于君主而无一利》、《中国专制政体进化论》、《俄罗斯革命之影响》等文中，一面对封建专制政体进行揭露和批判，一面大力鼓吹自由、民主及民权，提倡在中国实行君主立宪，并以俄国革命后“全地球之专制国，遂不免于大革命”，①(文集19. P93)来警告清廷宜反省速行立宪。当清廷考察各国宪政的五大臣归国途径日本时，他应邀为端方等草拟了《代五大臣考察政治报告》等文，提出官制改革的8条建议，以供清廷迅行预备立宪采纳。应该说，20世纪初中国立宪思潮的形成与出现，及清廷于1906年9月被迫宣布开始预备立宪的官制改革，都与梁启超大力宣传鼓吹君宪理论所起的作用分不开。有人论及此时指出：梁氏的鼓吹文字“惊心动魄，一字千金，人人笔下所无，即为人人意中所有，虽铁石人亦应感动；从古至今文字之力之大，无过于此者矣”。⑦(P150)

在国内立宪派掀起的请愿速开国会运动中，梁启超所办的报刊实起了指导与推波助澜的作用。清廷诏行预备立宪后，他创办的《政论》大力宣传改造政府、废除专制、速开国会、实行君宪，并把建立责任内阁政府摆在第一位，从而将清末的立宪运动推进到请愿速开国会的新阶段。在各省咨议局代表1910年掀起的3次国会请愿运动中，梁启超一方面在主办的《国风报》上发表了《立宪政体与政治道法》、《请愿国会应与请愿政府并行》、《为国会期限敬告国人》等文章，指出国会乃枢纽中之枢纽，立宪政治的特质是“政府对于国会负责任”，“筹办国会谓之筹办宪政，不筹办国会不谓之筹办宪政”；⑭(P305)着重论说了速开国会、建立责任政府必要性和可能性，并号召各省督抚、立宪派人士和全体国民抵制与反对政府的伪立宪，奋起支持和参加国会请愿斗争。他另一方面又振奋精神，平均每三四日给《国民公报》“寄文一篇，畅论国民应急谋政治革命之理由，言论精透胜于《新民丛报》”；此间还广为“接洽全国议士及优秀人士，灌输其政见学说”，该年是其“与国内人士通函论政最多之时”。⑩(P512～513)可见，梁启超实为当时指导与推动国会请愿运动的核心人物,他所办与支持的报刊进行的宣传活动,对国会请愿斗争的持久高涨发挥了重要作用。黄遵宪曾为此称颂梁氏说:"以公今日之学说之政论布之于世,有所向无前之能,有惟我独尊之概;其所以震惊一世、鼓动群伦者,力可谓雄,效可谓速矣。"[⑦(P171)]客观地说,梁启超所鼓吹的君主立宪理论当时为立宪派所接纳,并化为他们的国会请愿行动,这说明了它有指导社会变革的现实价值与存在的历史合理性。君主立宪论也是中国近代政治民主化进程中留下的一份遗产;清末立宪派与民主革命派竞相推动与加速了中国政治民主化的进程。

其次,梁启超主办之报刊对清廷黑暗腐朽统治的抨击,对民族危机的剖析,及对封建当权者假立宪骗局的揭露,促进了中国人民的普遍觉醒,极大地激发了他们对列强尤其是清政府的愤恨,从而在客观上为革命派推倒清廷专制制造了舆论,加速了清王朝的灭亡。如前所述,梁启超自办《时务报》起,就著文揭露封建专制的腐朽黑暗。到办《清议报》与《新民丛报》等刊物时,他公开抨击西太后及荣禄、刚毅辈是"逆后贼臣",指出"今日中国之病根何在?即西太后党之政府是也",[①(文集5.P52)]中国积弱衰败"所以发生之由,莫不在专制政体",[①(文集9.P90)]这样的"专制政体之不能生存于今世界,此理势所必至也"。[①(文集9.P10)]他还指出:"西后政府为我中国人之公共仇敌","我辈迫于公义,誓不与之两立","惟有将此恶政府除去,而别立一好政府,则万事俱妥矣";[①(文集5.P53)]"专制政体者,我辈之公敌也、大仇也!有专制则无我辈,有我辈则无专制",[⑮(P380)]"必将数千年横暴浑浊之政体,破坏而齑粉之……必致数千年腐败柔媚之学说,廓靖而辞别之"。[⑩(P298)]他号召国民行动起来,"脚蹴旧山河,手提贼人头",[①(文集45(下).P11)]迅速"组织大军,牺牲生命,誓翦灭此而朝食"。[⑮(P380)]与此同时,梁又撰文剖析列强侵华所造成的民族危机,发出了速起救亡的呼喊。这些大大激发了中国人民对清廷与列强的仇恨,及他们奋起救国的战斗热情。总之,从 1899 年底至 1903 年春间,梁启超在批判抨击封建专制主义及列强入侵、宣传排满民族主义和共和民主革命方面,发文之多、认识之深与宣传之力,皆居同时代人之首。这对于 20 世纪初中国民主革命风潮的形成,具有很大的启导开拓作用。当时的革命派人士都承认梁启超是资产阶级民主革命萌发时期的代言人。如冯自由就将《新民丛报》列为"革命书报"之一,指出"此报出版一二年,阐扬民族主义不遗余力,所著破坏论尤为激烈,影响国内青年之思想甚巨";[⑯(P136、144)]胡汉民也说"《新民丛报》初期曾为革命报之一","其所持主义则由黑暗而进于光明"。[⑰(P727~728)]由此可见,梁启超当时在鼓动革命风潮,从思想上动员与组织民主革命队伍方面,实功不可没!

在 1906 年后的清末预备立宪运动时期,梁启超在一些文章中继续抨击历数清政府的种种罪行:"使我百业俱失无所得衣食者,政府也;夫孰使百物腾涌致我终岁勤动而不得养其父母者,政府也;夫孰使我一粟一缕之蓄积皆供吏胥之婪索者,政府也;夫孰使盗贼充斥致我晷刻不能即安者,政府也;夫孰使我祖宗丘墓之墟为他国宰割分崩者,政府也。政府日紾吾臂而夺吾食,日要于路而劫吾货,吾呼号颠沛而政府不我救,吾宛转就死而政府不我怜",[①(文集23.P21)]"今之政俗,其殃国病民者,比比然也"。[⑱]他指出这残民殃民的"现政府者,制造革命党之一大工厂也",革命党人"以扑灭现政府为目的",是被这腐朽黑暗的专制统治逼出来的,[⑭(P184)]具有正义的现实合理性。梁在另一些文章中,又指出清廷的所谓预备立宪全出于欺罔:"筹备宪政之文牍,高可隐人,而一遇乎事之稍有近于宪政之真精神者,则相与骇怪之而破坏之。叶公好龙,好其似而非者也";"今之政府,全不识立宪政体为何物"。[①(文集26.P61、54)]他对载沣等人反对早开国会之行径尤为愤怒,警告其不速开国会必亡:"吾敢断言曰:中国而欲有国会者,惟开设于宣统四五年以前为能有之,过此以往,吾中国永远无开国会之时矣"，"徒以现今之政治组织循而不改，不及三年国必大乱而至于亡"。[⑭(P305)]当国会请愿运动一再遭到清廷压制时，梁氏号召人民起来推倒这腐朽政府："我国民诚能并力以推翻此恶政府而改造良政府，则一切迎刃而解"；"我国民不欲推翻之则已，诚欲推翻之，稍一协力则疾风卷陨箨，千钧之砮溃痈，未足以喻其易也"。[①(文集26.P29)]梁启超的这些言论，具有很大的煽动作用，在立宪派和部分官绅中引起了共鸣，并促使他们最后走上抛弃清廷而转向共和革命的道路。

凡是要推翻一个政权，总要先造成舆论，梁启超的办报宣传活动，正是做了批判封建专制以孤立清廷、及宣传民主共和以唤醒国民等方面的舆论工作。这对促使辛亥革命高潮之尽快到来，起了重要的作用；他在以舆论之剑协助革命派击倒清廷方面出了大力。时人对此多有评说。缪凤林和张阴麟指出："梁氏固不愧为新思想界之陈涉……以民族民权之说风靡全国"，"掊诋满洲执政者不留丝毫余地，清室之失去国人信用，梁任公之笔墨实与有力焉"；严复认为："梁为书报指斥满洲，乃至主张暴举，赞成暗杀，致人民之情感大恶，革命之祸益烈，清命不可苟延"；[⑫(P115、105、44)]胡适则说，"梁氏之笔使民族思想、政治思想入人心已深"，这是辛亥武昌起义"一举而全国响应"的重要原因，故他"实为中国革命第一大功臣，其功在革新吾国思想界。近人诗曰：'文字收功日，全球革命潮'，此二语惟梁氏可以当之无愧"。[⑤(P165)]他们的说法虽不尽相同，但都一致肯定梁启超的办报宣传活动，客观上无意中帮助了革命派推倒清王朝及其封建专制统治。可见立宪派与革命派在促使清廷垮台方面实表相反而里相成也。

再次，梁启超主办的报刊，将其接触到的西方政治学说和自然科学，尽力地介绍到中国来，并以之挑战和批判中国传统的专制主义文化，大力向广大读者进行资产阶级思想的启蒙宣传。这在中国知识界乃至整个社会思想界掀起了一次思想解放运动，其历史影响至为广阔和深远。

自中国社会进入近代以来，一大批“先进的中国人”，“千辛万苦向西方国家寻找其理”；他们坚信“要救国，只有维新，要维新，只有学外国”，“只要是西方的新道理，什么书也看”，“认为这些很可能救中国”。⑱(P1358～1359)梁启超就是这样一位救国的启蒙宣传家，办报刊是其进行救国启蒙宣传的主要方式。他不仅自己长期努力学习和接纳西学理论，而且还尽力输入与广泛传播它；通外情、述外事、译外报——介绍和宣传西方的社会政治学说与自然科学，是其办报活动的重要内容和一大特色。早在主编《中外纪闻》时，梁启超就在该报辟有外电、译报等栏目，开始关注西方的新学说，常就外国政事发些议论；在任《时务报》总编撰期间，他将输入西学新理定为报的任务之一，除为此辟专栏发文章外，还专聘8人分任英文、法文、日文和俄文的外报外电译事，使“西文报译、露透电音，占报二分之一左右篇幅”。②(P177)梁启超当时将传播西学、批判旧学与开民智、号召救亡图存结合起来，影响了数以万千计的知识分子及青年学生，禹甸神州很快出现了“举国趋之如饮狂泉”，“智慧骤开，如万流潏沸不可遏抑”的生动局面，③(P129)不少人从中受到了全新的思想启蒙教育。梁启超亦因此而名声鹊起：“当《时务报》盛行，启超名重一时，士大夫爱其语言笔札之妙，争礼下之。自通都大邑，下至僻壤穷陬，无不知有新会梁氏者”。③(P129)可以说，戊戌前后是他成为启蒙思想家地位的奠基时期。

梁启超在日本主办《清议报》与《新民丛报》等之际，是其启蒙思想家地位树立并进一步巩固的时期。这期间的梁启超对介绍和传播西学，具有厚重的政治热情和历史使命感。他认为：“外学之输入者果昌，则其间接之影响，必使吾国学别添活气，吾敢断言也”，①(文集7.P104)因而打算“以极短之时日，将世界常识切实灌输于国民”。⑲为达此目的，他当时主办的报刊先后大力引进与广泛传播西方各家各派的思想、理论和学说。我们从后来新民社编印的《清议报全编》中可知,它对西学作过较全面的初步介绍与宣传:其中专门介绍西学方面的"新书译编"、"外论汇译"、"中外纪事"等约占该报的近半篇幅,内容包括有西方的政治社会学说、各国的历史与政治小说及对华专论、西人西报文译、外国纪事等,仅"外报撷华"就采编了当时海内外六十多种报刊的精论。在《新民丛报》时期,梁启超对西学的介绍和传播更为全面而系统化。其这时宣传西学的文章之多、涉及领域之广、介绍西人之众及其思想影响之大,皆居当时报人之首而为他人所不及——从欧洲资产阶级的古典著作,到现代资产阶级的专门著作,乃至于科学社会主义的某些观点,都被他生吞活剥地介绍进来,内容涉及政治、经济、军事、哲学、历史、地理、法律、宗教、教育、新闻、文学、科学等各个领域。其介绍宣传于广泛中有相对系统性,于全面中略现重点:在政治学方面,他着重介绍了亚里士多德、霍布士、孟德斯鸠、卢骚、边沁、伯伦知理、颉德等人的思想;在哲学方面,他主要介绍了康德、黑格尔、毕达哥拉斯、色诺芬尼、培根、斯宾诺莎等人的学说;在经济学方面,他介绍了弥勒约翰、圣西门、亚当斯密等人的主张,并根据亚当斯密之理论,撰写了我国第一部西方经济学史著作《生计学学说沿革小史》;在史学方面,他介绍了英国、法国、美国、越南、朝鲜、意大利、匈牙利等外国史,及社会达尔文主义的史学观;他还介绍过哥白尼的天文学、达尔文的进化论及富兰克林的电学等。当时,梁启超所办的报刊将传播西方社会科学与自然科学的新思想、新理论、新知识,与深入批判中国的封建文化与伦理道德,及提倡新民说、新道德和鼓吹进行政治、经济、史学与文学等领域的革命相结合起来,以期向人们展示中国传统宗法社会与西方近代化文明社会两者间的差距与不同演进道路,作为中国救亡图存政治改革的借鉴。

由上可知,梁启超所创办与主持之报刊对西学的宣传,具有长期性、广博性、系统性、开拓性与实用性等几大特点。这种宣传工作,为国人提供了一个窥视和了解西方社会大千世界的窗口,并使几代中国人(尤其是知识界)受到了西方思想学说的洗礼。有些人把当时的梁启超看成是同孙中山一样的救国者而寄于厚望。如章太炎在给友人的信中就谓:"吾不敢谓支那大计在孙、梁二人掌中,而一线生机惟此二子可望。"⑳(P170~171)

通过全文的论述可知,梁启超一生中最大的贡献就是以文字宣传报国。他1/4世纪的办报生涯,一直与其反对封建专制及列强入侵、倡行建立君主立宪政体的政治斗争相始终。其办报时间之长,主办报刊之多,报业思想之新与丰,及报刊宣传的社会影响之大,在清末民初都是首屈一指的,实堪称为近代中国报界真正开山之第一人。他二十几年的办报宣传活动,在沟通中西方文化思想交流、促进中国知识界思想大解放和近代中国报业自身发展、推动当时的社会改革进步与迈向近代化等方面,都产生过巨大影响并发挥了重要作用。正是这样,造就和奠定了梁启超作为近代中国之伟大爱国者、报业界巨子、杰出政治改革家与启蒙宣传思想家,及传播西方文化使者中之主角的历史地位。

参考文献:

① 梁启超.饮冰室合集〔M〕.北京:中华书局,1989.

② 赖光临.中国近代报人与报业(上)〔M〕.台北:商务印书有限公司,1987.

③ 方汉奇.中国近代报刊史〔M〕.太原:山西教育出版社,1981.

④ 徐松荣.维新派与近代报刊〔M〕.太原:山西古籍出版社,1998.

⑤ 董方奎.旷世奇才梁启超〔M〕.武汉:武汉出版社,1997.

⑥ 梁启超.清议报第一百册祝辞并论报馆之责任及本馆之经历〔N〕.清议报,第100册.

⑦ 丁文江.梁任公先生年谱长编初稿〔Z〕.台北:世界书局,1959.

⑧ 梁启超.论报馆有益于国事〔N〕.时务报,第1册.

⑨ 梁启超.〈国风报〉叙例〔N〕.国风报,第1册.

⑩ 丁文江,赵丰田.梁启超年谱长编〔Z〕.上海:上海人民出版社,1983.
⑪ 戈公振.中国报学史〔M〕.北京:生活、读书、新知三联书店,1955.
⑫ 夏晓虹.追忆梁启超〔M〕.北京:中国广播电视出版社,1997.
⑬ 中国近代史资料丛刊·辛亥革命(一)〔Z〕.上海:上海人民出版社,1956.
⑭ 董方奎.梁启超与立宪政治〔M〕.武汉:华中师范大学出版社,1991.
⑮ 李华兴.梁启超选集〔M〕.上海:上海人民出版社,1984.
⑯ 冯自由.革命逸史:第3集〔M〕.北京:中华书局,1981.
⑰ 中华民国开国五十年文献第一编第十二册·革命之倡导与发展——中国同盟会(二)〔Z〕.台北:正中书局,1969.
⑱ 毛泽东.毛泽东选集(4卷横排袖珍本)〔C〕.北京:人民出版社,1967.
⑲ 梁启超.国民常识讲义说略(1910年底).未刊稿.
⑳ 汤志钧.章太炎年谱长编(上册)〔Z〕.北京:中华书局,1979.

原载《中山大学学报》2004年第1期

梁启超与中华书局

顾晓光　张　洁

近年来,众多近代文学研究者愈来愈着力于近代出版史研究,代表者如陈思和、陈平原等先生。这些学者对于出版史的研究是和近代知识分子研究或其他学术研究相结合的,目的在于通过出版史中透出的信息揭示近代知识分子的人文关怀和价值取向。近代出版界中,中华书局可谓翘楚,众多文坛名宿的鸿篇巨著由此流播社会、传于后世。在这些名宿中,有人更是选择中华书局作为自己泣血之作的终身托付之所,两者之间的信任和默契构筑了中国文化史上一道独有的、感人的风景。近代著名政治家、思想家、文学家梁启超就是其中具有代表性的一位。

在近代中国,以言论极大地影响全国,开辟舆论阵地者,首推梁启超。梁漱溟曾说梁启超一度将整个思想界造成了他的天下。梁启超一生致力于政治变革、思想启蒙及文化救国,以笔为枪是其最有力的武器,其著作可谓等身计。由此,对于这些凝聚他毕生心血的书稿,选择合意的出版局显得十分重要。中华书局作为近代中国重要的出版机构之一,从成立之日起,便与梁启超建立了密切的合作关系,成为梁启超一生中不可或缺的部分。梁启超选择中华书局,主要源于对于中华书局所出图书质量的看重,他曾对中华书局所出《四部备要》赞赏有加,称为"旷古所无"。另一方面,是因为中华书局在作者群中信誉极好,恪守信用,从不拖欠,甚至可以提前借支稿酬。梁启超与中华书局渊源很深,除作者身份外,他是中华书局早期编辑所的成员之一,还曾于1916年当选为中华书局第六届董事。

梁启超一生著述集萃于《饮冰室合集》,这部在近代中国产生了深远影响的图书和刊物就是由中华书局出版发行的。解放前,中华书局共出版过梁启超的集本三次。1916年9月,《饮冰室全集》第一次出版,全集侧重于政论、书牍类文字。梁启超于6月手定,共40册。至11月再版。翌年,又出缩本《饮冰室全集》,分订48册;1926年12月,《饮冰室文集》乙丑(1925)重编本出版,聚珍仿宋版排印,线装80册。分为五集,第一集为戊戌以前所作,第二集居东瀛时作,第三集归国后至欧战前作,第四集欧战和议以迄最近作,第五集为题跋诗词曲小说诗话等,内容较以往几家出版社出版的文集都丰富,但也还有些重要著作如《墨子学案》、《墨经校释》、《中国历史研究法》、《清代学术概论》等未曾收入;1929年梁启超去世后,由其家属和亲友委托林宰平重新编辑。1936年1月《饮冰室合集》开始出版,林宰平编。计文集16册,45卷,专集24册,103卷,共40册,148卷,七百七十余万字,4月份出齐。此次不同于以前梁启超所著集本,大都只收录政论、散文,文集附有诗词、题跋、寿序、祭文、墓志等;专集附门人笔记若干种。比较系统全面地编订了梁启超一生的著述。正如《饮冰室合集·例言》所说"借可窥见作者思想之发展及三十年来政局及学术界转变之迹"，是目前能见到的收录最丰富、质量最好的一部梁启超著作的结集。比1926年出版的《饮冰室文集》多出150篇、专集63种。其后陆续发行单行本三十余种。1989年，中华书局根据这个版本影印，装帧成32开精装12册行世。

20年内连续三次整理出版《饮冰室集》已属少见，更为难能可贵的是编辑们的认真与细致，系统概括了梁启超一生的主要思想著作，这比之树碑立传更有价值，梁启超也因此传文于后世，中华书局可谓居功至伟。值得一提的是，1916年，为争夺《饮冰室集》的出版权，中华书局曾与商务印书馆口角相争，足以见出中华书局对于梁启超这部著作的重视。此年六七月间，中华书局在报上刊登发售《饮冰室全集》的预约广告，在此同时，商务印书馆发售预约"梁任公先生编定《饮冰室丛著》"48册的广告也刊载发布。为了表明自身对梁启超文集的出版拥有权，也为了暗示商务勿得搅局，中华书局采取了杀鸡儆猴的策略。当时适有普新书局刊行《梁任公文萃》一书，所收文章半辑自梁启超所办《大中华》杂志及《庸言》报。中华书局乃登报声明：对《庸言》及《大中华》拥有版权，将控告任何编选梁著的出版者。

商务印书馆并未为之所动，继续积极争取梁启超文集的出版权。他们得知，梁启超与中华书局就自办刊物《大中华》有契约，梁可以自己编纂文集，而梁启超因《庸言》报而借中华书局3000元，在还款之前，版权归中华书局所有。为了抢得出版权，商务印书馆多次上门与梁启超商谈，愿通过律师交涉，代偿梁启超向中华书局所借3000元以赎回《庸言》报权，或将《庸言》归于商务。中华书局当然不能坐视。1916年9月，书局负责人陆费逵为此特访张元济于商务印书馆，出示了《大中华》与《庸言》与梁启超所订的契约。陆费逵说："《大中华》文字，任公自刻文集，可以编入之说，契约上并未载明。当时系口头声说，王仰先含糊应允，将来总可商量，此时在法律上不能有效。为尊重彼此版权起见，最好彼此商托。商务必须采用《大中华》文字，须有相当办法。可作为中华特别允许。”而张元济则认为商务印书馆并没有侵犯中华书局版权的意思，梁启超自行编辑，与中华书局无关。当月 24 日，张元济紧急造访梁启超，梁启超出示了与中华书局所订的《饮冰室全集》合同，并称中华书局已经复信允许其自编文集及采用《大中华》文字。于是张元济请梁启超在中华契约上声明，系自行编纂，交商务印书馆发行，中华书局丝毫不得有所侵犯。梁启超同意照办。两人又谈到《庸言》报的事情，张元济认为如果赎回，商务印书馆愿为其交款。梁启超则认为不必，并称该报对于商务印书馆未必有用。最终的结果，中华书局的《饮冰室全集》和商务印书馆的《饮冰室丛著》在 9 月同时出版。

除《饮冰室集》外，中华书局在其他方面也与梁启超建立了密切的合作关系。中华书局是梁启超自办刊物《大中华》的出版局，此外，中华书局发起的时局小丛书计划，也由梁启超主编。中华书局的启事里述其缘起说：现在时局变化不测，其影响于吾国者甚大，不惟政治财政与有关系，即实业及社会上种种事情亦无一不视时局为进退也。梁任公先生有见于此，特与同志分纂此书，冀令我国上下瞭然与世界事情各国状况，诚今日最要之书也。现已陆续脱稿，四个月内出全。(《中华书局启事》《大中华》第 1 卷第 1 期)。除了《大中华》，梁启超还参与了中华书局印行的《改造》月刊的创刊工作，旨在“群性与个性之交融，思想及经济社会之改造，并介绍世界有影响之学说，发扬我国固有之文明”，成为传播新文化主要刊物之一。在创刊第一号上，梁启超亲笔题写发刊词。

梁启超的影响之所以经久不衰，一方面来自“笔锋常带情感”、富有磁力的文章；另一方面则得力于中华书局这一出版媒介。学者和出版者的唇齿相依造就了利益双赢，最重要的是他们的联手促成了更多的流芳百世的佳句杰作，大大地推进了近代中国政治民主化的进程。

原载 2004 年 6 月 10 日《光明日报》

存目

著作

梁启超 《饮冰室聚著》

商务印书馆 1916 年

梁启超 《饮冰室自由书》

商务印书馆 1916 年

梁启超 《饮冰室合集》

中华书局 1989 年

梁启超 《梁启超未刊书信手迹》

中华书局 1994 年

吴晗主编 《梁启超》

中华书局 1962 年

牛仰山编 《梁启超》

中华书局 1962 年

孟祥才 《梁启超传》

北京出版社 1980 年

孟祥才、杨希珍 《梁启超》

江苏人民出版社 1982 年

李国俊编 《梁启超著述系年》

复旦大学出版社 1986 年

马　勇编　《梁启超语萃》

华夏出版社 1993 年

张　灏　《梁启超与中国思想的过渡》

江苏人民出版社 1993 年

沈大德、吴廷嘉　《梁启超评传》

百花洲文艺出版社 1996 年

董西礼　《梁启超》

哈尔滨出版社 1996 年

夏晓虹　《追忆梁启超》

中国广播电视出版社 1997 年

陈鹏鸣　《梁启超学术思想评传》

书目文献出版社 1999 年

程华平编选　《饮冰室主人自说》

江苏人民出版社 1999 年

鲍　风　《梁启超:改良人生》

长江文艺出版社 2000 年

郭长久　《梁启超与饮冰室》

天津古籍出版社 2000 年

张品兴编　《梁启超家书》

中国文联出版公司 2000 年

吴其昌　《梁启超传》

团结出版社 2004 年

论　文

何炳然　《梁启超初办〈新民丛报〉时的宣传特色》

《新闻研究资料》1980 年第 5 辑

古　海　《梁启超所办报刊述评》

《广东图书馆学刊》1985 年第 4 期

蔡尚思 《近代报界巨匠梁启超》

《编辑记者一百人》,学林出版社 1985 年

王跃生 《报坛巨匠梁启超》

《新疆新闻界》1986 年第 5 期

曾景忠 《从〈庸言〉看梁启超》

《天津社会科学》1986 年第 6 期

士　华 《梁启超和他首创的“时评体”》

《新闻实践》1986 年第 2 期

子　冶 《梁启超和商务印书馆》

《商务印书馆九十年》1987 年

王俊明 《梁启超的报刊编辑思想》

《学术交流》1989 年第 4 期

何炳然 《梁启超和〈时务报〉的变法宣传特色》

《新闻研究资料》1990 年第 49 辑

张　昆 《梁启超的资产阶级理论和出版自由观》

《新闻研究资料》1990 年第 51 辑

宫百里 《报人梁启超》

《人物》1992 年第 2 期

史媛媛 《略论梁启超的舆论思想》

《郑州大学学报》1994 年第 2 期

陈　江 《〈新民丛报〉——影响一代人的期刊,兼谈梁启超的编刊思想和艺术》

《编辑之友》1994 年第 5 期

闾小波 《政论报刊的崛起与社会变革的突进——对〈时务报〉的个案研究》

《南京大学学报》1994 年第 3 期

皮后锋 《略论梁启超对〈时务报〉的贡献》

《学术论坛》1995 年第 5 期

蒋成德 《梁启超与维新派的“编辑大业”:兼及戊戌变法后的报

刊编辑活动》

《淮阴教育学院学报》1995 年第 1 期

张鹏涛　《梁启超的编辑生涯》

《编辑学刊》1995 年第 5 期

陈　林　《谈梁启超的编辑思想理论》

《河北水利》1996 年第 2 期

屈家惠　《试论梁启超的报纸思想》

《四川教育学院学报》1997 年第 3 期

姚向葵　《评“过渡时代英雄”梁启超的新闻活动》

《国际关系学院学报》1998 年第 4 期

郭常英　《维新之士与近代报刊发展》

《史学月刊》1998 年第 4 期

王勋敏　《于海外推波助澜——梁启超与五四运动》

《人物》1999 年第 5 期

舒习龙　《汪、梁关系与〈时务报〉》

《淮北煤炭师院学报》1999 年第 1 期

唐　朝　《论梁启超的报刊编辑思想》

《河南社会科学》1999 年第 5 期

董锦瑞　《梁启超戊戌维新时期的报刊编辑思想》

《新闻出版交流》1999 年第 5 期

周　军　《论“戊戌变法”与“大众传播”》

《淮海工学院学报》1999 年第 8 卷专辑

郝　雨　《梁启超与中国现代文化传播》

《河北大学学报》1999 年第 1 期

马运瑞　《梁启超维新时期的报刊活动及其影响》

《学术论丛》1999 年第 5 期

刘集林　《〈时务报〉文化倾向述论》

《历史教学》2000 年第 3 期

汤奇学、龚来国　《汪康年与梁启超关系变化与〈时务报〉兴衰》

《安徽大学学报》2000 年第 5 期

刘　虹　《从梁启超的报刊看其“善变”与“不变”》

《广西大学学报》2000 年第 5 期

史媛媛　《梁启超与中国社会舆论的近代转型》

《郑州大学学报》2001 年第 1 期

张　翔　《报业与现代民族国家的建构——梁启超报业观略论》

《开放时代》2001 年第 10 期

王晓光　《世俗化的理想与理想化的实效:浅析梁启超前期报刊文章盛行的原因》

《青海师范大学学报》2002 年第 2 期

王　雁　《试论梁启超的编辑思想》

《淄博学院学报》2002 年第 2 期

周　芳　《梁启超新闻思想初探》

《武汉科技大学学报》2001 年第 3 期

张丽萍、刘寒娥　《对梁启超新闻思想的历史观照与反思》

《社会科学辑刊》2002 年第 6 期

史媛媛　《梁启超的舆论引导艺术》

《新闻爱好者》2000 年第 4 期

刘英姿　《析梁启超早期新闻思想的变化》

《娄底师专学报》2003 年第 3 期

张家康　《“精神之父”梁启超的报人生涯》

《文史春秋》2003 年第 5 期

廖菊楝　《试论梁启超之方志观》

《内蒙古师范大学学报》2003 年第 2 期

杜亚泉

杜亚泉(1873～1933),浙江省绍兴人。原名炜孙,字秋帆,号亚泉。自幼专攻数、理、化、博物。1897年任绍兴中西学堂理科教员,1900年到上海,自费创办亚泉学馆,并编辑出版我国最早自然科学杂志——《亚泉杂志》半月刊。刊物内容主要为数、理、化等学科论文。刊物率先介绍了门捷列夫化学元素周期率。后,亚泉学馆改为普通学书室,并刊发《普通学报》,除刊登自然科学知识外,又增加了经学、史学、外国语等内容。

1901年,清廷宣布实行新政,学堂兴起,急需蒙童教学用书。商务印书馆商请杜亚泉编写《文学初阶》一书,历经数月,1902年第一册出版,后陆续出版,全书共6册。该书出版后,风行一时,影响巨大。

1904年,杜亚泉被聘为商务印书馆理化部主任,长达28年。

杜亚泉在商务印书馆期间,第一件工作就是全力以赴投入理科教科书的编辑工作。他编辑的教科书范围广,从小学、中学到师范学校,内容包括动植物、矿物、数理化、生物等。王云五称他"编著关于自然科学的书百数十种”。胡愈之说:“商务印书馆初期所出理科教科书及科学书籍,大半出于先生手笔。”除此之外,杜亚泉还先后主持编辑了《植物学大辞典》、《动物学大辞典》、《化学工业宝鉴》、《小学自然词典》等巨著。

杜亚泉在商务印书馆期间,除从事教科书的编辑之外,还担任《东方杂志》的主编。从1911年开始,任主编长达9年。他任主编之后,对杂志的内容和形式进行了大胆改革。首先改革版面,把杂志改为大本,增加插图;扩充篇幅,尤其是增加了对国际形势的关注和报道,并作出迅速评述,为当时其他定期刊物所不及。

在20世纪初,杜亚泉毕竟是中国一位启蒙的典型人物,随着新文化运动的兴起,在和《新青年》关于与西方文化论战中,成为文化保守主义的一个代表。“杜亚泉命运再一次昭示,做编辑要与时代的主潮相一致,要激励潮流,不与时俱进是编辑家的大忌,不过杜亚泉的编辑生命没有完结,他从《东方杂志》退出后,继续在商务从事他的科学编辑事业,并做出新的贡献。”(王建辉:《科学编辑杜亚泉》,《出版广角》2000年第6期)

亚泉杂志序

杜亚泉

我国自与欧洲交通以来,士大夫皆称道其术。甲午以后国论一变,啧啧言政法者日众。即如南皮张氏所著《劝学篇》,亦云西政为上,西艺次之。氏固今日之大政治家,所言必有见;且政重于艺,亦我国向来传述不刊之论也。但政治与艺术之关系,自其内部言之,则政治之发达,全根于理想;而理想之真际,非艺术不能发现。自其外部观之,则艺术者固握政治之枢纽矣。航海之术兴,而内治外交之政一变;军械之学兴,而兵政一变;蒸气电力之机兴,而工商之政一变;铅字石印之法兴,士风日辟,而学政亦不得不变。且政治学中之所谓进步,皆藉艺术以成之。例如电信通而后文报疾是也。德意志之兴,虽其君相之贤,而得赉赐创置新枪,中兴之功,未始非铜匠之力耳。且吾更有说焉,设使吾国之士,皆热心于政治之为,在下则疾声狂呼,赤手无所展布,终老而成一不生产之人物;在朝则冲突竞争,至不可终日,果如是,亦毋宁降格以求,潜心实际,熟习技能,各服高等之职业,犹为不败之基础也。夫日本固以改革政治而兴者,今其教育社中之言曰:今日学生之趋向,欲当于应用之实务者甚少,可为国家之忧(见社中所著游学案内),亦此意耳。抑吾岂谓政治学之不适于实用?但譬之人身,必以手足耳目口鼻组合而成,脑髓只需一个;又譬之船舰水手要多,船长只需一人。则存活于我社会中多数之生命者,必在农商工业之界可知矣。今世界之公言曰,二十世纪者,工艺时代。吾恐我国之人,嚣嚣然争进于一国之中,而忽争存于万国之实也。苟使职业兴而社会富,此外皆不足忧。文明福泽,乃富强后自然之趋势。天下无不可为之事,惟资本之缺乏为可虑耳,吾愿诸君之留意焉。亚泉学馆辑《亚泉杂志》,揭载格致算化农商工艺诸科学,其目的盖如此。然记者自料非能副此目的者,且区区杂志,讵足当此目的,惟翼为他日艺林中之一片败叶也。是为序。

原载《亚泉杂志》创刊号,1900 年 11 月

文学初阶叙言[①]

杜亚泉

蒙学一事不但为学生一身德行知识之基础,实为全国人民盛衰文野之根源,所关甚巨。近年以来有识之士见我国训蒙之法未

臻妥善,亟思整顿编辑蒙学新书者,已若干家。体段粗具,是编恁藉诸家之蓝本,冀为初学之津逮。更增图画,俾蒙童披览不致厌倦乏味,亦可识物之真形。惟智虑短浅,体例错杂,匡予不逮,是所望于同志耳。兹录编辑大意如下:

一、此书为教授初次入塾之孩童所用,其业经入塾而识字无多、字义未解者,亦可以此书授之。

一、此书共分六本。让学生每半年读一本,足敷三年之用。读毕此书可以[小学堂用]文学进阶②授之。

一、此书由浅入深,先以二三字联缀成简短之句,逐次增长至以数句联属成文,略成片段而止。学生读毕是书,则浅近之文学不难自解矣。

一、此书原拟为蒙学堂中所用。凡各处书馆、家塾用此书课徒者,亦宜仿照学堂规式,则受益较多。兹列教授略法于卷首请高明披阅一过,如可采用,务祈依法施行。庶不负编辑是书者之本意。

一、训蒙之法须随本地之语言、风俗、事物以为权度。我国幅员广大,语言风俗事物错杂不齐。教师课读是书如遇书中字句有为本地所罕见者,即宜随时改易。编辑是书者所切望也。光绪二十八年荷月亚泉学馆编辑。

(录自杜亚泉:《文学初阶》第1册,商务印书馆,1902年)

(子冶标点)

注释:

① 杜亚泉(1873~1933)浙江绍兴人。他在取得秀才身份后,摒弃科举制度,依靠江南制造局译书和自学日文学习自然科学。1899年前在绍兴中西学堂任教。1898年戊戌政变之后,蔡元培因清廷不足以与谋国家自强之道,毅然辞翰林院编修之职,回绍兴,出任中西学堂校长。中西学堂校董阻碍宣传新思想,杜亚泉与蔡元培同时离开到上海。蔡进南洋公学任教,杜创办亚泉学馆,教授科学知识和出版翻译著作,创刊我国第一份科

学杂志《亚泉杂志》。终因风气未开,《亚泉杂志》每期仅能发行110份而停刊,改出《普通学报》。1904年被邀进入商务印书馆,主持编纂和编写理科教科书和理科词书一百余种。《文学初阶》编写开始于光绪二十七年八月初二清廷命令多办蒙养学堂之后,完成于次年夏天,商务印书馆出版。

② 《文学初阶》供蒙养学堂,即初等小学用,规定3年用。它是在清廷宣布兴学而制度未颁之时编纂的,而《文学初阶》编纂出版后,《钦定学堂章程》公布。《文学初阶》编写时按旧时蒙学同时只用一本书的习惯,不分科,所以《文学初阶》一本书里包括了除算术以外的多门内容,终和《钦定学堂规定》蒙学须8门课的要求不符;同时,《钦定学堂章程》规定初小年限定为5年。商务印书馆为适应《钦定学堂章程》要求,组织编写新的成套小学课本《最新教科书》,因而《文学初阶》并未出版。

选自宋原放主编、汪家熔辑注《中国出版史料》近代部分第2卷,湖北教育出版社、山东教育出版社2004年

杜亚泉君传

蔡元培

君姓杜,生于旧会稽县伧塘乡。原名炜孙,字秋帆。自赴沪设立亚泉学馆发行《亚泉杂志》后,遂以别字亚泉行。"亚"从"氩"省,"泉"从"线"省。自谓在世无作用如原质之氩,无体面如形学之线也。幼习举业,父锡三先生望之切,君恒自奋勉。光绪己丑,年十八,入旧山阴县泮。

次年,娶薛夫人。谓乡居见闻弇陋,晋郡城,从何君桐侯受业,致力清初大家之文,上追天崇隆万。辛卯,应乡试,报罢回乡,觉帖括非所学,从叔山佳治训诂,罗致许氏学诸家书。当暑夜,就庭中围帐挑灯以读,风雪冬月,掩北向书窗,仅留一线光以读,忘餐忘寝,有目为痴者。甲午春,肄业省垣崇文书院,秋试后仍回乡。乙

未岁试，考经解，冠阖郡。嗣又谓是学亦无裨实用，改习畴人术，由中法而西法。读李善兰、华蘅芳二氏书，时以习代数所得，与叔山佳之习天元者相印证，如是者二年。

戊戌，任本郡中西学堂算学教员，值学使按临，君考算学，又冠阖郡。自是而后，兼习理化，兼习东文，购置制造局傅、徐两氏所译诸书，虽无师，能自觅门径，得理化学之要领，与学堂同事研究东文文法，亦不久能直译东籍而无阻。

庚子秋，中西学堂停办。君赴上海，提倡科学，学馆之设立，杂志之发行，即在是时，时君年二十八也。两广陶子方总督得《亚泉杂志》，深赏之，饬属购阅。辛丑，得父之允，给资设书肆，编译科学书及教科书，名曰普通学书室。杂志出版十册后，改为《普通学报》，注重科学，兼载时事及政治矣。

壬寅夏，南浔庞氏浔溪公学发生学潮，庞君清臣到沪，邀学者往为调停，君亦被邀，前校长辞职，延君继任。君不辞劳瘁，悉心擘画，为学生参考计、实习计，辟图书、仪器二馆。又以传达文化恃印刷物，劝庞君购置印机及铅字以备用。九月，薛夫人故，君归理其丧，因顾校务而迟月余。未几，学潮又作，君多方劝导，卒无效，浔校遂尔停办。学生黄君远庸，为学潮主动者，其后得志，游历欧美，有书致其友，谓曩时年少气盛，不受师训，杜师之言，皆内含至理，切中事情，当时负之，不胜追悔云。

癸卯在里，与宗加弥、王子馀、寿孝天及其从叔山佳、海生诸君，组织越郡公学于能仁寺，君任理化博物教员，曾因试验化学，玻瓶炸碎伤面部，医愈后上唇留裂痕焉。是冬，续娶王夫人。越郡公学旋以款绌停办。

甲辰秋，应旧友张菊生、夏粹方二君之招，复赴沪。其时普通学书室营业疲顿，而商务印书馆正在发展，罗致编译人才，君被邀为编译所理化部主任，实为此后在馆中服务二十八年之纪元。此后君所致力研究者，为政治、为法律、为哲学、为音韵、为西文、为医药。丙午秋，偕叔海生东游日本，考察教育，购东籍数十种以归。

浙路拒款事起，大声疾呼者，浙江旅沪学会。君在学会为评议员，对于路事尽心力而为之，欲为绍兴实现认股五百万元扬言，与编译所中绍籍二友，通力合作，二友告假两月，回绍劝股，君则以同时间之薪入，充其周历八县之资斧，此戊申夏事也。

君尝发起旅沪绍兴同人恳亲会，月一聚晤，加入者有山阴孙伯圻、余姚冯仰山、上虞许善斋诸君，会员虽不多，实为现在绍兴七县旅沪同乡会之先声。直至辛亥年，即民国前一年，同乡会成立，恳亲会始告结束。绍兴本辖八县，自山阴、会稽并为一，成七县。当七县同乡会组织之初，各发起人意见互歧，君乃应用法学，拟订章程，设议事会以决意志，设董事会以任执行，会员为主体，选举有定期，产自选举者皆义务职，月支薪给者为办事员。章程通过，意见悉融，后虽经应时宜而修改，而基本精神迄今存在。君被选为议长，连任数次，同时为副议长者，有邵君力子。被推为校(会?)董，连任一次，同时为校(会?)董者，有胡熙生、裴云卿、曹慕管、寿孝天诸君。各项校(会?)章，又皆为君所拟订，君之宣力同乡会也盖勤。

民国元年，教育部召开国音统一会，君偕吴君稚晖入北京出席。是年，商务馆刷新《东方杂志》，请君兼主编。君主编历八年，于世界大势、国家政象、社会演变、学术思潮，靡不搜集编载，研究讨论，贡献于国人。社论署名，或用亚泉，或用伧父，有署高劳者，亦君作居多也。八年，父殁；九年，继母殁。连遭大故，沪绍奔驰，精力稍替矣。

君身颀面瘦，脑力特锐，所攻之学，无坚不破，所发之论，无奥不宣。有时独行，举步甚缓，或谛视一景，伫立移时，望而知其无时无处无思索也。尝主张以产销合作防障外货之充斥，而最所热心，则在教育。常欲自办一校，以栽植社会需要之人才，初拟设于其乡之诸葛山，嗣拟设于绍兴县城之塔山，如何建筑，如何设备，如何进行，如何由中学扩充为大学，每一谈及，兴高采烈，刻日期成，格于情势，未能实现。至十三年，遂在上海设立新中华中学，子若侄毕业大学者均任教课，君亦自任教课，虽因此减少商务馆服务之薪入，不顾也；支持两年半，虽因此脱售商务馆旧占股份，又负债二三千元，不顾也，卒以无力继续，不得已而停办。然苟使商务馆不遭日兵轰毁，公司不受直接损失，职员不受间接损失，则君于耆年离馆后，应得退俸，足以偿还债负而有余。不意二十一年沪地有“一·二八”之难，君寓闸北，冒炮火而出，举家流离，殊途归乡，身外无长物。经此劫后，不但偿债计成泡影，且因阖家恢复必需衣物，又举新债焉。

然君对社会之热心，并不因此而挫折，两年来犹在乡招集离馆旧同事，编译有用书籍；犹每周一次晋城，到稽山中学尽演讲义务。不幸于二十二年秋患肋膜炎，医药累月，至十二月六日，竟不起。衾不蔽体，不异黔娄。君有子四人，长在上海大夏大学任教课，次毕业医科学校，在实习期内，三、四尚肄业中学；有女三人，长适高，次待字，三适田；有孙男女各一人。

君生平撰著，多由商务馆出版。如算学、理科各教科书，动、植物学两大辞典，及其他各种科学书，未易枚举。最惨淡经营者，则为《人生哲学》一书；在浙江旅沪学会刊物内，有《处世哲学》译稿；在开明书店新书内，有《博史》近著；在一般杂志内，有评论一篇，否认新道德为纵欲主义。盖除载《东方》外，随处发表之文字，亦复不少也。

人有以科学家称君者，君答曰非也，特科学家的介绍者耳。去夏六月，君赴“龙山诗巢”雅集，有和友人六如韵诗，末二句云：“鞠躬尽瘁寻常事，动植犹然而况人。”嗟乎！人师几人，斯人憔悴；人琴叹逝，笔述斯人。我国人览此传文，倘亦肃然而恻然欤！

中华民国二十三年一月蔡元培撰

选自宋原放主编、汪家熔辑注《中国出版史料》近代部分第3卷，湖北教育出版社、山东教育出版社2004年

追悼杜亚泉先生

胡愈之

在《东方杂志》三十周年纪念号付排的时候,我们接到一个可惊的消息:《东方杂志》前主编杜亚泉先生因患肋膜炎,医药罔效,竟于十二月六日在绍兴原籍,溘然长逝了。文化学术界,从此失去了一个功业彪炳的前辈。不但先生的亲友故旧,闻而伤怀,便是本志新旧读者,以及海内外从文字上和先生神交有素的,也都不免同声一哭吧。

亚泉先生原名炜孙,字秋帆,亚泉为其别号,后以号行。清同治十二年(1873 年)生于浙江绍兴之伧塘。光绪初年,清廷变法维新,先生无意科名,幼年即专攻数理、化学、博物。光绪二十三年起任绍兴中西学堂教职(后改绍兴府中学堂)。二十六年即庚子年秋间,来上海创亚泉学馆,编辑《亚泉杂志》,由商务印书馆代印。每半月刊行一册,内容多为数理化学的论文,为中国最早的科学杂志。亚泉学馆后改普通学书室,除继续刊行科学书籍外,复自编《文学初阶》,供当时学堂教授之需,为中国最早的国文教科书。《亚泉杂志》至二十七年五月停刊。二十九年,先生返绍兴,创立越郡公学。三十年秋冬,应张菊生先生之招,入商务印书馆编译所,潜心著述,先后历二十八年。至民国二十一年,“一·二八”事变起,始离商务印书馆。

先生生平,除专心著述外,对于教育及社会事业,建树颇多。除在绍兴创办越郡公学外,晚年更在上海斥私资创立新中华公学。光绪末年,浙路风潮发生,先生与寿孝天先生等对于集款建路,策划颇多。后与汤蛰仙先生等创立浙江旅沪学会,继复任绍兴七邑旅沪同乡会议长,筹设绍兴旅沪同乡公学。先生本不善居积,平时卖文所入，除供简单的生活费用外，悉捐作教育公益费。因此身后萧条，无分文遗产。

但是先生虽然没有替遗属留下物质的遗产，却已替社会留下无数精神的遗产了。先生平生治学，极为广博，无论文理社会科学，无不有先生的著作。早年专攻理科，商务印书馆初期所出理科教科书及科学书籍，大半出于先生手笔，其中如《动物学大辞典》，《植物学大辞典》，尤为科学界空前巨著。中年研究哲学及近代思潮，对于19世纪哲学派别，无不涉猎。曾译有叔本华《处世哲学》，晚年著《人生哲学》，在商务印书馆出版。二十年前，中国社会科学研究，还是十分幼稚，但是先生从那时起已倡导社会主义，主张以生产消费合作，救济农村。此外于工业、医学、法律、政治、国故，均有所著述，散见于各杂志。于语言学，亦有心得。民国初年，曾由教育部聘任读音统一会会员，于注音字母之创制，贡献甚多。

《东方杂志》三十年的历史，可以划分三个时期：从创刊到第七卷止，可以说是草创时期。第八卷起，内容形式大加改进，为第二时期。第十七卷起改为半月刊，为第三时期。杜亚泉先生主编《东方》，便在第二个时期，先后共历九年。当时中国杂志界还是十分幼稚，普通刊物，都以论述政治法令，兼载文艺诗词为限。先生主编《东方》，后改为大本，增加插图。并从东西文杂志报章，撷取材料。凡世界最新政治经济社会变象，学术思想潮流，无不在《东方》译述介绍。而对于国际时事，论述更力求详备。对于当时两次巴尔干战争和1914年的世界大战，在先生所主编的《东方杂志》都有最确实迅速的评述，为当时任何定期刊物所不及。《东方杂志》后来对于国际问题的介绍分析，有相当的贡献，大半出于先生创建之功。先生在当时所撰文，多用笔名"伧父"，间有署名"高劳"的。

先生是中国科学界的先驱。不但在其早年生活中，对于自然科学的介绍，尽了当时最大的任务，此外在政治学，社会学，语言学，哲学方面，先生亦致力于科学思想的灌输。在中国科学发达史中，先生应该有一个重要的地位。到了先生主编《东方》的时候，虽提倡精神文明，发扬东方思想，因此与五四时期的《新青年杂志》，曾有过一次论战，但是先生始终没有放弃科学的立场。其对于人生观和社会观，始终以理智支配欲望，为最高的理想，以使西方科学与东方传统文化结合，为最后的目标。所以从思想方面说，先生实不失为中国启蒙时期的一个典型学者。

1899 年，先生创办《亚泉杂志》的时候，亲撰序文，其中说：

> 政治与艺术之关系，自其内部言之，则政治之发达，全根于理想，而理想之真际，非艺术不能发现。自其外部观之，则艺术者固握政治的枢纽矣。航海之术兴，而内治外交之政一变；军械之学兴而兵政一变；蒸汽电力之机兴，而工商之政一变；铅字石印之法兴，士风日辟，而学政亦不得不变。且政治学中之所谓进步，皆藉艺术以成之。……且吾更有说焉：设使吾国之士，皆热心于政治之为，在下则疾声狂呼，赤手无所展布，终老而成一不生产之人物；在朝则冲突竞争，至不可终日，果如何，亦毋宁降格以求，潜心实际，熟习技能，各服高等之职业，犹为不败之基础也。（按此处所谓"艺术"当时系用作"技术"解。）

这是三十五年前所作的文字，在那时先生已揭发生产技术决定了政治和社会关系。至于先生对当时朝野的批评，在现在看来，也还是非常正确。单从这里，就可知先生是怎样的一个前进的学者了。

至于先生生平自奉之俭，治学之勤，待人的和蔼，处事的果敢，无不足为青年人效法。先生且为一自学成功者。先生对于文理百科，几乎无所不通，却全是出于自习自学的。

先生著述事业最大的成就，除了科学著作外，要算《东方杂志》了。《东方杂志》是在先生的怀抱中抚育长大的。现在本志方达三十岁的壮龄，先生竟不及亲见三十年纪念号的出版，而溘然长逝，这在本志和本志读者，是怎样巨大的损失啊！因此我们特在这纪念号里，追述先生生平事迹，表示对先生的哀悼与敬仰，同时并向先生遗属，表示我们的最诚恳的同情。

原载《东方杂志》第31卷1号

一位以科学报国的先驱者杜亚泉

晨　朵

今天，当全国千千万万的科学工作者和青年学生，为了促进祖国科学事业的发展，正在孜孜不倦、奋发努力的时候，我想起了我国科学界一位已逐渐被人们淡忘了的人物。这个人，当年曾被少数识者誉为"功业彪炳的前辈"的，死后社会舆论却对他"淡然"，多少年来，不见经传。然而，19世纪末叶，他却曾是一个敢于从经学的桎梏中挣出的青年，在新思想浪潮的推动下，靠着自学，成为我国最早的自然科学普及教育家之一。他是20世纪初叶中国第一所民办高等学校上海"亚泉学馆"的创办人，也是第一份中国人自办的科学刊物《亚泉杂志》的创办人，他的名字就是杜亚泉。

自学以成

杜亚泉先生，1873年11月3日诞生于清绍兴府会稽县伧塘乡。原名炜孙，字秋帆。16岁(1889)中秀才，自幼勤奋好学。蔡元培在《杜亚泉君传》中说，他"当暑夜，就庭中围帐挑灯以读；风雪冬日,掩北向书窗,仅留一线光以读,忘餐忘寝”。24岁(1897)时应“岁试”,“考经解,冠阖郡”。他虽然古文成绩考得很好,但是他自己并不满意,认为“是学亦无裨实用”。于是坚持自学,“由中法而西法”,1898年,即戊戌维新运动那一年,应蔡元培聘,担任了“绍郡中西学堂”(即以后徐锡麟、陶成章等创办“大通师范学堂”处)算术教员,“考算术,又冠阖郡”;此后,他“兼习理化,兼习东文”,“虽无师,能自觅门径,得理化学之要领”;他自学日文,“不久能直译东籍而无阻”。

在绍郡中西学堂执教,教员中分新、旧两派,后由于旧派教员勾通校董进行排挤,蔡元培愤而辞职,去嵊县任剡山书院院长,中西学堂不久停办。

1900年秋,年仅27岁的青年杜亚泉去上海,独力创办宣传提倡科学教育的“亚泉学馆”;同时创办了我国第一份中国人自办的科学期刊:《亚泉杂志》(半月刊)。前开明书店总经理章锡琛曾说:“吾国之有科学期刊,此其嚆矢也。”

科 学 救 国

杂志和学馆,为什么都以“亚泉”二字命名,甚至此后连他自己也以“亚泉”为别字呢?因为“亚”字是从当时被称为“惰性元素”的“氩”,除去“气”字的省写;“泉”字是从几何学中,点、綫(繁体字,已改简体为“线”)、面的“綫”,取了偏旁的省写。据他自谦地说,“(自己)在世无作用,如原质之氩;无体面如形学之綫”,因此才叫“亚泉”。当然,杜亚泉先生当时还不可能知道,氩后来也成了一种有多种用途的元素,大概正如他没想到他所开创的科学事业在中国后来也能如此发扬光大一样。

《亚泉杂志》创刊时,杜先生在他撰写的序文中,已模糊地认识到了生产力与社会上层建筑之间的某种关系。当时,他把科学技术统称之为“艺术”,说:“政治与艺术之关系,自其内部言之,则政治之发达,全根于理想,而理想之真际,非艺术不能发现。自其外部观之,则艺术者固握政治之枢纽矣。航海之术兴,而内治外交之政一变;军械之学兴,而兵政一变;蒸汽电力之机兴,而工商之政一变;铅字石印之法兴,士风日辟,而学政亦不得不变。且政治学中之所谓进步,皆藉艺术以成立。”他并根据这种观点,号召人们与其空谈政治,“疾声狂呼,赤手无所展布,终老而成一不生产之人物”,不如“降格以求,潜心实际,熟习技能”。在这里,他当然未能避免早期“科学救国论”者的共同局限,没有看到政治对于科技发展的制约作用。

在黑暗的旧社会,要研究提倡科学,当然是困难的。这份首创的《亚泉杂志》只出了10期,由于发行有限,只好由科学期刊改成综合性期刊《普通学报》,不久仍然夭折。而可以称作为早期私立大学滥觞的“亚泉学馆”,两年后,也由于招生没前途,经费无着落,而被迫停馆了。

1903年,杜亚泉无奈从上海返回故乡,在绍兴城内,与徐锡麟、王子余(绍兴第一份铅印的革命报纸:《绍兴白话报》创办人,由蔡元培介绍加入的老同盟会、光复会员、后为《绍兴县志资料》主编)等,共同创办私立“越郡公学”于能仁寺(今绍兴茶厂所在地的一角),由杜亚泉任校长,兼教理化、博物课。后因化学实验,不慎试管爆炸,伤了面唇。不到一年,这所提倡科学教育的“越郡公学”同样由于经费无着,而宣告停办。

致力著述

1904年秋,商务印书馆因缺乏科学方面的编审人员,慕杜亚泉先生之名,邀他去上海,任商务印书馆馆编译所理化部主任,他在这里先后工作达28年之久,其间自1912年起,主编并革新《东方杂志》历 9 年，分别用“亚泉”、“伧父”、“高劳”为笔名，长期发表时论和著作，而《东方杂志》也正是在这一时期开始获得盛名。

1905 年，浙江省第一次派遣留学生赴美（其中有以后成为著名科学家的竺可桢在内），考试时，理化试题系由杜亚泉所拟并主考。竺可桢成名后，曾尊称为“师长”。

杜亚泉一生著译出版很多，其中主要的有：

1902 年，编著最初的初小教科书《格致》；

1904 年，著有最新中学教科书《植物学》、《矿物学》及《理化示教》；

1909 年，译著《盖氏对数表》，附“用法说明”，后曾多次再版；

1912 年，著有《理科》、《植物学》、《矿物学》及《生理学》；

1913 年，再著有《植物学》；

1915 年，再著有《动物学》；

1907 ~ 1918 年，共 13 人合作，由他主编，经 12 年努力，首创出版了《植物学大辞典》，共 300 万字。蔡元培当时评价说：“吾国近出科学辞典，详博无逾于此矣！”

1917 ~ 1922 年，共 5 人合作，由他主编，经 5 年努力，到 1932 年 10 月初版《动物学大辞典》，与前举《植物学大辞典》是先后计划、完成的“姊妹篇”，共 250 万字；

1924 年初，编著出版《中外度、量、衡、币比较表》；

1919 ~ 1925 年，著有《自然科学》；

1932 年，编著《化学工业宝鉴》；

1933 年编著《高等植物分类学》（同年再版）及《下等植物分类学》；

此外，在绍兴农村，与家人 3 人合作，由他主编《小学自然科学辞典》，共 89 万字，不到一年编成。关于编这本《辞典》的目的，杜亚泉说：“小学校有了理科或自然科学的课程，已经几十年，而国民对于自然科学的常识，极少进步。其原因不止一端。但是小学教师参考资料之短缺和小学生补充读物之不足，使教者和读者都呆守着一本教科书……因此，便决议编著一部专供小学教师用的自然科词书，以补此憾。"由此可见，杜亚泉在晚年直至临终前，仍然在孜孜不倦地为普及科学教育而做忘我的贡献。惜此书还来不及问世，杜亚泉已不在人世了。但直到1939年，还陆续有他的遗著在不断出版，包括《动物学精义》，译叔本华原著《处世哲学》，和他编写的《人生哲学》一书。

反帝爱国

杜亚泉先生也是一位杰出的爱国者。

早在辛亥革命前数年，他为了反抗清廷卖国借债、保卫沪杭甬铁路民办路权，曾在上海为首组织"浙江旅沪学会"，"旅沪绍兴同人恳亲会"和"绍兴七县旅沪同乡会"，对此进行斗争；辛亥革命胜利后，教育部在北京召开国音统一会，他也应邀参加，并为创制国定的"注音字母"做出过贡献；特别是他先后在主持吴兴南浔浔溪公学、上海新中华公学和绍兴旅沪同乡公学等学校时，经常教育学生"千万不要做买办"；他平时非常关心中国的将来，多次说过："中国人应亟谋自给，倘长此被帝国主义剥削下去，结果必至不可设想。"为了办学，他不惜将自己的收入，无偿捐赠给学校。

1932年初，日寇侵沪，发生了"一·二八"战役。当时杜亚泉在闸北的家，连同商务印书馆的编译所，都被战火所毁。他不愿迁进"租界"避难，举家迁回绍兴原籍，一边在乡间埋头艰苦从事科学译著，一边每周进城到稽山中学义务执教，宣传抗日救国。到1933年12月6日，他忧于国事，又积劳成疾，不幸患肋膜炎不治去世，终年60足岁。

然而，杜先生去世时，正值蒋介石政府忙于镇压革命，围剿红色根据地的高潮时期，国内人心惶惶，科学文化事业凋敝，杜亚泉之死,“除三数熟友外”,社会反应竟十分淡漠,引起了当时一些有识之士的深切感慨。从此几十年间,也很少有人再想到这位于创建中国科学事业有功的先辈。

今年是杜亚泉先生诞生 110 周年和逝世 50 周年。为此草撰先生事略,以汇报于我国科技界和广大读者,并表示对先生的深切怀念。

原载《百科知识》1984 年第 4 期

杜亚泉的事迹和思想略述

施亚西　田建业

杜亚泉是本世纪初最早把西方先进的科学技术传播到中国来的“科学的介绍人”之一。在被埋没了半个多世纪后,今又重新受到人们的纪念,这不仅因为他一生为科学在中国的普及呕心沥血,鞠躬尽瘁,还因为他执着地追求真理,始终坚持站在科学的立场上,用理性的思维观察社会,剖析社会,为人们留下了大量的真知灼见。

限于篇幅,这里仅就他一生的主要事迹和他的思想,作一点简单的介绍。

一　从旧学转向新学

杜亚泉 1873 年出生在浙江绍兴的一个殷实家庭。他的父亲十分重视培养他读书,盼望他走“学而优则仕”的道路;他也自幼勤奋好学,起初致力于训诂和清初大家之文。夏夜在庭园内围帐挑灯以读,冬日在屋内掩窗仅留一线光以读,废寝忘餐,常被人看成是痴子①。

但,杜亚泉的青年时期,正是清政府政治腐败,列强入侵,民族危机深重的时代。当时举国上下,特别是知识界变法图强,救亡图存的思想浪潮十分高涨。怀有炽烈爱国心的杜亚泉,在维新变法思潮的激荡下,不能不重新审视自己的学习道路。他的结论是"是学亦无裨实用",旧学救不了中国,必须"翻然改志",讲求实学以救世济民。有一段文字记叙了他的这一转变:

"甲午之秋,中日战耗传至内地,予心知我国兵制之不足恃,而外患之将日益亟也。蹙然忧之时,方秋试将竣,见热心科名之士,辄忧喜狂遽,置国事若罔闻知,于是叹考据词章之汩人心性,而科举之误人身世也。"②自是而后,毅然违背父意,弃科举,自学数学,由中学转向西学。他阅读当时制造局翻译的科技书籍,觉得"天下万物之原理在是矣"。于是倾心研究,渐得要领。

1898 年,杜应蔡元培之邀,任绍兴中西学堂(今绍兴市第一中学前身)算学教员。他一边认真教学,一边如饥似渴地吸收先进的西方科学文化知识。他学习的面极广,除理化外,还读了动植矿物,以及医学等自然科学书籍。由于他自学能力特强,"虽无师,能自觅门径,得理化学之要领"③。

他曾经将物理化学的各种试验逐条录出,准备在教学之暇,携带器具药品,到市场名胜大众聚集之处作演说表演,使老百姓能"惊眩变化之奇妙,增长事物之智识,响慕学问之旨趣,藉以为开通风气之助",认为这是"开民智之良法"④。

杜亚泉觉得仅藉译本研究学问,"如沟之无源,如丘之无

---

① 蔡元培:《杜亚泉君传》,《杜亚泉文选》华东师大出版社 1993 年版。

② 《亚泉杂志》第 10 期。

③ 蔡元培:《杜亚泉君传》,《杜亚泉文选》华东师大出版社 1993 年版。

④ 《亚泉杂志》第 3 期。

脉”①,必须直接阅读外文原版书籍。又认为在外国文化中,日本国情与中国相近,更值得学习。于是就与学堂同事延请日人讲授日文,“不久能直译东籍而无阻”②。从此便能更多更快地从日文书籍接触到西方科技知识和民主思想,科学与民主的意识,在他脑中日益深入地扎下了根。

据蔡元培回忆,杜亚泉虽专攻数理,头脑冷静,但探寻哲理、针砭社会之热诚,却也激不可遏。在中西学堂任职时,常在用膳时与别的教职员讨论各种问题。他和蔡元培往往偏于革新方面,他们提倡民权、女权,提倡物竞争存的进化论,与少数旧学精深但倾向保守的教员进行过多次辩论。终因龃龉之积累,致受袒护旧派的校董的警告,蔡愤而辞职,杜也离校③。

二　创刊中国人自办的第一份科学杂志

1900 年,杜亚泉离开绍兴,到上海,走上了科学救国之路。

到上海后,他创办亚泉学馆,培养科技人才,被称为“后来私立大学的滥觞”。同时出版《亚泉杂志》半月刊,为我国人自办的最早的自然科学杂志。那时他 28 岁。

他原名炜孙、字秋帆,到上海后自号亚泉,并以此命名学馆和杂志。据他解释:“亚泉者氩,线之省写;氩为空气中最冷淡之原素,线则在几何学上为无面无体之形式,我以此自名,表示我为冷淡而不体面之人而已。”④

《亚泉杂志》创刊于 1900 年 11 月,共出 10 期,1901 年 6 月停

① 《亚泉杂志》第 10 期。

② 蔡元培:《杜亚泉君传》,《杜亚泉文选》华东师大出版社 1993 年版。

③ 蔡元培:《书杜亚泉先生遗事》。

④ 蔡元培:《书杜亚泉先生遗事》。

办。共发表文章六十余篇，其中绝大部分由杜亚泉一人编写或翻译，内容几乎涉及到数学、物理、化学、生物、地学等领域，尤以化学为最多。刊物率先介绍了门捷列夫的化学元素周期律，多次介绍各国科学家在化学领域的新成就，对多个化学元素给予了中文命名，其中有的沿用至今。这些对化学科学在我国的传播与发展，有着重要的意义。《亚泉杂志》还非常重视应用科学的推广，例如对钙的制造、麻布洗濯法、食物标准、玻璃配方，显影药水、火柴工业、防腐贮藏等等，均有介绍。刊物还介绍了日本出版的各种数理化书籍的目录，计有理科 377 种，数学 531 种，这个书目相当可观，开阔了国人眼界①。

《亚泉杂志》的宗旨，集中反映在它的序言中。序言说，政治与艺术（即科技）之关系，“自其内部言之，则政治之发达，全根于理想，而理想之真际，非艺术不能发现。自其外部观之，则艺术者固握政治之枢纽矣”。他反对“吾国之士，皆热心于政治之为”，“终老而成一不生产之人物”，“在朝则冲突竞争，至不可终日”。他担忧“我国之人，嚣嚣然争进于一国之中，而忽争存于万国之实”。他疾声狂呼，要人们“潜心实际，熟习技能，各服高等之职业”，认为这才是治国“不败之基础”②。

他主张科学救国，但对哲学与社会科学也有浓厚的兴趣，对时事及政治也给予了极大的关注。

《亚泉杂志》因经费不支停办后，次年上半年，他得到父亲的资助，创设普通学书室，并发刊《普通学报》。《普通学报》扩大了研究与宣传的范围，除了自然科学栏目外，又增加了经学（包括哲学、法律、心理、伦理、宗教等）、史学、文学、外国语学等栏目，成为一份综合性的刊物。撰稿人队伍也有所扩大，包括林纾等。

---

① 范明礼：《亚泉杂志》。

② 《亚泉杂志》第 1 期。

《普通学报》的文章，有介绍哲学、心理学、宪法等基本知识，有反对迷信、改良风俗、解放妇女，阐述了妇女婚姻自主的思想。还有一些文章联系当时，颇能触及时势。如《宪法论》谴责了帝国主义列强在我国划分势力范围，《物竞论驳义》对日人加藤弘的所谓"强权即公理"，人类天赋之权利不过是"空谈"、"梦幻"、"泡影"等谬论进行了批驳，认为人类有公理，强暴者虽一时得逞，但终究没有前途，人们只要同心协力，坚持斗争，一定会获得"最远的坦途"。文章还以法国革命为例，说法国"革命之前，国运颓靡，社会腐败"，革命后"文明猛进"，从而得出结论："天者非他，公理而已矣。理也者，势之母也。"

《普通学报》对于当时中国社会的改造问题，也发表自己的看法。认为当时的中国已经到了"危亡旦夕"的地步，必须设法"拯救"。拯救之法只能是"进化"，不能是"强力"、"暴力"。它主张君主立宪政治，认为要实现这个目标的根本措施，莫如"兴教育"、"办学堂"、"育人才"。它赞赏日本的立宪政治，认为这种政体"最宜于中国"，主张派留学生和有学问有才干热心任事的知名人士，去日本学习和考察，回国后照日本程式，仿而推之①。

可惜《普通学报》为时很短，由于协助办报的杜的胞弟不善经营，挥霍资金，使学报经费陷入困境，出 5 期后只好停办。

三　以栽培人才为己任

杜亚泉深知，普及科学的根本途径在于办教育，因此，他从1902 年开始，就在办刊物的同时，致力于科学书籍与教科书的编辑。普通学书室一创立，他就延聘翻译和精通西学格致之人才，陆续编译了诸如《普通数学》、《普通化学》、《普通质学》、《普通矿物

---

① 谢俊美文章，载《普通学报》。

学》、《普通植物学》、《普通动物学》、《普通生物学》、《普通英文典》等中等学堂教科用书。这里需要特别提一下《文学初阶》一书：

《文学初阶》是杜亚泉于1902年编纂，由商务印书馆出版的供蒙学堂用的语文读本，一部共6册。当时清朝政府“兴学堂”，但无适当课本，不是仍循经学中心编辑蒙学读本，就是从语法入手教语言，这对七八岁的孩子来说是很难接受的。《文学初阶》完全置清廷关于蒙学堂章程的法令于不顾，不按规定讲授语法，而是直接识字，自浅入深，循循善诱。它的第一册在90课以前不出现虚词，全部用儿童身边常见事物和笔画较少的字做认字内容和课文，80课后出现简单句。第二册穿插各种浅近知识、伦理修身，也有激励发愤读书学艺以振兴中华的内容。后续各册则有声光化电、中外史地人物，对道光以后割地“赔款”等事，也有所议论；也有寓言故事，如《二友》、《戒谎》等，这些故事在40年代的小学课本里还采用。由于杜亚泉有着广博的自然科学知识，这套课本里讲述的科学知识的广度和通俗性，是当时课本所仅见。这套课本现在能见到的最晚印次是1906年，即流行前后不少于5年，这个“寿命”是它以前各种课本所没有的。该书“抛弃经学中心和贴近儿童生活，使教育具有生活气息，具备近代概念的普通教育内容。新式教育提倡多年，课本建设摸索多年，至此，才大致走上正道”。“这部书从教育学的原理讲，是我国小学课本史上划时代的一部课本”①。

杜亚泉在编纂教科书时，不忘宣传爱国主义思想，以激发青年人振兴中华之志。他写的一本《普通新历史》，在其总论中有一段话：“前清时代，我国割地开港，几为白种人所分割。今已肇建共和，从此举全国之力，振兴庶务，广求智慧，以光我古国之声名，驾五洲各国而上之，非国民之责任而何？”在该书“凡例”中又说：“近

① 汪家熔：《旧时出版社成功诸因素》，《出版发行研究》1994年第3期。

世全球交通之会，我国民渐渐与世界相见，优胜劣败，即在此一二百年之间，诚千载一时也。我国民之眼界，断不可仅注于内国数十朝之兴替沿革中，须考察种族势力之强弱，文明之高下，能力之大小，以为大家警醒振拔之标准。"这本历史教科书极受学界欢迎，在短短5年中，即重印28次。

1902年夏，浙江南浔庞氏浔溪公学发生学潮，庞清臣来沪邀杜亚泉前往帮助调停，后杜被聘任校长。他认为这是实现他教育理想的好机会，专心致志，锐意改进。他劝庞出资开辟图书、仪器二馆，以利学生参考实习，又购置印刷机具，自力出版印刷品以传达文化；他所聘请的教员也均为一时知名学者。由于悉心擘划，不遗余力，致其妻薛夫人病故也迟隔月余始回乡料理。可惜不久该校由于一化学教员之故，风潮又起，多方劝导无效，杜亚泉终于辞职，而浔溪公学也从此停办。这次学潮的为首学生黄远庸，后来在致其友信中说："昔时年少气盛，不受师训，而杜师之言，皆内含至理，切中事情，当时负之，不胜追悔。"①

1903年，杜亚泉又返回绍兴，与文化教育界人士王子余、寿孝天、宗能述等创办越郡公学于能仁寺，自任理化博物教员。但该校不久也因款绌而停办。

四　以出版推动科学

独木难成林。杜亚泉在科学救国的道路上苦苦奋斗了几年，办教育因经费短缺而未成，普通学书室又营业疲顿。而此时，上海的商务印书馆则在当时社会上兴学堂浪潮的机遇中获得了发展，正在罗致编译人才，扩大业务。1904年秋，杜亚泉应商务的创始人夏粹方、张元济之邀，再次赴沪，被聘为编译所理化部主任，重新

① 蔡元培：《杜亚泉君传》，《杜亚泉文选》华东师大出版社1993年版。

致力于科学研究和编译工作，而普通学书室也并入了商务印书馆。从此，杜亚泉在商务服务了28年之久，通过出版工作来实现他的科学理想。

商务印书馆是以编辑出版新式教科书发家的。杜亚泉在商务的前些年中，几乎全力扑在教科书的编译工作上。他编译的教科书，范围从初小到高中以及师范学校，内容包括动物、植物、矿物（三者当时也合称博物）、数学、物理、化学、生理及农业等，还有部分学科的《示教》、《教授法》。据后来担任商务总编辑的王云五称，杜"编著关于自然科学的书百数十种"①，其中有相当数量是教科书。商务"初期所出理科教科书及科学书籍，大半出于先生手笔"②。

除了编译教科书之外，杜亚泉还主持了几次重大的编辑活动：

一是编纂《植物学大辞典》。该书为我国第一部有影响的专科辞典，由13人合作，杜任主编。自1907年开始编撰，1918年出版，历时12年，全书共三百余万字。1934年再版。蔡元培为之作序说："吾国近出科学辞典，详博无逾于此者。"

二是编纂《动物学大辞典》。该书由5人合作，杜任主编。自1917年开始编撰，1923年出版，历时6年，全书共二百五十余万字。1927年4版。与《植物学大辞典》同为我国科学界空前巨著。

三是编著《化学工艺宝鉴》。该书于1917年3月初版，至1929年12月已出第9版。书的内容包含重要工艺三十余类千有余种，自家庭日用以至工场制造，各种化学工艺如合金、镀金、冶金、玻璃、珐琅、人造宝石、陶器着色、火柴、油漆、墨水、漂白、防腐、肥皂、毒物及解毒等，均有详尽的说明。编此书的目的，在于为国货制造家们提供一份技术参考资料。

---

① 王云五：《小学自然科词书·序》。

② 胡愈之：《追悼杜亚泉先生》，《东方杂志》第31卷第1号。

杜亚泉不是为编书而编书，他的着眼点始终放在为国家培养有真才实学的科技人才上。因此，他意识到光有教科书还不行，还要有各种实验仪器和设备，让青年学生在亲身的实践中掌握知识。在杜亚泉的倡议下，商务印书馆开办了标本仪器传习班，招收学徒，授以技术，培养自制仪器、标本、模型的人才；他本人也曾亲自在传习班中讲课。此外，他还发动并资助自己的子侄辈开工厂从事仪器文具的生产。例如他支持表侄周榕仙在上海开了一家中国仪器厂（是为现地质部所属上海地质仪器厂的前身）；支持堂兄杜春帆在上海黄浦区开了一家天然墨水厂（1949 年后与其他厂合并为上海墨水厂）。

鉴于杜亚泉在科学传播普及上的贡献，有人称他为科学家，他谦虚地回答说："非也，特科学家的介绍者耳。"①

五　力求科学地剖析社会

辛亥后政治并未清明，封建军阀势力的割据，帝国主义列强的掠夺，腐朽的封建意识与资本主义思想交织薰染，使社会精神道德日益衰败，人们思想极为混乱。一些爱国的有志之士，忧心忡忡，纷纷探索救国救民的道路。杜亚泉也不例外。

杜亚泉很喜欢与友人交谈、商讨各类问题，常有一些独到见解，而且充满自信。自 1900 年在《亚泉杂志·序》中发表了关于科学技术与政治的关系的见解以后，杜又在《普通学报》上发表了《无极太极论》、《心理学略述》、《浔溪公学开校之演说》，在《东方杂志》上发表了《物质进化论》、《伦理标准说》等有关哲学的著作。其中《浔溪公学开校之演说》这篇文章，第一次涉及了关于东西方文化的问题。

---

① 蔡元培：《杜亚泉君传》，《杜亚泉文选》华东师大出版社 1993 年版。

他认为东洋文明和西洋文明为世界文明之二大潮流，孰优孰劣，孰胜孰败，“吾辈今日正宜摧陷廓清，尽去已败之文明，而后可以输新进之文明”。对于东洋文明，“不容拘泥而遏自新之路”，但也反对“一笔抹煞”。主张应是“第一当研求科学以补东洋文明之不足，第二研究固有之文明，与西洋之文明包含而化合之，以表章一绝新之文明……以为东洋之特色”。

1911年，商务印书馆为刷新《东方杂志》，请杜亚泉兼任主编。商务这一人事安排，可谓是知人善任。

杜亚泉是一个忧国忧民而又具有科学头脑的人，他对各种社会现象的思考是严肃而冷静的，而且勤于思考、善于思考。据蔡元培回忆：杜“有时独行，举步甚缓，或谛视一景，伫立移时，望而知其无时无处无思索也”；而且他“脑力特锐，所攻之学，无坚不破，所发之论，无奥不宣”。[①] 杜亚泉对于各种社会现象，不仅有敏锐的洞察力，而且敢于公开阐明自己的见解，不人云亦云，不畏惧权威，一旦形成自己的观点，就锲而不舍，不轻易放弃。他把这视做自己义不容辞的社会责任。这是他能够入主《东方志杂》笔政的最优越条件。

当时我国青年的政治意识、求知欲望正日益发展，杜亚泉也深感需要有一种工具“以救国人知识之饥荒”，并加以“诱导”。[②] 入主《东方志杂》，正是一个天赐良机。于是他一方面对《东方志杂》进行大刀阔斧的改革，一方面自己笔耕不辍。

《东方志杂》为月刊，创始于1904年，初仅为选报性质，汇编朝廷文告及报刊文章之类。杜任主编后，为活跃版面，增加撰述文章，对国内外形势、国家政治经济、社会问题、学术思潮等，无不作详明迅速的编载，并发表评论文章。同时，增设“科学杂俎”等栏

---

① 蔡元培：《杜亚泉君传》，《杜亚泉文选》华东师大出版社1993年版。

② 张梓生：《悼杜亚泉先生》。

目传播科学知识，增设"谈屑"等栏目针砭时弊，《东方志杂》从而面目一新。

在任《东方》主编9年间，杜曾用"伧父"或"高劳"笔名，撰写论文、杂感或译著约三百余篇。他的文章，内容范围很广，哲学、政治、经济、法律、外交、文化、伦理、教育等等，均有涉及。文章从实际出发，有批评，有建议，批评则尖锐直率，触及时弊，建议则独具只眼，切合国情。有的文章，即使在几十年后的今天读来，仍不觉陈旧。

杜亚泉的政论文章中，常有一些独到的见解，给人以启迪。例如他的《中国政治革命不成就及社会革命不发生的原因》一文，谈到中国社会过剩的劳动阶级，即历史上的游民阶级力量强大，他们有时与过剩的知识阶级中的一部分结合，对抗贵族阶级势力，可是一旦革命成功，他们自已也就贵族化了，这种革命非政治革命，也非社会革命，只可谓之帝王革命。而中国的知识阶级，今日"尚辗转于贵族游民二阶级之势力中而不能自拔"，"达则与贵族同化，穷则与游民为伍"。且缺乏思想基础，文章指出："欧洲之社会革命，其基础于哲学上之思想，既深且远；其关于生产上、政治上之运动方法，又甚周备，即吾国之知识阶级中，亦罕能言之；劳动阶级中，更无从得此知识，其不能发生自无疑义。"又说："若今后之知识阶级，犹不肯断绝其政治生活之希望，不置身于产业阶级、劳动阶级中以与之结合，而惟与贵族化之游民为伍，则贵族势力与游民势力，将日益膨胀而不可制，何政治革命，社会革命之可言？"在《未来之世局》一文中，他预见"国家的民主主义末期……社会中发生一有力之新阶级，即有科学的素养而任劳动之业务者。此等科学的劳动家，以社会上之需要，日增月盛，国家社会间一切机关、职业，悉落于劳动家之手"。此时的政党，"无复可施之伎俩"，而军队也"不得不撤除"，战争"不得不停止"；"于是国家的民主主义，一变而为世界的社会主义"，"人类生活所须之事物，供给之，分配之，排除其障害，增进其福利，皆为社会事务”。在《中国之新生命》一文中，他又预言：我国的新势力，在于那些“储备其知识能力，从事于社会事业，以谋自力的生活”，“斤斤焉守其个人的地位，保其个人的名誉与信用，标准于旧道德，斟酌于新道德，以谋个人之自治”的人。这一类青年有为之士，“惩于戊戌以来诸先进之种种失败，始有所觉悟，于是去其浮气，抑其躁心，乃从社会生活上与个人修养上着手。将来此等青年，益益遍布……当旧势力颓然倾倒之时，其势力自然显露，各方面之势力，自然以此势力为中心，而向之集合”，“现今文明诸国，莫不以中等阶级为势力之中心，我国将来，亦不能出此例外，此则吾人之所深信者也”。

深入研究杜亚泉的文章，人们可以得出这样的印象：杜亚泉在19世纪末20世纪初的中国，在社会科学方面也是一个探求进步的知识分子。是我国学习西方科学文化的先驱者之一。他以西方哲学中的“接续主义”作为自己的理论基础，认为历史是继往开来，不可割断的，故在政治上主张调和，主张开进与保守相结合，认为有保守而无开进，则拘墟旧业，无接续可言；有开进而无保守，则新旧间之接续，截然中断，国家之基础，必为之动摇。他提倡科学与民主，反对专制，反对帝国主义和官僚买办。他对社会改革是真诚而坚定的，但是他主张渐进而反对激进。他在对西方文明的审视中，既觉察到资本主义的弊端，也隐约地看到了人类社会“未来的文明”“必趋向于社会主义”，它必是与劳动阶级联系在一起的。

六　为维护理性而论争

由于内忧外患的频仍，国内的知识阶层，都在努力探求救国救民的道路，一些激进的青年人，尤为激烈，形成了一股激进的思潮，主张激烈的变革。

在这样的气候下，杜亚泉的冷静观察、深思熟虑，就显得似乎过于稳健、持重，从而被认为过于保守了。他是一个坚持原则的人，对自己的理性思维，始终坚持不懈，于是不可避免地发生了论争。从现已掌握的材料看，先后有过五次，其中有的是别人发起抨击，他起而应战的，有的则是他主动挑战的。

第一次是关于东西方文化问题的论争。1918 年 9 月，《新青年》杂志发表了主编陈独秀题为《质问〈东方志杂〉记者》一文，该文是针对《东方志杂》同年 4 月、6 月分别发表的杜亚泉的《迷乱之现代人心》、平佚所译日本《东亚之光》杂志的《中西文明之评判》，以及钱智修的《功利主义与学术》3 篇文章的。这 3 篇文章都是谈东西方文化问题的，它们都肯定东方传统文化，批判西方文化中的物质主义和功利主义，认为它们破坏了东方文明的优良传统。陈独秀在《质问》中对这三篇文章进行了严厉的抨击，提出 16 点疑问，甚至提到"谋叛共和民国的"高度。

同年 12 月，杜在《东方志杂》上发表《答〈新青年〉杂志记者之质问》作答。1919 年 2 月，陈又在《新青年》上发表《再质问〈东方杂志〉记者》一文，又提出 10 点质问。对此，杜未再直接反驳，但于同年 9 月在《东方志杂》发表《新旧思想之折衷》等文，继续阐明自己对新旧文化的观点。

第二次是关于何谓新思想的论争。1919 年 10 月，蒋梦麟在《时事新报》发表题为《新旧与调和》一文，提出"新思想是一个态度"的观点。次月，杜亚泉即在《东方志杂》撰文《何谓新思想》，提出不同意见。次年 2 月，蒋又撰文为他的观点辩解，在《东方志杂》上发表，杜在蒋文之后又加了一段附志，再一次予以批驳。

第三次是关于中西医学的论争。1920 年，余云岫在《学艺杂志》第 2 卷第 4 号上发表《科学的国产药物研究之第一步》一文，彻底否定中医理论，认为阴阳五行十二经脉等都是说谎，斩钉截铁要废除。

杜亚泉即于同年 11 月，在《学艺杂志》第 2 卷第 8 号上撰文

《中国医学的研究方法》反驳。他说:“若是有科学知识的人,肯把中国医学的理论,细心研究,必定有许多地方,与西洋医学相合,恐怕还有许多地方比西洋医学高些呢。”认为,“应该把中国的医学,可以用科学说明的,就用科学的方法来说明,归纳到科学的范围以内;不能用科学说明的,从‘君子盖阙’主义,留着将来研究”,而不应一脚踢倒。

第四次是关于新旧伦理观的论争。1927 年 1 月,李石岑在《一般》杂志上发表了他在浦东中学的讲演稿《旧伦理观与新伦理观》,提出了“理智产生于欲望,理智支配欲望是旧的伦理观,欲望支配理智是新的伦理观”的观点。杜亚泉于次月的《一般》杂志撰文反驳,提出针锋相对的观点。

第五次是关于情与理的论争。继上次论争八个月后,朱光潜也在《一般》杂志上发表《谈情与理》一文,参与辩论,支持李石岑的观点。杜亚泉又于次月的《一般》杂志上发表文章,进一步阐明自己的观点。

五次论争,具体内容虽然不同,但从实质上看,主要是围绕着两个根本问题展开的:一个是东西方文化问题,一个是理性问题。

杜亚泉最初虽然也醉心于西方文化,但自从第一次世界大战爆发以后,看到了资本主义社会的弊病,他的思想就发生了一个重要变化,逐渐意识到不能盲目崇拜西方。他在 1916 年 10 月的《静的文明与动的文明》及 1917 年 4 月的《战后东西文明之调和》中,清楚地反映了这种思想的转变。他在《战后东西文明之调和》一文中说:“此次大战,使西洋文明露显著之破绽。”他分析西方资本主义社会:其经济目的“不在充足其生活所需之资料,而在满足其生活所具之欲望”,因而生产过剩,竞争激热,军备扩张;而它的道德观念,则“重力行而蔑视理性”,由于科学勃兴,“物质主义大炽”,并推而演之“为强权主义,奋斗主义……为帝国主义、军国主义”,以至“战争万能主义”。使宗教本位、理性本位之思想皆遭破坏和蔑弃,而“现代之道德观念,为权力本位、意志本位。道德不道德之判决,在力不在理,弱者劣者,为人类罪恶之魁,战争之责任不归咎于强国之凭陵,而诿罪于弱国之存在”。因此,他认为世界大战的发生,根源就在西方国家的“经济冲突”及与之相应的思想观念。在《静的文明与动的文明》一文中他写道:“然自欧战发生以来,西洋诸国日以其科学所发明之利器戕杀其同类,悲惨剧烈之状态,不但为吾国历史所无,亦且为世界从来所未有。吾人对于向所羡慕之西洋文明,已不胜其怀疑之意见……。则吾人今后不可不变其盲从之态度,而一审文明真价之所在。”

应该说,杜亚泉的这种思想变化是实事求是的,是严肃的。后来杜亚泉在《新旧思想之折衷》一文中感慨地说:“吾国一部分之醉心欧化者,对于西洋现代文明,无论为维持的,为破坏的,皆主张完全仿效,虽陷于冲突矛盾而不顾。惟对于中国固有文明,则以为绝无存在之价值,苟尚有纤芥之微留于国人之脑底者,则仿效西洋文明决不能完全。”他将自己对东西方文明的认识作了如下的概括:“则现时代之新思想,对于固有文明乃主张科学的刷新,并不主张顽固的保守,对西洋文明亦主张相当的吸收,惟不主张完全的仿效而已。”

关于中西医学问题的论争,正是对东西方文化的看法在医学领域的反映。

杜亚泉与蒋梦麟、李石岑、朱光潜的几次论争,都可归纳为关于理性问题的论争。争论的焦点,主要有以下几个:

一是何谓新思想。蒋梦麟认为:新思想是一个态度,这个态度是向那进化方向走的;而徒有抽象的理性,是造不出新思想来的。杜亚泉认为:态度非思想,思想非态度;态度呈露于外,思想活动于内;态度为心的表示,且常属于情的表示,思想为心的作用,且专属于智的作用。杜文说:“曰思想者,最高尚之知识作用,即理性作用,包含断定推理诸作用而言。外而种种事物,内而种种观念,依吾人之理性，附之以关系，是之谓思想。新思想者，依吾人之理性，于事物或观念间，附以从前未有之关系，此关系成立以后，则对于从前所附之关系，即旧思想而言，谓之新思想。”杜举例说：“皇权本于神授，此旧思想也；人权由于天赋，社会成于契约，主权属于人民，此民主思想也，对于君权神授之思想而言，则谓之新思想。主权在于人民，少数之阶级不宜压制多数之阶级，此民主的经济思想，对于民主的政治思想而言，又谓之新思想。又如以生物为上帝所创造，由父母传之子孙，永远不变，此旧思想也；谓生物本出于同源，渐次变异，因生存竞争而进化，此生物进化之思想，对于生物不变之思想而言，则谓之新思想。竞争虽为进化之要素，然竞争之外，尚有互助之法则，亦为进化之要素，互助之精神愈盛，则进化之程度愈高，此互助进化之思想，对于竞争进化之思想而言，又谓之新思想。至近时风靡世界之社会主义，其思想虽发源于希腊，即马克思之《资本论》亦刊行于五十余年以前，然对于社会上因袭未变之个人的经济思想而言，亦谓之新思想。”(《何谓新思想》)。

一是人的行为和思想的原动力是什么？蒋梦麟认为：“感情和意志……是造成新思想的原动力。”朱光潜认为：“行为的原动力，是本能与情绪，不是理智。”杜亚泉则认为：以感情与意志为思想之原动力，是将人类之理性，为情欲的奴隶，这正是西洋现代文明(按指武力侵略、资本掠夺等)之病根，其结果一切哲学科学都变成武人及资本家的工具。

一是人的生活应受感情欲望的支配，还是受理智的支配？李石岑认为“人类为求欲望之圆满发展，才有理智……理智不过是欲望的一种工具”，“不过是生命保存和生命扩张的一种工具”。并引尼采的话说：“理智是由肉体创造的小理性，肉体和它的本能乃是大理性。”李还认为，理智支配欲望是禁欲主义，欲望支配理智是导欲主义。而杜亚泉认为：欲望与本能有别，欲望是由理智产生的，而单有欲望却不能产生理智。杜又认为：“禁欲”与“导欲”实是一件事的两方面,“理智若无禁欲的能力,同时也就没有导欲的能力”。理智的责任在于辅导那较为自然较为正当的欲望,来压制那不自然不正当的欲望。

一是理智对生活的价值问题。朱光潜把理智与感情对立起来,认为理智的生活是“很狭隘的”,“很冷酷的”,“很刻薄寡恩的”,“如纯任理智,则美术、宗教、爱情对人生就毫无意义”。“人类如果完全信任理智,则不特人生趣味剥削无余,而道德上必流为下品。”杜亚泉反驳说:“理智和情感,都是人生所不能没有的。……世界决无只有理智没有情意的人生。”“意义的有没有,是理智的评价;人类惟有理智,才知道美术、宗教和爱对于人生的意义。艺术、宗教的发达,爱的普遍,仍然是理智的功劳。”

在道德的问题上,朱又说:“问心的道德胜于问理的道德。”杜认为这样说是把“心”和“理”对举,不妥。理性原是人类精神中的一个要素。情是盲目的,没有择别道德的本领。人类应该开发理智来指导感情,随处修养,到了工夫纯熟,才可以“从心所欲不踰矩”,做到情理的一致。

五次论争,两类问题,如果从哲学的角度看,可以归纳到一点,就是我们对事物的认知,究竟应该从客观的理性出发,还是从主观的感情出发。杜亚泉的根本态度是始终一贯的。胡愈之后来以《东方志杂》编辑部名义撰写的《追悼杜亚泉先生》一文中,有过一段很确切的评述:“先生始终没有放弃科学的立场。其对于人生观和社会观,始终以理智支配欲望,为最高的理想,以使西方科学与东方传统文化结合为最后目标。所以从思想方面说,先生实不失为中国启蒙时期的一个典型学者。”①这场由杜亚泉和陈独秀发轫的关于东西方文化问题的论战,后来延续了近十年之久。我国著名学者王元化对它给予了极高的评价,指出:“这在我国现代思想

---

① 胡愈之:《追悼杜亚泉先生》,《东方志杂》第31卷第1号。

史上是空前的”，“其思路之开阔，论点之坚实，见解之深邃，往往难为后人所超迈”①。

当然，由于时代的局限，杜亚泉的思想理论中，确也存在一些不足之处。例如他错误地把中国的某些传统思想与社会主义混淆起来。他认为孔孟的“亲亲爱民”、使“黎民不饥不寒”，及“不患寡而患不均”等主张，说明“社会主义乃吾国所固有”。正因此，他在肯定社会主义的同时，也就更加偏爱中国固有的文化，认为那是最“中正和平”的，至今“犹能统摄人心”。他对中国的传统文化缺乏科学的分析。他并不是没有看到传统文化中存在着流弊和糟粕，也认为对传统文化要“科学地刷新”，但他并没有讲清哪些需要刷新，哪些应该保存并发扬。特别是他有时在提到传统的伦理道德时，仍然用“君道臣节名教纲常”这一笼统的概念，容易引起人们的反感和误会；尽管他自己早已在言行上抵制并反对着其中的许多内容。他对西方帝国主义的本性也缺乏足够的认识。他虽然看到了西方社会“经济势力全操纵于少数阶级之手”，看到了西方社会的竞争、扩张、强权、侵略构成了对人类生活的威胁，并导致了世界大战，但并未从中得出应有的结论，相反冀望用道德力量来消除它们。他特别主张以中国的传统道德去克服西方社会的“权力本位”和“意志本位”，认为“吾国固有之文明，正足以救西洋文明之弊，济西洋文明之穷者”②。

七　鞠躬尽瘁寻常事

杜亚泉的理性立场，受到以《新青年》为代表的激进派的猛烈

① 王元化：《杜亚泉文选·序》，华东师大出版社1993年版。

② 参见杜亚泉：《静的文明和动的文明》，《东方志杂》第13卷第10号（1916年1月）。

批评，商务印书馆当局顾虑违反当时彻底反传统的社会思潮会影响该馆声誉及营业，竭力劝杜改变观点，停止反驳，并决定改换主编人选。杜被迫于 1919 年底辞去《东方杂志》主编兼职，专力于理科书籍。当然，他的政论生涯也就基本上停止了。只是由于他对自己的信念有执着的追求，不肯轻易放弃，所以后来当他看到有违反理性的言论时，仍然忍不住要讲上几句，与人辩论一番（后面的三次论争都是在辞去《东方杂志》主编后发生的）。

杜亚泉在离开《东方杂志》后，人已进入老年，但他丝毫没有堕其志。此后，他除了做好日常的理化部主任的工作外，又开始了新的奋斗：一是办教育，一是著书。

兴办教育，栽植社会需要之人才，是杜亚泉一生的理想。早年与蔡元培在绍兴办中西学堂，后创办亚泉学馆，任浔溪公学校长，再又与同仁创办越郡公学，在任绍兴七县同乡会议长期间，还办了小学三所；然而均因经费不济而难以持久。但他办学之志，始终未泯。后来他又想在绍兴诸葛山麓（后又拟改在县城的塔山），办一中学，“尝与明侪言及，作何设备，作何措施，如何进行，如何扩张，如何由中学以晋大学，并谓苟得如愿，虽终其身服务于是校，并子侄亦终其身服务于是校，均所不惜。谈至酣畅时，兴高采烈，几欲克日观成”①。终因格于情势，没有如愿。

1924 年，他终于在上海自费创办了新中华学院，培养从事科学、实业人才。他自己及子侄均任教课，并自任训导之责。虽旷去商务印书馆的编译时间，扣减薪水，也不介意。他痛恨官僚买办，常教育学生千万不要做买办。他深恶社会学风之颓靡，力主敦朴，鼓励学生毕业后到农村去，从事教育及农村合作事业。当时有些学生想到美国去，他颇为担忧，他说他并不是反对他们去美国，只怕他们学成回来做买办。他还很关心学生的健康。学生的饭菜里

① 张梓生：《悼杜亚泉先生》。

有老得像竹的笞和长了斑斑黑点的茭白,他见后就自己贴钱,嘱厨房给学生加菜①。然而,这样办了两年半,斥资八千余元,家中积蓄尽罄其所有,杜原有商务股票若干,全部出售,仍不足数,终负债二三千元,学校也只好结束②。

关于著书,杜亚泉一生编写过不少,最"惨淡经营"者,则为《人生哲学》。据蔡元培介绍,杜编写的教科书虽然都是数理化方面的,但是他始终不肯将自己的注意力囿于数理化的圈子之中,"而常好根据哲理,以指导个人,改良社会,三十余年,未之改也"。在新中华学院时期,他在学生中开设了人生哲学课,以开发青年的思想。学校停办后,他根据讲课内容,又搜取生物学、心理学、社会学、伦理学等学科中新颖警切的理论,加以扩充整理,历时六七年,编成《人生哲学》一书,作为高级中学教科书,于 1929 年 8 月由商务印书馆出版。"由于杜所治为科学的哲学,与悬想哲学家当然不同"。他"以科学方法研求哲理,故周详审慎,力避偏宕,对于各种学说,往往执两端而取其中,如唯物与唯心,个人与社会,欧化与国粹,国粹中之汉学与宋学,动机论与功利论,乐天观与厌世观,种种相对的主张,无不以折衷之法,兼取其长而调和之;于伦理主义取普汎的完成主义,于人生观取改善观,皆其折衷的综合的哲学见解也"。③

1932 年 1 月 28 日,日寇侵犯上海,商务印书馆被炮火焚烧,杜亚泉寓所同时遭灾。商务停业并解雇全体职工,杜也率全家避难回乡,变卖家产度日。然而他对社会的热心,仍未因此而稍挫。在乡间,他自费聘用离馆旧同事和两个侄子,拖着老迈的身体,继续从事科学编著工作,在一年多时间里,完成了七十余万字的《小学

---

① 周建人:《忆杜亚泉先生》,《东方志杂》第 31 卷第 1 号。

② 张梓生:《悼杜亚泉先生》。

③ 蔡元培:《书杜亚泉先生遗事》。

自然科词书》的编撰。此书于杜去世后由商务印书馆出版,这是他最后贡献于社会的一部著作。杜亚泉可以说是以著述贡献于科学事业而终其一生的。

在编词书的同时,他还每隔一周乘船去绍兴县城,为稽山中学(今绍兴第二中学前身)义务讲课,孜孜不倦;内容有政治、经济、自然科学等,并宣传抗日救国。此外,他还在乡间支持群众打击恶霸豪强罗后卿,帮助乡间革新教育。

由于操劳过度,本已显得消瘦苍老的杜亚泉终于病倒。1933年秋,患了肋膜炎。他在病中仍没有停止对他的事业和他始终关心的各种问题的思考,一天晚上他思虑过度,彻夜不眠,次日体温增高,病势转沉,于12月6日去世①。杜亚泉本无财产积蓄,“平时卖文所入,除供简单生活费用外,悉捐作教育公益费,因此身后萧条,无分文遗产”②。病笃时无钱医治,死后借棺入殓③。

是年6月,杜亚泉曾赴绍兴龙山诗巢雅集,有和友人六如韵诗,末两句是“鞠躬尽瘁寻常事,动植犹然而况人”④,实为他一生为人的写照。

选自叶再生主编《出版史研究》第2辑,中国书籍出版社1994年

① 周建人:《忆杜亚泉先生》,《东方志杂》第31卷第1号。

② 胡愈之:《追悼杜亚泉先生》,《东方杂志》第31卷第1号。

③ 《浙江近代学术名人》,《浙江文史资料选辑》第31页。

④ 蔡元培:《杜亚泉君传》,《杜亚泉文选》华东师大出版社1993年版。

“鞠躬尽瘁寻常事”

——杜亚泉和商务印书馆与《文学初阶》

汪家熔

一

“鞠躬尽瘁寻常事，动植犹然而况人。”这是杜亚泉先生晚年的一联诗，表达了他一生服务社会的人生观。他一生中大部分的工作时间在商务印书馆，达28年之久。如果从1900年开始委托商务印书馆印刷、和商务、张元济合办《外交报》、以著作者身份为商务编写书籍算起，直到病故时还在为商务执笔，则共有34年因缘。——他的大半生，正是鞠躬尽瘁。

亚泉先生在商务不是谋生，而是为文化、为社会进步、为民族复兴。而且始终不渝，为此而鞠躬尽瘁，死而后已。离开这条主线——文化、进步、民族复兴——去研究先生，就不能得其要领。“五四”前后他与全盘西化论者的那场争论，使他蒙受了几十年不白之冤，正是有些人不是从民族复兴的观念去考虑那场争论。摒弃而不是更新原有文化，是种民族虚无主义而非民族复兴之路。文化、进步、民族复兴三者，民族复兴是中心、是目的。这是鸦片战争，特别甲午战争之后仁人志士为之奋斗、牺牲的根本目的。这些仁人志士多是知识分子，读书识字而不走科举升官发财、光宗耀祖的道路，在社会上大声疾呼，宣传救国强民之道。根本是为民族复兴，使中华民族能重立于世界民族之林。这也是近代、现代出版业的特点。近代、现代新闻出版业中有相当多的仁人志士，他们不为盈利，不怕倾家荡产，不顾生命安危。最早如“苏报案”。进入民国就更多。亚泉先生正是这样一位。如果不是从民族复兴这儿开始,就表明对他的研究还没有进入到这位先行者的内心世界。1900 年杜亚泉到上海办亚泉学馆,办《亚泉杂志》。宗旨为推广数学、化学、物理。当时读书者大多为做官,所以知音甚少,亏蚀极多,难以维持。然仍坚持。继办“普通学书室”,出版《普通学报》。“普通学”者,当时流行名词,意为通常知识,并无固定范围。《奏定学堂章程·译学馆章程》说:“普通学之曰九:曰人伦道德,曰中国文学,曰历史,曰地理,曰算学,曰博物,曰物理及化学,曰图画,曰体操。”而亚泉先生所提倡的,仅包含现在所谓数理化和社科基本知识,不及伦理、文学、图画等等。他在《绘图文学初阶》卷五第 73 课中说:“普通学者,如经学、史学、文学、算学、格致之类。无论将来欲习何业,皆有用处。”而“普通学书室”除出版《普通学报》外,还出版文学翻译著作、历史地图和教授学生。在上海棋盘街。《亚泉杂志》和各翻译作品,都请商务代印。

1901 年农历 8 月,清廷宣布实行“新政”。谕改书院为学堂,并“各州县均改设小学堂,并多设蒙养学堂”。戊戌后教育界亟欲从“三、百、千”的传统教材中挣脱出来,蒙童教学用书有所变化。上海有几种新课本,但极不成熟。多设蒙养学堂的上谕公布后,蒙学课本的出版前景看好。商务有意加入,商请亚泉先生编写,时在 1902 年初。经过几月规划编写,于农历 6 月第一册脱稿付印,名《绘图文学初阶》。全书共 6 册,供蒙学堂每半年读 1 册,3 年用。出版后风行一时,不断重印,是为我国最早国文教科书之一。这时亚泉先生由商务的代印顾客,进而为商务供稿的著者矣。

在此前,商务的另一代印顾客蔡元培,以及南洋公学译书院长张元济,与亚泉先生均熟悉。先生在 1897 年起担任绍兴中西学堂教职。次年维新变法失败,在翰林院任编修职的蔡元培,言清廷不足与为谋,愤而弃职回乡,在中西学堂任校长。蔡、杜两位均醉心维新,极融洽。中西学堂校董徐树兰,不满校中新派教师言行。光绪二十六年正月,陈夔龙上奏,说新派人“非圣无法,罪通于天”。二十一日,清廷以光绪名义,命“书院山长务择经明、行修、品望素著之儒,尽心训迪……其或内行不修,乡评不洽,放言高论,沾染康梁恶习者。严斥而痛惩之”。徐树兰命蔡元培将之抄录挂在学校厅上。蔡痛斥徐之行径后辞职,新派教师亦离开。蔡、杜两位辞职后到上海。杜办亚泉学馆;蔡进南洋公学,主持特班。蔡、张为同科进士,同为翰林院庶吉士3年,极熟。时为八国联军侵略、签订辛丑条约之后。当时士大夫还不能认识到帝国主义的侵略本性,认为八国联军侵略是民众盲目排外所引起,而非帝国主义在华胡作非为和政府的屈辱所引起的积愤的暴发,各帝国主义借口进犯。张、蔡等发起创刊《外交报》,其宗旨为介绍国际知识,以提倡“文明排外”。集资每股500元。蔡、杜合认一股,商务印书馆认一股,张认两股,其余不等,共集4500元。言明不以盈利为目的,准备亏光为原则。这时亚泉先生和商务印书馆的关系又进了一步——共同经营一宗事业。

1903年,亚泉先生返绍兴,创立越郡公学,任理化博物课。其时商务印书馆吸收日资,决心大规模从事中小学教科书的编写、出版。先聘请蒋竹庄、高梦旦等从事《最新国文教科书》的编写。出版后获得成功,决定扩展至数理各科,而人材难致。缘由在,要写好初等数理各书,非精于高深数理者莫属。而当时社会读书人都浸淫于四书五经括帖之学,何来高深数理人材而又善于以文字表述清楚者。这时商务执事诸君想到亚泉先生,由旧友总经理夏瑞芳、编译所长张元济敦请,亚泉先生进商务,任编译所理化部主任。时为1904年。进商务后即编写了《最新格致教科书》3册、《最新笔算教科书》6册。长期被各学校采用。如果《绘图文学初阶》的编写有社会上其他先出各本可以参考,那么小学的格致、笔算课本,却是我国五千年文化史开天辟地第一本。所以,亚泉先生不仅仅对商务,即对我国的社会贡献也是难以估计的。

近代知识分子中的有识之士为唤醒民众、教育启发民众，多有办新闻、出版者。而我国旧时经济落后，文盲众多，新闻、出版易亏本，资本少者极难办，成功者少。缘于读书人善于秉七寸之笔而经营乏术。亚泉先生就是“过来人”。商务自和日资合作以后，资本雄厚，人材济济，有善于经营之专门人材，编辑可以埋头于书稿，两耳不闻窗外事。商务是一个有志以文化救国的知识分子扬长避短、发挥所长、十分难得的舒展抱负的理想场所。1903、1904 年进馆的编辑，有好几位就没有“动过窝”，直到退休。高梦旦、杜亚泉、庄俞等就是。

亚泉先生自进商务，觉得比自己办亚泉学馆、普通学书局要省心、出成果多；而且商务当局又以退休等条件相允诺，更义无反顾一心扑在工作上。王云五在《小学自然科词书·序》中说，商务百多种理科中小学校课本都是亚泉先生编写或他主持下编写的。时光流失、档案受损，已无法整理出亚泉先生编写各书的目录，但王云五的话已足以证明其贡献。然而亚泉先生没有想到，在他临近退休之时会被商务当局解雇，集贫病于一身，逝世后“衾不蔽体，不异黔娄”（蔡元培语）！一代哲人！——根本当然在当时的社会制度。

因为当时社会上懂新学、精外文的人少，商务印书馆建立编译所而非编辑部。两者的根本差别：前者靠自编自译书稿为主，后者以审阅采用外部著译者来稿为主。亚泉先生在的时候是在编译所，所以编纂书稿极多。除编了无数理科课本外，著名的还有《植物学大辞典》、《动物学大辞典》。这两部词典是在《辞源》编纂过程中酝酿，之后编纂。《辞源》是部以语词为主，兼收百科词汇的综合性辞书，可供一般读者使用；对专业读者的专业要求就略嫌不足。所以编辑们在编写过程中产生了再陆续分门别类编写一整套大型专门词典的想法。当时编译所分设国文部、理化部、英文部、杂纂部 4 部。国文部多精通古汉语、古籍者多；他们提出先编一部人名、一部地名。经过几多周折,《中国人名大辞典》出版;《中国古今地名大词典》则周折更多,前后十多年至1931年开始出版。理化部多通科技和外文人材,以亚泉先生为首。以他为主,编写了《植物学大辞典》和《动植学大辞典》,在他主持下由杜其堡先生编写了《地质矿物学大辞典》。这5种词典,除《中国古今地名大辞典》外,其余至今没有新的词书来替代,即使前一二年"词书热",有说几年间各式各样大小词典出版有二千多种者。几年出版二千多种词典,大多急功近利,而没有能代替六七十年前出的人名、植物、动物、地矿词典,说明这些词典编写是要花大力气的。动、植、地、矿词典尤甚。在那时这些学科在我国还很落后,很多词汇尚无译名,与其说编译词典,不如说是确定译名。这是个十分严肃、慎重因而艰苦的事,喻之为普鲁米修斯并不过分。亚泉先生早年编《普通学报》时对一些新发现的化学元素曾给以译名,解放后化学史界研究过其中至今沿用率。化学元素在他那时发现的还不足百种,动植地矿译名数量就很多,没有人有勇气去研究其沿用率。

正是编纂专业词典的这种艰巨性,吓坏了商务的某些主持人,从此再也不接触专业词典。这是有书目为凭的。唯一例外是《教育大辞书》,它是"废物利用",将一大部废稿中有关教育的文字汇总起来,经几位高级编辑补充加工,费时几年完成,而非确立选题后编的。正是方针变化,否则亚泉先生有可能给我们留下更多理科专业辞书。

人们谈起亚泉先生,都想到理科课本和动植物辞典,很少谈到《辞源》。前面提到,《辞源》原是部综合性词书,同现在见到的以古汉语为主的修订本不同,有大量理科词汇。这些词的条目的写定(汉字是方块字,从来书写时词与词间不分开,所以现在第一步就是要写定,确定某个词是由某几个字构成)、释义都是亚泉先生和理化部的先生们担任的。我国除《尔雅》和解释《尔雅》的书外,词书历来只有"字书",解释一个一个的字,基本上没有复词的观念。更没有理化词汇释义的参考。简单如“水”字，它的释义也要创造。因为旧时词书，从东汉《说文解字》开始，至清末。千余年，水的解释都是：“水，准也。”直到《辞源》，亚泉先生在词书中开始作了科学解释：“水，氢气氧气化合之液体，无色无臭。摄氏表百度则沸，冷至零度凝为冰。”筚路蓝缕，《辞源》之功绩在此。

《东方杂志》差不多与商务印书馆齐名。它创刊于 1904 年。当时杂志受“宫门抄”影响，都刊登“上谕”、奏折，再就是骚人墨客的诗词。《东方杂志》也未能脱俗，基本没有言论。1906 年，清廷宣布预备立宪。张謇、郑孝胥、张元济等组织“预备立宪公会”，宣传君主立宪。孟森为驻会干事，从事文字工作。不久，预备立宪公会觉得自已文字行之不远，派孟森进商务，主编《东方杂志》。从此，《东方杂志》成为宣传君主立宪和地方“自治”最重要的刊物。孟森还从事此类内容的单行本的编写和编辑。1910 年底，孟森离开商务，《东方杂志》由亚泉先生接手，开始改革。

亚泉先生从 1911 年农正月开始到 1919 年，共 9 年，即 8 ~ 16 卷。这 9 年是亚泉先生从一个宣传自然科学的学者变为一个政治思想的阐述者。从此埋下了晚景不顺的种子！

他在创办《亚泉杂志》的时候，在序文中说：“政治与艺术之关系，自其内部观之，则政治之发达，全根于理想，而理想之真际，非艺术不能发现。自其外部观之，则艺术者固握政治的枢纽矣。航海之术兴，而内治外交之政一变；军械之学兴，而兵政一变；蒸汽电力之机兴，而工商之政一变；铅字石印之法兴，士风日辟，而学政亦不得不变。且政治学中之所谓进步，皆借艺术以成之。”他说的“艺术”，是“技术”一词的旧译。他又说：“吾更有说焉：设使吾国之士，皆热心于政治之为，在下则疾声狂呼，赤手无所展布，终老而成一不生产之人物；在朝则冲突竞争，至不可终日，果如何？亦毋宁降格以求，潜心实际，熟习技能，各服高等之职业，独为不败之基础也。”可见，他有点唯物论思想，确认社会生产决定上层建筑。所以中华民族的复兴,他认定要从提高我国人民的科学技术水平入手。他努力学习自然科学,努力推广自然科学。当然,他熟悉的是庸俗唯物论,辩证唯物论、历史唯物论当时还没有传入我国。而在主编《东方杂志》的9年,他热烈地投入政治、思想的讨论,写了大量文章,在他是"空前绝后"的。

亚泉先生主编《东方杂志》,马上改变了《东方杂志》原来对清廷的态度,不再是宣传君主立宪等等,而是批评清廷。比如1911年5月,清廷发布"上谕",令组织"责任内阁",组成了"亲贵内阁"。舆论大哗,《东方杂志》也参加了,说:"亲贵执政……其在法律上、政治上当如何处理,固最大疑问也。宪政国例无皇族任内阁总理者,因责任不宜加诸皇族之故。日本自内阁组成之前,即已无亲王柄政之事。"对清廷的其他大政方针,滥借外债、厘金制度以及教育行政等问题,也经常发表文章,提出批评。

此外,武昌起义之前,短短几个月内,发表有欧美各国的政治、经济、外交、科学、文化、思想等方面的很多文章。或自撰写,或译载,予以阐述、评介。《东方杂志》的这种变化,要放在辛亥革命前的各派斗争中,才能理解。维新派最早提出君主立宪,孙中山一派提出民主立宪。为了抵制革命,1906年清廷说"预备立宪",1908年又说做9年预备工作。维新派非常满意。有一位写信给亚泉先生,说"平心而论,九年之说诚不为迟。但求上下一心,实力准备……鄙见此时国民不必再与政府抗争,姑且反求诸己!"维新派宣传日本的君主立宪,革命派宣传欧美。而这欧美是不包括德国的——当时也是君主立宪。

武昌起义后,《东方杂志》8卷9号发表一篇亚泉署名纵论《革命战争》的文章。说:"此次我国革命军之起,其宣示于我国民者,一为政治革命非种族革命,是无人种战争之意味;一为主张人道、保护人民生命财产,是无劫夺捕虏之行为;一为建设民国、创立共和政体,是无争夺政治权之性质。故此次战争,纯乎为转移统治权之政治战争,一改历代革命战争之面目,实为我革命民族中一种之异彩!"在历史转变关头的大是大非面前,他旗帜鲜明地公开表示站在革命军一面。他还诚恳地希望革命军"维持此主义,不使稍有所动摇,以免他主义之阑入"——完成民主革命的任务。

虽然历史唯物论在我国普及已经多年,但总敌不过英雄史观。《东方杂志》的这一变化,从拥护君主立宪到批评清廷、到站在革命军一面,这关键据说不在刊物主编,而在他的上级!前几年,中国社会科学院近代史研究所主编的一部大书中一位研究员的文章这样说:"由此可见,张氏经过这番环球考察,向西方学习的心情是多么迫切!所以,在他回国以后,对《东方杂志》进行这番大改良,是理所当然的。"张氏出外旅行近一年,在庚戌年十二月十八日回到上海。而此时《东方杂志》"改良"后的第1期(辛亥年正月)应该已经发稿。此事蒋竹庄庚戌十二月日记或有线索。另外,张氏回上海后第10天有信给梁启超,为商务即将创刊的《政法杂志》组稿(见《张元济书札》第57页)。可说《东方杂志》"改良"和《政法杂志》创刊是同步的,且都是月刊,都是面向大众。不妨拿来比较一下,两者的政治态度是否一样!(《政法杂志》出版时名《法政杂志》,辛亥正月出版,1915年底停刊;月刊,第3年起为双月刊。)有句话叫"说话要有证据,批评要注意政治"么!当然可以说"首长负责制"。但在那篇大作里,不全是这样。却本着这样的原则:说得过去的,由首长负责,"说不过去的",主编负责!这哪有什么公平,哪有什么学术道德!比如,在那位研究员的大作中引了《革命战争》一文,那篇在政治上说得过去的主编的署名文章,却只说"发表一篇",不说谁写。而有些"说不过去"的文章,则左一个"高劳",右一个"伧父"。

那位研究员所以那样,自有其原因。缘由他研究到五四一段时,给予的结论是:"那时的《东方杂志》,在许多重要问题上的思想观点,实际已与复古主义顽固分子林琴南、辜鸿铭之流,站在一条线上，互相唱和，共同反对新文化运动。”这是“文革”完了之后10年后的大作！一个“之流”，自然从根上就有问题，有些“还说得过去”的事，自然因其领导者的有方，所以不能提他的名姓。其实，对亚泉先生这样做法并非只此一家。比如关于道德继承问题，人们都只说陈独秀批评杜的《迷乱之现代人心》，从来不说陈独秀1916年在《吾人最后之觉悟》一文中说了完全相同的话：陈独秀说“儒者三纲之说，为吾政治伦理之大原，共贯同条，莫可偏废!”当然容许改变观点，但历史不能抹杀。可是在多年来出版的思想史料集，都“漏收”陈的1916年的这篇文章，而杜的《迷乱》是必收的。如蔡尚思主编《中国现代思想史资料简编 1915.9～1921.6》、陈崧编《五四前后东西文化问题论战文选》。一无例外！

这就到了五四了。在其前后，《东方杂志》开始了东西文化的讨论，或说争论。这场争论，毛泽东早作过结论：《五四》时的全盘西化是不对的。道理极简单，这百多年来我们的前辈为之所奋斗的是民族的复兴，没有超前到追求无国界；所苦苦寻求的是外国的能使我们民族复兴的好办法，而不是变成外国。

不仅是陈独秀，还有罗家伦的批评，这才使商务换下亚泉先生。这在《张元济日记》中记有继承者陶惺存的汇报。现在的研究者，极简单往往把杂志换人看做商务某人的进步行动。如果《东方杂志》杜亚泉这样可说通，《小说月报》之换下沈雁冰、《学生杂志》之警告杨贤江、《妇女杂志》之换下章锡琛，又如何说法呢？商务在解放前政治动荡的50年中能安然无恙，不是进步与反动，靠的是“在商言商”，远离政治。它的出版物那么大的量，无法实行“三审制”，主持人只要求编辑先生不要惹出事来。4种杂志之换人和警告，都是惹了事，不问谁对谁不对。国民党反共以后，商务出版过《资本论》，第一个分册出版还在《中央日报》头版做了大广告。出这书和做广告都和主持人无关，他仅仅在见到广告后马上命令不要再出了。而且亚泉去《东方杂志》职后，接替的钱智修的观点和他是相同的。

亚泉先生进商务编译所后虽任理化部长,但整个所的事均备咨询。所长外出,所内事均有所托付(见《张元济书札》第 182 ~ 183 页)。但自解《东方杂志》职后,渐受冷落。1932 年日本犯我上海,商务印书馆受创。商务当局为谋恢复,解雇全部职工,以极低折扣减发退职金。退职金实质是种债务,未宣布破产应十足付给。商务未宣布破产,但以复业后优先进用老职工为条件而减发。但商务复业并未进用先生,使生活陷于困境。商务原先答应的"昔曾出力有功于公司,则精力已衰者,辞退之时优加酬赠,俾还家有所赡养"(《张元济书札》第 190 ~ 191 页)成为一句空话。

二

杜亚泉的《文学初阶》初版于 1902 年,我们现在能见到 1905 年的第 8 版。2 月印的第 7 版,4 月印的第 8 版。应该考虑此时商务《最新国文教科书》出版已经整 1 年,后来居上而《文学初阶》还有市场,可见其自有特点。但其总的发行时间不长。缘于《文学初阶》编写时清廷还未公布学制,出版后《钦定蒙学堂章程》才公布。章程规定蒙学为 4 年,而《文学初阶》仅能供 3 年用。而《最新国文教科书》是在 1904 年《奏定小学堂章程》公布之后编的(蒙学 4 年改为初小 5 年),它符合学制,容易被学校采用,《文学初阶》就被替代了。但《初阶》的历史价值仍然存在。

《文学初阶》的价值要从当时背景考虑,才能了解其意义。它初版于光绪二十八(1902)年六月,离清廷(1901)年八月初二发布兴办学校的上谕为 10 个月。兴学上谕是"辛丑新政"中的一件事,并不是脱胎换骨的事。上谕说了"并多办蒙养学堂"后,紧接着说"其教法当以四书五经纲常大义为主,以历代史鉴及中外政治艺学为辅"——汤和药都没有换,仅仅书院改名学堂而已!亚泉先生在编《文学初阶》时，“新的”蒙学读物已有几种。他在《文学初阶》序言中说：“编辑蒙学新书者已若干家，体段粗具。是编凭借诸家之蓝本，冀为初学之津逮。”

这些蓝本都试图摆脱“三、百、千”，在摸索中编写，但都不成熟。大多有两方面问题。一是从语文教育方面，仍然都按“三、百、千”用字基本不重复的原则。《三字经》1140 字、《百家姓》422 字、《千字文》1000 字，共 2560 字。其中生字约近 2000。按 2000 生字计，读 2560 字，在课文中生字重复率仅为 1.28 次。重复率低，学生只能用不断背诵的方法记忆。因为汉字不是表音文字，孩子往往背得滚瓜烂熟，而字离开了句就不认识，没有能力组复音词。小学语文教学目的，虽然说是培养识字、看书（吸收语言养料）、作文（表达思想）能力。由于语言的基本单位是词而非字，所以首先应该是培养识词（当然以字为工具）。而当时新读本因循“三、百、千”仍以识字为根本。如上海澄衷学堂的《字课图说》，共 3000 多字，按名字、动字、静字分类排列，每字附以图画，再加解释。实是装订成册的看图方块字，其生字重复率为零。

亚泉先生的《文学初阶》以字入手，以词为根本；注重字的重复出现。这是没有前例的。

《文学初阶》共 6 册（卷），“计学生半年读一卷，凡三年可以读毕”。每册分课从 100 课到 120 课不等。第一册 120 课共有课文 1224 字，其中生字 542 个，生字重复率为 2.25 次。用现行北京小学第一册比较：北京一册必读课文 351 字，生字 160 个，重复率为 2.19 次。《初阶》第二册课文 3048 字，其中生字 523 个。2 册相加，计课文 4262 字，生字 1065 个，生字重复率为 4 次。北京第二册课文 1736 字，生字 278 个。2 册相加，计课文 2087 字，生字 438 个，生字重复率为 4.76 次。2.25:2.19；4:4.76，重复率极相近的。如果考虑到后者是几十年多少人研究的结果，前者在九十多年前就达到这个水平，可以说当时是考虑得很科学的。

以词而不以字为儿童识读根本，这是首创，完全符合语言的规律。词语大量是实词，儿童极易理解。《初阶》第一册在第90课以前不出现虚词，全部用儿童身边常见的浅近事物做认字课文和内容。如第一课，生字为"大小牛羊"4字。再组成"大牛、小羊、大小、牛羊"4词做课文；又以"小牛、大羊"2词提问。4个字教会了学生组成6个词；每个字在6个词中重复出现3次，就易巩固。在第80课以前都是这个格式，就认了320个字、外加约480个复音词。第81课开始出现简单句，如"马负车、牛耕田、桃开花、竹生笋"。

那些蓝本的另一个不足之处是对学生读书目的引导没有和旧的"读书做官"、"劳心者治人"一刀两断。这在《初阶》里是很坚决的。

古代的识字课本，现在能见到最早的《急就篇》、《苍颉篇》都是"就字论字"。实行选仕制度后，逐渐产生了读书仅仅为了做官的风俗，形成了读书仅仅是少数人的事，对社会发展起了阻碍作用。后来《三字经》、《千字文》等启蒙读物都落在读书才能光宗耀祖上："幼而学，壮而行。上致君，下泽民。扬名声，显父母。光于前，裕于后。""学优登仕，摄职从政。"以及"万般皆下品，唯有读书高"。少数人读书的习俗是民主主义革命必需解决的几个问题之一。而后来曾革命如章炳麟，1928年重订《三字经》，对"幼而学"24个字，除"上致君"，改为"上匡国"外，其余21个字都保留。而《初阶》在1902年就毫不留情地抛弃了"唯有读书高"和读书为做官的思想。

《初阶》极明确地提出了平等的职业观："我国向分士农工商四业，士最贵，农工商次之。其实此四业者，皆世间不可少之事，当听人择（择其性之所好）而为之，不必分贵贱也。盖士有士之学，农工商有农工商之学，皆必勤苦而后成业。岂可自命为士，而轻视农工商哉？况今日之为士者，国家之官能有几何，至天下之士不可胜数,宜其穷困无聊矣!”(6.93)他提出了新的贵贱观:“世人以手艺为贱。此谬说也!天下惟懒惰无事之人为最贱。此外能出力以谋生者,即习手艺之工匠。皆极可贵。”接着举虞舜、傅说、孔子少贱多能鄙事,外国如彼得大帝、富兰克林、华盛顿等都从事过体力劳动。说“由此观之,手艺岂贱事哉”(6.40)。他指出“凡人于一材一艺。苟能用心专习,精益求精,即必大有益于世”(5.93)。他并非不要“士”。他说:“读书明道,不为农工商而能知农工商之学者曰士,士之有才能而能治农工商者曰吏。”(6.2)对士的这种要求就不是当时仅钻研科举的人所能企及的了。前面提到《亚泉杂志·序》,他反对士无官可做时变成“终老而成一不生产之人物”,就是对那种钻研科举、手不能提、肩不能挑者说的。在《初阶》里批评说:“至于近代,专以八股取士。士子专以弋取科名为重,一切有用书籍,多不知其名,惟读时文与四书讲章而已。”(5.73)

他提出了士农工商都有学,也就是人人要读书、人人都该读书。这正是民主主义者所要求的。除了说人人应读书外,他还以其他国家为例:“凡有教化之国,其民必读书识字,教化愈甚,则读书识字之人愈多,而国愈强。今日英法德美诸国,其国中读书识字之人,较我国多数倍,故诸国强而我国弱。此读书所以为要事也。”而且不仅士农工商,“即妇女亦宜读书”(6.6)。还有专门一课讲妇女读书的必要(6.46)。

以上这些使国家摆脱封建制度极为重要的事,是他的蓝本和此后一些课本都没触及的。

上世纪末本世纪初是中华民族处于“三千年一大变革”、封建制度总崩溃的前夜。对于旧的伦理道德有个严肃的批判继承问题,人人都要回答。《初阶》对于忠孝等人伦,对忠,不提君臣之忠,只提待人之忠:“待人之道,忠信笃敬尽之矣。何谓忠,尽己心也。”6册书里通篇不提皇帝,只有国家。激励学生爱国的课文至少有10课之多。在刚学句子时就教学生:“均是国也,彼之国家兴隆,而我之国家衰败。羞孰甚焉。”(3.80)又说:“国家将亡,忧之甚者也。其何以释吾忧乎。”(3.78)第五、六两册里长篇讲述我国政治之腐败和外患,以及补救之法;5.32,5.33,6.22,6.29,6.88,6.99等课都是。

对于孝,他提出,不在乎尊之敬之,要在做晚辈的事业有成就:“然尤有大者:当勤学以悦其心,俭朴以慰其心。于是为父母者,必曰吾有令子,吾无忧矣。”(5.47)“若徒服劳奉养,朝夕承欢,而学问仅窃虚名,事业难求进步,亲之望子者何在?无以承亲志,即无以顺亲心也。”(6.41)

交友之道他提出重在相互促进:“夫朋友者,有患难则互相护持,有拟议者互相商问,有善则相劝,有过者相规。是无价之宝也。”(5.49)

仁,也就是爱的观念,他提出:“既知事亲,当知爱人。凡世上之人,皆我同类。不独师友宜爱,就不相识之路人,亦不可无爱之之心。见有穷苦无依者,必量力而助之;见有聋哑跛瞽残疾之人,必哀矜而援之。见有不肖者,必善言以导之。虽遇外国人,亦当敬爱,方不愧为有教化之民。”(6.43)——仁爱是种文明行为。

既然谈到德行,必然要谈恶行。他认为危害社会最甚的有两件事,一为游惰,一为鸦片。

对鸦片,他说:“我恨世人之吸鸦片,不但病己而已,且病及国家”。(3.77)至少有5篇课文批评鸦片之危害和帝国主义的鸦片贸易之可恶:“既伤吾财,又伤吾身。可恶熟甚焉”(6.80)以及5.19,5.20,6.71诸课。

那时不可能认识到私有制剥削的结果,必然有失掉生产资料的人。所以对流氓、盗贼、乞丐等统认为是游惰、挥霍的结果。他也不能例外:“怠惰者玩忽而失时,阘弱者优游而坐废。人少恒业,遂多流氓。”(6.9)乞丐、盗贼等流民的生成历来是社会不安定的一个因素。当时全国范围内饥荒遍地,城市生产不发达;白银外流;历次对外"赔款"的搜括,民不聊生。根源在政治腐败,这是维新人士的一致看法。维新活动也对此而来。但他们都不能直抒己见,只能反身求诸己,希望人人就业:"欲设法而挽回之,其要在兴工艺始。"(6.9)从他后来在《中国政治革命不成就及社会革命不发生的原因》一文中指出,历史上过剩的劳动阶级并不是社会革命的动力。他们在社会中力量强大时,会和一部分过剩的知识阶层结合,对抗贵族统治。"秦始以后,二十余朝之革命,大都由此发生。"而一旦这种革命成功,马上变为新的贵族统治,社会丝毫没有变化。所以他称之谓"帝王革命",而非社会革命。这点看,他在《初阶》里反反复复批评流民和劝学生好好读书、将来学一种谋生手段,就不奇怪了。

他是位积极宣传自然科学的热心人,在《初阶》里自然科学的材料十分丰富,天文、物理、化学、卫生常识、生物知识无所不有。在宣传这些知识的同时,也破除了相关的迷信。

《初阶》不仅教学生识字知理,还引导人生。在最后一册即将学完时,安排了几课可说是临别赠言。六册 86 课叫《为学之要》,说最要之学共四:一是当知养生之学;二是当知为人之道,修身之学;三是当习一艺以谋生,谋生之学;四是既为一国之民,当知为民之责。第 89 课《戒惰》。第 93 课《择业》,讲不要轻视农工商 3 业。这"为学之要四",在以往各课里都陆续讲过。可以说《初阶》是将学生引向现实生活,而不是引向科举。我曾经说过,如果说商务后来编的《最新国文教科书》是我国第一部成熟的和影响大的教科书,那么《文学初阶》是在此之前的一个重要阶梯。所说成熟,指的就是将学生引向生活,这是一千多年来读书目的的大革命。值得大书特书的。至于文字教育的技法,那是第二位的。

《文学初阶》因为和后来学制不符以及商务后来《最新国文教科书》的出版而发行时间仅几年,但它对后来各种国文或语文教科书的影响却不能抹杀:

《文学初阶》的课文全部是编写而不用范文。其中某些课文的选题一直被后来的课本袭用,就是明证。如:

第4册第5课　让梨;第79课　灌水浮球;第80课　击缸救童;第87课　望梅止渴;第98课　大禹治水

第5册第56课　诫谎(狼来了);第57课　二友遇熊;第79课　二童争日;第85课　鹤蚌相争;第88课　螳螂捕蝉;第97课　西门豹治邺;第100课　曹冲称象。

第6册第35课　华盛顿砍樱桃树。

这十多个课文选题在此后的三四十年中被各种小学语文课本所沿用,现在六七十岁年纪的老人多少都读过。不仅这些首选自古代子书、寓言、外国故事陆续被沿用,而且某些具有一定意义的文字也被移用。如第4册第65课课文:"冬月大雪,路有乞人呼饥寒。师告诸生曰:尔辈饱食暖衣,无忧无虑,非尔父之劳力得钱,尔母之关心家事,衣食何来乎?尔辈于此,当思父母矣。"后来1919年中华书局的《新式国文教科书·附课》:"哪一位给衣裳你穿?哪一位给饭你吃?哪一位很疼爱你?你仔细想,不是你的父母吗?"两者课文的寓意和行文不是很相近么。

选自《商务印书馆一百年》,商务印书馆1998年

科学编辑杜亚泉

王建辉

杜亚泉(1873~1933,浙江绍兴人),是近代出版史上的一位重要人物,他的编辑生涯主要是在中国近代最重要的出版机构商务印书馆度过的。但在进入商务印书馆之前,他就有过做编辑的经历,在上海创办过普通学书室和《亚泉杂志》(线装本半月刊,1900

~1911，共出 10 期），前者的普通学是常识的意思，后者于 1900 年创办，是中国最早的科学杂志（后改为《普通学报》，1911 年起共出 5 期，木刻本）。也就是在早期的编辑出版业务往来中他认识了张元济、夏瑞芳等商务人杰。虽然说这一番经历使他在进入商务印书馆前就是一个有一定影响的学者，但他的早期编辑生涯却并不太成功。

真正的事业与成功是从商务印书馆开始的，商务印书馆才是他真正的用武之地。1904 年，杜亚泉应张元济、夏瑞芳之邀进入商务印书馆。那时新世纪刚刚揭幕，商务开办不过五六年，张元济入馆也不过二年，商务印书馆正在从一家印刷所向真正的出版社发展。商务要扩展营业，并且是适应教育发展来扩大营业，却缺乏新科学即自然科学方面的可为股肱的编辑人员，他们需要物色人才，这可能是商务请杜入馆的主要原因，因为杜亚泉在此前已然是一个理科学者和熟练编辑了。杜亚泉在商务服务前后计 29 年，和商务一起栉风沐雨，他没有使请他入馆的人失望。

最早也最有影响的理科编辑

杜亚泉在商务的主要功绩有二个，第一个功绩就是编辑理科类教科书，杜进入商务即任编译所理化部主任，作为个体他是中国最早也最有影响的理科编辑。杜亚泉一生钟情于科学，早在《亚泉杂志》创刊号中就说过学习科学技术“独为不败之基础”。他改名“亚泉”乃是根据他的理科知识而来，是氩和线（繁体右边为泉字）的省笔，意思是没有用途就像化学惰性元素氩；没有面和体，就像几何学上的线（线）。这是他的自谦，也是自励。杜亚泉在编译所，亲自编辑了中国第一代自然科学的教科书。据王云五说，杜亚泉在商务关于自然科学的书有百数十种。杜在商务的旧友章锡琛说，“馆中出版博物理化教科参考图籍，什九皆出君手”。又据杜亚泉的接任者胡愈之说,商务印书馆早期的理科教科书和科学书籍中有一多半是他编辑和编纂的。是他首次介绍元素周期律,至今仍在沿用的化学元素中文化译名部分也得自他的首创,他在与郑贞文等同事编辑教科书的过程中感觉到统一科技译名的必要性,并为此而努力,尤其是在主编《植物学大辞典》、《动物学大辞典》以及生前未及见的最后一部《小学自然科学词书》,更见出他在这方面的才华。此外,作为理化部主任,他直接引进了不少的理科编辑人才,这些人多数是他的绍兴同乡,沈雁冰曾回忆说,"理化部是绍兴帮,除校对之类也许不是绍兴人"。在当时这种地域现象并不犯忌,一方面是同类相求,人以群分,一方面也是商务印书馆虽然作为近代民族资本主义企业却还保留着若干封建色彩。杜亚泉在编辑人员之间作了大致的分工,他自己从事植物矿物编辑,引进杜就让负责动物学,寿孝天、骆师曾负责编辑数学,章锡琛等负责搜集资料编辑教科书。章锡琛是后来的开明书店创始人,他进入商务的第一件事是杜亚泉让他翻译一篇日文的科技资料(后以高劳的笔名刊发于《东方杂志》)。曾在理化部工作过的胡愈之回忆杜亚泉,称他为忠厚长者,一面放手让他们在实际工作中锻炼,一面又悉心指导,促使他们迅速成长。在他那个时代编辑科学书籍其实还是很困难的。据张元济日记,杜亚泉曾拟议办理科杂志,张元济考虑"因无利,又呆占一人",让缓行,后来似也不曾创办。但在困难的条件下,杜亚泉还是做成了一番科学事业。他在商务印书馆培育的第一个自然科学的编辑群体及其编译的科学书籍,对于哺育一代人的科学知识根基,对于推动中国科学的进步是起了作用的,他不愧是中国科学界的先驱。

对《东方杂志》进行大改良

第二个功绩是主编《东方杂志》。《东方杂志》创办于杜亚泉

1911 年主编的《东方杂志》

入馆之年(1904 年),中国近代这份大名鼎鼎的杂志曾经是附属在理化部的,部长杜亚泉也就兼了杂志的主编,他从 1911 年起接任主编达九年之久(第 8 ~ 16 卷)。他兼任主编后,即对杂志进行“大改良”,其宗旨是“随世运而俱进”。这一番改良不仅开创了现代杂志编辑内容(综合编排)和形式(16 开本,每期还刊登数幅精美图片)的新样式,极大地丰富了现代杂志的内涵与外延,代表了现代杂志的新理念,杂志本身也由原来以汇编为主的资料性杂志变为以发表论著为主的社会科学和自然科学的综合性杂志,成为当时中国印刷最好也最有影响的综合性期刊,杂志销量也激增。杜亚泉本人也由科学学者而兼人文学者,从一个自然科学的介绍者变成了一个政治思想的阐述者,在杂志上发表了许多文章,如 1917 年发表的《战后东西文明之调和》,这篇文章可以说是后来那场东西方文化论争的导火索。《东方杂志》在杜亚泉主编时期,成为 20 世纪头 10 年中国社会思想的风标,《新青年》兴起之后也以《东方杂志》为对手而获得发展。五四时期关于东西文化的论战就主要发生在《新青年》与《东方杂志》之间,也就是两份杂志的代表人陈独秀与杜亚泉之间。1918 年 9 月陈独秀在《新青年》撰《质问〈东方杂志〉记者》,副题是《〈东方杂志〉与复辟问题》,12 月杜亚泉发表《答〈新青年〉杂志记者之质问》,次年 2 月陈独秀再发表《再质问〈东方杂志〉记者》,从此论战全面展开,它是论战也是对话,涉及的问题与参与人数之多都是空前的,对于近代思想的演进起到了极大的推动作用。王元化先生说:“这场论战第一次对东西文化进行了比较研究,对两种文化传统作了周详的剖析,对中西文化的交流提出了各自不同的看法,实开我国文化研究之先河。”

因为他在商务的功绩,杜亚泉和高梦旦、陆费逵一起被称为商务早期“创业三杰”。高梦旦还有张元济的参谋长之誉,接替张元济任编辑所所长,陆尔奎是《辞源》最早的主编。说起来,《辞源》的初版本并不是古汉语工具书,而是一部综合性辞书,其中的自然科学辞条由杜亚泉负责撰写,许多条目的解释都是第一次用科学的含义来解释的,如“水”的释义在历来的古汉语工具书中是:“水,准也。”杜的解释:“水,氢气氧气化合之液,无色无臭。摄氏表百度即沸,冷至零度凝为冰。”这样的释义就中国工具书来说是有创造性的。

近代编辑出版史上的典型人物

杜亚泉可以说是近代编辑出版史的一个典型人物。他在编辑出版史上的典型意义不妨归纳为这样三点:

一、“为国家谋文化上之建设”的理想,是那一代编辑出版人的精神遗产

他是为了理想而进入商务印书馆的,他阐述那个时代知识分子从事出版的一段话为研究中国近代出版史的人们广为引用:“时张菊生、蔡鹤卿诸先生,及其他维新同志,咸以编译快报为开发中国急务,而海上各印刷业皆滥恶相沿,无可与谋者,于是咸踵于商务印书馆,扩大其事业,为国家谋文化上之建设。”从这段话可以看出杜亚泉的理想是“为国家谋文化上之建设”,这是他作为近代知识精英的精神立场;而“谋文化上之建设”,在杜亚泉那里其实就是科学救国与教育救国，而科学和教育救国的实现形式在那个时代最好的途径就是出版。杜亚泉与张元济“以扶助教育为己任”和“昌明教育”的宏愿，理想一致，志向相同，从而成为商务早期人才群体的骨干成员之一。杜亚泉初投商务的年代，近代出版业正在走向壮大，它不仅成为近代知识分子安身立命的所在，更成为他们安心立命之所。编辑生涯并没给杜亚泉带来财富，为了举办学校他甚至还曾举债。1932 年的战火更使他失业，不多的财物尽失，以至死后连棺材都没有，但他却很富有，他的理想很富有。如胡愈之所说：“先生虽然没有替遗属留下物质的遗产，却已替社会留下无数精神的遗产了。”

二、学者型的编辑和思想型的学者，是那一代编辑出版人的价值取向

商务那时的编辑部称为编译所，它和现在的编辑部的区别是，这个编译所本身为商务提供作品。这样商务也就成为造就学者的温床和养成所。这也是商务能够吸纳以至造就学者的原因。胡愈之曾回忆杜亚泉等早年商务的编辑，认为他们不仅学有所长，而且对编辑工作也十分尽责。1918 年出版的《植物学大辞典》，不仅是我国第一部植物学的科学著作（如时人所说为科学界空前巨著），也是商务印书馆编印专科辞典的开端，其实也是中国编撰此类专科辞典的起点，曾成为商务的当家产品。此书是中国近代科学发展到一定阶段后所必需的工具书，它搜罗植物名称和术语，以中文为主，东西文对照，重要植物在注释之外还有附图。他自学的日文也给他主编此书不少帮助。在近代科学和出版草创时期，能推出这样双重意义上的开创之作，和杜亚泉是一个学者型编辑分不开的。作为学者他的原创性的东西并不多，而主要侧重知识的介绍，是近代科学知识主要的传播者之一，如他自己所说是“一个科学家的介绍者”；作为一个思想型的学者，他“以科学的方法研求哲理”（蔡元培语）对于社会的影响之大，在那个时代是没有多少人能比的，可以说是一个编辑的典范；他以“伧父”的笔名在《东方杂志》上发表论文，是近代科学主义的主要代表之一，在某种意义上可以说他在思想史上影响超过他在编辑史上的影响，也许这是因为对他在编辑出版史的地位研究不够的原因，正如同研究思想史的学者不知道他在编辑出版史上有地位一样。

三、由“新人物”变成“旧人物”，是那一代编辑出版人留给时代的文化遗憾

在他那个时代，应该说杜亚泉还是一位先觉者，他弃科举而从自学数学入手兼及其他学科，以自学成为近代中国科学界的先驱者，袁翰卿先生说19世纪以来在中国介绍科学的人自徐寿之后，就要数杜亚泉了。杜亚泉的理想是“以使西方科学和东方传统文化结合为最后目标”，不失为中国启蒙时期的一位典型人物。几年之后，当新文化兴起，他又成了新文化攻击的对象和目标，在和《新青年》关于东西文化的论战中，成为文化保守（调和）主义的一个代表。这是一场对于近代中国思想文化产生了重要影响的论战。论战肇始于《新青年》主编陈独秀批判《东方杂志》上发表的三篇文章，其中有杜亚泉的《迷乱之现代人心》。杜亚泉的思想核心是东西方文明各有特点，要使西方文明“融合于吾固有文明之中”，“西洋之断片的文明如满地散钱，以吾固有文明为绳索，一以贯之”。他相信中国文明若能“融合西洋思想以统整世界文明”，那么中国和世界都可得以救济。这种主张和晚清的“中学为体，西学为用”并无二致。杜亚泉的“东西文化调和论”，被陈独秀斥为“人类惰性的恶德”。当时，新青年派的文化思想成为时代的主导思想，陈独秀执思想界牛耳，商务当局如张元济、高梦旦等考虑顺应潮流而思想趋新，且从营业考虑，杂志偏于保守也影响销路，故力劝杜亚泉不再继续争辩。1920年杜亚泉迫于情势，辞去《东方杂志》主编辑，并不再为《东方杂志》撰文。对于杜亚泉的文化保守（调和）主义立场，他早年在绍兴一所中西学堂的同事和一生的好友蔡元培说他是“折衷的综合的哲学见解”。这大概是这位老友的持平之论。作为一位学者和思想者,杜亚泉可能并不是一个落伍者,或可谓“前进中的保守者”,代表了文化启蒙的不同进路即稳健温和一路。但在那个激进革命的年代,杜亚泉毕竟与时代进步的主潮不合,作为一个编辑,这种远离甚至背离时代主潮的思路及其实践尤其不算高明。近代出版史屡屡提供这样的实例,如同当年张元济在辛亥革命期间不能预见到新教科书兴起,而被以陆费逵为代表的编辑出版人从商务杀出另行建立中华书局一样。杜亚泉命运再一次昭示,做编辑要与时代的主潮相一致,要激动潮流,不与时俱进是编辑家的大忌。不过杜亚泉的编辑生命没有完结,他从《东方杂志》退出后,继续在商务从事他的科学编辑事业,并做出新的贡献。从思想界退出,在科学界再进,毕竟他是一个有科学头脑的人,一辈子都有解释不了的科学情结。

杜亚泉不应该被忘却,为了他在科学史上的地位,为了他在编辑出版史上的地位,为了他在思想文化史上的地位,也为了中华民族不能终结的编辑出版事业。

主要参考文献:

《杜亚泉文选》,华东师范大学出版社,1993 年

许纪霖等编:《一溪集》,生活·读书·新知三联书店,1999 年

戴文葆:《胡愈之译文集编后记》,原载《出版广角》1999 年 9、10 期,《新华文摘》2000 年第 1 期转载

原载《出版广角》2000 年第 6 期

中国最早的综合性自然科技期刊——《亚泉杂志》

高　峻

综合性自然科技期刊是期刊的重要种类之一。它的创刊标志着自然科学期刊与哲学社会科学期刊的分开。同时,它也表明学科虽越分越细却又是无法分割的,整体上有交叉综合化发展的趋势。

中国人自办最早的综合性自然科学期刊是辛亥革命时期杜亚泉办的《亚泉杂志》。1900 年创办的《亚泉杂志》在较广泛的学科领域中,较系统地介绍了西方最新的科研成果的同时,激发了更多的爱国知识分子谋求科技兴国。

中国科技期刊史简介

中国人主编的最早的科技期刊的萌芽应是清代乾隆五十七年(1792 年),苏州医生唐大烈(字立三)主编的《吴医汇讲》[①]。1 年 1 卷,出版 10 年,1801 年停刊。其办刊原则是"凡属医门佳话,发前人所未发,凡开卷有益者,不拘内、外、妇、幼诸科,无不辑入"。由于我国长期处于闭关自守、思想禁锢、科技文化和生产力发展落后的封建统治之下,所以短暂的萌发之后,一切归于沉寂。

中国科技期刊的产生发展经历了孕育期(1815 ~ 1872 年)、诞生期(1872 ~ 1897 年)、发展期(1897 ~ 1911 年)。孕育期的期刊,大都为外国传教士创办,内容以宣传宗教为主,但也把科学知识、格致之学作为一个内容;诞生期的科技期刊数量不多,且也大多为外国人所办;发展时期,科学期刊有了较大发展,并且多为中国人自己创办[①]。

清嘉庆二十年(1815 年),英国伦敦传教士马礼逊与米怜来我国传教受阻后,退至马来亚的马六甲开办了以中国人为主要读者对象的近代第一份中文期刊——《察世俗每月统记传》。它是西方鸦片商和传教士为配合西方资本主义国家敲开中国古老的大门,便于对中国的经济和武装侵略的产物。在对中国民族文化渗透的同时,也介绍了一些天文、地理、历史、科技和民情风俗等知识。

中文的自然科学期刊最早出版于 1876 年,是英国传教士傅兰雅创办、我国著名的化学家徐寿具体主持的《格致汇编》。其栏目为:论说、科技人物传记、格致杂说、博物新闻、互相问答等。广泛介绍了西方科技知识、理论、新的科技技术、新装备和新产品。

辛亥革命时期(1894~1911),一部分接受西方先进科学文化思想及感受到日本明治维新后政治、经济、文化、思想等方面巨大变化的有知识的有志之士,成为辛亥革命的中坚力量和文化战线上的有识之士。他们认识到拥有科学技术和缺乏科学技术的国家在实力上的巨大差异,从而走上了科技救国的道路。他们纷纷办刊办学。因此,为传播科学技术而产生的中国科技期刊一开始就特别重视介绍西方最先进的科学技术研究成果。

《亚泉杂志》——中国最早的自然科技期刊

杜亚泉先生生平及其编、译、著书刊

《亚泉杂志》的创办者杜亚泉(1873~1933),原名炜孙,字秋帆,号亚泉,笔名伧父、高劳等。浙江会稽伧塘(今属上虞长塘)人,自然科学翻译家、编辑家。曾任《东方杂志》主编。中国近代自然科学先驱。

杜亚泉自幼好学，博览群书，酷爱科技书籍。与蔡元培交往甚密。光绪二十四年(1898)在蔡元培任绍兴中西学堂监督期间，受聘为该校数学和理科教员。蔡元培对其忘我的学习精神描述“当暑夜，就庭中围帐挑灯以读；风雪冬日，掩北向书窗，仅留一线光以读，忘餐忘寝……”②。

光绪二十六年出版的《亚泉杂志》

1900年他来到上海，自费创办亚泉学馆，创办并编辑出版《亚泉杂志》——中国最早的综合性自然科技刊物。后在商务印书馆工作，在此期间，他编译了许多新型教科书，如《格致》、《矿物学》、《生理学》、《自然科学》等。1904～1932年任商务印书馆理化部主任。从事编辑工作32年中，还主持编辑过《植物学大辞典》、《动物学大辞典》等。著有《叔本华处世哲学》、《博史》。

《东方杂志》编辑部在“追悼杜亚泉先生”一文中写道：“商务印书馆初期所出理科教学及科学书籍，大半出于他的手笔。其中，如《植物学大辞典》、《动物学大辞典》尤为科学界空前巨著。”

《亚泉杂志》办刊简介

1900年秋，杜亚泉在上海创办亚泉学馆时始有“亚泉”别号。他曾解释说“亚泉者，氩线之省写；氩为空气中最冷淡之原素，线则在几何学上为无面无体之形式；我以此自名，表示我为冷淡而不体面之人而已”③。这既是先生的自喻与自谦，又体现了先生对自然科学，特别是化学专业的熟识与热爱。

清光绪二十六年十月初八日(1900年11月29日),《亚泉杂志》在上海创刊,杜亚泉任主编。内容包括数理化农工诸学科。刊物由上海商务印书馆印刷,亚泉学馆发行。该刊每月2期,初八日和二十三日各出一期,竖排线装本,对折装订,单色花边封面,25开,单面铅印,每册正文16页。自第5期起改为月刊。至光绪二十七年四月二十二日(1901年6月9日)停刊,共出版10期。其停刊的原因在最后一期卷末,亚泉先生写道"杂志中字式往往须另铸铜模,甚为费时,所以不免延误发行之期日",且"本馆发行杂志,定价既廉,工料之外,所赚无几,加以馆用有绌无盈,况销行甚滞,所耗殊多,今又以三分定价之一作邮费,则是并工料而不敷矣"④。由此看来,办刊经费不足是其停刊的主要原因。这说明自然科学期刊的生命力不光在于质量,还在于它的传播、它的市场。并提出一个值得探讨的问题——期刊的核心生命究竟是什么?

《亚泉杂志》的科学观

创刊号上杜亚泉先生的《亚泉杂志序》就办刊者的科学态度、科学立场和办刊目的加以说明。杜亚泉先生论述了"政治"(泛指人类社会生活、社会进步)与"艺术"(指工艺技术或实业、科学技术)的关系,提出"自其内部言之,则政治之发达全根于理想,而理想之真际,非艺术不能发现;自其外部观之,则艺术者固握政治之枢纽矣。……"他形象地写道:"人身必以手、足、耳、目、口、鼻组成而成,脑髓只须一个……水手要多,船长只须一人……"。他把人的头脑喻为"政治",而将手、足等喻为"工艺"技术;又将船长喻为"政治",把水手喻为"工艺"技术,明确解释了其对"政治"与"艺术"的关系的理解,深入浅出极具教育意义,在当时有进步性。"……二十世纪乃工艺(工业科技)时代",他预言20世纪为科学技术的时代。"亚泉学馆揭载格致、算化、农商、工艺诸科学,其目的盖如此"⑤,他认为国家的独立自主、民族的振兴、经济文化的发展、国力的昌盛皆需依赖发展科学技术。在当时有进步意义。

其综合性内容及价值

(1)化学方面 《亚泉杂志》第1至10期共载文章39篇,而化学文章占23篇。如,第1期上有《化学原质新表》和《钙之制法及质性》;第1、3期连载有《质点论》;第2期有《食物标准及食物化分表》、《配合各色玻璃材料方》和《显影药水方》;第3期有《橡皮及格搭伯查之代用品》和《化学奇观》;第3、4期连载有《昨年化学界》和《化学理论》;第4期有《显影新方》,第4至10期连载有《定性分析》;第6期有《化学周期律》等等。清楚地记录了近代化学传入我国的时间。

其第1期第1篇的译文《化学原质新表》,较为系统地介绍了化学元素和原子量,杜亚泉新编的化学元素表,包括76种元素,比以往多出11种新发现的元素。杜亚泉还将化学元素译名统一,而且其中铍(Be)、氩(Ar)、镨(Pr)、钆(Gd)、铥(Tm)、镱(Yb)的中文译名,一直沿用至今。这对期刊论文科学用语的规范化表达具有重要意义。第3期王希琴翻译的《昨年化学界》在中国最早报道了镭和钋两种放射性元素的发现和它们的一些化学性质。这距居里夫妇发现镭和钋只有两年多时间。《亚泉杂志》第6期(1901年3月出版)上发表了虞和钦先生的译作《化学周期律》,“分五节较详细地向国内读者首次介绍了化学元素周期律。文中附有当年刚由英国物理化学家沃克(Walker)修订发表的元素周期表,还初步提及同周期元素性质的递变规律,同族中元素性情类似,其化合价相同等重要内容”⑥。这些在我国自然科学研究史,特别是化学方面有重大意义。

(2)数学方面 第1期有《算学问题四则》,第2至6、8、10期有《微积答问》和《算题答问》,简介了代数、微积分原理和公式;第4至6期连载了《平圆互容新义》;第5期有《洛书探颐偶编》;第

8、9 期连载了《珠盘开方法》；第 9 期有《幻视图》等。其中周美权(周达)的《平圆互容新义》用二次曲线解初等几何中复杂的平圆互切问题，这在当时我国初等几何研究中是一种新方法，确为“别开一径”⑦。促进了国内数学界的交流与发展。

(3)在地理、地质学方面　第 1 期有《天气预报器》、《地球之风向》和《探南极之航路》；第 1、3 期连载了《考察金石表》；第 2 期有《矿物理学》；第 5 期有《论地震》；第 7 期有《论火山》。其中《矿物理学》主要论述矿物的形、色、味。杜亚泉先生希望能“……搜罗金石，既资博物，复收地利……将来传习日众，矿业日隆，则记者之所希望于诸君也”⑧。体现了其对发展民族矿业的向往。

(4)其他学科方面　第 1、3、6 期连载有《日本长野县蚕业同志会委员中村利无采访中国蚕业记》；第 2 期有《蚕与光线之相关》；第 8 期有《博物学总义》；第 7、8、10 期连载有《日本理学及数学书目》；第 10 期有《日本太阳杂志工业摘录》。其中《日本理学及数学书目》一文集中介绍了 20 世纪初日本自然科学或自然科学著述的全貌。对我国早期科学教育中教科书的选择、学科的划分和对科学发展概况的认识，具有检索借鉴价值。

(5)技术方面　有自来火工艺、麻布洗濯法、木器塞漏法、防腐及储藏法等日用生活技术介绍。这大大提高了当时民众在日常生活中的科技意识与生活水平。

结　语

《亚泉杂志》作为中国最早的综合性自然科技期刊，较系统全面地介绍了西方最新的科研成果。《亚泉杂志》对当时中国的科技、政治、文化、思想起到巨大的促进作用。对目前的综合性科技期刊的编辑工作有积极的影响。为中国科学的发展奠定基础，并留下了宝贵的近代中国科学文化遗产。

(1)具有深远科技影响的中国第一个综合性自然科技期刊——《亚泉杂志》 19世纪末到20世纪初,是世界西方物理学、生物学和医学的革命时期,量子理论和相对论的出现,对化学、生物学等许多学科都有很大影响。1900年前后,物理化学、地球物理、地震学等方面的新学科先后诞生,数学、化学、地质学等领域的研究进入了新的阶段。面对科学研究和新技术的不断发现和发明,《亚泉杂志》作为中国第一个综合性自然科技期刊,系统、深刻、具体地报道了当时最新的科技发展,有巨大的阐释诱导作用。开阔了我国的自然科学视野,促进了我国当时自然科学发展的进程。具有承前启后的作用。

(2)宣传科技、破除唯心主义、促进辛亥革命思想的期刊 使国民能够正确认识到科学的重要性。反帝排满宣传,推动了革命进程,为辛亥革命胜利做了思想、知识、人才上的准备。

(3)嗅觉敏锐、鉴别力强、学术水平高的期刊 作为以译文为主的期刊,能够在科学认识发展的过程中,敏锐地发现具有极高学术价值的科研成果,并在较短时间内将其介绍给国人。其文章及编者都具有较高的学术水平。所产生的巨大学术影响仍是现在的综合性自然科技期刊的最高境界。

参考文献:

① 胡传焯.现代科技期刊编辑学[M].湖南:湖南科学技术出版社.2001.14.

② 宋应离主编.中国期刊发展史[M].开封:河南大学出版社,2000.57.

③ 蔡元培.杜亚泉传.绍兴县志资料[M].第1辑第2编第16册,1937.

④ 杜亚泉.本馆广告[J].亚泉杂志.1901(10):卷末.

⑤ 杜亚泉.亚泉杂志序[J].亚泉杂志,1900(1):1.

⑥ 谢振声.《杜亚泉和〈亚泉杂志〉》[J].《科学》,1988(2).

⑦ 范明礼.亚泉杂志[A].辛亥革命时期期刊介绍:第1集[C].北京:人民出版社,1982:77~85.

⑧ 杜亚泉.《矿物理学》题记[J].亚泉杂志,1900(1):2.

⑨ 杜亚泉主编.亚泉杂志[J].1901(7,8,10).

原载《出版史料》2003年第2期

存目

著作

田建业、姚铭尧、任元彪选编 《杜亚泉文选》

华东师大出版社1993年

高力克 《调适的智慧——杜亚泉思想研究》

浙江人民出版社1998年

许纪霖、田建业编 《一溪集——杜亚泉的生平和思想》

生活·读书·新知三联书店出版社1999年

许纪霖、田建业编 《杜亚泉文存》

上海教育出版社2003年

论文

谢振声 《我国最早的化学期刊——亚泉杂志》

《新闻研究资料》1987年第39辑

任见虎 《杜亚泉现象》

《科学研究》1991年第2期

田建业等 《一位不应忘却的文化前辈——兼评所谓杜亚泉现象》

《华东师大学报》1992年第4期

郑师渠 《论杜亚泉与五四运动》

《北京师范大学学报》1994 年第 2 期

钟　华　《杜亚泉文化思想初探——兼论五四新文化运动的论争》
《史学月刊》1994 年第 5 期

高力克　《重评杜亚泉与陈独秀的东西文化论战》
《近代史研究》1994 年第 4 期

吴　方　《万山不许一溪奔——杜亚泉及其前进与保守》
《读书》1994 年第 4 期

朱文华　《也来重新审视陈独秀与杜亚泉的论争》
《近代史研究》1995 年第 5 期

陈应年　《著名的科学工作者——杜亚泉》
《新闻出版报》1997 年 5 月 5 日

何信恩　《杜亚泉与蔡元培》
《浙江方志》1999 年第 1 期

周　武　《为国家谋文化上之建设——杜亚泉与商务印书馆》
《档案与史学》1998 年第 4 期

斯　人　《回首再看杜亚泉》
《中国图书商报》2003 年 11 月 7 日

欧阳正宇　《杜亚泉的教育救国思想及成就》
《西北师大学报》2003 年第 1 期

陈独秀

陈独秀(1880～1942),安徽怀宁人,字仲甫。早年留学日本。1903年回国后,在上海与章士钊等创办《国民日日报》并任主笔。1904年创办以"开通民智救国图存",探索国家求强致富之路为宗旨的《安徽俗话报》,因通俗畅达,图文并茂,深受读者欢迎。后由上海流亡日本,帮助章士钊办《甲寅》杂志。1915年在上海创办《青年杂志》(后改为《新青年》)并任主编。《新青年》从创办之始就提出了民主、科学两个口号,高举思想革命和文学革命两面旗帜,并在创刊号上发表了发刊词性质的《敬告青年》。1917年,被北京大学校长蔡元培聘为北京大学文科学长,《新青年》也从上海迁往北京。1918年底,与李大钊创办《每周评论》。1920年同李达创办党的发起机关刊物《共产党》月刊。1922年9月,参与中共中央机关刊物《响导》的创办。陈独秀一生创办和参与创办的报刊十多种,尤其是他创办的《新青年》成就最为杰出。

陈独秀是中国共产党的主要创始人和领导人之一。五四新文化运动期间,鼓吹新文化,宣传马克思主义,由急进的民主主义者转变为马克思主义者。1920 年 8 月,发起组织上海共产主义小组,1921 年 7 月中国共产党成立至 1927 年"八七"会议,连任党中央总书记。第一次国内革命战争后期,犯了右倾投降路线错误,使革命遭到严重挫折。1929 年被开除出党,1942 年,死于四川江津。

陈独秀是一位在历史上放射过异彩的伟大人物。毛泽东曾称他是"五四运动的总司令",并在《"七大"工作方针》中说,五四运动替中国共产党准备了干部。"那个时候有《新青年》杂志,是陈独秀主编的。被这个杂志和五四运动惊醒起来的人,后头有一部分进了共产党。这些人受陈独秀和他周围的一群人的影响很大,可以说是由他们集合起来,才成立了党。"

陈独秀创办报刊众多,且时间较长,经验丰富,具有系统的独创的编辑思想,是一位杰出的报刊编辑家。"陈独秀在中国革命史上的地位,实际上是与他作为一名编辑分不开的,他不是一个很好的革命实践家,却是一个很出色的革命宣传家,革命编辑家,也可以说他是一个职业的和半职业的编辑家(20 年代初期,他还兼任过商务印书馆的馆外名誉编辑),他编辑的《安徽俗话报》,对于安徽具有开风气之功,他编辑的《新青年》更成为中国新文化的一面旗帜。"(王建辉《编辑家陈独秀及其编辑艺术》)《出版广角》1999 年第 2 期。

开办《安徽俗话报》的缘故

陈独秀

唉!人生在世,糊里糊涂地过去,一项学问也不懂得,一样事

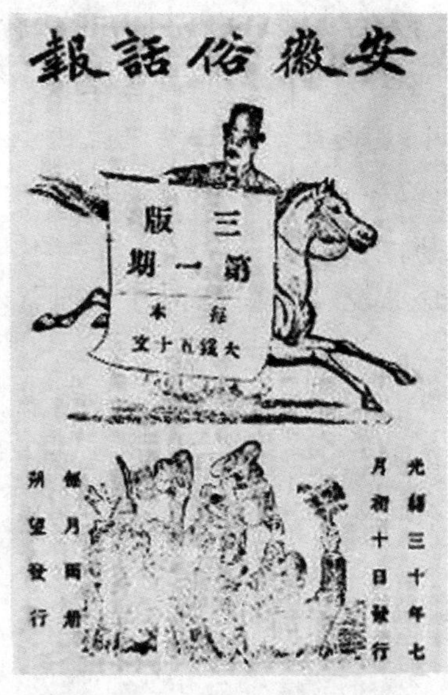

光绪三十年出版的《安徽俗话报》

体也不知道,岂不可耻吗?就是有钱的,天天躺在家里,陪着娇妻美妾,吃的珍香百味,好不快活。但是不通时事,若遇有兵荒扰乱的时候,哪里可以避乱,哪里可以谋生,哪里是荒年多盗,哪里是太平无事,这都要打听的(得)一些真实的消息,才好保得身家性命哩。若说起穷人来,越发要懂得点学问,通达些时事,出外去见人谋事,包管人家也看得起些。却是因为想学点学问,通些时事,个个人都是要上学攻书?这岂不是一桩难事么?但是有一样巧妙的法子,就是买几种报来家看看,也可以学点学问,通些时事,这就算事半而功倍了。但是现在各种日报、旬报,虽然出得不少,却都是深文奥意,满纸的之、乎、也、者、矣、焉、哉字眼,没有多读书的人,哪里能够看得懂呢?这样说起来,只有用最浅近最好懂的俗话,写在纸上,做成一种俗话报,才算是顶好的法子。所以各省做好事的人,可怜他们同乡不能够多多识字读书的,难以学点学问、通些时事,就做出俗话报,给他们的同乡、亲戚、朋友看看。现在已经出了好几种,上海有《中国白话报》,杭州有《杭州白话报》,绍兴有《绍兴白话报》,宁波有《宁波白话报》,潮州有《潮州白话报》,苏州有《苏州白话报》,我都看见过。我就想起我们安徽省,地面着实很大,念书的人也不见多,还是没有这种俗话报。皖南、皖北老山里头,离上海又远,各种报都看不着,别说是做生意的,做手艺的,就是顶刮刮读书的秀才,也是一年三百六十天,坐在家里,没有报看,好像睡在鼓里一般,他乡外府出了倒下天来的事体，也是不能够知道的。譬如庚子年，各国的兵，都已经占了北京城，我们安徽省徽州、颖（颍）州的人，还在传说义和团大得胜战。那时候若是有了这种俗话报看，也可以得点实在信息，何至于说这样梦话呢？我因为这个缘故，就约了几位顶相好的朋友，大家拿出钱来，在我们安徽省，来开办这种俗话报。我这种俗话报的主义，是很浅近的，很和平的，大家别要疑心我有什么奇怪吓人的议论。我开办这报，是有两个主义，索性老老实实地说出来，好叫大家放心。第一是要把各处的事体，说给我们安徽人听听。免得大家躲在鼓里，外边事体一件都不知道。况且现在东三省的事，一天紧似一天，若有什么好歹的消息，就可以登在这报上，告诉大家，大家也好有个防备。我们做报的人，就算是大家打听信息的人，这话不好吗？第二是要把各项浅近的学问，用通行的俗话演出来，好教我们安徽人无钱多读书的，看了这俗话报，也可以长点见识。我这两种主义，想大家都是喜欢的，大家只管放心来买看看。不是我自己夸口的话，这报的好处，一是门类分得多，各项人看着都有益处。二是做报的都是安徽人，所说的话，大家可以懂得。三是价钱便宜，穷人也可以买得起。还有多少好处，一时也说不尽。读书的人看了，可以长多少见识，而且本省、外省、本国、外国的事体，没有一样不知道，这真算得秀才不出门能知天下事了。教书的人看了，也可以学些教书的巧妙法子。种田的看了，也可以知道各处年成好歹。做手艺的看了，也可以学些新鲜手艺。做生意的看了，也可以晓得各处的行情。做官的看了，也可以明白各处的利弊。当兵的看了，也可以知道各处的虚实。女人、孩子们看了，也可以多认些字，学点文法，还看些有趣的小说，学些好听的歌儿。就是有钱的人，一件事都不想做，躺在鸦片烟灯上，拿一本这俗话报，看看里边的小说、戏曲和各样笑话儿，也着实可以消遣。做小生意的人，为了衣食儿女，白日里东奔西走，忙了一天，晚上闲空的时候，买一本这俗话报看看，倒也开心，比到那庙里听书，烟馆里吃烟，要好得多了。

我说的这些好处，大家如若不相信，再请看看后头的章程，便可知道详细了。

《安徽俗话报》的章程

一，这报的主义，是要用顶浅俗的话说，告诉我们安徽人，教大家好通达学问，明白时事，并不是说些无味的俗话，大家别要当作怪物，也别要当作儿戏，才不负做报的苦心。

一，报里面的文章共分十三门：

第一门论说。是就着眼面前的事体和道理讲给大家听听。

第二门要紧的新闻。无论是本国的、外国的，凡是有了要紧的信息都要照实登出。

第三门本省的新闻。凡是安徽地方的治乱、工艺的盛衰、年成的好歹、学堂的光景以及各种奇怪的案情，都打听得清清楚楚，告诉大家。

第四门历史。是把从古到今的国政民情、圣贤豪杰，细细说来给大家做个榜样，比那《三国演义》、《说唐》、《说宋》还要有趣。

第五门地理。凡是本省的、外省的、本国的、外国的山川城镇、风俗物产，都要样样写出，但不是什么看坟山、谋风水的地理，大家别要认错了。

第六门教育。这门又分为二类：一是读书的法子，好教穷寒人家妇女孩子们，不要花钱从先生，也能够读书识字，通点文法；一是教书的法子，好教做先生的用些巧妙的法子，不至误人子弟。

第七门实业。无论农、工、商、贾，凡有新鲜巧妙的法子，学会了就可发财的，都要明明白白告诉大家。

第八门小说。无非说些人情世故、佳人才子、英雄好汉。大家请看，包管比《水浒》、《红楼》、《西厢》、《封神》、《七侠五义》、《再生缘》、《天雨花》还要有趣些哩。

第九门诗词。找些有趣的诗歌词曲，大家看得高兴起来，拿着琵琶弦子唱唱，到(倒)比《十杯酒》、《麻城歌》、《鲜花调》、《梳妆台》好听多了。

第十门闲谈。无论古时的、现在的、本国的、外国的,凡是奇怪的事、好笑的事,随便写出几条,大家闲来无事看看,到(倒)也开心哩。

第十一门行情。我们徽班的生意,在长江一带要算顶大了。现在我要将本省、外省、本国、外国各种的行情打听清楚,告诉大家。全望主徽班的格外大发其财,我才欢喜哩。

第十二门要件。凡是各种的紧要章程、条约、奏折、告示、书信、游记,都要用俗话写出。

第十三门来文。若是列位看报的做了俗话的文章送来,本报也可以选些好的登出。

一,这报每月出两本,到了初一、十五就可出报,风雨无阻。

一,每本二十页,若是列位看报的说我俗话做得好,日后再加几页或每月多出一本也可以的。

一,每本定价,零卖每本大钱五十文,全年二十四本,大钱一千文,半年五百文。本省邮费在内,外省全年另加邮费洋二角。

一,如有人愿作代派处的,至十份以外,概提二成酬劳,但要先付报费,然后寄报。

一,本报的本钱,全靠各处同乡捐助,如有关心乡谊的官绅捐钱帮助本报,凡捐数过洋五元的,敬送本报一年,并将捐助诸公姓氏写在报后,作为收据。

一,各项绅商的告白,都可以代登,收价格外便宜,临时面议。

一,时势逼迫,急于出报,所以章程门类都订得不很完全,以后还望各位同乡常常指教。

原载1904年3月《安徽俗话报》第1期

敬告青年*

陈独秀

窃以少年老成，中国称人之语也；年长而勿衰（Keep young while growing old），英、美人相勖之辞也，此亦东西民族涉想不同、现象趋异之一端欤？青年如初春，如朝日，如百卉之萌动，如利刃之新发于硎，人生最可宝贵之时期也。青年之于社会，犹新鲜活泼细胞之在人身。新陈代谢、陈腐朽败者无时不在天然淘汰之途，与新鲜活泼者以空间之位置及时间之生命。人身遵新陈代谢之道则健康，陈腐朽败之细胞充塞人身则人身死；社会遵新陈代谢之道则隆盛，陈腐朽败之分子充塞社会则社会亡。

准斯以谈，吾国之社会，其隆盛耶？抑将亡耶？非予之所忍言者。彼陈腐朽败之分子，一听其天然之淘汰，雅不愿以如流之岁月，与之说短道长，希冀其脱胎换骨也。予所欲涕泣陈词者，惟属望于新鲜活泼之青年，有以自觉而奋斗耳！

自觉者何？自觉其新鲜活泼之价值与责任，而自视不可卑也。奋斗者何？奋其智能，力排陈腐朽败者以去，视之若仇敌，若洪水猛兽，而不可与为邻，而不为其菌毒所传染也。

呜呼！吾国之青年，其果能语于此乎！吾见夫青年其年龄，而老年其身体者十之五焉；青年其年龄或身体，而老年其脑神经者十之九焉。华其发，泽其容，直其腰，广其膈，非不俨然青年也；及叩其头脑中所涉想，所怀抱，无一不与彼陈腐朽败者为一丘之貉。其始也未尝不新鲜活泼，寖假而为陈腐朽败分子所同化者，有之；寖

---

* 本文发表在《青年杂志》的创刊号上，具有发刊词性质。《青年杂志》于 1915 年 9 月在上海创刊，1916 年 9 月起改名为《新青年》。

假而畏陈腐朽败分子势力之庞大,瞻顾依回,不敢明目张胆作顽狠之抗斗者,有之。充塞社会之空气,无往而非陈腐朽败焉,求些少之新鲜活泼者,以慰吾人窒息之绝望,亦杳不可得。

循斯现象,于人身则必死,于社会则必亡。欲救此病,非太息咨嗟之所能济,是在一二敏于自觉、勇于奋斗之青年,发挥人间固有之智能,抉择人间种种之思想——孰为新鲜活泼而适于今世之争存,孰为陈腐朽败而不容留置于脑里——利刃断铁,快刀理麻,决不作牵就依违之想,自度度人,社会庶几其有清宁之日也。青年乎!其有以此自任者乎?若夫明其是非,以供抉择,谨陈六义,幸平心察之。

一　自主的而非奴隶的

我等人也,各有自主之权,绝无奴隶他人之权利,亦绝无以奴自处之义务。奴隶云者,古之昏弱对于强暴之横夺,而失其自由权利者之称也。自人权平等之说兴,奴隶之名,非血气所忍受。世称近世欧洲历史为"解放历史"——破坏君权,求政治之解放也;否认教权,求宗教之解放也;均产说兴,求经济之解放也;女子参政运动,求女权之解放也。

解放云者,脱离夫奴隶之羁绊,以完其自主自由之人格之谓也。我有手足,自谋温饱;我有口舌,自陈好恶;我有心思,自崇所信;绝不认他人之越俎,亦不应主我而奴他人;盖自认为独立自主之人格以上,一切操行,一切权利,一切信仰,唯有听命各自固有之智能,断无盲从隶属他人之理。非然者,忠孝节义,奴隶之道德也(德国大哲尼采[Nietzsche]别道德为二类:有独立心而勇敢者曰贵族道德[Morality of Noble],谦逊而服从者曰奴隶道德[Morality of Slave]);轻刑薄赋,奴隶之幸福也;称颂功德,奴隶之文章也;拜爵赐第,奴隶之光荣也;丰碑高墓,奴隶之纪念物也;以其是非荣辱,听命他人,不以自身为本位,则个人独立平等之人格,消灭无存,其一切善恶行为,势不能诉之自身意志而课以功过;谓之奴隶,谁曰不宜?立德立功,首当辨此。

二　进步的而非保守的

人生如逆水行舟,不进则退,中国之恒言也。自宇宙之根本大法言之,森罗万象,无日不在演进之途,万无保守现状之理;特以俗见拘牵,谓有二境,此法兰西当代大哲柏格森(H. Bergson)之"创造进化论"(L'Evolution Creatrice)所以风靡一世也。以人事之进化言之,笃古不变之族,日就衰亡;日新求进之民,方兴未已;存亡之数,可以逆睹。矧在吾国,大梦未觉,故步自封,精之政教文章,粗之布帛水火,无一不相形丑拙,而可与当世争衡?

举凡残民害理之妖言,率能征之故训,而不可谓诬,谬种流传,岂自今始!固有之伦理、法律、学术、礼俗,无一非封建制度之遗,持较皙种之所为,以并世之人,而思想差迟,几及千载;尊重廿四朝之历史性,而不作改进之图,则驱吾民于二十世纪之世界以外,纳之奴隶牛马黑暗沟中而已,复何说哉!于此而言保守,诚不知为何项制度文物,可以适用生存于今世。吾宁忍过去国粹之消亡,而不忍现在及将来之民族,不适世界之生存而归削灭也。

呜呼!巴比伦人往矣,其文明尚有何等之效用耶?"皮之不存,毛将焉附?"世界进化,骎骎未有已焉。其不能善变而与之俱进者,将见其不适环境之争存,而退归天然淘汰已耳,保守云乎哉!

三　进取的而非退隐的

当此恶流奔进之时,得一二自好之士,洁身引退,岂非希世懿德。然欲以化民成俗,请于百尺竿头,再进一步。夫生存竞争,势所不免,一息尚存,即无守退安隐之余地。排万难而前行,乃人生之天职。以善意解之,退隐为高人出世之行;以恶意解之,退隐为弱者不适竞争之现象。欧俗以横厉无前为上德,亚洲以闲逸恬淡为美风,东西民族强弱之原因,斯其一矣。此退隐主义之根本缺点也。

若夫吾国之俗,习为委靡:苟取利禄者,不在论列之数;自好之士,希声隐沦,食粟衣帛,无益于世,世以雅人名士目之,实与游惰无择也。人心秽浊,不以此辈而有所补救,而国民抗往之风,植产之习,于焉以斩。人之生也,应战胜恶社会,而不可为恶社会所征服;应超出恶社会,进冒险苦斗之兵,而不可逃遁恶社会,作退避安闲之想。呜呼!欧罗巴铁骑,入汝室矣,将高卧白云何处也?吾愿青年之为孔、墨,而不愿其为巢、由;吾愿青年之为托尔斯泰与达噶尔(R. Tagore,印度隐遁诗人),不若其为哥伦布与安重根!

四　世界的而非锁国的

并吾国而存立于大地者,大小凡四十余国,强半与吾有通商往来之谊。加之海陆交通,朝夕千里,古之所谓绝国,今视之若在户庭。举凡一国之经济政治状态有所变更,其影响率被于世界,不啻牵一发而动全身也。立国于今之世,其兴废存亡,视其国之内政者半,影响于国外者恒亦半焉。以吾国近事证之:日本勃兴,以促吾革命维新之局;欧洲战起,日本乃有对我之要求;此非其彰彰者耶?投一国于世界潮流之中,笃旧者固速其危亡,善变者反因以竞进。

吾国自通海以来,自悲观者言之,失地偿金,国力索矣;自乐观者言之,倘无甲午庚子两次之福音,至今犹在八股垂发时代。居今日而言锁国闭关之策,匪独力所不能,亦且势所不利。万邦并立,动辄相关,无论其国若何富强,亦不能漠视外情,自为风气。各国之制度文物，形式虽不必尽同，但不思驱其国于危亡者，其遵循共同原则之精神，渐趋一致，潮流所及，莫之能违。于此而执特别历史国情之说，以冀抗此潮流，是犹有锁国之精神，而无世界之智识。国民而无世界知识，其国将何以图存于世界之中？语云："闭户造车，出门未必合辙。"今之造车者，不但闭户，且欲以"周礼""考工"之制，行之欧美康庄，其患将不止不合辙已也！

五　实利的而非虚文的

自约翰弥尔（J. S. Mill）"实利主义"唱道于英，孔特（Comte）之"实验哲学"唱道于法，欧洲社会之制度，人心之思想，为之一变。最近德意志科学大兴，物质文明，造乎其极，制度人心，为之再变。举凡政治之所营，教育之所期，文学技术之所风尚，万马奔驰，无不齐集于厚生利用之一途。一切虚文空想之无裨于现实生活者，吐弃殆尽。当代大哲，若德意志之倭根（R. Eucken），若法兰西之柏格森，虽不以现时物质文明为美备，咸揭橥生活（英文曰 Life，德文曰 Leben，法文曰 Lavie）问题，为立言之的。生活神圣，正以此次战争，血染其鲜明之旗帜。欧人空想虚文之梦，势将觉悟无遗。

夫利用厚生，崇实际而薄虚玄，本吾国初民之俗；而今日之社会制度，人心思想，悉自周、汉两代而来——周礼崇尚虚文，汉则罢黜百家而尊儒重道。——名教之所昭垂，人心之所祈向，无一不与社会现实生活背道而驰。倘不改弦而更张之，则国力莫由昭苏，社会永无宁日。祀天神而拯水旱，诵"孝经"以退黄巾，人非童昏，知其妄也。物之不切于实用者，虽金玉圭璋，不如布粟粪土。若事之无利于个人或社会现实生活者，皆虚文也，诳人之事也。诳人之事，虽祖宗之所遗留，圣贤之所垂教，政府之所提倡，社会之所崇尚，皆一文不值也！

六　科学的而非想象的

科学者何？吾人对于事物之概念，综合客观之现象，诉之主观之理性，而不矛盾之谓也。想象者何？既超脱客观之现象，复抛弃主观之理性，凭空构造，有假定而无实证，不可以人间已有之智灵，明其理由，道其法则者也。在昔蒙昧之世，当今浅化之民，有想象而无科学。宗教美文，皆想象时代之产物。近代欧洲之所以优越他族者，科学之兴，其功不在人权说下，若舟车之有两轮焉。今且日新月异，举凡一事之兴，一物之细，罔不诉之科学法则，以定其得失从违；其效将使人间之思想云为，一遵理性，而迷信斩焉，而无知妄作之风息焉。

国人而欲脱蒙昧时代，羞为浅化之民也，则急起直追，当以科学与人权并重。士不知科学，故袭阴阳家符瑞五行之说，惑世诬民，地气风水之谈，乞灵枯骨。农不知科学，故无择种去虫之术。工不知科学，故货弃于地，战斗生事之所需，一一仰给于异国。商不知科学，故惟识罔取近利，未来之胜算，无容心焉。医不知科学，既不解人身之构造，复不事药性之分析，菌毒传染，更无闻焉；惟知附会五行生克寒热阴阳之说，袭古方以投药饵，其术殆与矢人同科；其想象之最神奇者，莫如"气"之一说，其说且通于力士羽流之术；试遍索宇宙间，诚不知此"气"之果为何物也！

凡此无常识之思维，无理由之信仰，欲根治之，厥为科学。夫以科学说明真理，事事求诸证实，较之想象武断之所为，其步度诚缓，然其步步皆踏实地，不若幻想突飞者之终无寸进也。宇宙间之事理无穷，科学领土内之膏腴待辟者，正自广阔。青年勉乎哉！

（原载《青年杂志》第1卷第1号，1915年9月15日）

附：

青年杂志社告

一、国势陵夷，道衰学弊。后来责任，端在青年。本志之作，盖欲与青年诸君商榷将来所以修身治国之道。

二、今后时会，一举一措，皆有世界关系。我国青年，虽处蛰伏研求之时，然不可不放眼以观世界。本志于各国事情、学术思潮尽心灌输，可备攻错。

三、本志以平易之文，说高尚之理。凡学术事情足以发扬青年志趣者，竭力阐述，冀青年诸君于研习科学之余，得精神上之援助。

四、本志执笔诸君，皆一时名彦，然不自拘限。社外撰述，尤极欢迎。海内鸿硕，倘有佳作见惠，无任期祷。

五、本志特辟通信一门，以为质析疑难、发抒意见之用。凡青年诸君对于物情学理有所怀疑，或有所阐发，皆可直缄惠示。本志当尽其所知，用以奉答，庶可启发心思，增益神志。

原载《青年杂志》1卷1号，1915年9月15日

本志宣言*

陈独秀

本志具体的主张，从来未曾完全发表。社员各人持论，也往往不能尽同。读者诸君或不免怀疑，社会上颇因此发生误会。现当第七卷开始，敢将全体社员的公共意见，明白宣布。就是后来加入

---

* 本志，即《新青年》杂志。

的社员,也公同担负此次宣言的责任。但《读者言论》一栏,乃为容纳社外异议而设,不在此例。

我们相信世界上的军国主义和金力主义,已经造了无穷罪恶,现在是应该抛弃的了。

我们相信世界各国政治上、道德上、经济上因袭的旧观念中,有许多阻碍进化而且不合情理的部分。我们想求社会进化,不得不打破“天经地义”、“自古如斯”的成见:决计一面抛弃此等旧观念,一面综合前代贤哲、当代贤哲和我们自己所想的,创造政治上、道德上、经济上的新观念,树立新时代的精神,适应新社会的环境。

我们理想的新时代新社会,是诚实的、进步的、积极的、自由的、平等的、创造的、美的、善的、和平的、相爱互助的、劳动而愉快的、全社会幸福的。希望那虚伪的、保守的、消极的、束缚的、阶级的、因袭的、丑的、恶的、战争的、轧轹不安的、懒惰而烦闷的、少数幸福的现象,渐渐减少,至于消灭。

我们新社会的新青年,当然尊重劳动;但应该随各人的才能兴趣,把劳动放在自由愉快艺术美化的地位,不应该把一件神圣的东西当作维持衣食的条件。

我们相信人类道德的进步,应该扩张到本能(即侵略性及占有心)以上的生活;所以对于世界上各种民族,都应该表示友爱互助的情谊。但是侵略主义、占有主义的军阀财阀,不得不以敌意相待。

我们主张的是民众运动社会改造,和过去及现在各派政党,绝对断绝关系。

我们虽不迷信政治万能,但承认政治是一种重要的公共生活。而且相信真的民主政治,必会把政权分配到人民全体,就是有限制,也是拿有无职业做标准,不拿有无财产做标准;这种政治,确是造成新时代一种必经的过程,发展新社会一种有用的工具。至于政党,我们也承认是运用政治应有的方法;但对于一切拥护少数人私利或一阶级利益，眼中没有全社会幸福的政党，永远不忍加入。

我们相信政治、道德、科学、艺术、宗教、教育，都应该以现在及将来社会生活进步的实际需要为中心。

我们因为要创造新时代新社会生活进步所需要的文学道德，便不得不抛弃因袭的文学道德中不适用的部分。

我们相信尊重自然科学实验哲学，破除迷信妄想，是我们现在社会进化的必要条件。

我们相信尊重女子的人格和权利，已经是现在社会生活进步的实际需要；并且希望他们个人自己对于社会责任有彻底的觉悟。

我们因为要实验我们的主张，森严我们的壁垒，宁欢迎有意识有信仰的反对，不欢迎无意识无信仰的随声附和。但反对的方面没有充分理由说服我们以前，我们理当大胆宣传我们的主张，出于决断的态度；不取乡愿的、紊乱是非的、助长惰性的、阻碍进化的、没有自己立脚地的调和论调；不取虚无的、不着边际的、没有信仰的、没有主张的、超实际的、无结果的绝对怀疑主义。

原载《新青年》第7卷第1号，1919年12月1日

每周评论发刊词

陈独秀

自从德国打了败仗，“公理战胜强权”，这句话几乎成了人人的口头禅。

列位要晓得什么是公理，什么是强权呢？简单说起来，凡合乎平等自由的，就是公理；倚仗自家强力，侵害他人平等自由的，就是

强权。

德国倚仗着他的学问好，兵力强，专门侵害各国的平等自由，如今他打得大败，稍微懂得点公理的协约国，居然打胜了。这就叫做“公理战胜强权”。

这“公理战胜强权”的结果，世界各国的人，都应该明白，无论对内对外，强权是靠不住的，公理是万万不能不讲的了。

美国大总统威尔逊屡次的演说，都是光明正大，可算得现在世界上第一个好人。他说的话很多，其中顶要紧的是两主义：第一不许各国拿强权来侵害他们的平等自由。第二不许各国政府拿强权来侵害百姓的平等自由。这两个主义，不正是讲公理不讲强权吗？我所以说他是世界上第一个好人。

我们发行这“每周评论”的宗旨，也就是“主张公理，反对强权”八个大字，只希望以后强权不战胜公理，便是人类万岁！本报万岁！

原载 1918 年 12 月《每周评论》创刊号

陈独秀与《新青年》

宁树藩

《新青年》发动的五四新文化运动，对中国社会发生了深刻影响。为《新青年》做出贡献的有一大批杰出的先进知识分子。就反封建思想深度而论，陈独秀比不上鲁迅，至于马克思主义思想水平，陈独秀更远落在李大钊之后。但纵观全局，陈独秀对《新青年》的影响是全面的，又是其他任何人不可比拟的。

陈独秀是《新青年》（第一卷名《青年杂志》）的创办人。从创刊到终刊的七年间，除了 1920 年 11 月到次年 9 月这段时间外，他

1916 年改名后的《新青年》封面

一直主持编辑部工作。作为刊物的主持者,陈独秀的作用主要是:

一　制定办刊方针

在《新青年》出版之初,陈独秀就为刊物规定了方针:高举科学民主大旗,向中国几千年的封建主义开火。它指导着《新青年》在相当长时间内全力以赴地对封建的思想、文化、道德进行了批判,这在中国报刊历史上是没有先例的。

陈独秀原是积极从事反封建政治斗争的战士。清末他参加了推翻清王朝的革命运动,曾编辑过以猛烈抨击清廷而闻名的《国民日日报》。辛亥革命后,他又参与了反袁世凯的斗争,编过《甲寅》杂志。辛亥革命失败的严酷事实,向陈独秀和许多先进知识分子提出了一个问题:他们的梦寐以求的共和制为什么不能成为现实?为什么人们“于共和国体之下”还是“备受专制政治之痛苦”呢?在陈独秀看来,关键在于当时所谓共和立宪,“乃是少数政党之主张”,多数“国民”由于存在浓厚的封建思想,对此不关痛痒。因此,欲使假共和成为真共和,当务之急,不在重复多年来不断进行的政治运动,而是“非先将国民脑子里所有反对共和的旧思想,一一洗刷干净不可”。这就是陈独秀悄悄地离开政治舞台,以全副热情办《新青年》,并为《新青年》规定了上述方针的原因。

这一方针击中了辛亥革命的弱点,也击中了当时一切进步报刊宣传的弱点,从而显示了它充沛的生命力。在它的推动下,震撼全国的新文化运动兴起了。但这个办刊方针又宣称“批评时政，非其旨也”。片面强调了反封建思想的宣传，对举国关心的重大政治问题，保持沉默。这就使《新青年》在思想斗争服务于政治斗争这一点上，落后于维新派的《时务报》和革命派的《民报》等报刊，也比不上同时期的上海《民国日报》。然而，由于《新青年》的创办，是处于中国从旧民主主义革命走向新民主主义革命的转折关头，它对两千多年封建思想文化的猛烈批判，不仅为马克思主义在中国的传播扫清了道路，也对反军阀统治的现实斗争发生了巨大的作用，因而《新青年》的历史功绩远远超过了《民国日报》等报刊。

随着十月革命对中国影响的加强，一场新的大规模的群众政治运动正在积极酝酿，推动着《新青年》的办刊方针发生重要变化。在这一变化中起主要作用的也是陈独秀。他首先要求打破不议时政的陈规。1918 年 7 月，他在该刊发表文章，公开批判了自己原来的主张，提出对于关系到国家民族存亡的政治问题，不能“装聋推哑”。从此《新青年》评论当前政治的文章逐渐多起来。科学社会主义和马克思主义的宣传在《新青年》上也有所反映。他不但写文章，而且在五四运动中走上街头，并因此被捕入狱。1919 年 9 月，陈独秀出狱，李大钊也回到了北京。《新青年》编辑部举行会议，讨论了调整办报方针、改进刊物内容等一系列重大问题。在同年 12 月 1 日出版的七卷一号上，发表了由陈独秀执笔的《本志宣言》，公开宣布了刊物的新方针。宣言内容有两点值得注意：第一，强调民主政治“确是造成新时代一种必经的过程，发展新社会一种有用的工具”，这就正式改变了原来“不议时政”的宗旨，注意把思想斗争和现实的政治斗争结合起来。第二，宣称“我们相信世界上的军国主义和金力主义，已造成无穷的罪恶，现在是应该抛弃的了”，还提出要尊重劳动，打破经济上的旧思想等新观念，这就把科学与民主的宣传向前推进了一步。应该说这个办刊方针的变化，是《新青年》转向马克思主义的一个重要步骤。

宣言发表后,《新青年》加强了对军阀反动统治和帝国主义侵略政策的抨击,加强了对资本主义剥削制度的批判,对社会主义和俄国苏维埃政权表现出明显的同情。1920 年 5 月还出版了《劳动节纪念号》,把劳动问题、工人阶级解放问题放在越来越重要的地位。但是,宣言中的消极因素(如对人性论的宣传,对实用主义的肯定等等),也对刊物发生了严重影响,宣扬资产阶级改良主义政治观点和资产阶级文化思想的文章,占据了刊物相当大的篇幅,像前期那样激动人心、振聋发聩的宣传反而没有了。从刊物的整个水平看,1920 年初的《新青年》,落后于 1919 年 7 月的《湘江评论》。

1920 年 5 月,《新青年》在出满了七卷以后进行了改组。从同年 9 月八卷一号起成为上海共产主义小组的机关刊物。这时,以宣传马克思主义为刊物中心任务的办报方针,终于确立了。促成这一深刻转变的关键人物仍旧是陈独秀。

诚然,《新青年》编辑部中最早转化为马克思主义者的是李大钊。在五四运动前夕,他已是马克思主义的积极宣传者了。可是,他不是刊物的决策人,他可以将轮值他编辑的那一期的《新青年》编成"马克思主义专号",却不能把宣传马克思主义确定为报纸的方针。待到《新青年》编辑部在 1919 年年底迁返上海以后,他对该刊的影响更有所削弱。而陈独秀转向马克思主义,时间约在 1920 年春夏之交。这年 5 月,上海共产主义小组成立(同时成立了马克思主义研究会),陈独秀成为小组的领导人,就吸收一部分小组成员(如李达、陈望道、李汉俊等)参加《新青年》编辑部。改组后的《新青年》,一方面显著增加了宣传马克思主义的文章和通信,并从八卷一号起增辟《俄罗斯研究》专栏,系统介绍十月革命后苏俄各方面的成就和政策。可是,这时《新青年》大量刊登的仍然是宣扬资产阶级思想观点的文章。应该怎样解释这种现象?我们知道,改组后的《新青年》,只是编辑部控制在上海共产主义小组手中，整个新青年社还是同人性质，亦即统一战线性质，其中，资产阶级学者占居多数，刊物不能不刊登他们的作品。同时，在陈独秀本人表示信奉马克思主义以后，他头脑中的资产阶级思想包袱还是很沉重的。因此出现上述情况是可以理解的。但可贵之处是，一当资产阶级思想向马克思主义猖狂进攻的时候，《新青年》便挺身而出，予以反击，开展了反对无政府主义和伪社会主义的大论战，旗帜鲜明地表明了自己的马克思主义性质。

二　提出开展思想斗争的原则

开展思想斗争是《新青年》的一项根本任务。用什么样的原则来开展这场思想斗争呢？陈独秀强调，对于反动思想的斗争，要坚决、勇猛、彻底，要积极进攻。他认为，封建主义思想和自由、平等、民主的新思想“绝无两存之余地”，“存其一必废其一”，他提出，对于旧思想文化，应该视若仇敌、妖魔、洪水猛兽，应该用重炮猛轰，奋战到底，决不妥协；应该力排万难，主动出击，宁“进冒险苦斗之兵”，而不可逃避退守或半途而折。他大声疾呼：“我们青年要立志出了研究室就入监狱，出了监狱就入研究室。”在《新青年》六卷一号上，发表了由陈独秀执笔的《新青年罪案之答辩书》，坚定地表示：若因为拥护科学和民主，“一切政府的压迫，社会上的攻击笑骂，就是断头流血，都不推辞”。这种对封建思想文化勇猛的、不妥协的挑战精神，曾经引导刊物在反封建的思想文化战线上驰骋冲杀，所向披靡，激励着千万读者群众。

陈独秀在思想斗争中提出的另一个重要原则，就是以反对封建思想文化为前提开展自由讨论。他根据西方资产阶级的民主原则，把“言论思想自由”看成是“文化的第一重要条件”，主张“百家平等，不尚一尊”，容纳不同意见，开展自由讨论，强烈反对文化专制主义，认为“学术思想之专制，其湮塞人智，为祸之烈，远在政界帝王之上”。但是,陈独秀对于那些不顾世界学者已经辩明清楚的常识,闭眼胡说的言论,则“不屑与辩”。他强调:“讨论学术之自由,乃神圣自由也”,如果“滥用此神圣自由,致是非不明,真理隐晦,是曰‘学愿’,‘学愿’者,真理之贼也”。并且,他主张在讨论中坚持充分说理,要求论敌双方“拿出自己的知识本领来正正堂堂的争辩”。他表示宁欢迎立论精到的反对意见,不欢迎不讲道理的随声附和。这些原则在《新青年》的编辑工作中,得到了生动的体现。《新青年》的宣传原则,是时代的产物,是集体智慧的结晶,该刊编辑部内很多成员都为此做出了重要贡献,但,陈独秀是这些原则的主要“设计师”和执行人。

三　组织队伍

《新青年》所以能具有如此重大的影响,一个非常重要的原因,是由于该刊拥有一批非常出色的、特别能够战斗的编辑和写作骨干。它的基本写作队伍的形成,是在该刊编辑部迁到北京以后。其成员差不多都是北京大学的文科教员,而担任文科学长的正是陈独秀。1919 年末,编辑部随陈独秀迁返上海,不久,刊物转为上海共产主义小组机关报,这时,起主要作用的作者大多为共产主义小组的成员,而陈独秀又是这个小组的负责人。这些事实,使我们看到《新青年》写作队伍的结集,和陈独秀有着特殊的联系。

陈独秀在识别人才方面具有较高能力并有相当的敏感性。他和鲁迅的接触大约始于 1917 年春,关系一般,并无特别来往。但当《狂人日记》等小说在《新青年》上刚一发表,鲁迅创作小说的才能刚刚现露出来的时候,就引起陈独秀的注意。在一封信中,他热情称赞说:“豫才兄做的小说,我实在五体投地地佩服。”鲁迅被邀参加了《新青年》编辑部后,陈独秀一再亲自写信约请鲁迅为该刊写小说。关于胡适,陈独秀是在通信中,对胡适关于改革文学体裁的主张发生了浓厚兴趣。于是约他写稿,和他开展热烈的讨论。他对胡适一封来信中的意见非常重视,建议他详加发挥,写成专文,以告当世。这就促成了当时曾起过广泛影响的《文学改良刍议》一文的产生。在《新青年》创办之初,刘半农因同意该刊主张,主动投搞,《灵霞馆笔记》一文(连载)颇受赞赏。陈独秀就任北大文科学长不久,刘半农就被邀任北大预科教授,并参加了《新青年》编辑部。又如吴虞,陈独秀在编《甲寅》杂志时看到他的稿子后,就对他表示钦仰。1916年末,陈独秀收到吴虞的批孔文章,很快就在《新青年》上刊载,并写信给吴要求他把稿子全数寄来。这位被誉为"只手打倒孔家店的老英雄"吴虞,在《新青年》批孔斗争中战绩卓著,陈独秀是有推动之功的。

在一个时期内,陈独秀作为编辑部的负责人,具有比较好的民主作风,对别人比较尊重。例如,刘半农在刚加入《新青年》编辑部时,还只是一个年仅二十六、七岁的青年,论学问,比起其他成员未免"浅薄"。可是陈独秀对他还是相当器重的,《新青年》有一段时间的具体编务,交给刘半农和钱玄同二人负责,没有像胡适那样对刘歧视和排斥。讨论中他经常能够听取别人的意见,放弃自己原来的主张。可是在后期,特别是在他担任了上海共产主义小组负责人以后,情况就不同了。当时他已取得相当高的社会声誉,被推崇为新文化运动的领袖,受到中外人士的尊重。地位变了,当年的民主作风也就渐渐消失了。对编辑部的其他成员(特别是新参加的)的态度,越来越粗暴,经常训人,有时甚至拍桌子,摔茶杯。编辑李汉俊(上海共产主义小组成员)就是因为抗议陈独秀这种粗暴态度,退出了该刊编辑部。

《新青年》成员之间,由于观点分歧,经常出现原则争论,有时发展为不同的办报路线斗争。在这种争论中,陈独秀基本上是站在正确意见一边的。例如1920年末至1921年初,胡适对《新青年》不断加强的马克思主义宣传持激烈反对态度,他趁陈独秀即将赴广州之际，给陈独秀等人写信，要求《新青年》恢复原来"不谈政治"的戒约，要求把编辑部再从上海迁返北京，以便就近控制。陈独秀对胡适这个别有用心的建议表示激烈反对，并在李大钊、鲁迅等人的帮助下，挫败了胡适篡改《新青年》办报方针的反动企图。但陈独秀对胡适利用《新青年》大肆宣传实用主义的活动没有进行抵制。当李大钊在《每周评论》上开展"问题与主义"的论战，批判实用主义的时候，他不但没有配合作战，反在他所主编的《新青年》上连续以很大篇幅刊登《杜威演讲录》。

从以上叙述可以看出，陈独秀在《新青年》编辑部影响是巨大的、多方面的。至于功过如何，要作具体分析。总的来说，积极作用无疑是主要的，虽然也存在一些消极影响。他那光彩夺人的业绩，主要在前期，后期工作固然也有重大贡献，但赶不上时代发展要求，比之前期，就显得逊色了。

陈独秀还以撰稿人的身份为《新青年》创建殊勋。他是《新青年》上写作最多的作者，一共发表了论文五十余篇，杂文近六十篇，《新青年》上的通信更是大部分出自他的手笔。从刊物的第一期直到最后一期始终坚持写稿的，也只有他一人（54 期中只有 3 期没有他的署名作品，但署名"记者"的稿子也可能是他执笔写的）。他的写作热情确实是惊人的。

陈独秀发表在创刊号上的《敬告青年》，对封建伦理道德，表示强烈的反对态度，这实际上是批孔的先声。1916 年下半年，康有为电请北洋政府"以孔子为大教，编入宪法"。接着，北洋政府的宪法草案规定"国民教育以孔子之道为修身大本"。这些倒行逆施，一下触发了陈独秀长久积抑着的仇孔思想，他连续在《新青年》上发表了《驳康有为致总统总理书》、《宪法与孔教》、《孔子之道与现代生活》等文，猛烈抨击了这股反动潮流。正是这些文章，吹响了我国历史上第一次讨伐孔学的战斗号角。随后，李大钊、鲁迅、吴虞等人桴鼓相应，在《新青年》和其他进步刊物上纷纷撰文向孔孟之道开火，一场波澜壮阔的批孔运动由是形成。

陈独秀也是文学革命运动的首创者。他早在《敬告青年》一文中就开始了对我国奴隶文章的攻击。在《青年杂志》第二、三期上，他又发表了一篇介绍欧洲18、19世纪文艺革命情况的文章（题为《现代欧洲文艺史谭》），同时还选载了几篇欧洲文艺著作，这显然是为中国的文学革命提供借鉴。接着，陈独秀又在《新青年》"通信"栏内开展了关于改革中国文学的讨论。在《文学改良刍议》一文发表后，他对胡适的观点并不完全满意，随即写了题为《文学革命论》的著名文章。一场影响深远的文学革命运动就这样逐渐掀起来了。

总之，陈独秀用他那思想犀利，洋溢战斗激情的文章，启发和感染了整整一代青年。在很长时间内，人们对他这个时期所起的巨大作用估价不足。我们认为，实事求是地肯定他这方面的功绩，是很必要的。

当然，陈独秀是一个充满矛盾的人物。在反封建的思想战线上，他不愧为横扫千军的勇猛战士，可是在政治斗争中，他却是一个十足的妥协调和派。他痛恨军阀统治，但不主张发动群众进行斗争将其打倒，而总是不断宣传采用和平手段解决问题。在他公开表示要谈政治的那篇题为《今日中国之政治问题》的文章中，其政治主张也只是"劝"南北军阀"把这有用的武力用着对外，不许用着对内"。到1918年末和次年年初，他主张"不许军阀把持政权"，要除掉军人、官僚、政客"三害"，态度似乎前进了一步，但他宣扬的办法也不过是"合舆论的内力和友帮的外力，铲除这南北军阀的特殊势力"。巴黎和会的失败，给他的思想以巨大冲击，他开始改变过去的论调，鲜明地提出"强力拥护公理！平民征服政府！"的主张。可是，这也还只是一句抽象的口号。他在1919年11月写的《实行民治的基础》一文，依然照搬欧美资产阶级的什么"地方自治""同业联合"之类的方案，还特别声明他这个主张并不激烈，毋庸为此担忧。

陈独秀这种思想斗争和政治斗争中态度截然相反的矛盾现象，究竟是怎么一回事呢？在一个相当长的时期内，陈独秀从“意见支配世界”的唯心史观出发，认为“国家现象往往随学说为转”，要使我国实现真共和，关键在于让民主共和思想深入人心，而推翻反动统治的政治斗争是不必要的。有时在激愤之余，他也曾提出如果军阀顽固不化，“国民也应出点血汗”等激烈主张，但一想到国民落后，“没有自救的力量”，就感到此路不通，和平妥协的思想仍占着优势。再加上他那套抽去阶级内容，形而上学地看问题的方法，这一切就构成他在政治斗争中采取温和政策的根源。

陈独秀本是一个18世纪法兰西文明的真诚崇拜者。他所奉行的自由、平等、博爱这类资产阶级原则，固然可以成为他反封建思想斗争的积极武器，但却也是设在他向马克思主义前进道路上的严重障碍。陈独秀在接受俄国十月革命和马克思主义影响方面是很迟钝的。1916年末，一位读者写信要求《新青年》宣传社会主义，他却以中国“产业未兴，兼并未行”为由加以拒绝；当李大钊为《新青年》编了马克思主义专号并同实验主义展开大论战时，他仍在《新青年》上大谈杜威和罗素的哲学；当李大钊等开始研究俄国社会主义革命的经验时，他还在热衷于从欧美资本主义制度中吸取营养，为制定一个改良主义的社会改革方案寻找依据；他也曾对俄国十月革命表示称颂，但仅仅是看做公理对强权的胜利而已。可以说，1920年以前，《新青年》的马克思主义宣传陈独秀是没有参与的。

陈独秀转而接受马克思主义的时间，大致在1920年春夏之交。五四运动是推动这一转变的重要关键。这次运动使他第一次觉悟到，什么“世界永久和平，人类真正幸福”，“非全世界的人民都站起来直接解决不可”，公理不能自己发挥，要用强力来拥护，政权不能由少数人垄断，要由人民去征服。有了这一觉悟，他的目光才有可能从18世纪法国资产阶级革命,转向20世纪俄国社会主义革命;他才有可能从自由、平等、博爱的资产阶级思想原则中解脱出来。在"五四"后出版的《新青年》第七卷上,我们可看到他思想上逐渐向马克思主义转化的足迹。

要实现向马克思主义的转化,单靠直接从斗争生活中吸取认识是不够的,还必须有马克思主义的理论灌输。自1920年起到党成立前,陈独秀阅读了不少马克思主义的著作。查阅他发表的文章,我们发现一个情况:在1920年5月以前,他的文章没有马克思主义经典著作的引语,而在此以后,这种引语不断出现,所涉及的著作计有《共产党宣言》、《社会主义从空想到科学的发展》、《哥达纲领批判》、《法兰西内战》、《政治经济学批判序言》等。这一情况说明,这期间他的确在学习马克思主义理论方面作出了一定的努力。1920年春,第三国际的代表来上海,向陈独秀详细介绍了苏俄和布尔什维克的情况,对他的思想转变也起了积极影响。陈独秀之转向马克思主义大致就在这前后,这当然不是偶然的。

陈独秀在《新青年》上宣传马克思主义,是从八卷一号(1920年9月出版)开始的。从这期起,他在对待马克思主义的态度上有一个很大的飞跃。在七卷五号(1920年4月1日出版)上,他还是把马克思主义作为一家之言,和一些资产阶级学说相提并论,而在八卷一号上,他已经把马克思主义作为思想的指导方针了。在很多原则问题上,也出现了重大转变。例如,他原来把抽象的自由、民主看做是神圣不可侵犯的原则,这时认识到,自由、民主是有阶级内容的,资产阶级利用"自由"剥削和奴役劳动人民,把"民主"作为维护自己特权的护身符;原来无条件的反对"强权"、"暴力",要求人民用和平手段掌握政权,这时则充分认识到革命暴力的重要意义,主张无产阶级使用阶级斗争的强力,推翻反动统治,建立无产阶级专政以镇压资产阶级的反抗;原来把欧美资本主义国家的民主制作为全力以赴的奋斗目标,这时则认识到这种民主制的骗人本质，转而以布尔什维克的俄国作为学习榜样了，等等。应该看到，陈独秀宣传马克思主义是有贡献的。他第一个站起来批判无政府主义，积极参加了反对伪社会主义的斗争，写的文章也最多。他在介绍马克思主义基本知识方面也做了不少工作。这些文章，成为《新青年》宣传马克思主义的重要内容。

对陈独秀是否宣传过马克思主义问题，理论界尚有不同意见。我们认为，他对马克思主义的剩余价值、基础与上层建筑、生产力与生产关系、阶级斗争和无产阶级专政等重要学说的基本观点是接受的，达到了当时条件下我国马克思主义知识分子的一般水平。他大致能够区分马克思主义和当时流行的形形色色假社会主义思潮之间的界限。重要的是，他思想上的弱点，还没有妨碍他对当时中国革命所提出的主要问题（如马克思主义传播、建党、革命方向）作出基本正确的回答。从主流看，他不失为一个马克思主义者。当然，资产阶级的民主观、人性论、群众落后论等剥削阶级思想意识，对陈独秀的影响是严重的，在《新青年》八九两卷他的文章中有很多流露。这又说明他并不是一个好的马克思主义者。

陈独秀是《新青年》的主将。他最出色的战斗是在五四前对封建文化思想的勇猛冲杀。至于《新青年》后期，他的可贵之处在于能够追上时代，实现向马克思主义的转化。当然，这时走在时代最前面的并不是他，他思想上的弱点对刊物的消极影响，也远远超过了前期。但总的说来，他对《新青年》的功绩是巨大的，应在各人之上。

原载《复旦学报》社会科学版 1979 年第 3 期

论陈独秀早期的编辑出版活动

黄勤堂　齐保国

陈独秀在五四运动前后,以反对封建专制主义,宣传社会主义而著称。他不仅是五四运动的主要领导者,而且是五四思想解放运动的主要倡导者,他的思想影响了五四时期的整个青年一代。陈独秀在五四前后的影响,同他创办、编辑刊物,利用刊物介绍宣传新文化新思想是分不开的。早在1904年(清光绪三十年),他创办、编辑了《安徽俗话报》;1915年创办《新青年》,1918年与李大钊创办《每周评论》等。这些编辑、出版活动,不仅在新文化运动和新文学革命史上留下了光辉的一页,而且他在编辑、出版活动中所表现出来的革命精神、创新精神和丰富经验,对我们今天的编辑出版工作仍是宝贵的财富。

开通民智　救国图存

——《安徽俗话报》的创办

1903年4月,陈独秀因在日本参加拒俄义勇队和进行反清活动而被清廷驻日使馆遣送回国。在上海与章士钊、张继等办《国民日日报》并任主笔,宣传民主思想,反对君主专制。1904年初,《国民日日报》因倡言民主革命为清廷所禁,陈独秀从上海回到安庆。他每天与桐城学堂(当时校址在安庆)的教员评议时政,并准备办一种报纸。经过一番酝酿筹措,有了眉目。陈独秀又写信给在芜湖开办科学图书社的汪孟邹,说"要到芜湖来办一个白话报,借'科学'耽搁",汪孟邹答应了。于是,编辑部就设在芜湖科学图书社的楼上。1904年农历2月15日,《安徽俗话报》在芜湖正式出版了。

1922 年,陈独秀在回忆这段情景时说:“我那时也是二十几岁的少年,为革新感情所驱使,寄居在科学图书社的楼上,做《安徽俗话报》,日夜梦想革新大业,何物臭虫,虽布满吾衣被,亦不自觉。”

《安徽俗话报》的宗旨是:开通民智,救国图存。它以广大工农商学兵下层群众为主要宣传对象,文字极为通俗。它兼有新闻报纸和杂志两种特点。陈独秀在《开办〈安徽俗话报〉的缘故》(即发刊词)中写道:“人生在世,糊里糊涂地过去,一项学问也不懂得,一样事体也不知道,岂不可耻吗?”但是,对那些“深文奥意,满纸的之、乎、也、者、矣、焉、哉字眼,没有多读书的人,哪里能够看得懂呢? 这样说起来,只有用最浅近最好懂的俗话,写在纸上,做成一种俗话报,才算是顶好的法子”。“我因为这个缘故,就约了几位顶相好的朋友,大家拿出钱来,在我们安徽省,来开办这种俗话报。”“我开办这报,是有两个主义”:“第一是要把各处的事体,说给我们安徽人听听,免得大家躲在鼓里,外面的事体一件都不知道。况且现在东三省的事,一天紧似一天,若有什么好歹的消息,就可以登在报上,告诉大家,大家也好有个防备。”“第二是要把各项浅近的学问,用通行的俗话演出来,好教我们安徽无钱多读书的,看了这俗话报,也可以长点见识。”从这样的宗旨、对象和特点出发,该报内容新颖丰富有趣、门类多样,语言通俗生动,而且图文并茂。内容共分十三门类:一、论说,二、要紧的新闻,三、本省的新闻,四、历史,五、地理,六、教育,七、实业,八、小说,九、诗词,十、闲谈,十一、行情,十二、要件,十三、来文。后来从第三期起增设“戏曲”栏,从第八期起又增设“兵事”、“格致”和“卫生”等栏。该报实为 32 开半月刊,每期 40 页,朔望出版。

《安徽俗话报》具有强烈的反帝反封建色彩。从各个不同的角度,揭露帝国主义(尤其是沙俄)对中国的侵略,指斥清朝政府的腐败和卖国,批判封建主义的伦理道德。同时,大力呼号爱国救亡,提倡民主科学,主张发展实业,改革教育,废除恶习,激励广大人民的革命觉悟。

陈独秀不仅是该报的创办者、主编，而且是主要的撰稿人和分卷、付邮等实际工作的参加者。他用“三爱”“由己”的笔名撰写了大量思想性、知识性和趣味性很强的文章，为《安徽俗话报》做出了特殊的贡献。在《说国家》一文中，他呼吁国人爱国，介绍近代国家的概念，强调国家主权的重要。在《亡国篇》中指出：“换朝”不是“亡国”。“亡国固然和换朝不同，有时亡国还不必换朝，只要这国的土地、主权被外国占夺去了，也不必要外国人来做皇帝，并且朝廷官吏依然不换，而国却真是亡了。”他告诉人民，外国侵略者统治中国才是真是亡国。在《瓜分中国》文章中明确指出中国是一个面临列强瓜分、主权丧失殆尽的国度。帝国主义把中国“当作切瓜一般，你一块，我一块，大家分分，这名目就叫做‘瓜分中国’”。号召“大家赶紧振作起来，有钱的出钱，无钱的出力”，只要“大家肯齐心竭力办起事来，马上就能国富兵强”。

在《安徽俗话报》上，陈独秀发表了有“说论”（即社论）、“实业”、“历史”、“地理”、“兵事”、“教育”、“诗词”、“小说”等各种门类的文章近 20 篇，约 8 万字。在 1 ~ 19 期中，他的文章几乎占了三分之一。陈独秀的文章旗帜鲜明，涵义深刻，犀利流畅，通俗感人，就是今天读起来也使人受到启发。这些文章表明了他已具有救国忧民的民主主义思想了。

新文化运动兴起的标志
——《新青年》的创办

辛亥革命后，陈独秀任安徽师范学堂校长（一说教务长），1912 年 5 月，陈独秀任安徽都督府秘书长（有人说他当时是安徽教育司长、相当于教育厅长）。1913 年 6 月，篡夺辛亥革命果实的袁世凯罢免了江西、广东、安徽等省都督，引起了讨袁的“二次革命”，陈独秀参加了反袁斗争。反袁斗争失败后，于 1914 年由上海流亡日本江户，帮助章士钊创办《甲寅》杂志。1915 年，袁世凯接受日本提出的旨在灭亡中国的“二十一条”；对内则大搞复辟、尊孔逆流。在这个背景下，从日本回国不久的陈独秀，于 1915 年 9 月 15 日在上海创办并编辑《青年》杂志月刊（1916 年 9 月出版到第 2 卷第 1 号时改名为《新青年》），举起了思想革命的旗帜。《新青年》的创办，标志着新文化运动——启蒙运动的开始。《新青年》从出版到 1926 年最后停刊，前后共存在了十年以上。

陈独秀创办主编《新青年》可以大体上分为三个阶段。

第一个阶段，大体上由 1915 年到 1918 年。这个时期的陈独秀是以急进的民主派著称的民主主义者。这个阶段的《新青年》的主要任务是反封建主义的思想斗争。

《新青年》一开始就提出了民主和科学两个口号。陈独秀在创刊号上发表了具有发刊词性质的《敬告青年》中，向青年提出六项希望：“自主的而非奴隶的”、“进步的而非保守的”、“进取的而非退隐的”、“世界的而非锁国的”、“实利的而非虚文的”、“科学的而非想象的”。五四时代的“德赛二先生”（民主、科学）实际上都包括在里面了。这是《新青年》第一篇纲领性的文章。

从民主主义观点出发，陈独秀对维护封建专制的理论基础的孔子学说、封建道德，开展了全面的进攻。1916 年，他在驳康有为等一系列文章中反复说明了三点：第一，封建礼教与民主的政治不可两立，尊孔必将导致复辟，孔子思想不能适应“现代生活”。第二，尊孔，定“孔教”为国教，违反思想自由的原则。第三，定“孔教”为国教违反宗教信仰自由的原则。而他的重点集中在第一点上。陈独秀的警世骇俗之论说明他反封建的态度是坚决而彻底的。

1917 年 1 月，北京大学校长蔡元培聘陈独秀为文科学长。这样，《新青年》编辑部也由上海迁到北京。1918 年 1 月，《新青年》由陈独秀个人主编改为同人刊物，成立了新的编辑委员会。李大钊、鲁迅、胡适、钱玄同、刘半农等人都参加到编辑部中来，并成为主要撰稿人。这样，以《新青年》为中心，一个新文化阵营大体形成了，反封建的新文化运动逐渐开始了，刊物开始获得广大知识分子群众的欢迎。

从民主主义的观点出发，从报刊改革的立场出发，陈独秀对封建主义思想的表现形式——旧文学，发动了全面的进攻。1917 年 2 月，他在《新青年》第 2 卷第 6 号上发表了《文学革命论》一文，正式举起了文学革命的大旗。在内容上，陈独秀把反对老八股的文学革命和打倒孔家店的思想革命联系起来，提出了革命文学的三大主义，“即推倒雕琢的阿谀的贵族文学，建设平易的抒情的国民文学；推倒陈腐的铺张的古典文学，建设鲜明的立诚的写实文学；推倒迂晦的艰涩的山林文学，建设明了的通俗的社会文学”。在形式上，改用白话文和采用新式标点符号，这在出版史上也是一项极重要的革新。

这一阶段的启蒙运动，陈独秀于 1919 年 1 月在《新青年》6 卷 1 号发表的《〈新青年〉罪案之答辩书》中，实际上作了一个总结。他表示要为民主和科学而奋斗，断头流血，都不推辞，这个猛然的坚决的反封建主义的宣传，确已开始打破封建思想的樊笼，起到了启蒙运动的作用。

第二个阶段，大约从 1919 年五四运动前后到中国共产党成立之初。这一阶段的《新青年》由一个民主主义的刊物逐渐转变为社会主义的刊物。

1918 年 10 月，李大钊同志的论文《庶民的胜利》和《布尔什维主义的胜利》在《新青年》5 卷 5 号上发表，象征着《新青年》将开始过渡到一个新的历史阶段。《新青年》虽然在前一阶段高高举起了反封建思想斗争的帅旗，取得了辉煌的战绩，但它始终是标榜“不谈政治”而以理论斗争为主的大型月刊，没有也不便于密切配合政治斗争进行宣传鼓动。随着国内外形势的迅速发展，特别是文化斗争和政治斗争相结合的这个特点,使每月一号而又主要刊登长篇论著的《新青年》,从内容到形式都无法完全适应了。为了及时分析形势,指导运动的发展,陈独秀和李大钊决定再创办一个适应政治斗争需要的刊物,1918 年 12 月 22 日《每周评论》应运而生了。它的宗旨在陈独秀写的发刊词中已经表明:即"主张公理,反对强权"。他解释"公理"和"强权"这两个概念的定义说:"简单说起来,凡合乎平等自由的,就是公理;倚仗自家强力,侵害他人平等自由的,就是强权。"《每周评论》的特点是政治性强,采取小型报纸的形式,及时地反映和评论国内外政治。每星期日出四开一张,分四版,有时增刊"特别附录"一张,分 13 个栏目:①国外大事述评;②国内大事述评;③社论;④文艺时评;⑤随感录;⑥新文艺;⑦国内劳动状况;⑧通信;⑨评论之评论;⑩读者言论;⑪新刊批评;⑫选论;⑬名著等,轮流刊出。25 期之前主要编辑是陈独秀。陈独秀和李大钊不断地在《每周评论》上对重大政治问题发表评论。陈独秀用的笔名是"只眼"。经常撰稿的有胡适、周作人(仲密)、高一涵(涵庐)、王光祈(若愚)、张申府(张赤、赤)等,说明了《每周评论》的统一战线性质。它和《新青年》互相补充,并肩战斗,在五四运动的思想准备方面起了重要作用。

《新青年》系统地介绍了十月革命的胜利,系统地宣传了马克思主义;《每周评论》则根据政治斗争的需要,发表评论,大声疾呼,发挥宣传鼓动作用。一个如大炮,一个如手枪,两者互相补充,并肩战斗,对五四运动的思想准备起了重要作用。

对五四运动的爆发,陈独秀十分重视,立即在《新青年》上发表了《两个和会都无用》、《对日外交的根本罪恶》、《为山东问题敬告各方面》和《山东问题与国民觉悟》等文,揭露帝国主义在巴黎和会上的分赃活动。《每周评论》的内容完全集中到报道五四运动这一伟大的政治斗争上来。从 21 期起,一连五期用全部或大部分篇幅来详细报道和评论这一伟大群众运动的进展。1919 年 6

月 11 日,陈独秀在北京天桥新世界商场,散发反对军阀统治的传单——《北京市民宣言》,因而被捕,坐牢 83 天。陈独秀被捕以后,《新青年》的其他人也多被盯梢,李大钊也离开了北京。《每周评论》(25 期以后)由胡适接办,胡适立即改变了刊物的性质和方向,7 月发表了《多研究些问题,少谈些主义》的文章,挑起了"问题与主义"之争。《新青年》在这场斗争中是什么态度,今后刊物的方向是什么,这是个严峻而急需解决的问题。出狱后的陈独秀不是退缩落后了,而是更加勇往直前了。1919 年 12 月陈独秀在《新青年宣言》(7 卷 1 号)中作了回答:"本志具体主张,从来未曾完全发表。社员各人持论,也往往不能尽同。读者诸君或不免怀疑,社会上颇因此发生误会。现当第 7 卷开始,敢将全体社员的公共意见,明白宣布。就是后来加入的社员,也共同担负此次宣言的责任";"我们相信世界上的军国主义(即帝国主义)和金力主义(即资本主义),已经造了无穷的罪恶,现在是应该抛弃了";"我们主张的是民众运动、社会改造"。这个宣言表明了《新青年》的社会主义方向。

为了避免再次被捕,1920 年 2 月,陈独秀乘船到上海,《新青年》编辑部也随之迁往上海。陈独秀继续主编《新青年》,宣传社会主义和研究劳工问题。1920 年 5 月 1 日《新青年》7 卷 6 号出版"劳动节纪念"专号,篇幅比平时各期扩大一倍以上。这个专号显著地标志着《新青年》刊物的社会主义性质。

《新青年》原由上海群益书社出版。陈独秀打算从八卷起独立出版发行,几个月前就开始艰难地招股筹组《新青年社》工作。我们从第一次公诸于世的陈独秀的几封遗简(分别发表在《安徽史学》1985 年第 1、3、6 期上)中了解了这个过程的大概。

1920 年 6 月 15 日,陈独秀给挚友北京大学教授程演生的信说:"日前寄上招股章程 4 张,谅已收到了。石寅生兄处的股款,不但大宗的无望,并救济眼前一二千元,也来信说无法可想了。此事果然不出吾兄所料。老夫(按:人名,不知是谁)言过其实,几乎误事。兄前函说颇有人能出一股二股者,倘能实行,请速速汇来,以便将新青年早日印出。”6月17日又给程演生写信说:“石寅生款已分文无望了。《新青年》又急出版,由兄所接洽的股款,倘能现实,甚望速速汇来,以济眉急。前后已寄上章程10张不知够用否?”石寅生是陈独秀的熟人,后为皖籍国会议员,因在陇西协办官盐商运业务,聚资几十万元。陈独秀向他招股,他因在天津赌博输掉十几万元,大概就以此为借口而一毛不拔。陈独秀8月2日给程演生信说:“新青年发行所已布置停妥,日内可开始营业了。8卷号《新青年》9月1日出版。闻吾兄分家可得4,000金,万请吾兄以半数付新青年社股……《白话文选》已编成否?新青年社初成立,甚空虚,无货卖,望吾兄赶速将此书上编稿寄下,以便付印。望代催抚吾兄速速为《新青年》做一篇文章。”抚吾,即王星拱,时在北大任教授。8月9日给抚吾演生二人信说:“新青年社日内即开始营业。8卷1号报准于9月1日出版。此时需款甚急,倘大学款发出,弟希望兄等筹100元送守常或申府手收,以便拨用,如何?乞复。”还有一封给程演生的未署年月日的信说:“《劳动界》一册由李守常兄转上,已收到否?得暇望吾兄为做几篇小说描写工人的苦况。……吾兄何日回皖分家,我很盼望吾兄早日实行此事,好帮助新青年社的股款。吾兄若不肯帮助,别人便不必谈了。”陈独秀为《新青年》的编辑出版工作呕心沥血,从上述的首次公开发表的几封宝贵的遗简中可见一斑。

《新青年》从8卷起,脱离群益,独立出版,由陈独秀邀请陈望道参加编辑,经常写作者增加了李达等人。新青年社除了出版《新青年》杂志外,还出版了一些宣传革命、宣传马列主义的书籍。

1920年8月,中国共产党上海发起组创立,陈独秀任书记。《新青年》成为上海发起组的机关刊物。为了更好地学习马克思主义理论和介绍苏俄状况,从8卷起,《新青年》开辟了《俄罗斯研究》专栏。为了正确地宣传马克思主义,同冒牌的社会主义者论战,陈独秀在1920年12月出版的8卷4号《新青年》上,开辟了《关于社会主义的讨论》专栏。1921年1月陈独秀在《新青年》上发表《社会主义批评》等文,针对无政府主义的观点进行批判。

第三阶段,从中国共产党成立到1926年停刊。党成立后,《新青年》出版到8卷6号时,所发排的稿件全部被帝国主义的捕房没收,不能不改在广州出版。1923年6月,《新青年》改组成季刊。

刚从苏联回国的瞿秋白,成为《新青年》主编和最主要的作者之一。

陈独秀除了创办编辑上述的刊物外,还从事了一些其它的编辑活动。

上海党发起组建之后,发起组办的"又新印刷所"1920年8月出版了《共产党宣言》。这是第一个中文全译本,翻译是陈望道,英文本是陈独秀提供的,陈独秀和李汉俊还负责校对工作。

1920年11月,陈独秀和李达又创办了党的发起组机关刊物《共产党》月刊。陈独秀在该刊上发表《短言》文章,提供建党思想。

1920年年底,陈独秀在上海建立第一个工会,出版《机器工人》,进行革命宣传。

陈独秀热心革命出版事业还有一事应该记述。据汪原放的《陈独秀和上海亚东图书馆》①一文说:陈独秀曾为恽代英同志创办的武昌利群书社,毛泽东同志创办的长沙文化书社,各向亚东图书馆作了三百元营业额往来的担保。毛泽东同志曾经拿了陈独秀的保单,亲自到亚东来联系。现在推算起来,时间当在1920年5月到7月间。

1922年9月创办的中共中央机关刊物《向导》周刊,刊头"向

① 《社会科学》1980年第5期。

导"二字就是陈独秀的手笔。据汪孟邹的日记和汪原放的回忆，陈独秀对《向导》周刊，从排印、版面式样到用纸、印数都关照得十分详细。《向导》第一期出版于9月13日，出版地址在上海老西门肇浜路兰发里3号①。

陈独秀早期编辑活动意义和影响

陈独秀早期编辑活动对于五四运动和中国共产党的创建都起了重要的作用。

毛泽东同志在《"七大"工作方针》中曾指出："那个时候有《新青年》杂志，是陈独秀主编的。被这个杂志和五四运动警醒起来的，后头有一部分进了共产党。这些人受陈独秀和他周围一群人的影响很大，可以说是由他们集合起来，这才成立了党。"陈独秀早期的编辑活动有很多的成功经验，值得我们去研究、探讨、总结和借鉴，陈独秀早期的编辑活动，我们认为有以下几点值得记取。

1. 坚定正确的政治方向。

编辑出版工作是不能脱离政治的。历史证明，只有与现实政治斗争紧密地联系在一起，自觉地为政治斗争服务，才能发挥其历史作用。《安徽俗话报》、《新青年》和《每周评论》等刊物都是根据形势需要应运而生的，所以具有旺盛的生命力和战斗力。脱离政治的刊物是没有的，有也存在不下去。胡适1932年回忆说："在民国六年，大家办《新青年》的时候，本有一个理想，就是二十年不谈政治……但是不容易做得到，因为我们曾抱定不谈政治的主张，政治却逼得我们不得不去谈它。……七年，陈先生和李大钊先生因为要谈政治，另外办了一个《每周评论》。"《青年杂志》创刊号曾宣

---

① 参见汪原放《回忆亚东图书馆》，学林出版社出版。

称“批评时政非其旨也”。它的主要任务不是反对当时的政治制度,而是反对封建主义思想。其实,反对封建主义思想提倡民主主义思想同反对封建专制制度是密切相关的,只不过思想革命不像政治斗争那么直接。《新青年》一开始就提出了“民主”“科学”两个口号,举起思想革命和文学革命两面大旗。随着革命形势的发展,刊物性质逐渐由民主主义性质变为社会主义性质;刊物内容由反封建主义扩大到反对帝国主义和资本主义,由宣传民主主义思想到宣传马克思主义,由思想斗争转到政治斗争。《每周评论》是文化斗争和政治斗争相结合的产物,是《新青年》的补充刊物。它的宗旨是“主张公理,反对强权”,有强烈的政治性。就是更早的《安徽俗话报》,政治目的也是明确的,它的宗旨是“开通民智,救国图存”。

刊物的性质和内容是由刊物主编者的思想决定的。《新青年》的发展阶段,体现了陈独秀的思想发展过程。他由一个具有进化论思想的急进民主主义者转变成为一个马克思主义者和中国无产阶级政党的创建者之一,其间有一个不断追求进步、勇于探索真理的艰苦过程。早期的陈独秀一直在寻求救国救民的真理,探索振兴中华的道路,寻找富国强兵的办法,他编辑的《新青年》等刊物,教育和影响了五四时期的一代青年。

2.勇敢创新的革命精神。

陈独秀在编辑出版活动中,做出许多开创性的工作。在文体上,提倡白话文。早在1904年,他创办的《安徽俗话报》是安徽省第一个用白话写的杂志;《新青年》改用白话文和采用新式标点符号,也是一项很有创新精神的改革。在编辑制度上,《新青年》编辑委员会采取集议制度,这种制度表现的民主精神也是以前重要报刊所没有的。在组织上,编辑部成员包括当时北京大学的知名教授和社会上的知名学者,具体体现了新文化运动的统一战线。

3. 毫不妥协的战斗精神。

陈独秀早期编辑的刊物都具有尖锐的战斗性和不调和的论战精神。在反对封建主义思想和文化的斗争中，态度是坚决而彻底的；在同反马克思主义的论战中，态度是坚定的，毫不妥协的；在刊物的创办上，态度是坚忍不拔的，百折不挠的。

原载《编辑学刊》1989 年第 3 期

略论《安徽俗话报》

吴　旭

清朝末年，由陈独秀（仲甫）发起，同房秩五、吴守一、汪孟邹等合办的《安徽俗话报》，是我国旧民主主义革命时期一份优秀的革命报刊，在安徽地区的革命青年中起了"组织革命和宣传革命的作用"[①]。俗话报兼备新闻报纸和杂志两种特点。它辟有"论说"、"要紧的新闻"、"本省新闻"、"历史"、"地理"、"教育"、"实业"、"小说"、"诗词"、"闲谈"、"行情"、"要件"、"来文"13 项专栏，后又增辟了"戏曲"、"兵事"、"格致"等栏日。刊物虽小，但门类齐全，内容广博。笔者认为，对俗话报编者的办报宗旨、爱国爱乡思想、探索求强致富的主张、运用科学破除迷信的精神以及刊物的风格和特点等，有探讨的必要。

一

鸦片战争后，特别是 1904 年，瓜分中国领土的日俄战争爆发[②]，中国处于危亡的关头。为了反对外国列强的侵略，中国的仁人志士进行了前仆后继的斗争。一些具有先进思想的知识分子，办报纸，兴杂志，为拯救祖国危亡而大声疾呼，宣传救国图存的爱国主义思想，宣传革命，宣传民主和改良等，于是，《安徽俗话报》应时而生。

1904年初，年仅24岁的陈独秀，满怀爱国激情，只身“背了一个包袱，拿着一把雨伞”[3]，从上海再次潜回安庆，与几位好友商量办报。俗话报酝酿、筹建于安庆，编辑、发行于芜湖科学图书社，印刷于上海大陆印刷局。该报于1904年（光绪三十年）2月15日创刊，32开本，半月刊，每期40页，朔望发行。每本售价50文。它以广大工农商学兵群众为读者对象，语言通俗、生动，内容新颖、丰富，而且图文并茂，很受读者欢迎。“报上印出的代派处有58处，除安徽各地外，有上海、北京、保定、南京、镇江、沂州、长沙、沙市、南昌、新民屯等地。”[4]由于深为省内外广大群众所喜闻乐读，有几期为满足读者要求而再版乃至三版。“本社广告”说：“本报发行以来，仅及半载，每期由1000份增至3000份，销路之广，为海内各白话（报）之冠。”[5]因为该报经常刊登外国列强侵略中国的消息，触犯了洋人，“为驻芜英领事要求中国官厅勒令停办”。再加上陈独秀本人“到李光炯先生办的学堂里去教书，其实是干革命工作去了”[6]。这样，至1905年8月停刊，共出版22期（汪孟邹回忆说出了23期）。

《安徽俗话报》是一同人刊物。桐城学堂的学长房秩五、吴守一和吴汝澄参与编撰，芜湖科学图书社经理汪孟邹及社员章谷士、曹复生参与写稿，但报纸的主要工作由陈独秀执掌。

陈独秀为什么要办这个报呢？他在《开办〈安徽俗话报〉的缘故》（即发刊词）中写道：“人生在世，糊里糊涂的过去，一项学问也不懂得，一样事体也不知道，岂不可耻吗？”“但是有一样巧妙的法子，就是买几种报来看看，也可以学点学问，通此时事。”“但是现在各种日报、旬报虽然出得不少，却都是深文奥意，满纸的‘之’、‘乎’、‘也’、‘者’、‘矣’、‘焉’、‘哉’字眼，没有多读书的人哪里能够看得懂呢?""只有用最浅近、最好懂的俗话写在纸上,做成一种'俗话报',才算是顶好的法子。"又说:"我开办这个报有两个主义""第一是要把各处的事体说给我们安徽人听听,免得大家睡在鼓里,外边事体一件都不知道。况且现在东三省的事一天紧似一天,若有什么好歹的消息,就可以登在这报上告诉大家,大家也好有个防备。""第二是要把各项浅近的学问,用通行的俗话讲演出来,好叫我们安徽人,无钱多读书的,看了这'俗话报',也可以长点见识。"由此可见,他们抛弃个人功名,创办俗话报,是"教大家好通达学问,明白时事",是为了忧国忧民,宣传革命。其宗旨十分明确:开通民智,救国图存。

二

《安徽俗话报》虽门类多样,但都围绕一个根本主题:爱国爱乡,主张开放、革新,探索国家求强致富之路。它从各个不同的角度,最充分地及时地揭露外国列强对中国的侵略,指斥清朝政府的腐败、卖国,以唤醒、激励国人、奋起救亡、革命。

俗话报创刊之时,也正是日俄战争启端之日。陈独秀以"三爱"笔名,在"论说"栏发表了《瓜分中国》、《说国家》、《亡国篇》、《恶俗篇》等最有分量的政论文章,大声疾呼,亡国之祸,迫在眉睫。创刊号中《瓜分中国》一文疾呼:"哪晓得中国官员最怕俄国,活像老鼠见了猫一般,眼看着他占了奉天,那敢道半个不字?""各国驻扎北京的钦差,私下里商议起来,打算把我们几千年祖宗相倚的好中国,当作切瓜一般,你一块,我一块,大家分分,这名目就叫做'瓜分中国'。"文中还具体地讲述了俄、德、法、日、意、英等国各自既定的"瓜分中国图",揭露清政府和各省官吏的腐败。指出:中国人民已面临着"求生不得,求死不能"的悲惨境地。

俗话报不仅呼吁人民群众爱国爱乡,还教国人了解什么是国家，如何才算亡国。第 5 期《说国家》一文，介绍近代“国家”这一观念，告诉读者，构成国家的三要素是土地、人民、主权，以区别“朕即国家”的传统观念。并指出，主权最为重要，它应“居以至高极尊的地位”，“外国不能丝毫干预”。该报连续 7 期刊载了“三爱”的《亡国篇》。他说：“亡国固然和换朝不同，有时亡国还不必换朝，只要这国的土地、利权、主权被外国占夺去了，也不必要外国人来做皇帝，并且朝廷官吏依然不换，而国却真是亡了。”寥寥数语，抓住了亡国的实质。他还抨击封建官僚把铁路、矿山的权利都奉送给外国人，并强调指出，“铁路、矿产、货物，这三样是一国顶要紧的利权。若是这三样利权灭亡了，那国里就是有皇帝，有官吏，也不算是一个国度了”。

为了反映国家危亡的事实，俗话报又辅之以“要紧的新闻”一栏，把国际国内大事尤其是外国列强的侵华事件，如“日俄战争”、“英兵进攻西藏”、“法国要占广西”等，简明而又具体地告诉读者。该报发表《论安徽的矿务》一文披露了即补知县刘子运的“英商凯约翰开办铜陵县铜官山铜矿事略”，详细报道了安徽“全省矿山被卖的细情”。对留学生、华工和中国官员在美国受歧视、被凌辱的事实，该报也注意予以揭露。如曾报道安徽寿州留学生孙某在美国受辱，忧郁致死的惨闻；还发表了安徽定远县的方守六以“中国赛会委员”身份赴美参加赛会而受糟踏的日记。从 19 期（1905）起，俗话报配合全国人民为抗议美帝国主义虐待旅美华工所掀起的抵制美货运动，刊登了《奉劝中国的众同胞不买美国的货物》、《奉劝大家要晓得国民的权力和义务》等文章，还附列了几百种美国商品的货名、牌号，呼吁国人不要购买。

上述各种门类的文章，及时地揭露了帝国主义的侵华罪行，指明了瓜分横祸的迫急、民族危机的严重，给人民敲响了警钟，启迪了人民群众的爱国觉悟，激励国民积极投身于祖国的救亡斗争。

三

“国亡家破,四字相连”。俗话报著文列举印度、波兰、埃及等国沦为列强属国的事实警告国人,“都因为那些国的人,只知道保全身家性命,不肯尽忠报国,把国家大事都靠着皇帝一人胡为,或依仗外国人保护,或任教徒把持,大家不问国事,所以才弄到灭亡地步”。陈独秀还以自己为例,说:“在十年前,只知念念文章,想骗几层功名来光耀门楣,国家大事与己无关。”到了庚子年,“方知中国是世界万国中的一国,才懂得一国的盛衰荣辱”。又说:“我们中国地大人众,大家要肯齐心竭力办起事来,马上就能国富兵强。”他呼吁“大家赶紧振作起来,有钱的出钱,无钱的出力”,并以安徽矿务为例,主张成立全省的矿务总公司⑦,把帝国主义夺去的矿权收回来,自己集股开采。俗话报这种宣传,激起人们觉醒,促使人们“振作起来,做强国的百姓”。

俗话报在强调国人要“赶紧振作起来”,“齐心竭力”的同时,还提出了开放、革新,普及国民教育,发展近代工业,学习科学知识、废除恶习等求强致富的主张。陈独秀认为中国的落后和腐败,是因为“不读书、不游学、自甘愚昧,不学兵、不学工,制造不得精”的缘故,所以强调,一国教育程度的高低,是关系一国强弱的大事。中国要做到不受外国欺侮,就要摈弃旧的教育制度,学习西方,开办新式学堂。第8期的长诗《醒梦歌》提出著名的三个保国策,其中就有开办学堂。诗中说,“学堂多设百姓强”,“学堂多的国不灭”。在新式学堂里,要学最新的知识,还明确提出了“体育、德育、智育三样并重”的办学方针。第16期刊载的《王阳明先生训蒙大意的解释》一文,阐述了作者改良教育的目的,“不但是要开他的智慧,并要培养他的心地,扶植他的志气”。此文抨击中国的封建教育制度,“专门教人抱着几本古书,闭了眼睛乱念,并不知道讲究书里所说的道理,教学生照样去做”。俗话报认为,女子享受教育权利是普及教育的重要一环。“现在世界上文明各国男女受同等教育,做同等事业,其余一般权利女人和男人一样。”该报还认为,要救国,也应留学国外,学习外国一切有用的东西。“诗词”中说,“送郎君送到欧罗巴,走到外洋休恋家,三年耐得风霜苦,学会了真本领整顿国家。”俗话报还重视“蒙学教育”,明确指出,要“顺着儿童原来的性情志意,渐渐地培养他的长处,警戒他的短处”。要像大禹治水那样,“顺着水性疏通下去”,不能像丹朱那样“逆着水性”,“专门用那防遏禁压手段”。在传授知识的同时,还要重视对学生爱国思想的教育,即所谓“学堂首重激励方”,意在培养学生的爱国爱乡感情。

发展近代工业,是俗话报竭力主张的。该报认为,“各省的矿山,自己开采,是第一件要紧的事。不让洋人开采,这是第二件要紧的事。办了第一件,就自然没有了第二件。若是只办第二件,不办第一件,那第二件也终究是办不成的”。“国的矿产若落在外国人手里,那一国的死命,便也扼在外人掌中,大利既去,大权既灭,那时全国的人,只有供他奔走、仰他鼻息了,万世子孙,哪有翻身的日子呢?”“三爱”两次在《论安徽的矿务》中批评自家矿让洋人开采是开门揖盗,其结果也像东北三省那样惹下无穷的大祸。因此积极呼吁开发矿山,兴办实业,变落后为先进。该报还强调,“我们中国要赶紧拼命在各省架造铁路”,兴办枪炮厂、制造厂。“一国没有铁路,运货运兵都不方便;一国没有枪炮厂、兵轮厂,怎能够抵挡外国?一国没有制造厂,工艺怎地能兴,国家怎地能富?”

俗话报主张普及科学知识,运用科学破除迷信,并把学习科学知识和国家的强弱兴衰联系起来。该报“格致”栏分16章介绍了当时已被认识的八大行星、日、月、风以及空气、水蒸汽等自然现象。还以相当的篇幅抨击了中国旧社会的求神拜佛等迷信思想。《续无鬼论演义》就是一篇运用近代科学知识驳斥鬼神邪说的战斗檄文。这篇署名“卓呆”的长篇文章，批驳的鬼神迷信思想包括“偶像”、“妖怪”、“魂魄”、“符咒”、“方向”、“谶兆”等6个方面。对月蚀、日蚀、地震、风雨雷电、白虹贯日等自然“变象”，“格致”栏都逐一予以科学说明。例如，安徽人有一种迷信习俗，每当看见“日蚀”现象时，就认为是“天狗食日”，要“放炮敲锣，赶退天狗”。针对这种糊涂认识，“格致”栏中的文章指出，“天狗若有吃太阳的本领，也就不怕放炮敲锣了”，这“是断不可相信的”无稽之言。如不破除迷信，人们将逆来顺受，甚至亡国灭种，也会说是“天意”。俗话报还发表专栏，剖析“风水”迷信。安徽人，特别是乡下人很迷信“地理风水”，人死了久停不葬，在空野地方停放多年后再寻找一个“风水”地，认为这样才能使子孙升官发财。所以每闻开矿，就“疑心开矿挖山和他家坟山有碍，就是相隔好几里路，都要去拦阻……有的更是整城整村的人出来拦阻”，引起纠纷，使当地的州或县都无法开矿。该报为此强调，这些“恶俗”都与国家强弱兴衰有关，必须砸碎禁锢乡人的精神枷锁。

俗话报的许多文章，犀利流畅，涵义深刻，字里行间洋溢着深切的爱国爱乡之情。但其爱国爱乡不含有闭关自守的偏弊，而是主张以尊重主权为前提的开放、革新。“格致”栏所发表的运用科学破除迷信的文章，在宣传无神论和普及自然科学常识方面起了积极的作用。

四

猛烈抨击封建主义的伦理、道德和习俗，是《安徽俗话报》的又一显著特色。该报认为，正是由于封建制度的旧伦理、旧道德和旧习俗缚住了中国这个历史巨人的手脚，阻碍了它的前进。“三爱”的《恶俗篇·婚姻上》一文，列举了许多“稀奇古怪的坏风俗”，如指腹为婚、包办婚姻、索取聘礼以及寡妇不能再嫁等，称其为“强奸似的野蛮风俗”,认为其坏处“就是不合情理四个大字”。“成婚后不能退婚的规矩更是大大的不合乎情理了……现在世界各国的法律,男女不合,都可以禀官退婚,各人另择嫁娶,以免二人不和,勉强配为夫妇,随后弄出不美的事来。”对歧视和压迫妇女的各种旧恶习表示憎恨。如第3期刊登了署名桐城潘女士的《十恨小脚歌》长诗,具体揭露和控诉了这种“脚镣的刑法”。

陈独秀将封建“恶俗”与国家强弱兴衰相联系,并根据资产阶级民主主义观点,对维护封建制度的伦理道德和习俗进行揭露和批判,这在当时无疑是积极的。同时,也说明他当时十分厌恶和憎恨封建社会的婚姻制度,有提倡男女平等的思想火花。

五

俗话报发表的诗词、戏曲和小说,不仅洋溢着爱国爱乡激情,蕴含着革命思想,而且注意提倡文学革命。

陈独秀在创办《安徽俗话报》时,就注意到戏曲对社会的作用。他在11期上发表的《论戏曲》一文,系统地论述了他对戏曲改革的意见。他认为戏曲演员是“世界上第一大教育家”,“戏馆子是众人的大学堂”。他主张“要多多的新排有益风化的戏”,也“可采用西法,戏中夹些演说,大可长人见识,或是试演那光学电学各种戏法,看戏的还可以练习格致的学问”,“不唱神仙鬼怪的戏”,“不可唱淫戏”。要“除去富贵功名的俗套”,革除戏中荣华富贵的思想。陈独秀还以资产阶级的民主平等观念为戏曲行业辩护,认为“世上人的贵贱,应当在品行善恶上分别”,不能以职业的高低论贵贱。“西洋各国,是把戏子和文人学士一样看待”。这种呼声,已触及封建社会阶级秩序这个根本问题,为当时社会所不能接受。由此可见,陈独秀当时是以一个勇猛的斗士姿态,投身于资产阶级民主革命的潮流。该报虽只刊载一篇《论戏曲》的评论文章,且其戏曲改良思想不尽符合文艺本身的特点和规律，但其精神是积极的，它在近代戏曲史上有一定的意义。

俗话报还主张文艺作品应该暗对时事。该报先后发表或转载的6个剧本和刊载的31首诗词、3篇小说以及10幅漫画，都是针对清王朝的腐败、中国将被瓜分以及如何自强而发的。例如，《瓜种兰因》、《睡狮园》、《康茂才投军》、《胭脂梦》等6篇戏文，从不同的侧面，表现"鞭挞当朝权贵，讴歌英雄豪杰"的主题。又如诗词《闺中叹》（悯国难也）、《叹五更》（伤国事也）、《湘江郎调》（叹恶俗也）、《从军行》（仿十送郎调）以及"戒吸鸦片歌"、"国耻歌"、"醒梦歌"等，都是感时愤世、忧国忧民之作，每一篇都寄寓着作者深深的爱国情思。该报发表的10幅漫画和3幅地图也是配合时事的，如《捉人为奴》、《拷打文人》、《顺民被戮》、《包脚受辱》、《俄兵抢劫高丽义州》等，其主题十分鲜明，都是呼吁国人、乡人爱国救亡的。

从以上评介中，可以看出，陈独秀在20世纪初创办的《安徽俗话报》，是一份颇有特色的爱国革命报。其特点和贡献是：

1. 爱国爱乡，主张开放、革新，探索求强致富，是《安徽俗话报》始终如一的主题。它呼号爱国救亡，是为了反对帝国主义的侵略；它主张振兴实业，发展近代工业，是为了富国强国；它提倡开办新式学堂，普及国民教育，是为了开通民智以提高国民素质；它讴歌留学国外，是为了学人之所长，"学会了真本领整顿国家"；它宣传自然科学常识，运用科学揭批封建迷信及"恶俗"，是为了改造社会。

2. 俗话报能面向群众，有较深厚的群众基础。它不同于《新民丛报》之类的改良派刊物，也不同于"中等社会"代言人办的《新湖南》、《浙江潮》等民主革命派刊物。由于该报注重"下等社会"，又颇具特色，所以销路之大，发行之广，"为海内各白话（报）之冠"。

3. 陈独秀既是《安徽俗话报》的主编，又是主要撰稿者。署名“三爱”的各种题材的文章，几乎占了1至19期各期文章的三分之一。陈独秀在俗话报上不断发表有卓越见识的文字，为矫世变俗拚力呐喊。因此，俗话报的政治倾向和思想观点，基本上就是当时陈独秀的政治倾向和思想的反映。那些各种门类的文章，显示了他当年知识渊博，才气横溢；同时，也反映了他积极进取的革命精神，表明他早在辛亥革命之前就成为救国忧民、勇于实践的激进民主主义者。

4.《安徽俗话报》是安徽最早出版的期刊。因此，它的创办，在安徽报刊出版史上具有开创性的意义；它的出版，可以说是安徽新文化运动的前奏和准备。

5. 陈独秀创办《安徽俗话报》的革命实践，对于他继续进行革命的宣传和组织活动⑧，以至于在十年之后创办名噪京华、饮誉全国的《新青年》杂志，并成为“五四”新文化运动的主要倡导者，无疑是个重要的准备。也可以说，《安徽俗话报》“是《新青年》的雏型，在许多问题上，它还是《新青年》的先声”⑨。俗话报是进一步研究陈独秀早期思想，研究中国近现代报刊以至辛亥革命前期政治、思想、文化的重要参考资料。

注释：

① 高一涵：《辛亥革命前后安徽青年学生思想转变的概况》。《辛亥革命回忆录》(四)第434页。

② 《中国近代史知识手册》第61页。中华书局1980年版。

③ 汪孟邹：《亚东简史》。

④ 汪原放(汪孟邹的胞侄)：《回忆亚东图书馆》第15页。学林出版社出版。

⑤ 《安徽俗话报》第12期(1904年8月1日出版)。

⑥ 汪原放：《回忆亚东图书馆》第17页。

⑦ 《中国近代工业史资料》第二辑，第550页。“安徽矿务总局”于1904年成立。

⑧ 陈独秀在主办《安徽俗话报》的同时,曾兼任"安徽公学"教员。1905 年暑期以后,他将主要精力用于访游皖北,联络淮上有志革命人士,进而参与发起建立秘密的反清革命团体《岳王会》,曾任该会会长。

⑨ 沈寂:《陈独秀和〈安徽俗话报〉》。《安徽出版史料选辑》第一辑第 13 页。

除注释外,文中引文引自《安徽俗话报》第 1、4、5、8、10、11、13、15、21、22 等期。

选自中国近代现代出版史编纂组编《中国近代现代出版史学术讨论会文集》,中国书籍出版社 1990 年

陈独秀诗集序

萧 克

任建树、李岳山、靳树鹏诸同志编注陈独秀诗集,他们要我为此书作序并题写书名。我对诗懂得太少,但接到诗集是陈独秀的,立即引起我的兴趣。

陈独秀是本世纪初的风云人物。我在青少年时期,从《独秀文存》、《新青年》合订本和《向导》报读过他不少文章,似未见诗作,现在看到他的诗集,喜出望外。感到在我们这个诗歌的国度陈诗诚有编注出版之必要。

对于陈独秀是应该认真研究的。陈独秀在大革命失败后,与党分裂,我在政治上不信任他了,对他的印象,渐渐淡薄了,但还是很佩服他反封建、反迷信和提倡科学民主的文章及革命时期的功劳。对他的为人和在大革命失败后到去世时期的情况,总在注意。我在 1981 年 8 月 18 日,在中共成立 60 周年学术讨论会上,曾有一个发言,现将该段抄录于下:

"陈独秀问题,过去是禁区,现在是半禁区,说是半禁区,是不

少人在若干方面接触了，但不全面，也还不深入，大概还有顾虑。这个问题要不要全面研究呢？我看要。毛泽东同志说，‘陈独秀是五四运动的总司令’，他和李大钊等把当时接受马克思主义的先进青年‘集合起来……创造了党，有功劳’。‘将来我们修中国历史，要讲一讲他的功劳’。周恩来同志也说：‘陈独秀创党有功。’我想，对于这样光辉时代的总司令和创造了党有功的人物，即便他后期犯了右倾投降主义及开除出党后搞了托陈取消派，也应该全面的研究。毛泽东同志还说‘陈独秀在某几点上，好像俄国的普列汉诺夫’。我认为很对，不认真研究陈独秀，将来写党史会有片面性。不久前看纪录片《先驱者之歌》，就看不出五四运动时期的总司令和创党的最主要人物。在创党的镜头中，一出现就是李大钊。然而，‘南陈北李’，是合乎历史事实的定论。李大钊作为创党主要人物之一是对的，但陈独秀应属首位。这不能怪编导的同志，而是整个党史研究的问题。对陈独秀的研究，我认为不能仅限于他在党内及其以前时期，而且应包括搞托陈取消派时期。中国的托陈取消派和外国的托派有什么区别？他们的纲领如何？对国民党蒋介石政权的态度如何？对共产党的态度如何？对帝国主义尤其日本帝国主义的态度如何？在国民党监牢里的表现如何？出狱到去世时的政治态度如何？都在研究之列。对陈独秀的评价，应遵从毛泽东同志的教导，也应该学习列宁对普列汉诺夫的评价观点、立场。列宁在1903年到十月革命时期，多次批评普列汉诺夫思想上政治上的错误。尤其在帝国主义战争时期，批评他是‘庸人’、‘社会沙文主义’、‘马克思主义的叛徒’。但在他去世后，列宁在出席全俄中央执行委员会和莫斯科市苏维埃、工会举行的联席会议上，和全体与会代表都起立为普氏默哀。后来列宁格勒为他开了追悼会，莫斯科党和政府派了卢那查尔斯基和季诺维也夫去参加。不久，列宁又指示要出他的全集，建普列汉诺夫学馆，号召大家学习普氏哲学，说‘不研究普列汉诺夫写的全部哲学著作，就不能成为一个觉悟的、真正的共产主义者’。列宁对普氏各个时期的政治活动和政治态度是作具体分析的。斯大林在卫国战争中列出俄国历史上20个杰出人物,普列汉诺夫排在前面。他们并不因为批评他就使他丧失历史地位,也不为了表彰他而隐其恶,我不是说对陈独秀也要我们照俄国党对普列汉诺夫的具体做法,只是提出用列宁的观点、立场来对待这个问题而已。”(见中共中央党史论丛、党史会议报告集39~69页)

我认为对陈独秀的研究,不仅限于他在政治方面,当然还应有其他方面。任、李、靳诸同志编注陈独秀诗集,就为我们研究陈独秀提供了一个资料。陈诗作于半世纪之前。读者须知其诗作的时代、处境及其思想的发展过程。“诗言志”,陈独秀的诗也是如此,尤其在他晚年的诗如《金粉泪》长诗的倾向性更为明显。研究他的诗也利于对他的其他方面的研究和理解。

是为序。

1993年6月2日

原载《新文学史料》1994年第1期

陈独秀与商务印书馆

沈 寂

商务印馆是我国近代一家大型民间出版社。它建馆最早,持续的历史也最长。传播近代知识和保存我国传统文化,都有卓越贡献。它与我国有成就的知识分子,无论其倾向如何,均有着一定的关系,这可算是商务的特征之一,在我国文化史上有着无可替代的地位。

一般说来,商务印书馆的倾向比较保守,或曰稳健,与急进派陈独秀不可能发生什么瓜葛，但实际情况并非如此。陈独秀与商务的关系，是在张元济入股，并主持编译所工作之后。陈独秀与商务印书馆所发生的有关事宜，都由张元济的过问或处理才解决的。陈、张二人都出生于晚清中兴时代。中法战争，清政府不战而败，张元济时已 19 岁，陈还只 7 岁。甲午战争，中国败于东邻日本，陈已 17 岁，由此开始关心时政。而张此时已与康、梁一起倡导维新思潮了。陈是康、梁的追随者，是与张同属一个思想方向的后进者。他俩均出生于书香门第，不过张元济多了一些旧学，而陈独秀则多了一些新学。陈独秀与商务印书馆，或曰陈独秀与张元济，由于个人的命运与国际国内形势的发展，使他俩各走自己择定的路，但始、终有缘，值得一书。

一

陈独秀最早与商务书馆发生关系，是 1902 年为商务编译了一本《小学万国地理新编》。陈独秀 1901 年 10 月留学日本东京专科学校（早稻田大学的前身），正式入学前，在亦乐书院补习普通课程。他为商务提供的《小学万国地理新编》，就是他当时所用的课本，全书的格局和内容，与现代的地理教科书相仿。共分六章，首为总论，内容有象数地理（讲述宇宙空间）、形质地理（全球的地形分布）、政事地理（人种分布、政治制度、宗教、风俗、物产等）。从第二篇起，则为五大洲各国的地理。据实藤惠秀《中译日文书目录》称，陈独秀曾翻译过日本斋藤鹿三郎的《地理教授法》一书，可能就是这本《小学万国地理新编》。不过从其署名上看“皖怀宁陈乾生重辅编辑”的字样，表明他不只是单纯的译者，还有所加工，也是编者。

这时张元济为施展自己的抱负而投资商务。他与夏粹芳相约，“以扶助教育为己任”①，设编译所，聘蔡元培参与其事，主持编定各类教科书，原计划分国文、历史、地理三种，各人分工“包办”。但据参与者蒋维乔先生的回忆，这套教科书未能编成。从陈乾生编《小学万国地理新编》的书末，所附《上海商务印书馆书目》和广告，可补当事人回忆之不足，兹录其广告与书目如下：

谨启者，本馆为开发民智，输入文明起见，特敦聘中西通才编著华英各书，嘉惠后进。以华英二文并列，师生均得其便。且注释详明，图绘清澈，读之最易进境，故凡中外之书院、学塾皆以本馆所辑各书课授诸生，奉为秘本。并承海内学人交相称许，乃各省有遍开商埠之说，则日后电报、铁路、矿务制造诸事必逐渐推广，需才孔亟。凡在少年务当及时课习，以备任用。今见国家布行新政，百务更张，而复迭次诏立大中小各学堂，汲汲以振兴实学，作育人才为首务。现各省学堂渐设，惟苦无专书，不足以资课读，爰又新辑各种实学有用诸要书，或由西文或由日文均译以华文印行。初学、专家均得裨益，洵为各学堂必备之书。且廉价出售，俾人人易于购读，并非牟利者比，尚希鉴谅。（书目附录于后）

时值清廷推行新政，废科举，兴学校是其内容之一，商务印书馆的发展，与此时代所提供的“东风”是分不开的。但也应该承认，有识者才能把握此时机。

创办杂志，陈、张二人几乎是同时起步的，张元济与蔡元培合股办《外交报》时，陈独秀也曾计划办《爱国新报》，1930 年陈与章士钊同创《国民日日报》。1904 年创办《安徽俗话报》。张的《外交报》1911 年停办，又创《法政杂志》，时陈独秀曾在《甲寅》月刊协助编辑。1915 年《法政杂志》停刊，陈独秀的《新青年》（第 1 卷名《青年杂志》）即于同年在上海问世。《新青年》创刊后，则与商务印书馆的《东方杂志》展开了一场影响深远的中西文化论战。

《东方杂志》创刊于1904年,是商务印书馆的第二种杂志。直至1949年才停刊,是我国出版时间最长的大型综合性杂志。草创时带有选报性质,内容以辑录逐月各报刊上的记事和时论为主。主编是徐珂,后为孟森,日本人也参与过编辑。1908年起,开始改良,论说、译件、调查等门类逐步完备。1911年第8卷开始由原编译所理化部主任杜亚泉出任《东方杂志》的主编,对杂志的内容和形式进行了大幅度的革新,增加了插图,并从东西文杂志报章,撷取材料,凡世界最新的政治、经济、社会变象,学术思想潮流,都有介绍。尤其对国际时事的论述,力求详备。每期的销路可达15000份,"为其时各杂志之冠"。在其广告有云:"本杂志出版后,颇承阅者称许……。纪事详而要,可作现代史读。"[②]

杜亚泉,浙江会稽人。亦是科举出身,因受李善兰、华衡芳的影响,涉猎自然科学较深,在学校教授数学,理化,亦曾办科学杂志。人们称他为科学家,他说"特科学家的介绍者耳!"1904年应同乡旧友张元济、夏粹芳之招,入商务印书馆,又致力研究"政治、法律、哲学、音韵、西文等",1906年曾东游日本,"考察教育,购籍数十种以归"[③]。杜主持《东方杂志》以后,杂志上的主要文章,大半出于他的手笔。社论署名或用"亚泉"、或用"伧父"、亦有署"高劳"的。在此期间,杜亚泉的思想倾向,亦就是《东方杂志》的思想倾向。在政治上,清末主张立宪,武昌起义后,亦承认民族革命[④],倾向进步党、研究系,支持袁世凯的强人政治。主张及早结束政治主义(民主立宪),在中国实行德国式的国家主义[⑤]。在袁世凯帝制运动失败以后,他把帝制派"共和政治,不适吾国国情"的口号,改为"民主立宪之政治主义,不适于现今之时势"。在思想上,反对物竞天择的进化论,称这种物质文明是中国近代一切动乱的原因。1913年他作长文《精神救国论》,在《东方杂志》上分三期连载。他宣称19世纪后半期,在欧美流行着一种极端危险的理论,即唯物主义,今航渡东亚,使我国"投入于生存竞争之漩涡中而不能自拔,祸乱之兴,正未有艾”。他把民国以来所发生的政治动乱,都归诸物质竞争所引起。他之所以把这篇长文的题目命定为《精神救国论》,本旨是“从物质救国论转变而来,而其针对之反面,则为物质亡国之事实,反其道而药之”。

在伦理道德方面,他主张道德不必随政体的改变而改变,可以完全照旧。他说西方是法治国家,而中国是“纯粹惟一之道德国家”,全国上下,几千年来“其浸润于道德也深,其服从于道德也挚”。如“唐虞之让德传贤,孟子之君轻民贵,均与共和之原理相合”。民国成立之所以如此容易,就是由于中国的旧道德“未尝极端推戴君权”所致。他提出了三个方面的改进意见:(1)改服从命令为服从法律。(2)推家族之观念为国家之观念。(3)移权利之竞争为服务之竞争⑥。杜亚泉在此所言的道德主体,即“君道臣节及名教纲常诸大端”。他认为可与现时之国体融合而汇通。它亦即传统的“国是”。所谓“国是”,即“吾人所以为是者,国人亦皆以为是,虽有智者,不能以为非也;虽存强者,不敢以为非也”⑦。

陈独秀的社会历史观与此恰恰相反,他拥护宪政与法治,提倡人权,认为每个人都应摆脱奴隶的处境,取得受宪法保护的国民资格。对辛亥革命,指出以“排满”为口号,只是以热情的煽动,不能贯彻革命的宗旨。满清推翻后,即革命到头了,再无前进的动力。革命应该以满足人民的物质要求为宗旨。民国以来,他认为中国所实行的仍是“帝政”⑧,应该补课。在思想上,陈独秀是一个彻底的进化论者。清末,他刚接触到进化论(天演论)时,即认为物竞与天择,“一新言天之面目”。他说这对中国旧有“倚天的求福者,足以醒其迷梦”。不过他说,与其天演,“吾毋宁言人演!”“据新说则明天之作用,可以长人争竞之心……。语曰人定胜天,今易之曰,人定代天。代天者,以己之权,行己之志”⑨。陈独秀当时即以“由己”为自己的字号,为“陈由己”。在《新青年》的创刊号上,则把进化论列为近世三大文明之一。大力介绍西方的唯物主义。他认为政治、教育、文化技术无不为了“厚生利用”，当代大哲无不以生活问题为“立言之的”。因此“生存竞争势所难免，一息尚存，即无守退安逸之余地”⑩。在《东西民族根本思想之差异》一文中，他明确指出，西方民族以“战争为本位”，东方民族以“安息为本位”。“战争”即动也，“安息”则静也。动者以个人为本位，是法治的，实利的；静者以家族为本位，是感情的、虚文的。

对伦理道德，陈独秀认为，我国虽经洋务、变法而革命，但伦理问题未曾解决，以致影响政治。儒家的名教（礼教）是旧伦理的大原，理应解决在国体问题解决之先，可是我国的辛亥革命未能做到这点，所以在民国成立以后，对新道德政治：自由、平等、独立的建立，是一种阻力。“吾国扰攘不安之象，其由此两种文化相接触相冲突者，盖十居八九”⑪。所以他称伦理的觉悟是吾人最后的觉悟。

杜亚泉自《新青年》创刊后，见其所有言论主张均与《东方杂志》针锋相对，他发表《静的文明与动的文明》一文，即从社会形态上论证中国社会是农业的，静的文明；西方社会是工业的，动的文明。静的文明可以靠天吃饭，天无绝人之路，有安全感；动的文明使弱肉强食，弱者无生存的资格。工业社会有过剩的资金，农业社会可以输出人口。他说，“吾侪今日，当两文明接触之时，固不必排斥欧风侈谈国粹，以与社会之潮流相逆。但其间所宜审慎者，则凡社会中，不可不以静为基础，必有多数之静者，乃能发生少数之动者”。他并说，“西洋俄法德诸国，在数年前，亦盛研究东方之学。俄国文豪托尔斯泰氏之著作中，推崇中国文明尤至。将来之西洋社会，亦必有若干之变化，受影响于吾国者，其朕兆盖已见焉”⑫。后来把他辜鸿铭出口的中国国粹优胜论，通过日本的报刊，又转手内销于《东方杂志》。

袁世凯去世不久，康有为径致书总统黎元洪，总理段祺瑞，建议把孔教定为国教，唯恐“帝制根本思想”在中国绝种，在思想文化界掀起一股逆流。1917 年张勋复辟，证实复辟与尊孔的关系是形影相随。1918 年初，康有为继续在《不忍》杂志上抛出《共和平议》，提出“中国必行君主，则国不分裂；中国若仍行民主，始于大分裂，渐成小分裂终遂灭亡”。杜亚泉终于奋起响应，说西方思想的输入，破坏了我国固有的“国是”。造成精神界的破产。他说，“譬有一人，其始以祖宗之产业，易他人之证券，既而所持之证券忽失其价值，而祖宗之产业已不能回复矣。”⑬他决心要恢复“国是”的固有价值，以统整紊乱无序的思想界。不过，按杜亚泉的说法是要调和东西文明。但他的调和实是上帝与天子的调和。他说近世的西方文明，是希伯来文明与希腊文明的调和，“合神与人为一致，即含肉与灵为一致……。吾国道德思想，虽与希腊为近，然理性之本出于天，理性之用致乎人，体天意以施诸人事，修人事以合乎天意，其戒谨恐惧之心，与修身事帝之念，则又与希伯来思想若合符节”⑭。

陈独秀以为《东方杂志》记者与康有为、辜鸿铭为同志，“虑其谬说流行于社会，使我呱呱坠地之共和，根本动摇”⑮，则撰《质问〈东方杂志〉记者——〈东方杂志〉与复辟问题》。杜亚泉答复陈独秀的质问，貌似理直气壮，实已色厉内荏，只有招架之功了。陈独秀作《再质问》，杜就未再回答。《新潮》杂志亦指名批评《东方杂志》，说它属“杂乱派”，上下古今，“忽而工业，忽而政论，忽而农商，忽而灵学，真是五花八门，无奇不有。你说他旧吗？他又像新，你说他新吗？他实在不配”。商务经营的其它杂志，如《教育杂志》竟仍在宣扬“名教中自有乐地，纲常外别无完人”。《学生杂志》还在要求学生委曲求媚“以得任用者之欢心”；《妇女杂志》则“专说些叫女子当男子奴隶的话”。这就不只是“杂乱派”了，而是“脑筋浑沌了”。但他们都想冒充学理派，“高扯学理的旗，实际上对学理无明确的观念，又无研究的热心，打空锣鼓，以期多销几分”。杜亚泉的头脑并不浑沌，想以“杂”来博得更多的读者。更以其似新而旧，达到反对新文化、新思想的目的。罗家伦忠告说，“须知人人可看，等于一人不看，无所不包，等于一无所包”⑯。此时的《东方杂志》尚“在梁任公先生的影响之下”[17]。杜亚泉对白话文也是深恶的,他曾写有讽刺诗:“一个苍蝇嘶嘶嘶,两个苍蝇吱吱吱,苍蝇伤感什么？苍蝇说,我在做白话诗。”[18]但时代不同了,社会各界对新文化的欢迎与日俱增,商务印书馆所办杂志的读者都被《新青年》、《新潮》等鼓吹新文化的杂志吸引去了。《东方杂志》的销量已大减,使杜亚泉在此严峻的事实面前,无力反弹。

新文化还渗透到了商务印书馆的内部,馆内一些年轻编辑均已用新思想、白话文写文章,向馆外的报刊投稿,为了怕得罪馆内的“老先生”,署以笔名,彼此心照不宣。所谓“老先生”,是指总经理高凤池和经理张元济。其实,顽固保守的当属高凤池。高与张之间在当时对用人的路线和业务的方针上,都存在着新、旧的分歧。高主张守成,用老人、旧人;张主张拓新,用新人、少年。他俩常常为此而争论,有时相持不下。1918 年,张元济发现杂志的销售量减退,11 月 5 日想以变通售价的办法倾销,王仙华、高梦旦说可再看半年。但到 12 月 25 日则“拟将《东方杂志》大减。一面抵制青年、进步及其他同等之杂志。一面推广印、藉以招徕广告”。翌日见北京大学又出了一种《新潮》杂志,则再次斟酌减价的问题,经高梦旦的深入调查,终于决定于 12 月 27 日减价[19]。

1918 年 6 月中旬,张元济为解决天津与北京的分馆,以及借印《道藏》等事,亲自北上,由天津而到北京,下旬由天津至北京,先访旧友,继访新朋。6 月 27 日专程访沈尹默、陈独秀等。7 月 9 日下午,又在北京大学与新文化运动的健者开座谈会,先讨论有关业务。后又参加《北京大学丛书》编译会茶话,出席者有夏浮筠、陈独秀、王长信、胡适之、章行严等。在讨论中,胡适建议用“四号字横行,书照‘科学’式、用五号”。陈独秀认为,合同所限字数每册不得超过 15 万字,“恐难免逾越”。蔡元培又提出“大学须办月刊,将来拟归本馆印刷”等。张元济均作了肯定的答复。张元济又曾返沪率家人再次到北京游览,8 月 23 日将率家人离京之前,又专程赴北大，"留刺与陈独秀、胡适之、夏浮筠、秦景阳、沈尹默、朱逖先，马幼渔诸君辞行"[20]。张元济访问北大之后，9 月 15 日乃有陈独秀质问《东方杂志》记者的文章问世，这是颇耐人寻味的。当张元济等以大减价的经济竞争方式感到无济于事时，1919 年 5 月 25 日，则决定由陶葆霖来接管《东方杂志》。理由是杜亚泉"实太偏于旧"，社会上向《东方杂志》投稿中，"甚有佳作，而亚（泉）均不取"[21]。偏要与新文化运动相抗衡，引起社会舆论的不满。请杜亚泉仍管理化部的事。1920 年 7 月 8 日陶葆霖病逝，《东方杂志》遂由钱智修接任。于此同时，商务又请高梦旦专程赴北京邀聘胡适来馆主持编译所。借助形势的挑战，以推动内部的改革，不失为明智之举。由此各部门人事均加调整，《东方杂志》，《小说月报》等也均采用了白话文，于是又跟上了时代的脚步。

在此值得一提的是，1917 年 10 月，孔教会派人来向张元济募捐，张"婉却之"。1918 年 2 月，康有为希望商务印书馆代售《不忍》杂志和康有为的著作，张没有同意。3 月康又要张为他推销刊有他写的《共和平议》的《不忍》杂志，又被张拒绝。这不是偶然的作为。当时，康、梁及研究系的人，在政治上已被视为娼妓，国民党已失去当年的朝气，多走向堕落。唯有聚集在北京大学和《新青年》周围的在新文化运动中涌现出来的新秀，用李大钊的话说，"好像一个处女的地位，交通、研究、政学各系都想勾引我们……还有那国民系看见我们为这些系所垂涎，便不免引起点醋意"[22]。张元济瞩目这些"处女"新秀，是有眼力的。他在致高凤池的信中说，"弟生平宗旨，以喜新厌旧为事，故不欲厕身于政界……弟敢言公司今日所以能有此成绩者，其一部分未始非鄙人喜新厌旧之主义之所致。"[23]

五四运动后，陈独秀离开北京南下上海。1920 年初，因病住霞飞路申江医院，张元济于 3 月 4 日还曾去探望过[24]。从此，陈组织马克思主义研究会和中国共产党，全身心投入党务工作。1921

年秋，商务当局请陈独秀任馆外名誉编辑。这也是商务革新内容之一。事先派沈雁冰征求陈的意见。“陈（独秀）表示月薪不必多（当时商务招致名流为馆外名誉编辑，月薪有高至五六百元），编辑事务也不愿太繁重，因为他主要工作是办党，愿任商务的名誉编辑不过是为维持生活。结果说定：月薪300元，编辑事务不像其他名誉编辑要给商务审阅稿件，而只要每年写一本小册子，题目由陈自己决定。”㉕1922年6月，陈独秀在《东方杂志》上发表一篇《对于现在中国政治问题的我见》的文章。其他履行情况不详。

此时的商务，原领导张元济和高凤池先后辞职，退居“监理”二线。高梦旦也把编译所的工作交给了王云五。由于王云五是胡适推荐的，所以陈独秀通过胡适推荐瞿秋白所著《赤都心史》给商务出版。他在致胡适的信中说：“国人对于新俄，誉之者以为天堂，毁之者说为地狱，此皆不知社会进化为何物者之观察。秋白此书出，必能去掉世人多少误解。望早日介绍于商务，并催其早日出版为要。”㉖商务不仅接受了，（于1924年出版）还请瞿秋白编译小百科丛书。蔡和森因一时经济拮据，陈则将蔡的著译书稿又转托胡适介绍给商务㉗。陈还曾为张申府谋取商务图书馆主任之职㉘。这些也属陈独秀与商务关系中的一部分。

二

1927年大革命失败，陈独秀离开了中国共产党的领导岗位。蛰居上海，恢复了他的著述生涯。他此时的第一部学术著作是《中国拼音文字草案》。这是陈独秀早年对文字学研究的继续。据罗章龙说，“他（指陈）一直热衷于研究文字学，管理政治活动繁忙，他也从未间断这方面的研究工作。记得在1922年，中国共产党召开第二次代表大会期间，他曾告诉我说，他过去写过一本《字义类例》，里面虽有些特殊的见解，现在看来，有些问题还须进一步研究，准备再写一本专著。他要我帮同搜集各方言资料，想弄清一些字的南北各地异音。我因为工作忙，没有来得及做。1923 年'三大'以后，我调到中央工作时，他又向我旧事重提，说自己在这方面有些创见，不把它写出来实在可惜。"㉙

《中国拼音文字草案》分北京话、汉口话、上海话和广东话，每种方言的发音，都请人校核过，如上海话的校音者为沈雁冰、陆缀文；广州话的校音者为杨殷、罗绮园；汉口话的校音者为项英；北京话为邓颖超。书稿写成后，原拟给商务印书馆出版，因故未果。中国文字将来走拼音之途的意见是否正确，在此姑且不论，但他的研究，对现代汉语的发展还是有益的。他在《自序》中说，"有许多用广东、或北京土字写的书，别的地方的人简直看不懂，差不多比看日本文的书还难，所以一用现代的文字，代表现代的语言，叙述现代的生活，便自然感觉到中国的文字已经破多了，只有做洋八股才无此感觉。在全国，无字的语音，最少在一千个以上，这许许多多的字，在洋八股家看来，不过是些土音俗字，无关重要，其实都是平民日常生活所必需，而且其中有大部分还是形容特别的动作状态，不是现有的字所能够代替的。文字只是代表语言的符号，中国有许多语言只能说出不能写出，它不成了有语言而无文字的国家！"㉚他还说，有了拼音文字，并不是要把汉字废除掉。中国的文字不是仓颉一人所造，"是从远古一直到现在无数仓颉造成的；今后需要许多仓颉来研究制造新的文字"㉛。

1928 年春夏之间，由张菊生（元济）、王云五、胡愈之、傅孟真、赵元任等人"共赠稿费千元"㉜给陈独秀。书稿存放在胡适处，以后，陈在南京监狱时，还曾致书胡适问及此事："存尊处的拼音文字稿，我想现在商务可以放心出版了。倘商务还不敢出版，能改由孟真先生在研究所出版否？"㉝胡适复信说："〈国语稿本〉已于四月前亲交商务。顷晤云五先生，他说，稿本字太小，不便影印。排印则有许多困难。他已与馆中商如何排印之法。"㉞最后还是没有印成。

自1932年起，陈独秀被国民党逮捕，关在南京第一监狱，同乡友生程演生以明人名言："读书闭户第一，闭户狱中第一"，以勉他潜心著述。他说他"不但闭户，并且闭口，惟不能闭心耳"[35]。他曾在1934年在致汪原放信中，谈及他准备在以后二三年内从事"古代的中国"、"现代的中国"、"道家概论"、"孔子与儒家"以及耶稣与基督、我的回忆录[36]（即自传）等方面的著述。据台静农说，陈独秀晚年在寄给一篇文章的油印件时，曾谈到他著述的主导思想："中国文化在文史，而文史中所含乌烟瘴气之思想，也最足毒害青年，弟久欲于此二者各写一有系统之著作，以竟《新青年》之未竟之功。文字方面而始成一半，史的方面更未有一字，故拟油印此表（中国古史表）以遗同好，免完全散失也"。平时他亦不止一次说要写中国史的书和中国文字的书。"他以为在中国长期的封建社会形成的学术思想，有些乌烟瘴气，再不能让它继续下去毒害青年"[37]。这工作在《新青年》时期想做而未能做成，晚年想继续完成此任务。不过，他对这方面的研究，大概在1936年才正式开始，其步骤是先文字学后史学。这是因为要真正了解古代的历史，必先读通古书中的古字，就得从训诂音韵下功夫。他在《〈小学识字教本〉自序》中说，"昔之塾师课童，授徒而不释义，盲从如习符咒，学童苦之。今之学校诵书释义矣，而识字仍如习符咒，且盲记漫无统纪之符咒至二三千字，其戕贼学童之脑力为何如耶！……中国在拼音文字未行以前，识文字善教育之道，舍此无他途。"[38]

在陈独秀临死前数月（1942.4.），著有《再论世界大势》，文中列有人类社会民主发展进程表：上古社会—氏族社会民主制；古代社会—城市市民的民主制（包括希腊、罗马）；近世社会—资产阶级民主制；未来—无产阶级民主制以至全民民主制。他分析第二次世界大战的前途，如希特勒胜利，则民主自由将丧失数百年才能恢复。他说，"每个时代民主制向前发展之先，都经过一专制黑暗时期。”他希望近代的进化史，不经专制黑暗而由资产阶级民主制，直接走向未来世界更扩大的民主制。他寄希望于青年为此而努力，并用“知其不可而为之”的精神，影响下一代的青年[39]。他研究文史，最终大概即是这个目的。这就是《新青年》的未竟之志。所以当汪孟邹催他写《自传》时，他竟回信说，我正在写《小学识字课本》，这比《自传》更重要，候此书写好再说[40]。可惜的是，天不假年，陈独秀死得太早了。

陈独秀在监狱里，订有一份《东方杂志》，这固然是当时研究参考所需，也可见他对《东方杂志》的感情与态度。照监狱的规定，犯人是不准与外界联系的，寄给陈独秀的书信，都须经监狱检查。所以陈独秀一般均通过南京的亲友代转书信，以避免检查。唯此《东方杂志》，则由商务印书馆直接寄到监狱陈独秀收。1937年起，陈独秀向《东方杂志》投稿。当他第一次投的稿由编辑部寄回要他修改时，竟将稿酬和修改意见一并寄来了。这时的陈独秀，已是国民党的阶下囚，不是当年新文化运动的总司令，更不是中国共产党的总书记。稿未刊载即寄来稿酬，表明编辑部知道他生活困难，亟需钱用；采用政治犯的文稿而不怕涉嫌，是使他颇为惊奇的。他写信问胡适：“我拟写各种书，他们要么？不知是顺口应酬话，还是真话？倘真要，我便真写。他们真要，望示以内容大致范围，的确能出者。著书藏之名山，则非我所愿也。”[41]这时的《东方杂志》已由胡愈之主编。陈独秀向胡适所提出的各点，胡适是否转达了，今已无可考。但此后《东方杂志》经常刊用陈独秀的稿子，这是事实。而这个事实是推动陈独秀著述的最大动力，是不容忽视的。后来，商务同意出版《陈独秀丛著》也就不是无缘无故的了。

陈独秀在《东方杂志》发表的文章，计有：

1.《荀子韵表及考释》，34卷2号；

2.《实庵字说》，34卷5号，6号，7号，10号，13号（连载）；

3.《老子考略》,34 卷 11 号;

4.《孔子与中国》,34 卷 13 号,18 号,19 号;

5.《中国古代有复声母说》,34 卷 20 号,21 号;

6.《广韵东冬钟江中之古韵考》,36 卷 4 号,6 号;

7.《中国古史表》,37 卷 1 号;

8.《禹治九河考》,38 卷 2 号。

时间从 1937 年持续到 1941 年。

抗日战争全面开始,陈独秀被释出狱,曾一度忙于抗日宣传,不久,即由武汉而重庆,最后定居于江津,继续他的文史研究,直至病魔夺去他的生命为止,始终没有停辍过。当他的《小学识字教本》诠释到"抛"字时,搁笔长逝了。是他"抛"世而去,抑或人世"抛"了他?! 陈独秀的一生及其业迹,总是蕴义双关的。

陈独秀逝世后,即由何之瑜、魏建功、台静农、方孝博在江津对陈的遗稿,做了登记编号工作。文字学及声韵学方面的由魏建功整理,散文与诗词散失甚多,搜集不易,拟由台静农,并拟请陈钟凡参加搜集。其他政治思想的论文,早已披露于各种刊物者,征得家属同意,暂不加整理。最后由何之瑜总其成。何至 1943 年 4 月 19 日编成《独秀丛著目录》,分寄陈独秀生前友生征求意见。当时驻重庆的商务印书馆总经理王云五欣然应允出版。不过他说在此不能排印,必须到战争结束。

1945 年日本宣布投降,何之瑜又去找王云五。王对他说,"仲甫先生的遗著,商务一定出版,但必须要等两三个月。"[42]旋由王抚五(星拱)出面,约集独秀的三子松年,以及北大友生沈尹默、傅斯年、段锡朋、狄君武等人,于 1945 年 11 月 29 日,在重庆重专美街七号,会同商务印书馆代表,签订陈氏遗著出版合约。议定陈独秀的"所有文史部分遗著,全部交由商务印书馆出版发表"。版税分三部分:

一、以百分之四十为纪念之用;

二、以百分之三十为(陈氏)孙女教育经费;

三、以百分之三十为整理遗稿之费用。

遗稿由何之瑜负责直接交付商务印书馆。如商务不能按期出版,则由何之瑜收回原稿,交北京国立大学永久保存[43]。在《关于陈仲甫先生遗著出版问题谈话会记录》上签字的有:光明甫、王星拱(抚五)、陈松年、狄膺(君武)、王云五、何之瑜等六人。

何之瑜于1946年由江津到上海,专事整理陈氏遗稿。此时胡适已由美国返国,出任北京大学校长。即由陈钟凡致书胡适为何之瑜先容,告诉他何之瑜正在从事整理陈的遗著,要求胡适托沪上友生对何之瑜的生活加以关照。胡适由此对陈氏遗著的整理工作,亦参加了意见。1947年秋,何之瑜将《独秀丛著目录》改为《独秀丛著总目》,把陈独秀所有著述全部列入。分12册。计有:

一、古音阴阳入互用例表及其它(凡八篇)

1.《古音阴阳入互用例表》作于南京监狱,后在江津重订。有自序及魏建功序,手稿及油印本。

2.《中国古代语音有复声母说》作于南京监狱,发表于《东方杂志》34卷20号,21号。

3.《连语类编》作于南京监狱,手稿。

4.《荀子韵表及考释》作于南京监狱,发表于《东方杂志》34卷2号。

5.《屈宋韵表及考释》作于南京监狱,未完,手稿。

6.《晋吕静韵集目》作于南京监狱,手稿。

7.《广韵东冬钟江中之古韵考》作于南京监狱,曾发表于《东方杂志》36卷4号、6号,1940年在江津又重加修正。

8.《表》手稿。

二、实庵字说

1.《实庵字说》作于南京监狱,于《东方杂志》34卷5,6,

7,10,13 号连载。

2.《字义类例》作于 1913 年冬,1925 年由上海亚东图书馆出版的石印本。

3.《识字初阶》作于南京监狱,手稿。(此稿有二,均未完成,出狱后改作,更名为《小学识字教本》)

4.《干支为字母说》作于南京监狱,手稿。

三、小学识字教本

上篇　字根及半字根

下篇　字根孳乳之字

出狱后继续《识字初阶》之作,上篇十章早完成,下篇未及完成,但"本书之体系业已完成"。手稿及油印本。

四、中国拼音文字草案　手稿。

五、独秀文存一集　汇集五四时期的文字。

六、独秀文存二集　汇集国民革命时期的文字。

七、独秀文存三集　汇集托派时期的文字。

八、独秀文存四集　汇集抗日时期的言论及于南京监狱的部分学术论著。

九、独秀诗存　手迹及抄稿。

十、独秀书信　手迹及抄稿。

十一、甲戌随笔　包括 1934 年在狱中所写随笔和音韵文字杂记以及古史材料等。

十二、独秀丛著拾遗

上述《实庵字说》册中的《字义类例》,版权为亚东图书馆所有;《小学识字教本》亦在陈生前售给了国立编译馆。《古音阴阳入互用例表》和《连语类编》,因北大自昆明每月赠陈独秀 300 元生活费,陈即以此相赠给北大出版(因故未果)。这些都需要征得有关方面同意,将版权转让,悉数归商务出版。此事联系妥当后,又因上述12种中,如独秀文存第二集、第三集,独秀书信,独秀诗存和拾遗等,均难一时收齐,只有留待日后,所以改成先出七种,即一、二、三、四、五、八、十一。"其他还没有汇收完成的稿子,以后随时由商务出版。"[44]准备先出版的一、二、三、四、十一。五种都是文字学的著述。

商务印书馆接受出版陈氏遗著是王云五在重庆应允的,《谈话记录》上也是王云五签的字。但待商务迁返上海后,王云五到国民党政府当大官去了,辞去了商务印书馆总经理之职,商务的董事长张元济挽留无效,曾动员胡适出任,胡适又推荐朱经农,1946年9月22日,朱经农正式接任商务总经理。据说,出版书籍的最后决定权,由董事长把关。全馆的出版会议即由张元济主持。何之瑜听商务印书馆的内部人说,"他们的'西园寺'很难说话"[45]。担心会受到阻碍,即央请胡适出面疏通。1947年底,遗著的第一册已排印了一部分。1948年4月,遗著的排印忽又停止,何之瑜又急忙搬救兵,自忖"在张菊生先生面前说话,能够有效的"只有胡适。则专函请胡适转向张元济说明:"如果这么停下去,实在可惜,将来也难得再行起首"[46]。果然有效。何之瑜在1948年5月30日修订《独秀丛著总目》时说,"前三天正是陈独秀逝世第六周年,他的遗著才得出版,真是一件不平凡的事。以后如果没有特别的阻碍,总可以和世人见面"[47]。可见进展是顺利的。这是指《丛著》的第一部分《古音阴阳入互用例表及其他》。商务既出的陈著只此一卷。

《独秀丛著》的"总序",何之瑜是请胡适写的,说只有胡适才堪胜任。1948年6月,商务已将《丛著》的第一册"排好、校好"了,但胡适本答应在最近一周内交卷的"总序",仍未见寄来,1948年10月,胡适南下在沪停留时,何之瑜曾三次访晤胡适,总因人多事忙,不能畅所欲言,最后只得写一封长信,除催"总序"及早完成外,还介绍了许多他所掌握的有关陈独秀的生平与思想发展的史料，供胡适作“总序”之用。但十分不幸，时局骤变，蒋氏王朝摇摇欲坠，不容胡适安坐作序，“总序”流产了。《丛著》的命运，也因此终未得“和世人见面”。已编辑的文稿资料均存于商务。只有其中《小学识字教本》，因请魏建功抄写，直至1948年6月，尚未见交去商务。据悉，这些陈氏遗著，至今均保存无恙。《独秀丛著》如无商务的推动，很难有汇集整理的机会，将会被无情的岁月湮没。

陈独秀在我国历史上放过异彩，是一个不可多得的历史人物，他与商务印书馆的关系，不该湮没，虽然曾一度被历史的浪花所覆盖。陈独秀与商务的关系，是作者与出版者的关系。商务印书馆始终是把陈独秀当学者对待的。陈独秀与商务的缘，始、终是完满的。也只有商务印书馆，在当时的条件下，有如此的气魄和胆识，敢于承印陈氏遗著。1949年以后，情势与观念起了翻天覆地的转变，《丛著》印刷不可能再继续下去，致使陈独秀与商务的缘，在事实上未能在句末画上圆圈。这是时代所造成的缺憾。何时能补上这个句号，有待新的出版家和新的时机！

注释：

① 张元济《东方图书馆概况·缘起》。

② 《商务印书馆四十年大事记》(1936年)，见《商务印书馆九十五年》，第679页。

③ 蔡元培《杜亚泉君传》。

④ 《革命战争》、《中华民国之前途》，《东方杂志》8卷9号、10号。

⑤ 《国家主义之考虑》，《东方杂志》15卷8号。

⑥ 《国民今后之道德》，《东方杂志》10卷5号。

⑦⑬ 《迷乱之现代人心》，《东方杂志》15卷4号。

⑧ 《中国革命党应该补习的功课》，《星期评论》31号，1920.1.3。

⑨ 《革天》，《国民日日报汇编》第一集。

⑩ 《敬告青年》，《新青年》1卷1号。

⑪ 《吾人最后之觉悟》，《新青年》1卷6号。

⑫ 《东方杂志》13 卷 10 号,1916.10。

⑭ 《战后东西文明之调和》。

⑮ 《再质问〈东方杂志〉记者》。

⑯ 罗家伦《今日中国之杂志界》,《新潮》一卷四号。

⑰ 陶希圣《商务印书馆编译所见闻记》。

⑱ 胡愈之《回忆商务印书馆》。

⑲⑳㉑㉔ 均见《张元济日记》。

㉒ 《关于〈新青年〉问题的几封信》,张静庐《中国现代出版史资料》甲编。

㉓ "致高凤池",《张元济书札》第 191 ~ 192 页。

㉕ 茅盾《复杂而紧张的生活、学习与斗争》上,《回忆录》(四),《新文学史料》第四辑。

㉖㉗㉘ 《胡适来往书信选》(上),第 194 页,第 241 页。

㉙ 《红楼旧感录之一》,《团结报》,1983 年 6 月 4 日,18 日,25 日。

㉚㉛ 《〈中国拼音文字草案〉自序》手稿,1928 年。

㉜ 何之瑜《独秀丛著总目》题解。

㉝㊶ 《胡适来往书信选》(中),第 143 页、第 268 页。

㉞ 汪原放《回忆亚东图书馆》,第 170 ~ 171 页。

㉟ "致程演生",手迹,无年月,大概写于 1934 年。

㊱ 汪原放《回忆亚东图书馆》,第 169 ~ 170 页。

㊲ 台静农《酒旗风暖少年狂——忆陈独秀先生》,台湾《大成》第 205 期。

㊳ 《陈独秀著作选》(三)第 609 页。上海人民出版社 1993 年版。

㊴ 《再论世界大势》,《陈独秀著作选》(三),第 598 ~ 560 页。

㊵ 郑超麟回忆。

㊷ 何之瑜《陈独秀丛著总目》后记,《陈独秀评论选编》(下)。

㊸ 《关于陈仲甫先生遗著出版问题谈话会记录》,由陈松年先生保存。见郭因《陈独秀生平二三事及其他》,《安徽文史资料选辑》1980 年。

㊹㊺㊻ 《胡适来往书信选》(下),第 307 页、第 262 页、第 371 页。

㊼ 见《陈独秀评论选编》(下),第 422 ~ 423 页。

原载《编辑学刊》1996 年第 2 期

编辑家陈独秀及其编辑艺术

王建辉

陈独秀是本世纪我国最早筹办报刊的人之一。起初两次筹办《爱国新报》都未能实现,1904 年终于办成了《安徽俗话报》(半月刊),持续了约一年。此后一生办过的报刊十数家,还与一家出版社有很深的关系。

陈独秀办报刊有明确目的

有明确的目的是有明显特色的基础。陈独秀一生办报刊,最注意的就是报刊要有明确的主张和目的。

陈独秀说他办《安徽俗话报》有两个主义:“第一是把各处的事体说给我们安徽人听听,免得大家躲在鼓里,外边事体一件都不知道。”“第二是要把各项浅近的学问,用通行的俗话讲出来,好叫我们安徽人无钱多读书的,读了这‘俗话报’,也可以长点见识。”由于目的明确,《安徽俗话报》取得了成功,不到半年增到 3000 份,名列全国白话报前列。它还是安徽最早的负有革命使命的报刊,人们常怀念它“最开风气”。(任建树《陈独秀传》上册第 57 页。)

《新青年》杂志是很有明确的目的,也就有了明显的特色。细察《新青年》的发展有几变:一变是由陈独秀一人主持编辑出版至由新青年同人共同编辑出版而成为一个同人刊物;二变是陈独秀在 1920 年出版“劳动节纪念专号”,蔡和森说明这一种变化:以前是美国思想的宣传机关,现在是变为俄国思想了。这个过渡时期很短,很快就有了第三变;三变而陈独秀将其改组为中国共产党上海发起组的机关刊,也就是要让这个刊物在宣传马克思主义方面做出新的贡献。都是由明确的目的而带来三个时期不同的特色。

《新青年》杂志在初期的宗旨是重在输入学理，而不直接干预时政。由于国内政治形势的变化，《新青年》的编辑方针无疑要发生变化，这就是向直接干预发展，由思想评论转为政治宣传。但是《新青年》是月刊，出版周期长，不能及时地对现实斗争提供及时的指导。于是在1918年，陈独秀又创办《每周评论》周刊，其宗旨就是“主张公理，反对强权”(发刊词，《独秀文存》第388页)，这是一个比《新青年》“更迅速、刊期短、与现实更直接”的刊物，成为对旧思想发起总攻击的思想武器。

陈独秀的编辑工作态度

陈独秀此人性格最为激烈，也一向不拘小节，但对于编辑工作却是最为忘我、认真和负责。1903年陈独秀协助章士钊共同编辑《国民日日报》，章曾有文说到他们的编辑工作，“两人蛰居昌寿里之偏楼，对掌辞笔，足不出户，兴居无节，头面不洗，衣敝无以易……一日晨起，愚见其黑色袒衣，白物星星，密不可计。愚骇然曰：‘仲甫，是何物耶?’独秀徐徐自视，平然答曰：‘虱耳。’其苦行类如此”。(任建树《陈独秀传》上册第51页)30年代初他办托派中央机关刊《火花》，刻印人员的住房房租、伙食费以及蜡纸、油墨和纸张等费用都由陈独秀一人负担。(唐宝林《陈独秀传》下册第112页)编辑事业只在不太长的时期里间断地成为他的职业，而在任何时候都是他的一种职志。因为是一种职志，他才能够兢兢业业。

陈独秀的认真还可在对待刊物出现的差错方面的态度看出来。《新青年》原系陈独秀一人编辑，难免不出差错，但对于纠正差错，陈独秀的态度则是认真的。《新青年》第2卷第1号刊出胡适小说译作《决斗》，校对失误不少，陈在致胡的信中致歉说：“下次来文当亲为校对，以赎前愆。”《新青年》(第2卷第5号)曾转载蔡元培的一篇文章《蔡孑民先生在信教自由会之演说》。这是蔡元培在《新青年》上刊出的第一篇文章。因为编印都在上海,校样没能拿给蔡元培看。刊出后,蔡元培发现有十几处错误。蔡元培的意思报纸发表过后即不存在了,而刊物寿命长,故有更正的必要。陈独秀便以信函的形式作出更正。陈说:这样最好,你的信既可校出讹错,又可消解读者的疑问,还增添了敝刊的分量,可谓一举多得。(水如编《陈独秀书信集》第 99 ~ 102 页;朱洪《陈独秀与中国名人》第 86、60 页)

陈独秀的逼稿艺术

新文化运动是以《新青年》杂志为阵地的,其早期的主要编辑人是陈独秀。胡适那篇被称为"文学革命发难的信号"的文章《文学改良刍议》,在 1917 年 1 月的《新青年》第 2 卷第 5 号上刊出。这篇文章是在陈独秀的催促下写成的。这是陈独秀编辑催稿的一个范例,也是现代编辑出版史编辑催稿的一个范例。

陈独秀大致是这样催稿的。1. 从外而入内,陈独秀一再通过他们共同的朋友老乡汪孟邹向远在美国的胡适转介催逼。汪在信中说:"陈君望吾兄来文甚于望岁,见面时即问吾兄有文来否。故不得不再三转达。每期不过一篇。且短篇亦无不可,务求拨冗为之,以增杂志光宠。至祷!至祷!否则陈君见面几问,炼将穷于应付也。"2. 向远在国外的胡适赠送刊物。杂志第 1 期刊出后不久即请汪孟邹转寄,之后第 2、3 期也陆续寄出。这杂志很有吸引力,是最为有力的约稿信。3. 发现题目及时通信。在再三催逼下,胡适 1916 年 2 月初赶译了俄国作家泰来夏甫的短篇小说《决斗》,同时写了一封信,很坦率地对杂志所登薛琪瑛所译英国作家王尔德《意中人》提出批评。陈十分重视胡的意见,回信表示"仰望足下甚殷",盼他早日"返国相见"。胡在后来致陈的信中谈到文学革命主张的"八不主义”,陈当即作为通信发表并立即回信要他写成专论,把“详细理由,指陈得失,衍为一文,以告当世”(《独秀文存》卷三,第18页,亚东图书馆1922年)。这便是胡适的名文《文学改良刍议》。

胡适的成名虽然是由于胡的才智过人,陈独秀这位编辑人也起了关键的作用。如果不是陈独秀的恳切催逼,胡适那时候甚为忙碌,写作还顾不上,也不至于这么早写这样一篇文章。而胡文发表后,陈独秀又亲自撰写呼应文章《文学革命论》,将话题引向深入。

无独有偶,鲁迅曾谈到他怎么做起小说来,是《新青年》的编辑“一回一回地来催,催几回,我就做一篇,这里我必得纪念陈独秀先生,他是催我做小说最着力的一个”。(《鲁迅全集》第4卷第393页)鲁迅在《新青年》刊发的最早的一篇小说《狂人日记》是陈独秀托钱玄同催生的,像《故乡》等篇即是陈独秀直接催逼出来的。陈独秀对鲁迅的小说是“我实在五体投地地佩服”,还建议鲁迅将发表在《新青年》和《新潮》上的作品,“剪下自加订正,寄来付印”(陈独秀给周启明的三封信,《历史研究》1979年第5期)。

《新青年》的成功之处,在于它号准了时代的脉搏,举科学和民主为自己的旗帜。同时在于以北京大学为依托,因为获得丰厚的学术资源。相当于发刊词的《青年杂志社告》称:“本志之作,盖欲与青年诸君商榷将来所以修身治国之道”;“本志于各国事情学术思潮尽心灌输”;“本志执笔诸君,皆一时名彦”。这三点承诺,在其与北大文科携手后,变得轻而易举,此为《新青年》取得进一步成功的保证。

陈独秀和亚东图书馆

陈独秀一生和出版机构关联很多,但与亚东图书馆渊源最深。亚东图书馆是书店和出版社合一的一家文化机构,是私营文化企业。它的每一步发展都和陈独秀密不可分。这家书店是由陈独秀鼓动他的朋友汪孟邹,在芜湖科学图书社的基础上于1913年办起来的。书店迁到上海,在事业有了一点的基础的时候,陈独秀又对汪孟邹说,要想发展就得出弄堂上马路,“你要死只管还缩在弄堂里”。他主张把书店办到热闹的街面上去。《独秀文存》也是交由亚东出版的。在大革命将要面临低潮时,陈独秀要儿子乔年告诉汪原放,“还是把店事做好要紧。他说:‘书店很不容易做,不进则退。’”(汪原放《回忆亚东图书馆》第132页)陈独秀把出版工作放在很重要的位置上。这使亚东继续发展下去。他还怂恿汪孟邹早一点将店事交给年轻人管理,以使他们早日获得经验。他还认为书店带一点灰色,也是一种保护色,在经营上“谨慎小心的办法,未必无理由”(第166页);还认为在书店经营困难时,“加文具部,很要紧。文具生意的利息也不错,和书籍同做,财政可以活泼得多”(汪原放《回忆亚东图书馆》第201页)。陈独秀虽然并不长于生意,可是书生议商也每有一得之见,联想半个世纪后书店又摆开了文具柜,似乎陈的看法还不是迂论。因为亚东图书馆和陈独秀关系太深,在30年代出版了一些托陈派的书籍,1953年被有关方面宣布停业。

陈独秀关于编辑出版的一些见解

陈独秀对出版有一种总体的看法:“出版物是文化运动的一端,不是文化运动的全部”;“凡是一种杂志,必须是一个人一团体有一种主张不得不发表才有发行的必要”。(《独秀文存》第371页)

什么样的书值得出版?他认为:“如今出版界的意思,只要于读者有点益处,有印行的价值便印行,不一定要是传世的作品;著书人的意思,只要有滴点心得或有点意见贡献于现社会,便可以印行。”(《独秀文存·自序》,安徽人民出版社1987年版)

办报刊不要雷同,是他一以贯之的主张。陈独秀曾经写过几篇文章都谈到这一观点。在《新出版物》一文中,他指出:“就以办杂志而论，也宜于办性质不同，读者方面不同的杂志，若是千篇一律……未免太重复了……像这‘百衲’杂志，实在是没有办的必要，不如拿这人力财力去办别的急于要办的事。”他对一窝蜂去办重复的杂志提出了严厉的批评：“出版以外，我们急于要做的实在的事业很多，为什么大家都只走这一条路？”（《独秀文存》第571页）在《告新文化运动诸同志》中，他针对当时出版界许多刊物性质相同的情况，劝说“上海的同志要办报，不必办和人雷同的报。上海工商业都很发达，像‘店员周刊’、‘劳动周刊’，倒有办的必要。但至今无人肯办。难道不高兴张嘴和店员劳动家说话吗？难道因为这种不时髦，不能挂‘新思潮’‘新文化’运动的招牌吗”。（长沙《大公报》1920年1月11～12日）因此他主张办工人报刊。并且将之付诸实践，先后创办了《劳动界》和《伙友》。

尊重出版者的意见，也是他的一种编辑风格。《新青年》的刊名由《青年杂志》变化而来，就是发行出版者群益书社的老板给改定的。陈独秀曾有信对胡适说到这一点：“依发行者之意，已改名《新青年》。”（《胡适来往书信选》上册第3页）

陈独秀在中国革命史上的地位，实际上是与他作为一名编辑分不开的，他不是一个很好的革命实践家，却是一个很出色的革命宣传家、革命编辑家，也可说他是一个职业的和半职业的编辑家（20年代初期，他还兼任过商务印书馆的馆外名誉编辑），他编辑的《安徽俗话报》，对于安徽具有开风气之功，他编辑的《新青年》更成为中国新文化的一面旗帜。

主要参考文献：

《独秀文存》，亚东书局初版，安徽人民出版社1987年重印本。

原载《出版广角》1999年第2期

陈独秀的编辑活动与编辑思想

李 芬

在党史上，陈独秀是一个政治家、革命家，一个犯过严重右倾机会主义错误的中国共产党领导人。作为“五四运动的总司令”，陈独秀首先是一个知识分子，一个新文化运动的主将，一个革命的宣传家。五四前后，他曾创办或参与主编过四种颇有影响的报刊：《国民日日报》、《安徽俗话报》、《新青年》和《每周评论》，为本世纪初民族民主革命思想的传播做出了卓越的贡献。陈独秀的编辑思想值得后人借鉴。

一 编 辑 活 动

陈独秀最早参与报刊编辑工作是在1903年夏日的上海。当时，《苏报》刚刚被清政府查封，为了继续宣传革命，章士钊等人积极筹办《国民日日报》，并于是年8月7日创刊。由章士钊、陈独秀总理编辑事宜，负责全部文字和校对。该报以“排满革命”为宗旨，“发刊未久，风行一时，时人咸称为《苏报》第二”。①但是，由于革命党内部发生纠纷，特别是清政府“长江一带，严禁售阅”的禁令，致使该报于同年12月1日停刊。

1904年陈独秀回到故乡安庆，约请桐城学堂学长房秩五、吴守一共办《安徽俗话报》，并于是年3月31日创刊。不久，吴守一随校迁回桐城县，房秩五东渡日本留学，该报实际由陈独秀一人负责。《安徽俗话报》是安徽省最早的负有革命使命的刊物，办得相当出色：初刊时销售1000份，不到半年就增至3000份，列全国白话报的首位；不到一年其代派处已达58家，除安徽本省外，上海、北京、河北、辽宁、山东、江苏、湖北、江西等省市都设有代派处。该报于 1905 年 9 月停刊。[②]

在此后的十年中,陈独秀以主要精力投身于当时的革命活动,其间虽也参与编辑过《甲寅》杂志,但时间短、影响小,也不负主要责任。

辛亥革命的失败对陈独秀刺激很大,痛定思痛,他认为中国要进行政治革命,须从"思想革命开始","欲使共和名副其实,必须改变人的思想,要改变思想,须办杂志"。[③]为了这个目的,由陈独秀主撰的《新青年》于 1915 年 9 月 15 日在上海创刊。[④]《新青年》是个综合性学术刊物,初期编辑部设在上海;1917 年陈独秀应聘北大,《新青年》编辑部也迁至北京。从第 4 卷第 1 号(1918 年 1 月 15 日)起,《新青年》改为同人刊物,陈独秀负主要责任;从第 7 卷第 1 号(1919 年 12 月 1 日)起,又由陈独秀主撰。此后不久,陈独秀南下返沪,编辑部又随之迁回上海。1920 年 8 月,陈独秀等人在上海创立中国共产党发起组,《新青年》从第 8 卷开始成为中共发起组的机关刊物,直至 9 卷 6 号(1922 年 7 月 1 日)出版后,休刊。至此,由陈独秀主撰(或负主要责任)的《新青年》从创刊到休刊共经历了整整 7 个年头。

《新青年》的宗旨重在输入学理,而不在批评时政。随着国内政治形势的变化,为了密切配合政治斗争进行革命宣传,陈独秀、李大钊等人决定创办一个比《新青年》"更迅速、刊期短、与现实更直接"的刊物,这就是 1918 年 12 月 22 日问世的《每周评论》,由陈独秀负书记及编辑之责。《每周评论》完全是一个针砭时政的战斗性刊物,它与《新青年》相互配合,相互补充,协同作战,成为指导青年的又一盏"明灯"。北洋政府对它恨之入骨,于 1919 年 8 月 30 日《每周评论》出版第 37 号时,将其查封。

二　编 辑 思 想

成功的编辑活动取决于成功的编辑思想,同时也体现着编辑工作者出色的编辑思想。综观陈独秀的编辑活动,笔者认为其思想有以下三个显著特点。

1. 报刊要有针对性

这里的"针对性"是指读者而言,是对报刊服务对象的定位。不同性质的报刊要针对不同的读者群体,正确的定位是报刊成功的前提。

陈独秀办《安徽俗话报》的目的在于"运广长舌",开启民智,"教大家通达学问,明白时事",因此,《安徽俗话报》要针对相当广泛的读者群体:"读书的人看了,可以长多少见识……教书的人看了,也可以学些教书的巧妙法子。种田的人看了,可以知道各处年成好歹。做手艺的人看了,也可以晓得各处的行情。做官的看了,也可以明白各地的利弊。当兵的看了,也可以知道各处的虚实。女人孩子们看了,也可多识些字,学会文法,还看些有趣的小说,学些好听的歌儿。"⑤这样的定位使陈独秀在办刊时把握了两个基本准则:第一,语言要用"最浅近最好懂的俗语";第二,篇幅要短,内容要丰富。在这种指导思想下诞生的《安徽俗话报》兼有报纸和杂志的双重特点:它是32开本的半月刊,每期40页,约1.5万字;文章短小精悍、生动活泼,并且门类齐全,包括论说、新闻、史地、教育、实业、小说、诗词、闲话、行情、兵事、卫生等等共十几个门类。正确的定位使《安徽俗话报》获得相当的成功,名噪一时,堪与当时驰名全国的《杭州白话报》相媲美。建国后,安徽的革命老人潘赞化、房秩五、朱蕴山等对该报仍津津乐道,赞其"最开风气"。

《新青年》就不同了。陈独秀创办这个杂志的目的是"革中国人思想的命",他把希望寄托于"如初春,如朝日,如百卉之萌动,如利刃之新发于硎”[6]的青年人身上。于是,陈独秀将《新青年》办成一个综合性学术刊物,并最终成为在一代青年知识分子中广为流传的刊物。毛泽东在师范学校读书时就开始读《新青年》。他曾回忆道:“有很长一段时间,每天除上课、阅报以外,看书,看《新青年》;谈话,谈《新青年》;思考,也思考《新青年》上所提出的问题。”[7]《新青年》适应了时代的要求,指引了那个时代前进的步伐,它培育了一代青年。

2. 报刊要有思想性

人,要有思想;报刊,也要有思想。思想是灵魂,没有灵魂的报刊是不会取得成功的。从《国民日日报》到《每周评论》,无论编辑哪一种类型的报刊,陈独秀的目的都只有一个:宣传革命。这是陈独秀从事编辑活动的一条思想主线。《国民日日报》宣传的是“排满革命”;《安徽俗话报》是要“运广长舌”,拨动“众人脑筋中爱国机关”;《新青年》则是要改造青年的思想,使其摒弃陈腐的封建思想;《每周评论》最为直接,它针砭时政以促国人“速醒”,对“关系国家民族根本存亡的政治根本问题有彻底的觉悟,急谋改革”。[8]由此可见,无论什么样的报刊,都要有思想、有灵魂,这样的报刊才不会是简单的文字大杂烩,而是一道色香味俱佳的精美菜肴,品之有味,回味无穷。

有了思想性,还要有相应的宣传方式。介绍性或论证性的“灌输”是一种方式,但不是唯一的。学习陈独秀的编辑思想,应当充分重视他在这方面的独到之处。综观陈独秀的编辑实践,他不仅善于运用多种多样、生动活泼的体裁如小说、戏剧、诗等来宣传革命思想;更为重要的是,他相信“真理越辩越明”,因此,在宣传方式上不搞“一言堂”,而是允许不同意见的出现,通过“争论”达到宣传革命、宣传真理的目的。《新青年》从1卷1号起就特设“通信”一栏,此外还不定期设有“讨论”、“读者论坛”等栏目;《每周评论》也设有“通信”一栏。这些栏目的设定,不仅为编读双方提供了沟通与交流的园地,也为不同思想提供了论争的舞台,它以生动活泼的方式传播了真理,深入人心。这种经验对今天的报刊工作者仍有借鉴意义。

3. 报刊要有时代感

一个时代有一个时代的文化,报刊作为时代文化的传播手段,具有时代感是其成功之道。陈独秀所编辑的报刊,从宣传排满革命到提倡民主科学,到宣传马克思主义,始终站在 20 世纪初中国思想界的前沿阵地,为一个新时代的到来摇旗呐喊。

作为编辑工作者,陈独秀的重要贡献还在于他对报刊工作的革新。在他的主持之下,《新青年》从 1918 年 1 月 4 卷 1 号起,大部分的文章都改为白话文。以后,《新青年》又逐步采用了新式标点符号。这在我国现代报刊史上具有首创作用,是报刊史上一项极为重要的革新。它适应了时代的特点与要求,扩大了《新青年》的影响。

陈独秀无愧为一代成功的编辑工作者,他为报刊工作所做的贡献是不应忘记的。

注释:

① 冯自由:《革命逸史》初集第 135 页。

② 停刊原因,一说为自动停刊;另一说为因该报载文触犯了芜湖英领事馆,被迫停刊。

③ 任卓宣:《陈独秀先生的生平与我的评论》,《传记文学》30 卷第 5 号。

④ 《新青年》原名《青年杂志》。创刊时,上海基督教青年会办有《上海青年》,他们认为《青年杂志》和《上海青年》"名称雷同,应该及早改名","省得犯冒名的错误"。1916 年 9 月 1 日,《青年杂志》从 2 卷 1 号起,正式更名为《新青年》。

⑤ 任建树等编:《陈独秀著作选》第 1 卷第 23 页,上海人民出版社 1984 年版。

⑥ 陈独秀:《敬告青年》,《青年杂志》1 卷 1 号。

⑦ 转引自任建树:《陈独秀传——从秀才到总书记》,第 103 页,上海人民出

版社 1989 年版。

⑧ 陈独秀:《今日中国之政治问题》,《新青年》5 卷 1 号。

原载《编辑学刊》1999 年第 4 期

陈独秀的《小学识字教本》

叶尚志

陈独秀先生在南京监狱 5 年,出狱后从南京到武汉、四川走上抗日救亡大道,一直没有停止思考和探索。正如他入川后一首诗中所说,“除却文章无嗜好”,他在不停地撰写大量政论的同时,从没有舍弃研究祖国文字。为了子孙后代打下良好的文字知识基础,他不顾贫困老病,在四川江津一隅偏僻闭塞之地,顽强地完成了具有极高学术价值、为一代一代教师和学子提供教学蓝本的《小学识字教本》。这是陈独秀先生晚年不可忽视的主要活动之一。

《小学识字教本》,从字面上看来容易误解为一本粗浅的儿童识字课本,其实不然,它是拥有中西文化很高素养、特别是国学雄厚基础、博古通今的陈独秀先生晚年最后一本学术力作,是总结我国几千年和他几十年来文字研究的一本重要学术成果。我国历来所谓“小学”,就是研究文字的学问。此书名为“教本”而非“课本”,一字之差,是有其用意的,它是有意为中小学教师普及国民文化教育提供教学蓝本,学术性虽高,但目的还是在于实用。

陈独秀是作为一项终身事业来研究祖国文字的。从 1910 年起他就在《国粹学报》上连续发表《说文引申义考》,1913 年完稿、1925 年才出版《字义类例》。由于复杂的内外原因,大革命失败后他离开了领导岗位,他在苦思和自责同时,并未计较个人的得失,而埋头为党刊写出大量短文政论,并于 1928 年写成《中国拼音文字草案》,惜因限于条件未能出版。他在南京监狱五年内又实践他的格言:把监狱当作“世界文明的发源地”之一,于1937年又发表《实庵字说》、《荀子韵表及考释》,并于1940年完成《小学识字教本》。

在这本约二十万字的书中,作者科学而又系统地在上篇“字根及半字根”之下,分为象数、象天、象地、象草木、象鸟兽虫鱼、象人身体、象人动作、象宫室城郊、象服饰、象器用等十类;在下篇“字根孳乳之字”之下,分为字根并合者(复体字、合体字、象声字)、字根或字根并合之附加偏旁者(存目,未写完)等两大类。上篇是根本,共545字,先后完整油印、出版、流传下来,值得庆幸;下篇作为类例,共454字,可以演化、发挥、阐发,字数可多可少,虽未竟稿,也无大碍。全书构成一个完整体系,综合、归纳,条分缕析,一目了然,非常系统、科学、实用,便于教师教、学生学。作者对本书所载1009个字中的每个字,由形、音、义三个要素互相联系、制约、协调,置于合乎规律、不可分割的整体之中,从原始的象形、图解、八卦,到现今可以辨识的甲骨文、金文,乃至籀文(大篆、石鼓文)、大小篆文、隶书和楷书,以及历来的文字、音韵著作,都探其渊源、阐明演变、释其引申、穷其义理;对我国文字由繁及简,流传至今,都指明其出处,阐释其根孽,推论其变通,剔除其讹伪,莫不有根有据,来龙去脉一清二楚,令人信服。

陈独秀先生的《小学识字教本》出版问世的过程,说来话长,其间六十多年以来,历经艰难曲折,就像作者一生的命运那样,是非常不幸的,其中有许多故事,是发人深省的。

故事之一是,陈独秀先生在战时避难于江津山村孤立无援之际,费了不少心血,于1940年完成此书上篇字根部分,先交给了国立编译馆,想要争取到当年秋季学校开课前出版,但一直积压,未能如愿;后由作者辗转托台静农、魏建功诸友接洽,均无结果。“屋漏偏遭连夜雨”,此时窃贼误以为他是一位来头不小的富有的大人物，乃加“光顾”，遂将仅有的破旧衣服盗窃一空，不幸其中偏偏将《教本》下篇合体字部分也偷去，导致永久失散，无法挽回。陈独秀先生时正患高血压（他自述1939年血压曾达230）、胃溃疡等症，贫病交加，不得已只得带病一字一画重写，当写到“抛”字就卧病不起，未竟其功，致成永久的遗憾。

当时是在战时国民党统治之下，出版之难，非现在所能想象。先前本书作者欲先请国立编译馆将《教本》上篇“油印二三百份，分散各省，以免川乱将原稿遗失”，也未如愿。此后迁延近两年，至1942年初距陈先生逝世仅数月，才油印50份。现在有幸辗转流传的就是这50份油印册子的原件和翻版。最初《教本》上篇交给国立编译馆时，曾由该馆报请重庆当局教育部，才敢预支5000元作为稿酬。至1942年此书将要出版时，又遇到了意外的转折。当时的教育部长陈立夫不解为何书名使用“小学”、“识字”、“教本”等词，不同意采用《小学识字教本》这一书名，从中插了一手，写信给陈独秀先生说书名“似可改为中国文字基本形义”。不料陈独秀傲骨铮铮，没有买账，复信未能同意。说“许叔重（即许慎）《说文》意在说经，章太炎《文始》意在寻求字源，拙著识字教本意在训蒙，主旨不同，署名遂异。……此皆不知拙著……乃为教师参考而作”。终因作者坚持，一字不改，宁可此书不出版，宁可饿死，稿费退回，也不屈从于权势，而使出版搁浅。这就是陈独秀先生直到逝世终于未能见到他孜孜以求的《教本》出版的最后一个原因。

编译馆最后油印的50份《教本》，直到陈独秀先生逝世后才由身边的至亲挚友分赠给他的一些友人。现在已知当时得到此稿的有安徽怀宁人、教育家、原武汉大学、中山大学校长王星拱和著名文人梁实秋，恰恰是这两位友人，将《教本》流传下来，不致湮没。

先是梁实秋先生，虽在台湾，但私下对友人说：“这本书实在写得好！……论证精详，见解通达，是其平生杰作，最能展示他的旧学根柢。”于是于1971年在台湾首次将《教本》影印500册，后又放大为16开本再次影印；鉴于环境限制，隐去陈独秀署名，删去作者《自叙》，将书名改为《文字新铨》，梁自作《序》，公开发行。梁实秋在《序》文中进一步评论《教本》的特点说："（一）用科学方法将中国文字重新分类。（二）对若干文字的解释，采取新观点。（三）内容简明扼要，易于了解。""此稿对中国文字有独到之研究，有很多新诠释，发前人之所未发。"

最近看到1995年巴蜀出版社出版的《小学识字教本》，参阅早于1982年我的好友、原中南民族学院副院长、语言学教授严学窘为该书所撰《前言》，得知他作为专家、有心人，曾将1946年在广州中山大学中文系教授训诂学时、新任校长王星拱先生所藏交予他一读的《小学识字教本》抄存一份。幸赖他的夫人躲过"文革""扫四旧"，将此存稿携出藏匿，未被焚毁，得以保存。严教授形容当他初读此稿时"击节讽诵，爱不忍释"，故手抄一份保存。他将陈独秀先生誉为"我国近代语言学史上杰出的语言学家"，有感于"一代学人，深藏若虚，著述以终，能无敬悼乎！"并又感于"发扬旧学，汲取新知，责在吾辈，故特请刘志成同志整理校订，以供同好"。

刘志成君在华中理工大学语言研究所工作，与严教授同行。他费了半年工夫将此稿整理完毕，原决定由华中理工大学出版社出版，但"稿子竟然莫名其妙地被搁起来，据说是学术、经济以外的理由"。显然是由于"文革"结束不久，唯恐属于禁区，心有余悸，不敢承担出版责任所致。据刘君《整理校订后记》云，严教授1946年钢笔抄录的《教本》稿"字迹细小清晰，但讹错较多"。1989年由巴蜀出版社之努力，"在广西大学沙少海教授处发现了陈氏逝世前后于江津据手稿刻印的油印稿"（笔者按：此稿是否是当时国立编译馆油印的那50份书稿中的一本，尚需核定）。刘君始得以参照严、沙两稿核对整理，迁延至1995年巴蜀出版社才得以出版问世。此时距陈独秀先生逝世已经53年了，距逝者生前想在1940年秋季开课前出版更耽搁55年矣。我国有价值的书稿出书之艰难，严肃、认真的文化建设之不易,可想而知。

不久前,陈独秀先生谪亲外孙、童年曾在江津守护过舅祖父的吴孟明同志来访。他在日寇投降后曾在安徽大学、交通大学攻读,在上海长期任过中学校长、上海师大兼职教授、市政协委员,现已逾古稀高龄,颇有文化素养。承他赠送《教本》一册,使我意外地得知,他曾在上海鲁迅纪念馆见到馆藏原为北大魏建功教授所有、90年代初辗转由在台湾逝世的台静农先生之子托人经由天津的李霁野先生向纪念馆捐赠的《教本》原稿,证明这是他童年在江津看到分赠的50份油印稿之一,非常珍贵。出于亲情和历史责任感,孟明同志花很多时间将此稿与梁实秋影印的《文字新诠》核对,完全一致,证明都是江津原件。可是当他又与得到的巴蜀出版社版本仔细对照,却意外地发现,巴蜀版与他舅祖陈独秀先生的原作相比有大量的变动、出入。他为此写有一篇辨正文章,刊于上海《世纪书窗》2001年第2期。我想巴蜀出版社出版的《教本》,自然不无可取之处,但是由于作者早逝,此稿转手流传,时间相隔很久,编审、出版某种环节上不免有失误,造成这本重要学术遗著出现大量的讹误,又经原作者的嫡亲后裔认真提出辨正意见,无论如何是值得十分重视、仔细研究、亟谋匡正、重新出版的。这是出版界花再大的代价也值得从事的文化建设事业,既是对历史延误和文化讹错的必要补救和改正,也是对所有新老知识分子以及子孙后代的迫切文化供应。

顺便一提,近些年来见到出版了很多各色人物的文集和全集,例如曾国藩、李鸿章、胡适、顾维钧、杜亚泉、梁实秋、林语堂、金庸以及海内外许多新老"明星"的全集和文集,到处可见。但鼎鼎大名的陈独秀文集上市很少,残缺不全,至于全集出版,虽有关方面张罗多年,但至今未见面世。已跨入21世纪,像《教本》这种有益中华传统文化继承的好书至今难于寻觅,难道不应该引起出版界的重视吗?

我已年逾八旬，去年重阳在故乡安庆全球汉诗研讨大会上作了一篇发言，其中谈到，我虽然爱好为文、做诗，但由于童少年生长在社会动荡、内忧外患的历史环境，接着经历革命、战争、建设、政治运动的紧张生活，没有机会受到祖国文字功底的扎实、系统教育，至今写起诗文来仍然常常不能得心应手，深感遗憾。连我这名一生未离开过笔杆子的老者，都深感有必要将《说文解字》、《小学识字教本》之类工具书籍置于案头，常常查阅；我想现今即使具有高学历的人，也不见得都能弄懂祖国文字的来龙去脉；更不要说正在求学的学生们。

（注：引文根据巴蜀版陈独秀遗著《小学识字教本》和上海人民出版社任建树著《陈独秀大传》）

原载《炎黄春秋》2002 年第 7 期

存　目

著　作

陈独秀　《独秀文存》

安徽人民出版社 1987 年

任建树等编　《陈独秀著作选》

上海人民出版社 1984 年

任建树　《陈独秀传——从秀才到总书记》

上海人民出版社 1989 年

唐宝林、林茂生　《陈独秀年谱》

上海人民出版社 1988 年

李洪钧 《陈独秀评传》

辽宁大学出版社 1990 年

吴晓明编 《德赛二先生与社会主义——陈独秀文选》

上海远东出版社 1994 年

贾兴权 《陈独秀传》

山东人民出版社 1998 年

论 文

陈松年 《回忆父亲陈独秀》

《党史资料丛刊》1980 年第 1 辑

林茂生、王树棣、王洪梦 《略谈陈独秀》

《历史教学》1979 年第 5 期

朱玉湘、吕伟俊 《陈独秀在“五四”时期的历史地位》

《文史哲》1979 年第 2 期

任建树 《陈独秀和〈安徽俗话报〉》

《党史资料丛刊》1980 年第 1 期

王传厚 《醒皖之声,陈独秀创办的〈安徽俗话报〉》

1981 年 5 月 24 日《安徽日报》

王树棣 《陈独秀在清末创办的〈安徽俗话报〉》

《文物天地》1981 年第 4 期

马光仁 《陈独秀与〈安徽俗话报〉》

《新闻大学》1986 年第 12 期

俞家庆 《陈独秀与〈新青年〉》

《编辑记者一百人》,学林出版社 1985 年

张湘炳 《从〈安徽俗话报〉看陈独秀早期的民主与科学思想》

《浙江学刊》1986 年第 5 期

李 芾(美) 《陈独秀——新文化运动的先驱》

《文艺学习》1990 年第 1 期

吴 旭 《陈独秀早期的〈安徽俗话报〉》

《新文化史料》1991 年第 2 期

台静农 《酒旗风暖少年狂——忆陈独秀先生》

《新文学史料》1991 年第 2 期

章 红 《陈独秀和亚东图书馆的特殊关系》

《民国春秋》1992 年第 6 期

林 川 《清若淡泊 客死江津——陈独秀晚年岁月》

《人物》1995 年第 3 期

杨维新 《从〈新青年〉到〈每周评论〉——陈独秀在北京的办刊活动》

《北京出版史志》第 2 辑 1994 年

徐开忠 《陈独秀与〈新青年〉编辑部的迁徙》

《六安师专学报》1996 年第 1 期

张家康 《陈独秀的报人生涯》

《党史纵览》1996 年第 3 期

汪守本 《陈独秀与商务印书馆的交往》

《博览群书》1997 年第 12 期

张 丽 《略论五四时期陈独秀的历史地位及作用》

《牡丹江师院学报》1998 年第 2 期

李冬霞 《新青年》与陈独秀

1999 年 5 月 3 日《中国档案报》

徐开忠 《也谈陈独秀与〈新青年〉的关系》

《皖西学院学报》1999 年第 3 期

幸尹涛 《毛泽东眼中的陈独秀》

《党史纵横》1999 年第 1 期

陈荣升 《青年陈独秀办报轶事》

2000 年 5 月 9 日《团结报》

曾彦修 《漫谈陈独秀》

《炎黄春秋》2001 年第 3 期

冯建辉　《关于陈独秀评价的断想》

《炎黄春秋》2001 年第 7 期

张家康　《陈独秀与中国托派》

《人物》2002 年第 2 期

姜乐军　《毛泽东对陈独秀评价的变化及其原因》

《安庆师院学报》2002 年第 5 期

陈铁健　《走向最后的觉醒》

《史学月刊》2002 年第 4 期

王积龙、安　璐　《陈独秀早期的新闻思想》

《安庆师院学报》2003 年第 4 期

胡正强、张秉政　《陈独秀的报刊编辑实践与思想论略》

《淮北煤炭师院学报》2003 年第 2 期

胡正强　《陈独秀:出版物是文化运动中很要紧的事》

胡正强著《中国现代报刊活动家思想评传》,新华出版社 2003 年

胡　明　《陈独秀晚年的文化见解及逝世后的文化评价》

《中国文化研究》2003 年春之卷总 39 期